微店赚钱
从入门到精通

开店、装修、推广、管理、安全
一本就够

◎ 三虎 编著

人民邮电出版社

北京

图书在版编目（CIP）数据

微店赚钱从入门到精通：开店、装修、推广、管理
、安全一本就够 / 三虎编著. -- 北京：人民邮电出版
社，2017.7（2020.4重印）
ISBN 978-7-115-45019-7

Ⅰ. ①微… Ⅱ. ①三… Ⅲ. ①网络营销 Ⅳ.
①F713.365.2

中国版本图书馆CIP数据核字(2017)第038119号

内 容 提 要

全书共分为 16 章，内容包括开设微店的各种准备事项、货源的寻找途径与经验、开店流程与申请方法、微店的设计与装修、商品照片的拍摄与美化、微店的宣传与推广、微店的售后与客服、微店财务管理以及微店安全保障等。

本书不仅为那些准备开微店的人提供了基本的知识和经营方法，让其经营之路变得顺畅，迅速实现创业的梦想；也为那些已经开设了微店，但由于各种原因经营不善而面临困境的店主提供了扭转局面的思路，让其从中得到灵感，从而改变微店的经营状况，实现赢利。

本书的资料由十几位经验丰富的微店店主提供，不仅如此，他们还提出了各种宝贵的建议和意见，编者在此表示衷心的感谢。

本书配套光盘内容丰富、实用，不仅有与书中内容同步的电脑操作视频演示和PPT课件讲解，还提供了《宝贝拍摄基础与技巧》手册、《淘宝美工从入门到精通》视频教程、《可视化营销》手册、《社交媒体营销技巧》手册、《模特摆姿密码》手册和《宝贝拍摄十大用光技法》视频教程，全方位帮助零基础店家轻松运营微店。

本书特别适合想要全面了解微店经营各个细节的初学者，也适用于已经在经营网店，还想进一步提升的网店店主，也可作为各类院校或培训机构的电子商务相关专业的参考书。

◆ 编　著　三　虎
　　责任编辑　马雪伶
　　责任印制　彭志环

◆ 人民邮电出版社出版发行　北京市丰台区成寿寺路 11 号
　　邮编 100164　电子邮件 315@ptpress.com.cn
　　网址 http://www.ptpress.com.cn
　　固安县铭成印刷有限公司印刷

◆ 开本：787×1092　1/16
　　印张：20
　　字数：646 千字　　　　　　　　2017 年 7 月第 1 版
　　印数：3 901－4 200 册　　　2020 年 4 月河北第 5 次印刷

定价：46.00 元（附光盘）

读者服务热线：(010)81055410　印装质量热线：(010)81055316
反盗版热线：(010)81055315
广告经营许可证：京东工商广登字 20170147 号

网上购物已经深入到了千家万户，成为现代人的重要生活方式之一。网上商店的主要形式"淘宝网店"发展了十余年，方兴未艾，而另一种全新的网店方式又悄然崛起，大有席卷网购江山之势，这就是微店。

微店是以智能手机为主要平台，充分利用手机社交功能以及用户的碎片化时间来出售商品的网上店铺。微店主要依靠社交手段来进行营销，走的是"熟人路线""圈子路线"，打的是"感情牌"，不像淘宝店可以依托淘宝网的用户量，主要针对陌生买家来销售商品。二者说不上孰优孰劣，但毫无疑问的是，微店的销售形式正好弥补了淘宝店的空白，与淘宝店并不冲突。

除此之外，微店由于门槛低，限制少，也获得了大量"轻创业者"的青睐，因此，微店兴起后，人们纷纷加入到手机开店的行列中，出现不少月入万元，一两年致富的例子，刺激了更多的人开设微店创业淘金。但创业不能只靠热情，更需要理智和知识，要想在微店上取得成功，必须要做好开店前的知识储备。

经营微店，需要熟悉开店的基本流程，掌握科学的管理方法，懂得有效的营销技巧，才有可能让自己的微店赢得顾客和市场，最终走向成功。为了让想开微店或已开微店的人全面系统地掌握经营微店的必备知识、经营技巧及策略，少碰钉子、少走弯路，我们策划并编写了这本《微店赚钱从入门到精通——开店、装修、推广、管理、安全一本就够》。

◎ 本书适合哪些读者

如果您属于以下人群，可以选择购买本书。

◆ 在校学生：想学习一些微店创业的经验，但又不知该从何做起。

◆ 上班族：想利用业余时间开微店增加收入，但又没有时间系统地学习开店知识。

◆ 自由职业者：想通过开微店创业，但缺乏相关的技能和知识。

◆ 实体店经营者：想结合微店扩大经营范围，寻求新的商机。

◆ 淘宝店主：已经有了淘宝店，但希望了解微店经营的知识，把生意做大做强。

◎ 本书特点

本书作为一本全面的微店开店创业指南，涉及开店准备、网店货源、店铺装修、网店营销推广、网店经营与售后、物流发货交易、网店安全等内容，具有如下特点。

◆ 分篇合理，讲解细致

本书对开设微店的全过程，按照开店、管理、营销的步骤进行了合理的内容安排，并进行了细致的讲解，手把手教会读者从开店准备到运营微店，对令众多微店卖家头疼的推广、售后、物流及货源等问题，都从各个角度加以分析和解决，真正做到一册在手开店不愁。

◆ 图解操作，易读易学

本书涉及操作的部分皆以详细、直观的图解方式进行讲解，使读者可按图操作，轻松上手，不用为阅读大篇枯燥文字而头痛。只需根据这些操作步骤，任何人都可以开设并经营自己的微店。

◆ 技巧解答，贴心提点

为了更好地指导读者开店，本书还对内容作了进一步的解析，并将解析后的重点标记为"高手支招"及"专家提点"，不仅能加深读者对重点内容的理解和把握，还能开阔读者的思路，帮助读者建立多角度思维。

◆ **内容实用，贴近一线**

本书听取了十多位一线微店店主的宝贵意见，这些都是他们在开店实践中总结和提炼出的技巧和经验，比起某些泛泛而谈的同类图书，本书内容更加接地气，更符合微店店主的需要。

◆ **配套光盘，互动学习**

本书配备了一张全套微店开设与经营的多媒体视频教学光盘，光盘中不仅有与书中同步的电脑操作视频演示，还有众多的使用视频教程，这样读者可以采用书盘结合的方式，在短时间内快速地学会网上开店的方法与经营技巧，并最终为自己的微店提升经济效益。

本书的光盘内容也可以从网上下载，扫描二维码，回复45019，即可获得下载方式。

最后，真诚感谢您购买本书。您的支持是我们最大的动力，我们将不断努力，为您奉献更多、更优秀的图书！由于编者水平有限，书中错误之处在所难免，敬请广大读者批评指正。我们的联系信箱是maxueling@ptpress.com.cn。

编 者

将光盘放入光驱中，光盘会自动开始运行，并进入演示主界面，即"首页"板块。若不能自动运行，可在"我的电脑"窗口中双击光盘盘符，或在光盘的根目录下双击"Autorun.exe"文件图标。

提示：打开可执行程序后，如果发现程序界面跑出屏幕外，说明你的显示器的分辨率不是1280×960，请将显示器的分辨率调整到1280×960大小（或者大于此分辨率）。

其方法是首先按键盘上的"Esc"键退出程序，然后在桌面上单击鼠标右键，在弹出的右键菜单中选择"屏幕分辨率"选项，最后在弹出的对话框中将分辨率调整为1280×960（或者大于此分辨率）即可。

光盘"首页"如图1所示，分为"图书同步"和"超值赠送"两部分内容。

图1 "首页"板块

下面分别介绍各个板块的功能。

1. "微店操作视频"板块

该板块主要是与本书操作相关的一些视频讲解，单击某一按钮，即可选择学习相应内容，如图2所示。

2. "本书PPT教程"板块

本板块提供了与书配套的PPT电子讲稿，以便读者特别是老师进行重点知识的梳理和学习与授课，如图3所示。

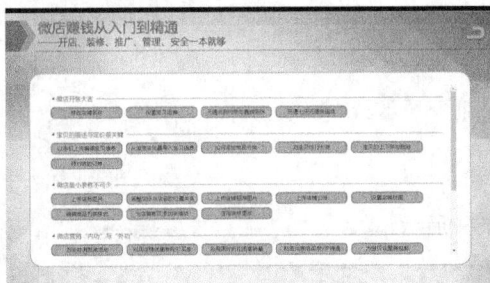

图2 "本书操作教学视频"板块

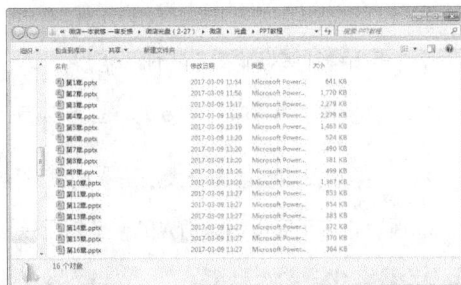

图3 "本书 PPT 教程"板块

3. "宝贝拍摄基础与技巧"板块

本板块提供了与宝贝拍摄相关的一些基础知识与必备技巧，单击该按钮便可打开其电子图书进行阅读，如图4所示。

4. "《网店美工从入门到精通》视频教程"板块

本板块分类别收集整理了有关网店美工最常用的一些软件操作技能，便于读者针对自己的情况进行学习，提高实战能力，如图5所示。

图 4 "宝贝拍摄基础与技巧"板块

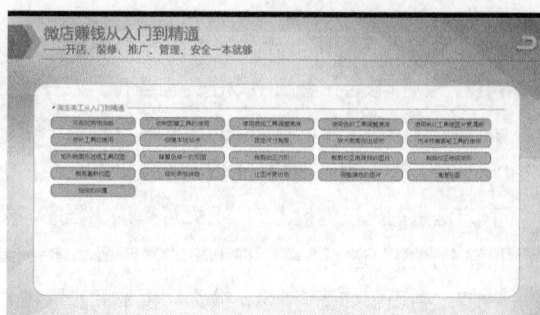

图 5 《淘宝美工从入门到精通》视频教程"板块

5. "《可视化营销》手册"板块

本板块收集了有关可视化营销相关的一些实用知识，读者可以了解可视化营销的方法与技巧，如图6所示。

6. "《社交媒体营销技巧》手册"板块

本板块收集了常见的网络社交平台的一些营销技巧，包括微信营销技巧、微博营销技巧、QQ营销技巧和社区论坛营销技巧，如图7所示。

图 6 "《可视化营销》手册"板块

图 7 "《社交媒体营销技巧》手册"板块

7. "《模特摆姿密码》手册"板块

本板块收集了有关模特摆姿的一些方法与技巧，如图8所示。

8. "《宝贝拍摄用光十大技法》视频教程"板块

本板块收集了宝贝拍摄用光的一些常用技法，如图9所示。

图 8 "《模特摆姿密码》手册"板块

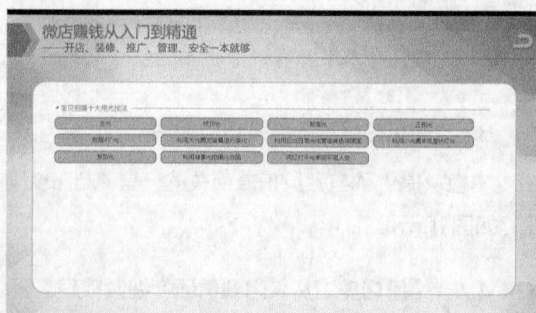

图 9 "《宝贝拍摄用光十大技法》视频教程"板块

CONTENTS 目录

第1部分　开店篇 1

第1章　微店初接触 2

1.1　了解电商新热点：微店 2
  1.1.1　微店和微商 2
  1.1.2　微店与淘宝店、实体店的区别 3

1.2　适合开微店的人群 5
  1.2.1　企业管理者 5
  1.2.2　拥有货源的人 5
  1.2.3　需要处理手中旧货的人 5
  1.2.4　初次创业者 5
  1.2.5　全职企业白领 5
  1.2.6　实体店主/淘宝店主 5
  1.2.7　大学生 5
  1.2.8　网络红人 6
  1.2.9　自由职业者 6
  1.2.10　全职家庭主妇 6

1.3　选择适合自己的经营模式 6
  1.3.1　微店与实体店相结合 6
  1.3.2　微店与淘宝店相结合 6
  1.3.3　全职经营微店 6
  1.3.4　兼职经营微店 7

1.4　选择商品销售种类 7
  1.4.1　实物商品 7
  1.4.2　虚拟商品 8
  1.4.3　代销商品 8
  1.4.4　各类商品特点比较 8

1.5　开微店所需的软、硬件及其使用技能 ... 9
  1.5.1　智能手机 9
  1.5.2　上网手机卡 10
  1.5.3　电脑与宽带网络 10
  1.5.4　数码相机 10
  1.5.5　打印机 11
  1.5.6　简单的软件操作能力 11

1.6　秘技一点通 12
  技巧1 ——怎样说服家人同意自己开网店 ... 12
  技巧2 ——不懂电脑，到京东买到质量过关的
    电脑及配件 13
  技巧3 ——大学生如何利用独有的资源开设
    微店 13

☺开店小故事　00后开微店实现经济独立 15

第2章　做好微店开张前的准备 16

2.1　选择适合你开店的微店平台 16
  2.1.1　口袋时尚的微店 16
  2.1.2　微店网 17
  2.1.3　微信小店 18
  2.1.4　有赞商城（原口袋通） 19
  2.1.5　根据经营方式选择微店平台 19

2.2　在微店销售最火的商品 20
  2.2.1　适合微店销售的商品 20
  2.2.2　了解网上热销的商品 21
  2.2.3　选择适合自身优势的微店商品 21

2.3　深入了解微店进货渠道 22
  2.3.1　从批发市场进货 22
  2.3.2　从厂家直接进货 22
  2.3.3　外贸尾单货品 23
  2.3.4　引进国外打折商品 23
  2.3.5　海外网上商城代购（海淘） 24
  2.3.6　引进库存商品 24
  2.3.7　引进清仓商品 25
  2.3.8　搜寻本地特产和民族特色商品 25
  2.3.9　二手市场里淘宝 25
  2.3.10　自己加工商品 26
  2.3.11　虚拟货源 26
  2.3.12　做省心省力的代销商 26
  2.3.13　B2B电子商务批发网站 26

2.4　在阿里巴巴网批量进货 27

2.4.1 注册阿里巴巴个人账号 27
2.4.2 主动寻找货源 28
2.4.3 发布需求信息 29

2.5 秘技一点通..........................30
技巧1 ——初次去批发市场进货需要注意的事项 ...30
技巧2 ——进货利润较大的法门 31
技巧3 ——网上进货防骗术 32
技巧4 ——土特产进货的诀窍 32

开店小故事 海外批货国内卖,养病开微店也
赚钱 34

第3章 微店开张大吉.....................35

3.1 开通网上银行......................35
3.1.1 银行卡与网上银行的关系 35
3.1.2 办理网上银行 35

3.2 管理微信钱包......................37
3.2.1 将银行卡绑定到微信钱包方便充值与提现...37
3.2.2 微信钱包转账、充值与提现 38
3.2.3 微信红包:小额转账与活跃气氛的利器 ...40

3.3 管理支付宝.........................41
3.3.1 添加银行账户方便提取货款 42
3.3.2 查看支付宝中的款项 42
3.3.3 支付宝转账、充值与提现 42

3.4 微店手机APP的下载、安装、注册与登录...43
3.4.1 微店安卓版的下载与安装 43
3.4.2 微店苹果版的下载与安装 46
3.4.3 注册微店账号 48
3.4.4 登录进入微店 50
3.4.5 退出微店 51

3.5 了解微店APP的主要功能.........51
3.5.1 "微店管理"模块 51
3.5.2 "笔记"模块 52
3.5.3 "商品"模块 52
3.5.4 "订单"模块 53

3.5.5 "统计"模块 53
3.5.6 "客户"模块 54
3.5.7 "收入"模块 54
3.5.8 营销"推广"模块 55
3.5.9 "服务"模块 55
3.5.10 "货源"模块 56
3.5.11 "供货"模块 56
3.5.12 "商会"模块 57
3.5.13 为梦想"打卡"模块 57
3.5.14 微店各模块对经营的帮助 57

3.6 微店的基本设置..................58
3.6.1 修改店铺名称 58
3.6.2 设置商品运费 59
3.6.3 开通货到付款与直接到账 61
3.6.4 开通7天无理由退款 63

3.7 秘技一点通.........................64
技巧1 ——注册微店账号时手机总是收不到验证码
怎么办 64
技巧2 ——面向海外的小店,选什么国际网络收支
工具最好 65
技巧3 ——怎样给微店起个不和他人重复的特色
店名 66

开店小故事 六旬老太开微店,女儿帮忙
"上下货" 67

第4章 宝贝的描述与定价很关键...........68

4.1 为宝贝撰写诱人的标题 68
4.1.1 认识宝贝标题的构成 68
4.1.2 为宝贝取个好标题 69
4.1.3 在标题中突出卖点 69

4.2 为宝贝撰写精彩的描述 70
4.2.1 了解宝贝描述的作用 70
4.2.2 描述开头一定要吸引人 71
4.2.3 突出卖点,给买家一个购买的理由 ...71
4.2.4 图文表结合最吸引顾客 71
4.2.5 优化宝贝图片做好视觉营销 71

4.2.6 利用关联推荐 ………………… 73
4.2.7 展示宝贝权威证书 ……………… 73
4.2.8 说明售后与质量保证条款 ……… 73
4.2.9 展示买家真实评价 ……………… 73
4.2.10 给买家购买推动力,让对方尽快采取行动 … 74

4.3 为宝贝定一个合适的价格 …………… 74
4.3.1 微店宝贝的定价 ………………… 74
4.3.2 定价的要素 ……………………… 74
4.3.3 掌握十二大定价技巧 …………… 75
4.3.4 各类商品的定价"潜规则" …… 77

4.4 发布并管理宝贝 ……………………… 78
4.4.1 以手机上传/编辑宝贝信息 …… 79
4.4.2 以电脑上传/编辑宝贝信息 …… 80
4.4.3 从淘宝店批量导入宝贝信息 … 82
4.4.4 添加商品分类 …………………… 84
4.4.5 对宝贝进行分类 ………………… 85
4.4.6 宝贝的上下架与删除 …………… 87

4.5 处理宝贝订单完成第一笔交易 …… 88
4.5.1 待付款的订单 …………………… 88
4.5.2 待发货的订单 …………………… 90
4.5.3 已发货的订单 …………………… 91
4.5.4 退款中的订单 …………………… 93

4.6 秘技一点通 …………………………… 93
技巧1 ——宝贝定价要避开哪些误区 … 93
技巧2 ——怎样让宝贝关键字一字两用 … 93
技巧3 ——怎样确定自己选择的关键词的效果 … 94

☺开店小故事 白领回乡开微店的心得 ………… 97

第2部分 装修篇 …………… 99

第5章 为宝贝拍出美美的"玉照" ……… 100

5.1 摄影器材——只买对的不买贵的 ………… 100
5.1.1 选择适合自己的相机 …………… 100
5.1.2 选择三脚架让相机拍摄更稳定 … 102
5.1.3 选择适合的灯光器材获得更好的拍摄效果 … 102

5.2 网店宝贝拍摄入门 …………………… 104
5.2.1 了解网店宝贝照片的特点 ……… 104
5.2.2 网店宝贝照片常用构图法 ……… 105
5.2.3 利用不同的光线拍摄网店宝贝 … 107
5.2.4 不同视角对网店宝贝照片的影响 … 109

5.3 利用手机拍摄宝贝 …………………… 109
5.3.1 手机拍摄的特点 ………………… 109
5.3.2 手机拍摄时应进行正确测光与对焦 … 110
5.3.3 利用手机进行逆光拍摄 ………… 111
5.3.4 手机滤镜创造特殊效果 ………… 112
5.3.5 利用手机内置软件简单编辑照片 … 112
5.3.6 在手机上对照片进行涂鸦 ……… 113
5.3.7 在手机上对照片进行裁剪 ……… 114
5.3.8 手机屏幕截图技巧 ……………… 115
5.3.9 通过数据线将手机照片上传到电脑 … 117
5.3.10 通过微信文件传输助手将手机照片上传到电脑 … 118

5.4 照片的处理和美化 …………………… 119
5.4.1 将相机里的照片上传到电脑中 … 120
5.4.2 调整曝光失误的照片让宝贝图片更亮 … 121
5.4.3 制作背景虚化照片效果,突出宝贝主要特点 … 122
5.4.4 添加图片防盗水印,让图片无法被他人使用 … 123
5.4.5 给图片添加文字说明与修饰边框,提升宝贝吸引力 … 124
5.4.6 抠取宝贝主体,更换合适的背景以增强吸引力 … 125
5.4.7 调整偏色的宝贝效果,以免引起买家误会 … 126
5.4.8 锐化宝贝图片,让宝贝图片更清晰醒目 … 126
5.4.9 轻松批量处理产品图片,省去逐个手工操作的麻烦 … 127
5.4.10 调整图片的尺寸与容量 ……… 129

5.5 秘技一点通 …………………………… 130
技巧1 ——如何使用自动数码相机拍摄宝贝的细节 … 130
技巧2 ——为手机外接镜头、扩展拍摄功能 … 131
技巧3 ——在无人帮助的情况下进行自拍 … 132

技巧4 ——拍摄宝贝之四避免 133

技巧5 ——巧用Word把图片背景设置为透明 134

😊开店小故事 换掉生硬照片，小店销量变好 136

第6章 微店虽小装修不可少 137

6.1 做好装修前的准备工作 137

6.1.1 根据经营类型定位装修风格 137

6.1.2 为装修收集素材 138

6.1.3 为微店设置好听好记的名称 139

6.1.4 为微店设计有特色的店标与店招 140

6.1.5 撰写明明白白的店铺公告 144

6.2 店铺装修实战 145

6.2.1 上传店标图片/店长头像图片 145

6.2.2 调整店标与店名的位置关系 147

6.2.3 上传店铺招牌图片 148

6.2.4 上传店铺公告 149

6.2.5 设置店铺封面 150

6.2.6 编辑商品列表样式 152

6.2.7 为店铺首页添加新模块 153

6.2.8 应用装修更改 155

6.2.9 设置免费模板、收费模板、装修素材与
底部菜单 156

6.3 秘技一点通 157

技巧1 ——装修微店时去哪下载无版权的免费图片
素材 157

技巧2 ——无美术基础的店主如何设计让人印象
深刻的店标 157

技巧3 ——利用"排版君"轻松搞定微店店标、
店标与广告等图片内容 158

😊开店小故事 平面设计师利用配色提升
微店转化率 161

第3部分 推广篇 163

第7章 微店营销"内功"与"外功" 164

7.1 利用微店平台进行营销 164

7.1.1 做满就减活动 164

7.1.2 利用店铺优惠券吸引买家 166

7.1.3 利用限时折扣提高销量 167

7.1.4 私密优惠给买家VIP待遇 168

7.1.5 为宝贝设置满包邮 170

7.1.6 为店铺设置友情链接 171

7.2 利用互联网进行营销 172

7.2.1 互联网营销：让微店获取更多关注 172

7.2.2 事件营销 173

7.2.3 口碑营销 173

7.2.4 免费策略营销 174

7.2.5 饥饿营销 175

7.2.6 借力营销 175

7.3 秘技一点通 176

技巧1 ——做好网络营销的8个自我修炼要点 ...176

技巧2 ——微店如何做好搭配套餐促销 177

技巧3 ——如何避免促销雷区 177

😊开店小故事 卖情怀的营销 179

第8章 用最火的微信来推广 180

8.1 微信与微店：熟人变熟客 180

8.1.1 微信就是社交经济 180

8.1.2 微店在微信中呈现的方法 180

8.2 微信吸粉与营销 182

8.2.1 导入手机通信录中的朋友来增加微信
好友 182

8.2.2 用"附近的人"功能来增加微信好友 183

8.2.3 使用微信导航平台增加微信好友 183

8.2.4 发红包快速吸引粉丝 184

8.2.5 与粉丝互动留住粉丝 184

8.2.6 利用朋友圈进行营销 185

8.2.7 二维码的获取与营销 186

8.3 通过公众账号进行推广 187

8.3.1 几种微信公众账号的区别 187

8.3.2 将公众账号绑定到微店 188

8.3.3　为公众账号撰写营销软文 190

8.4　秘技一点通 192

技巧1 ——朋友圈发布的信息遭到负面评价时
如何处理 192

技巧2 ——在不建群的情况下一次发送信息给
多个微信好友 193

技巧3 ——测试自己是否被微信好友单方面删除
或拉黑 195

技巧4 ——如何让自己的形象在朋友圈变得真实
可信 196

😊开店小故事　佛牌姑娘在微信朋友圈卖货月流水
百万 197

第9章　微博推广也很给力 198

9.1　微博与微店 198

9.1.1　微博：广播式营销 198

9.1.2　微博配合微店进行营销 199

9.2　微博涨"粉"秘诀 199

9.2.1　通过优质微博内容吸引关注 199

9.2.2　主动去"发现"粉丝 201

9.2.3　利用转发和评论进行互动 202

9.2.4　利用互粉增加关注 203

9.3　通过微博营销推广 204

9.3.1　账号加V获取信任 204

9.3.2　头像图片与背景图片也能吸引眼球 205

9.3.3　微博资料要精心填写 205

9.3.4　分享微店至微博 205

9.3.5　分享商品至微博 207

9.4　秘技一点通 208

技巧1 ——如何处理微博上的负面评论 208

技巧2 ——发送超过140字的微博内容 208

技巧3 ——定时发送微博内容，减轻自己的
负担 209

技巧4 ——从哪里获取精彩的微博来作为自己
微博的补充内容 209

😊开店小故事　无心插柳柳成荫的微博营销 211

第10章　用QQ空间来推广 212

10.1　QQ空间：弥补微店之不足 212

10.1.1　QQ空间的本质 212

10.1.2　微店店主利用QQ空间进行营销 213

10.2　快速打造QQ空间人气 213

10.2.1　关联QQ空间与微博、增加信息传播范围....213

10.2.2　精心装修QQ空间以吸引访客 214

10.3　在QQ空间进行营销推广 215

10.3.1　多写原创少转载 215

10.3.2　日志别忘加上产品链接 215

10.3.3　利用相册中的照片让日志更有可读性....216

10.3.4　利用QQ说说与签名吸引访客 216

10.3.5　升级黄钻或会员更方便推广 217

10.3.6　撰写精彩的营销软文日志 217

10.4　秘技一点通 218

技巧1 ——如何隐藏自己的Q龄以便进行QQ空间
营销 218

技巧2 ——如何批量新增精准QQ好友进行QQ空间
营销 219

技巧3 ——如何花10元钱将QQ好友集中到一起....219

😊开店小故事　QQ空间展示微店产品 221

第11章　在论坛与贴吧中进行推广 222

11.1　了解论坛与贴吧 222

11.1.1　了解论坛的营销价值 222

11.1.2　了解贴吧的营销价值 223

11.2　论坛营销常用方法 223

11.2.1　根据行业筛选论坛进行营销 223

11.2.2　论坛账号注册技巧 225

11.2.3　参与讨论、引导话题 225

11.2.4　寻求第三方推广公司帮助 226

11.2.5　寻找威客专业推广团队 226

11.3 设计百度贴吧活动吸引更多用户.........226
  11.3.1 百度贴吧抽奖活动的设计.................226
  11.3.2 百度贴吧抢楼活动的设计.................228

11.4 秘技一点通.........230
  技巧1——在论坛与贴吧里积攒人气的技巧....230
  技巧2——如何在百度帖子内容中带外链而不被
         删帖.........231
  技巧3——在百度贴吧发不会被删除的广告.....231

☺开店小故事 宝妈开母婴用品微店的经历.........233

第4部分 管理篇....................235

第12章 将宝贝送到客户手中.............236

12.1 小包装有大回报.........236
  12.1.1 包装宝贝的一般性原则.........236
  12.1.2 认识常用的包装材料.........237
  12.1.3 不同宝贝的包装方式.........237

12.2 掌握主要发货方式.........240
  12.2.1 覆盖面最广的邮政快递.........240
  12.2.2 方便、经济的快递公司.........241
  12.2.3 适合大型商品的托运公司.........242
  12.2.4 选择货运方式.........242
  12.2.5 选择国际快递.........242
  12.2.6 国外发国内：转运公司.........243

12.3 物流公司的选择与交涉省钱技巧.........245
  12.3.1 选择好的快递公司.........245
  12.3.2 节省宝贝物流费用.........245
  12.3.3 与快递公司签订优惠合同.........246
  12.3.4 办理快递退赔.........246

12.4 随时跟踪物流进度.........247
  12.4.1 在线跟踪物流进度.........247
  12.4.2 通过百度秒查各家物流进度.........248

12.5 秘技一点通.........249
  技巧1——与快递公司讲价以降低快递成本....249
  技巧2——怎样发送贵重物品更安全.........250

  技巧3——往国外发货更省钱的技巧.........250
  技巧4——包装细节决定成败.........251

☺开店小故事 换快递，提高微店竞争力.........252

第13章 售前售后"套牢"客户.........253

13.1 售前促进买家购买.........253
  13.1.1 客观介绍宝贝.........253
  13.1.2 打消买家心中的顾虑.........254
  13.1.3 应对不同类型的买家.........255
  13.1.4 巧用促进成交的五大技巧.........256

13.2 售后服务让买家满意.........258
  13.2.1 网店售后服务的具体事项.........258
  13.2.2 认真对待退换货.........259
  13.2.3 处理买家投诉.........260
  13.2.4 服务好老顾客.........261

13.3 秘技一点通.........261
  技巧1——如何让买家收到货后及时确认并
         评价.........261
  技巧2——如何制作售后服务卡.........262
  技巧3——退换货的邮费该谁出.........263
  技巧4——让买家成为店铺义务推销员的诀窍...263

☺开店小故事 微店女老板共享差评处理经验.....264

第14章 专业客服让买家暖心.............265

14.1 了解经常被买家问到的问题.........265
  14.1.1 关于宝贝的专业知识.........265
  14.1.2 关于付款的知识.........265
  14.1.3 关于物流的知识.........266
  14.1.4 退换货的规则.........266
  14.1.5 手机与网络知识.........266

14.2 客服与买家沟通的方法.........267
  14.2.1 使用礼貌有活力的沟通语言.........267
  14.2.2 表达不同意见时尊重对方立场.........267
  14.2.3 听完再说很重要.........267
  14.2.4 保持相同的谈话方式.........267

14.2.5 经常对买家表示感谢 267

14.2.6 拒绝买家的无理要求 268

14.3 客户人员管理 268

14.3.1 明确员工的职责 268

14.3.2 多些认可和赞美 268

14.3.3 赏罚要分明 268

14.3.4 多与员工沟通 268

14.3.5 制造员工间的有序竞争 269

14.3.6 给员工更多的自由空间 269

14.3.7 给予一对一的指导 269

14.3.8 以团队活动增强团队意识 269

14.3.9 奖罚分明激励客服 269

14.3.10 设立投诉专线"震慑"客服 269

14.4 秘技一点通 269

技巧1 ——开设微店客服子账号，分流客服
压力 269

技巧2 ——怎样招到好的客服人员 271

技巧3 ——如何培训新手客服 271

技巧4 ——新客服如何快速进入工作状态 272

⊙开店小故事 一名客服妹子的自述 273

第15章 微店虽小财务要理清 274

15.1 退款给买家 274

15.1.1 买家申请退款的过程 274

15.1.2 店主退款给买家的过程 276

15.1.3 退款时应尊重对方立场、避免引起
纠纷 277

15.2 使用Excel管理网店 278

15.2.1 制作日常开支统计表 278

15.2.2 制作网店进销存管理表 280

15.3 微店财务成本核算与控制 284

15.3.1 微店的经营成本核算分析 284

15.3.2 控制微店的经营成本 285

15.4 秘技一点通 286

技巧1 ——中大型微店如何盘库减少损失 286

技巧2 ——为Excel文档加上密码，防止他人打开
偷看 287

技巧3 ——找回丢失的Excel文件 287

⊙开店小故事 厘清财务，经营好微店 289

第5部分 安全篇 291

第16章 保护好网店的安全 292

16.1 保护手机信息安全 292

16.1.1 从安全渠道下载APP 292

16.1.2 安装手机杀毒软件 293

16.1.3 为APP设置权限 294

16.1.4 为手机设置锁屏密码 295

16.1.5 不要轻易单击短信内的超级链接 298

16.2 保护电脑信息安全 299

16.2.1 为电脑安装杀毒软件 299

16.2.2 使用杀毒软件查杀病毒、木马和恶意
软件 300

16.2.3 设置用户登录密码 301

16.3 了解常见的网络骗术 302

16.3.1 邮件短信钓鱼 302

16.3.2 利用规则合理敲诈 303

16.3.3 丢货少货诈骗 303

16.3.4 警惕传销式分销 303

16.4 秘技一点通 304

技巧1 ——怎样设置密码才安全 304

技巧2 ——手机丢失后应该立即做什么 304

技巧3 ——网银被盗后如何处理 305

技巧4 ——如何防止密码被盗 305

⊙开店小故事 微店老板及时识破诈骗 306

第1部分
开店篇

微店虽小，开微店的过程中也涉及方方面面，如选择平台、准备货源、申请店铺、商品上架等，其中有种种繁难之处，让开店过程一波三折。与其一个人独自摸索，还不如翻开本书的 "开店篇"，按图索骥，照书操作，就可花费最少的时间将微店开好。

手机微店
赚钱不难

第 **1** 章

微店初接触

本章导言

　　随着智能手机的普及，一种称为"微商"的创业方式开始出现在中国，而"微店"则是微商们的创业平台。打开网络媒体，随处可见关于微商、微店的话题，手机开店已经蔚然成风。有人甚至评价说，微店就是下一个淘宝。希望赶上这趟"微创业"快车的你，对微商、微店了解吗？

学习要点

- 了解什么是微店
- 选择适合自己的微店经营模式
- 选择商品销售种类
- 了解开设微店所需的软、硬件并掌握其使用方法

1.1　了解电商新热点：微店

　　淘宝火了十年，如今渐渐在降温，一种新的经营方式悄然出现，并迅速普及开来，这就是基于移动互联网的网店：微店。微店门槛低、经营方式灵活，很多人纷纷加入进来，部分先行者取得了不错的收益。那么，微店究竟是什么样的？其特点和价值又在何处呢？在加入微店大军前需要先进行了解。

1.1.1　微店和微商

　　电子商务简称为"电商"，典型的代表是淘宝（见图1-1）、京东（见图1-2）、阿里巴巴、当当等网购平台。这类平台发展之初，智能手机尚未普及，访问工具均为台式电脑，后期也发展出了便于手机浏览的简化页面。

　　使用微信（见图1-3）、微店（见图1-4）等APP（手机软件）进行商业活动的行为称为"微商"。微商主要利用手机进行推广销售，门槛低，管理方便。

图1-1

图1-2

图1-3

图1-4

专家提点 什么是APP

APP是英文application的缩写，通常专指手机上的应用软件，或称手机客户端。如手机QQ、微信就是APP。目前主流的手机操作系统有苹果、安卓和Windows，它们之间的APP格式是不通用的，如安卓版的微信就无法安装到Windows手机上。因此，即使是同一个APP，也可能会存在数个版本，用于不同的操作系统。

微商不一定必须开店，如某些知名微博的博主，在其微博内容中向大家推荐产品，也属于微商，但他并没有开店。当然，更多的人选择了在手机上开店，这就是所谓的"微店"。

有店的微商和没店的微商相比，有什么区别呢？有店的微商因为有平台监管，显得更加规范，更加值得信任，而且每个平台上都集中了大量的微商，对买家来说选择更多样化。这也是微商的主流形式。

供大家在手机上开店的平台有很多，如图1-4所示的微店，就是在"口袋购物"平台上开设的小店。同样的平台还有不少，如"微店网""金元宝"等，后面会向大家逐一介绍。

1.1.2 微店与淘宝店、实体店的区别

微店与大家耳熟能详的淘宝店、传统的实体店相比，有什么区别呢？对于这一点，可能很多人都有疑问。这里就向大家详细讲解这三者的区别，大家在了解之后，对自己选择创业平台也能够做到心中有数。

1. 投资门槛的区别

一项针对中国中小企业的调查显示，个人在网下启动销售公司的平均费用至少5万元，而网上开店建店的成本就会非常小。这里的成本不仅是指购货、租店、雇人等硬性成本，还包括办理营业执照等费用。

网上开店和开实体店相比，综合成本要低不少，而使用手机开微店的成本则更低。在开店投资方面，三者的具体优势可以参考表1-1。

在新开的微店中，很多费用都比实体店少，如店面费用、员工工资或库存费等；有些费用是可以投入，也是可以暂缓投入的，如装修费和广告费。总的来说，微店的初期投入要比实体店与网店少很多，对于没有多少经验，资金也不充裕的新人来说，是一条不错的创业试水之路。

表1-1

成本明细	微店	淘宝店	实体店
铺面租金	无	无	有，且好的铺面位置需要非常高昂的费用
店铺担保金	无	1000元至10万元	有，也就是俗称的"转让费"
招牌广告费	可无	可无	需要制作费
店铺装修费	可无	可无	需要
员工工资	可无	可无	每月要支付给雇员一定的工资
电、税等杂费	很少	很少	或多或少需要缴纳一定数目
进货及库存费	无或者少量	无或者少量	视具体库存数目和商品情况，有时需要非常庞大的资金

2．客流量的区别

一个实体店面对的客流量始终是有限的，因为一条街路过的行人大约每天也就那么多，上下浮动有限，即使店主花费再多的钱打广告，其客流量也不会增大太多；而网上开店面向的是整个互联网，只要广告打得好，客流量可以极大上涨，而且再多的顾客也不会让店面拥挤，这是实体店做不到的。

一位做名牌打火机生意的刘先生介绍说，"我的网店，光礼品和珠宝首饰门类每天的总访问量就达50万人次，相当于3个中等繁华路段小商品市场的规模"。

3．能否提供个性化需求

随着人们消费水平的日益提高和网络技术的广泛应用，人们的生活方式发生了深刻的变革，人们更注重需求的个性化。

实体店由于经营成本较高，有些个性化服务是无法向消费者提供的，如"艺术签名定制"服务，如果专门开设一个实体店来经营，一定是亏本的，而开设微店、淘宝店来做，则完全没有亏本之虞。还有很多类似的个性化服务也是这样，只能依赖于网店而生存。

4．经营方式的区别

微店是在互联网时代的背景下诞生的新型销售方式，网络化的经营体系不受店面空间、地盘及地域的限制。经营者既可以全职经营，也可以兼职经营，店铺不需要专人时刻看守，营业时间也比较灵活。只要能及时对浏览者的咨询给予回复，就不影响网店经营。

微店由于存货少，因此可以随时转换经营其他商品，进退自如，不会因为积压大量货品而无法抽身。

微店、网店与实体店在经营时间、地点和面积方面的具体比较可以参考表1-2。

表1-2

比较项目	微店/网店	实体店
营业时间	24小时	正常的开门营业时间
营业地点	不受限制	店铺位置与客流量、投入资金有非常密切的关系
店铺面积	店铺实际销售额不受店面大小的影响	面积大小影响商品展示，扩大面积需要投入资金

5．资金流转速度的区别

由于实体店铺要积存大量的现货，因此资金积压较大，流转速度较慢；而网店则可以现卖现进货，资金积压较少，流转速度较快；甚至可以做"短平快"的代销店，发货、结算都很迅速，很多是日结日清，店主不仅没有积压资金的忧虑，而且也几乎不用担心卖了商品收不到佣金。

6．推广方向的区别

实体店、淘宝店经营，顾客大多都是陌生人；而微店经营则不然，除了被广告吸引到店的顾客外，还有不少顾客是手机APP中的朋友、熟人和同事，他们是潜在客户。很多微店店主都把营销重点转移到了自己的微信好友圈中，在好友里建立起熟客、回头客，其利润也是非常可观的，而且一旦发生产品问题、质量问题，也会比陌生人好说话得多。在推广方向上可以参考表1-3。

了解了微店、淘宝店与实体店的区别，能够帮助未来的微店店主们看清方向，在推广营销时更具有针对性。

表1-3

推广方向	微店	网店	实体店
推广对象	主要为朋友、熟人和同事	主要为陌生人	主要为陌生人
推广手法	社交+移动	主要靠搜索曝光	主要靠口碑以及自然客流
共同点	均可靠网络营销进行引流		

1.2 适合开微店的人群

"我适合开微店吗？""我开微店的话，采用什么样的经营模式比较好？"，相信这是很多准店主们心里都有的疑问。下面就来看看哪些人适合开微店，以及怎样根据自己的情况来选择经营模式。

1.2.1 企业管理者

对于中小型企业，网上开店是一种必然的选择，过去，那些名不见经传的中小企业，要想把产品送进大百货商店简直比登天还难，可如今网络店铺给他们提供了一个广阔的天地，解开了中小企业产品"销售难"的死结，不受地理位置、经营规模、项目等因素制约，中小企业在网络店铺上与知名大品牌实现了平等。甚至可以利用员工的手机开设微店，实现"全员营销"，让企业商品的接触面急速扩大。

1.2.2 拥有货源的人

无论是网上开店还是开实体店，货源都是最主要的。拥有货源的商户可以通过微店进行更好的销售和推广，一次开店，多方推广，可以得到立竿见影的效果。甚至还可以作为供货商登录微店，让其他微店店主为自己分销产品，坐收利润。

1.2.3 需要处理手中旧货的人

每个人都会有一些物品像鸡肋，"食之无味、弃之可惜"。对于他们来说，网上商店就像以往的跳蚤市场，只不过是用来交易各种旧东西而已。当然以前的跳蚤市场是面对面，而现在科技进步了，开始采用网上交易。在微店卖家中，这类人群占有一定的比例。

1.2.4 初次创业者

现代社会中，很多人都梦想自己创业，但面对形形色色的压力和风险，往往又望而却步。对于这类人群而言，通过微店开始自己的创业生涯，无疑是个很好的选择。

微店资金门槛低，如果做分销商，甚至不需要资金；风险小，经营方式十分灵活，用心经营不但可能会赢得第一桶金，而且有可能利用网络开创一片天地。即使无法通过网上开店获得理想的利润，也可以从中获取宝贵的创业经验，为将来的发展奠定基础。另外，经过一段时间的网上开店，会结识很多人，获得很多信息，可能还会对今后的发展有所帮助。

1.2.5 全职企业白领

每天有固定工作时间的企业白领，也是可以开设微店的，在工间或下班后照顾一下微店，不仅可以给自己多赚些零花钱，还可以缓解工作中形成的紧张情绪；不仅如此，还能在微店里体会当老板的感觉，结识更多志趣相投的朋友。

1.2.6 实体店主/淘宝店主

许多有实体店面或淘宝店的经营者可在手机上开家分店，进一步拓宽客户接触面，增加一个销售渠道。微店为这类人群提供了一个广阔的天地。由于他们已经有了经营经验，再经营起微店来可以说是如鱼得水。

1.2.7 大学生

一些大学生平时的功课比较轻松，有较多的空余时间，而利用这些时间上网玩游戏的人不在少数，其实，与其将时间浪费在玩游戏上面，还不如在网上尝试一下创业的滋味。由于大学生接受新事物的能力较强，对网络的应用更是得心应手，所以开设微店不失为勤工俭学的一种方法。

1.2.8 网络红人

"网络红人"简称"网红"，是指在网络中知名度很高的网民（在现实中则不一定知名度高）。网络红人拥有大量的关注者，这就是天然的人气资源，网络红人开设微店，可以将人气资源利用起来，取得惊人的销售业绩。可以说网络红人开微店，起步就比一般人高很多。

1.2.9 自由职业者

年轻人越来越追求独立自主的生活方式，

不喜欢被束缚，希望通过自身的奋斗，摆脱给他人打工的状况，即所谓的自由职业者。现在不少的自由职业者喜欢上网冲浪，他们开设网络店铺并不在意自己的东西能卖多少钱，而是希望那些平时逛街所购买的东西同样会有人欣赏和喜欢，其目的是通过开店来充实生活，寻找一些志趣相投的朋友。通常这类朋友多会将此作为拓宽社会圈子的一种有利方式，为今后的发展打下坚实基础。

1.2.10 全职家庭主妇

全职家庭主妇可利用空闲时间兼职，微店销售非常适合这类人群，没有繁琐的产品上传下线，不需要对微店进行复杂的装修，一部手机在手，轻松搞定销售，还不耽误照顾家庭。

1.3 选择适合自己的经营模式

读者应该根据个人的实际情况，选择一种适合自己的经营方式。微店的经营方式主要有以下3种。

1.3.1 微店与实体店相结合

随着网购成为人们生活的一部分，不少传统商店也相继在网上开店，抢占市场。就现在的市场环境来看，开个实体店，最好也同时开个微店，彼此相辅相成，网上和网下的销售渠道同时打通，这样生意才能更快的做大做强。微店结合实体店的好处如下。

- 微店是实体店的很好补充，让店里的产品没有淡季和夜晚。24小时不间断地在互联网展示，吸引更多的潜在顾客。
- 微店能帮助实体店完善客户群。结合实体店能更好地服务于本地市场的用户。
- 微店可以帮助实体店自动统计热销产品，从而方便店主有针对性地进行产品调整。
- 由于有实体店铺的支持，货源比较稳定，能快速了解市场行情。
- 业内人士认为，网络销售最大的缺陷是消费者的认可度比较低。因此，实体店和微店结合经营在

本地销售中具有很大的优势。本地顾客在网上了解到产品之后再到实体店看货，购买的可能性就会很大。

1.3.2 微店与淘宝店相结合

很多淘宝商家都在发愁如何增加淘宝店的销量。销量涉及的因素是复杂的，如果结合微店，则可以为淘宝商家打开另一番局面。

使用淘宝店与微店结合的方式，让淘宝店多了一个对外的展示、交易平台。微店是基于地理位置、熟人关系的销售方式，对于主要面向陌生人进行销售的淘宝店来说，是一个很好的补充。淘宝店本身备有货品，也不用再专门为微店进货；客服人员也是现成的，如果工作没有满负荷的话，完全可以让现有的客服人员同时负责微店的客服。因此，对于淘宝商家来说，增加一个微店可以说是几乎毫无成本，但收益却是巨大的。

1.3.3 全职经营微店

全职经营微店就是店主将全部的精力都投入到

微店中，将微店的收入作为个人收入的主要来源。

想做全职无非有两种情形：一种是从开始就打算做全职，或多或少都准备豁出去的感觉，有不成功便成仁的雄心壮志包含其中；另一种是先兼职等做到一定良好状况后再转为全职。

一开始就决定做全职的原因应该是多方面的，有的是工作上高不成低不就，有的是不愿受到束缚而喜欢自由，有的是不甘平庸而进行的自我挑战，有的是看到别人做得有声有色而心生艳羡……不管什么原因，全职做微店是需要很大的坚强斗志和良好心态的，因为不管最后的结果是赢还是输，切断自己后路，一往无前，无论有多少艰难险阻摆在前面，而不顾一切地去尝试、去挑战、去证明自己的全职卖家，就是值得大家钦佩和褒奖的。

全职是最大付出的，店主除了上卫生间，连吃饭都恨不得也在电脑旁进行营销推广，没有周六、周日和节假日，虽然比兼职有更多的收获，但也有更多的辛劳和疲惫。

1.3.4　兼职经营微店

经营者将经营微店作为自己的副业。比如，现在许多在校学生利用课余时间经营微店，也有一些职场人士利用工作的便利开设微店，增加收入来源。

想做兼职无非有两种情形：一种是试探的兼职，本身工作谈不上好也谈不上坏，钱足以糊口却不至于奢侈它用，想要改变这样一种不痛不痒的"尴尬状况"，但又不敢一下割舍依靠、切去后路；另一种纯粹是业余爱好或者说精神寄托，工作上得心应手没有里忧外患，既不紧张也不繁忙，只想有意义地打发空余时间，只想尝尝朋友遍天下的感受，或者只想让自己变得更加自信和充实，不在乎赚钱的多少，惬意享受着进步成长中的每一步细节。

虽然兼职的经营心态稍微轻松，但在时间上并不一定比全职的人投入得少，一部分想要做出成绩的这一类人，除了工作外会把全部的精力都奉献给网店。

兼职的投入一方面因为是兼顾而做，另一方面想要多投入，却会受到一定客观条件的限制，因为还要正常上班，甚至有的要兼顾学业、有的有家庭和孩子的牵挂打理等；兼职其实并没有人们想象中的那么轻松和潇洒。可以说在兼职的问题上，以何种角度何种心态何种目的去看待、去评判、去期待，就会有与之相对应程度的投入产生。

1.4　选择商品销售种类

目前微店出售的商品从属性上来分，可以分为虚拟商品和实物商品两类。但如果从销售形势上分，则还有代销商品。下面就一起来看看。

1.4.1　实物商品

实物商品就是目前市场上能够看到，并且能够通过交易进行正常接触使用的商品。它的范围很广，基本涵盖了所有人们生活的方方面面。大到家具、电器，小到螺丝刀、缝衣针……衣食住行都囊括其中，图1-5所示的衣服即为实物商品。

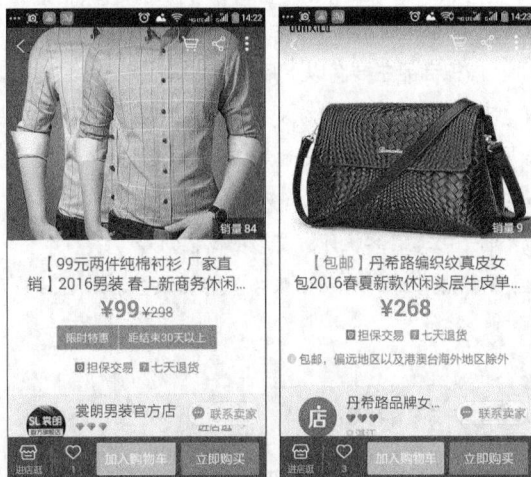

图1-5

1.4.2 虚拟商品

虚拟商品一般是指没有实物的商品，如网络游戏点卡（用于计算游戏时间的卡）、网游装备（网络游戏中得到的装备，如宝剑、盔甲等）、QQ号码、Q币（用于购买QQ服务的虚拟货币）、手机话费等。一般来说就是无邮费、无实物性质，而是通过数字或字符发送的商品，如图1-6所示。

图1-6

由于虚拟商品无实物性质，所以一般在网上销售时默认无法选择物流运输，通常是自动发货。也正因为此原因，一般销售虚拟物品的网店店主，都能快速累积较高的销售信誉。许多本身销售实物的微店前期都是先出售虚拟商品来累积信誉的。

虚拟商品主要有以下几类。

- 网络游戏点卡、网游装备、QQ号码、Q币等。
- 移动/联通/电信充值卡等。
- IP卡/网络电话/软件序列号等。
- 电子书、网络软件、图形图像素材等。
- 网络服务等，如网站服务、邮箱服务和加密传输服务等。

1.4.3 代销商品

微店店主也可以替供应商销售商品，也就是作为代销商，从销售中赚取差价。代销流程图如图1-7所示。

图1-7

代销属于零投资零库存的销售方式，不少微店平台都为店主们提供了专门的供应商，解决了商品货源、商品发货以及商品售后服务的问题，代销店主只要在自己的店铺中发布所代理商品的信息，当有买家下单后，代销店主同步与供应商下单，供应商就会根据代销店主提供的地址将商品发送给买家。而这个过程中产生的差价，就是代销卖家所能够赚取的利润。

在众多货源方式中，代销更适合以下人群采用。

- 上班人士：有固定的工作场所与工作时间，能够经常上网但没有足够的时间寻找货源以及发货的上班人士。
- 货运不便的地区：城市郊区、小县城等快递不愿去接件或接件费用较高的地方。
- 不具备商品拍照条件的卖家：网店中商品拍照是非常重要的，如果卖家没有相机、不具备拍照技术以及不会处理图片，那么就无法展示出逼真的商品图片。而代销就不用考虑这个问题，卖家只要将代理商提供的图片放到自己的微店中进行宣传就行了。

虽然代销使得卖家无需投入任何成本，但代销还是存在一定风险的，因为在销售过程中，货物是不经过卖家的，卖家同样只能通过供应商提供的商品图片和描述来了解产品，而无法看到最终发给买家的商品实物，因此代销过程中，卖家可能对自己销售的商品自己都不是很了解。

另外，一些不稳定的供应商可能让微店无法经营下去，如有的供应商提供的商品图片与质量相差悬殊，这些对卖家来说都是非常致命的，不但需要和买家解释协商，而且可能因此获得差评，需要知道的是，在微店中差评的出现将意味着买家的流失，是微店经营中的大忌。

1.4.4 各类商品特点比较

前面介绍了3类商品的基本信息和特点，相信大部分读者对实物商品没有什么疑问，对于虚拟商品和代销商品的运作方式，则可能有一些不解之处。

为了帮助读者理解，下面给出一个对比表1-4，从表中可以看到这3类商品的异同之处。

表1-4

比较项目	有无实体	进货渠道	物流方式	投入成本	耗费精力
虚拟商品	无	商品官方申请	网络发送	很小	少
实物商品	有	批发市场等	物流发送	大小皆可	多
代销商品	有	网络供应商	供应商直接物流发送（不通过卖家）	很小	一般

需要说明的是，表1-4中，"耗费精力"这一项仅仅是指商品购买、搬运、发货等行为耗费的精力，不包括宣传店铺所耗费的精力。

严格来说，其实虚拟商品也都是代销商品，店主从官方申请代销资格后（如Q币代销可以在腾讯网上进行申请），再在微店上进行销售，这是一种典型的代销行为。不过为了和实物商品进行区别，还是把虚拟商品单独划分为一类。

读者可以根据表1-4来选择销售商品的种类，可以重点参考"投入成本"和"耗费精力"两项。

1.5　开微店所需的软、硬件及其使用技能

尽管开设微店投资少、操作简单，但是也需要具备一些最基本的条件。例如，需要智能手机、电脑、网络和打印机等硬件设备，需要光影魔术手、Photoshop等软件，并需熟练掌握其使用方法。

1.5.1　智能手机

因为微店是在手机上开设的店，所以必须有一部智能手机。对于智能手机的系统版本没有特别要求，不过最好使用当前热门的苹果手机（见图1-8）或者安卓手机（见图1-9），因为绝大部分微店软件目前只支持这两种系统。

图1-9

现在千元级别的智能手机完全可以流畅运行微店APP。不过，最好选择电池容量比较大、续航能力比较强的款型，这样可以使用较长时间，不至于在紧要关头缺电关机，影响生意。

手机屏幕最好略大一点，才有利于观看对话和数据等。对于男士而言，手机可以考虑4~6英寸，对于女士而言，则可以考虑3.5~4.5英寸。

手机CPU至少要在四核或以上，运行内存至少2GB，存储内存8GB或16GB，才能保证运行流畅。

图1-8

如果预算比较充足，可以考虑购买苹果公司的iPhone 6S、iPhone 6S Plus或iPhone 7手机，无论是质量、手感、续航还是操控，都是上乘之选；如果预算不是很充足也不要紧，现在千元左右的八核智能机也有不少，如华为的荣耀畅玩4C、红米3等，都是不错的选择。

1.5.2 上网手机卡

使用智能手机，就是为了移动上网。但只有手机是不行的，还需要相应的手机卡配合。那么，选用什么手机卡来上网比较好呢？

现在的手机卡联网方式分为2G、3G和4G，2G上网用最普通的手机卡就可以实现，速度最高只有十几KB/秒；3G上网速度很快，联通3G可达600KB/秒，与很多有线宽带不相上下；4G上网可达2.5MB/秒以上，是目前手机上网的首选。

最新款的iPhone手机都是支持4G上网的，如果店主原来使用的是2G手机卡，应去营业厅换为支持4G的手机卡，一般不用换号。千万不要仅为省事，使用2G手机卡上网，那样不仅网费贵，而且速度慢得让人无法忍受，对于微店店主而言，这样的速度根本无法应付生意。

专家提点 建议采用联通4G上网卡

虽然移动、联通与电信都有4G服务，但在无4G网络覆盖的地区，联通可向下兼容3G网络，而联通3G是国内最快的3G网络，能同样保证高速上网体验，因此在有选择的情况下，建议采用联通4G上网卡。

如果打算购买安卓手机，则可以考虑双卡双待类型的，GSM插槽可以插店主原来的手机卡（假如原来的手机卡无法升级为3G/4G卡），另一个高速插槽则插专门用于上网的3G/4G手机卡。购机前要问清楚手机是否支持4G上网。

淘宝上有不少能上网的3G/4G手机卡出售，有一些是每月固定资费，流量也是固定的，也有一些是用多少算多少，如1MB一毛钱。店主可以根据自己的使用习惯来购买。

1.5.3 电脑与宽带网络

因为微店还推出了网页版管理后台，所以准备

一台可以上网的电脑也是必需的，而且有时候手机欠费或者没电关机了，利用网页版微店同样不会影响店铺运营。另外，微店需要绑定银行卡，利用电脑申请或绑定银行卡更加方便。

最好能配置一台方便携带、随时随地都能投入工作的笔记本电脑。用笔记本电脑可以更加快速、方便地与自己的客户和厂家进行沟通，还可以及时查看和回复买家的留言，此外，它还可以起到移动硬盘的作用。当然，如果没有条件，也可以配置一台台式电脑，只要时间分配适当，同样可以达到事半功倍的效果。图1-10所示为笔记本电脑，图1-11所示为台式电脑。

图1-10

图1-11

有了电脑后，还需要为它安装宽带网络，使之能访问互联网。因为微店的宣传推广、图片处理等工作基本都是在电脑与互联网上完成的，此外，还需要上网查询资料，以及利用网络与客户或厂家收发电子邮件等。所以，便捷的网络也是开设微店的条件之一。

1.5.4 数码相机

对于很多微店而言，数码相机也是基本的装备。因为大部分买家都是通过图片和文字叙述了解

商品的。有了自己的数码相机，就可以将自己的产品多角度地反映在买家面前，使买家更加直观地感受和了解物品。

因此，好的数码相机和娴熟的拍摄技术就显得尤为重要。在拍摄技术方面，可以参考本书中讲解的关于各种商品的拍摄方法，可以快速提高店主对网店商品的拍摄技术。

不过，这里并不是鼓励店主们去购买高档相机。使用卡片机，甚至好一点的手机摄像头，再配合良好的光线，也可以拍出美观大方的商品说明图片来。当然，有购买单反相机的预算那就更好了，毕竟好的相机可以更多地将商品的细节呈现出来，更能引起买家的购买欲。图1-12所示为价格平易近人、效果也不错的卡片相机；图1-13所示为效果很好，但价格也不菲的单反相机。

图1-12

图1-13

专家提点 也可以考虑其他类型的相机

有的店主担心卡片相机的拍摄效果不够好，但预算又不足以购买昂贵的单反相机，那么可以考虑微单相机、单电相机，效果不错，而且价格也不太贵，有兴趣的店主可以去网上详细了解一下，然后选择一款符合自己需要和预算的相机。在后面的章节中会讲解如何选择适合的相机。

1.5.5　打印机

在开店前期，打印机可能并不常用，但业务发展到一定程度时，可以选择使用打印机打印发货单，相对于手写的发货单更为方便快捷、更加正规和专业。图1-14所示为专门打印票据的"针式平推式票据打印机"（注意必须是针式打印机，不能用激光打印机或喷墨打印机），图1-15所示为打印的快递单，从图中可以看到，打印的快递单比手写的快递单更加工整快捷，更能给人一种专业和上档次的感觉。

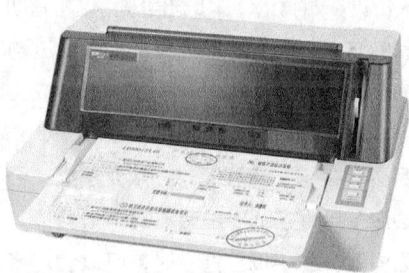

图1-14

图1-15

1.5.6　简单的软件操作能力

除了硬件设施外，卖家还要掌握一些常用的软件操作技能和技巧，简单说来包括以下几种。

1. 熟练的网上操作

熟练的网上操作有利于开展网上销售，如访问网页、下载文件、快速打字等。相信想在网上开店的人，对网络已经不算是陌生了，只是在网络知识的深度和广度上，还有一定的提升空间，不过这也没有什么好担心的，只要平时多注意积累，变成网络高手其实并不是什么难事。

2. 收发电子邮件

电子邮件是Internet应用最广泛的服务，它是一种通过网络与其他用户进行联系的简便、迅速、廉价的现代通信方式。它不但可以传送文本，还可以传递多媒体信息，如图像、声音等。通常情况下，一个独立的网络中邮件在几秒钟之内就可以送达对方邮箱。同时，还可以得到大量免费的新闻、专题邮件，轻松地实现信息搜索。

3. 网上聊天软件

作为网店店主，必须能熟练地运用一些网上即时聊天工具，如腾讯QQ和微信等，这将有助于卖家与买家的沟通，因为大部分交易都是通过聊天软件完成的，不能熟练掌握聊天软件，将会成为店主在交易中的软肋。

另外，在与买家聊天时打字要熟练，否则买家会误会店主怠慢了他，没有认真与他交谈，从而导致交易失败。在手机上打字时，可以使用诸如"讯飞语音输入法"之类的软件来进行语音输入，其效率远超手工打字。如果使用电脑上的微店客服端与客户交流，手写板、"一指禅"打字，都是不能满足交流需要的，一定要花一些时间来提高自己的打字速度，只要把拼音输入法掌握熟练就可以了。

4. 图像处理软件

网上开店，客户主要是通过图片来判定产品的，所以精美的商品图片和宣传图片尤其重要。精美的图片往往会吸引客户的眼球，而质量差的图片将会使买家望而却步。通过数码相机拍摄的照片，可能会出现拍摄中的各类问题，如曝光不足、反差过高等情况。因此是否能做出漂亮的商品图片，对网上开店来说也是一个至关重要的因素。

现在的作图软件有很多种，店主并不需要都学会。这里推荐两款：一款是使用简单方便、常用功能都具备的"光影魔术手"；另一款是专业的图像处理软件"Photoshop"，它功能强大，能够制作出非常精美的图片，但使用上也较为复杂，适合有一定软件基础的人。

如果读者不会图像处理软件，也不用着急，在本书后面的章节中会向大家详细讲解如何使用图像处理软件来处理商品照片的方法，读者可以从中学习到很多实用的技巧。

1.6 秘技一点通

技巧1 ——怎样说服家人同意自己开网店

很多人决心开网店时，特别是辞职后全职开网店，往往受到家庭成员的阻挠。有时来自父母，有时来自另一半。

父母作为老一辈，对于新生事物不了解，一听说网上做买卖，下意识地就会反对；而妻子或丈夫，往往希望过上稳定的生活，听说对方想辞职去开网店，很可能不满意（原本就没有工作的例外），觉得这个举动太轻率，丢掉了稳定工作，万一网店又失败怎么办？生活费、房贷、小孩开销是每个月都省不了的支出，全靠一个人的收入来支撑，实在是困难。

如果已经充分评估了开网店的风险和收益，并且非常有信心盈利的话，就要耐心地和家人解释，说服他们同意。

如何打消老年人对于网络的疑虑呢？老年人一般只相信"眼见为实"，要说服他们相信，最好的方法是在宣布自己准备开设网店之前，为他们网购一些商品，拜托他们接收几次快递，让他们不知不觉了解网购，享受网购带来的好处，再有意识地和他们聊聊网络开店的风潮和规模，让他们在不知不觉间认同网购，再在合适的时候，告诉他们自己准备开设网店，他们也不会有太多的反感，就比较容易说服了。

这种方法的要点是，要提前让父母了解网购，不要突兀地告诉他们自己要开网店，不然很大可能只会获得反对意见。

对于另一半，一般来说对方担心的是万一开店失败导致家里财政紧张，而不是因为对网店不了解而反对。因此要说服对方支持自己，最好的办法是给出一个比较全面的计划，其中重要的部分就是"如果开店失败如何处理"，以及"如果获利如何提高生活质量"，只要在这两步上做好功课，让对方信服，说服对方支持自己应该就不会很困难了。

技巧2 ——不懂电脑，到京东买到质量过关的电脑及配件

对于要开设微店的人来说，一台质量好、性能稳定的电脑是必不可少的，但可惜的是，大部分人都不懂电脑硬件，不知道如何买到货真价实的电脑。

很多人可能都听说过，在电脑城购买电脑容易遇到奸商，以次充好，乱抬价格，使消费者多花很多冤枉钱。要避免这种情况的发生，大家第一时间想到的就是请熟悉电脑硬件行情的高手和自己一起去购买，这固然是个好方法，但也有不足之处，一个是熟悉电脑硬件行情的人不一定能够找到，另一个是要欠下一笔人情债，很不划算。

其实，不懂电脑的人，也可以在不找人帮忙的情况下买到质量过关、价格合适的电脑。方法很简单：不要去电脑城，而是从网上京东商城选择并下单，即可买到。

京东商城中出售的商品种类繁多，其中电脑类商品包括台式电脑主机（仅主机，不含显示器、键盘鼠标等外设）、台式电脑整机、笔记本电脑、电脑配件以及电脑周边设备。由于京东的电脑大部分是自营，非自营也经过严格审核，因此基本不会出现假冒伪劣商品，在价格上也基本和电脑城齐平，部分特价商品甚至比电脑城更便宜。

其实，不仅电脑，数码相机和打印机等设备也可以在京东上购买，质量和售后都会有较好的保障。

专家提点 关于支付宝的一些信息

在购买时，不要去网吧等公共场合的电脑上进行购买操作，这样不安全，可以借用信得过的亲朋的电脑来购买。购买时可以采用货到付款的方法，这样就不会在电脑上遗留银行卡信息了。

京东的产品大体来说分为自营与非自营两种。自营产品是指京东从采购到销售全程参与的产品；

非自营产品是指加盟京东的商家，借用京东平台出售的产品。

京东自营的产品由于全程监管，质量上还是比较有保证的；当然，对于非自营产品，京东还是会进行质量检查，以免损坏平台的名声，不过，非自营产品数量太多，京东也不可能面面俱到地进行检查，这就决定了非自营产品质量水平要略低于自营产品。而且京东自营的产品，售后由京东平台负责，无论退换都比较方便；非自营的产品，售后水平参差不齐，有时候会让用户感到很不满意。

作为在京东购买手机、电脑、相机与打印机等产品的用户，自然希望购买到京东自营的产品，这样在质量和服务上更为保险。那么，如何区分京东自营产品与非自营产品呢？

京东自营产品，在"服务"一栏中都会写上"由京东商城发货并提供售后服务"字样，如图1-16所示。

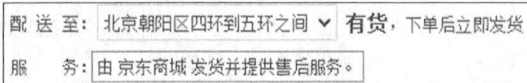

配 送 至：北京朝阳区四环到五环之间 ∨ 有货，下单后立即发货
服 务：由 京东商城 发货并提供售后服务。

图1-16

京东非自营产品，在"服务"一栏中写上的是商家名称，如图1-17所示。

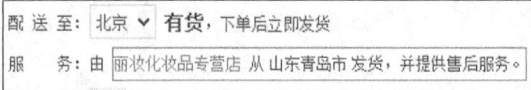

配 送 至：北京 ∨ 有货，下单后立即发货
服 务：由 丽妆化妆品专营店 从 山东青岛市 发货，并提供售后服务。

图1-17

技巧3 ——大学生如何利用独有的资源开设微店

大学生作为一个独特的群体，有比较宽裕的时间，但没有太多的资金，如果要开设微店，应该怎么办呢？其实，大学里也有外界缺乏的资源，只要开动脑筋，就能用来作为开店资源。

■ **教学录像。** 现在很多课都有教学录像，这是很好的微店资源。很多学生需要补课时，相对比较廉价的高数、物理等基础课的教学录像将会受到他们的欢迎。对于考研的群体来说，各种基础课和

专业课的教学录像也是比较有吸引力的，特别是名师的课程。

■ 组织补课。很多大学生都兼职为初高中生补课。如果将愿意兼职的大学生组织起来，提供详尽的履历介绍、补课方向、价格表等，并利用微店向本市居民进行推销，也会有不小的收获。

■ 书籍资料。大学里可能最不缺乏的就是旧书和学习资料了。这些旧书和资料可以收集起来，向新一届的大学生出售。利用微店地理位置的功能，可以向宿舍、教学楼里的其他学生推销书籍和资料。

■ 毕业好货。每一届学生毕业的时候，都有很多比较好的东西便宜甩卖，这个时候店主可以根据自己的资金量，适当收一些比较保值的二手货，如健身器材、各种未到期的会员证等，作为微店货源的补充。

其实，只要用心寻找，大学校园还能找到更多较为廉价的东西来开店，即使资金不够充足，也不会有太大的影响。

00后开微店实现经济独立

开店小故事

大多数00后还在校园内读书的时候，同为00后的王冬冬已经实现了经济独立，不仅学费自己交，每个月还能向家里交钱。这一切，都是从一年前经营微店开始的。

王东东经营微店的契机其实源于一次与父亲的争执。一年前的一天，王东东看上了一个心仪已久的原版手办（动漫模型），但价格不菲，于是回家向老爸要钱。老爸一听要2000多元，就拒绝了王东东，并说：你要买这么贵的模型，只能自己挣钱了，家里不支持。

王东东一气之下，决定自己开个网店。最开始，他想去淘宝开店，但发现淘宝开店是实名制注册，并要求年满18周岁，王东东不符合开店条件。于是他在网上四处寻觅，希望找到一个人气旺、门槛低、注册条件宽松的网店平台。最后找到了一个叫做"微店"的手机开店平台，据介绍已有两千多万用户，人气很高，注册条件也宽松，操作更是简单，因此王东东决定在微店创立自己的店铺。

王东东的父亲虽然拒绝为儿子买手办，但却很支持儿子自己挣钱的想法。王东东在研究开店平台时，父亲将自己一位老同学介绍给了儿子。这位老同学开设了一家玩具厂，他承诺王东东可以在他那里小批量拿货，并可以先拿货后结账。

注册了微店，解决了货源问题，王东东的小店很快就开张了。他开始积极地在网上推广，也发动同学、朋友帮忙宣传，很快就有了第一笔交易。由于两三个月以后就是圣诞节，王东东知道这是个好的市场机会，于是他向厂里订了一批和圣诞节有关的商品，并针对圣诞节设计了文案进行宣传。

机会只留给有准备的人。在圣诞节快来时，由于王东东事先的大力宣传，很快店里的圣诞商品就销售一空，他不得不好几次追加订单。当圣诞节结束时，王东东投入的本钱就翻了两倍。

经营微店的日子是辛苦的，上产品、写描述、做客服、处理订单、发货等，整个环节所有的事情都要自己一个人完成，有时候王东东也会觉得累，但他从来没有想过放弃。王东东的努力得到了回报，当年年底，小店盈利就达到了3万多元，王东东不仅买到了自己喜欢的手办，日常开销再也没有向家里伸过手，甚至连学费也是自己交的，完全实现了经济独立。

王东东生意越做越好，也越来越忙，不过这些都没有影响他的学习。王东东说："很多人都认为没读过大学也不算什么，照样可以赚钱，但是我知道大学教给大家的不仅仅是知识，还有良好的思考方式和学习习惯，因此我不会因为赚钱就不读大学，我会把微店带到大学里去，我相信大学里微店的商机也不少。"在被问及想读哪个专业时，王东东毫不犹豫地回答："当然是营销、贸易方面的专业了！"

第 2 章

做好微店开张前的准备

🔍 本章导言

　　想要开设自己的微店，需要做好事前的准备工作。首先要对微店的各种类型有所了解，然后选择适合自己的微店平台。此外，还需要解决货源问题。固然现在有些微店店主采取了分销他人商品的方法，轻松解决了货源的烦恼，但分销利润小，质量不可控，因此有更多的微店店主选择了自主进货。

🔍 学习要点

- 根据自身需要选择微店平台
- 为自己的微店选择合适的销售商品
- 全面了解微店商品的进货渠道

2.1 选择适合你开店的微店平台

　　在开始微店创业之前，未来的店主需要了解目前流行的微店平台，这是因为这些平台大致分为以下两类，适合不同需要的店主使用。未来的店主要根据自身情况确定开店平台。

- 支持店主自己上架实体货物的微店平台。
- 走分销路线的微店平台，店主从平台内选择货源进行分销。

　　下面就一起来了解各个微店平台的特点。

2.1.1 口袋时尚的微店

　　微店APP是目前最为热门的手机开店平台之一，由北京口袋时尚科技有限公司开发，支持店主自己上架货物，同时也支持分销模式。

专家提点 注意两个"微店"的区别

前面提到的"微店"是泛指一切开设在手机等移动设备上的小店。这里的"微店"是特指口袋时尚科技有限公司开发的手机开店APP，该APP就叫做"微店"。其他公司开发的手机开店APP则另有名称，如微店网、妙店等，它们和口袋时尚科技有限公司开发的"微店"APP是同一类型的。

　　微店的电脑版主页非常简洁，访问之后，扫描二维码即可下载微店APP到手机进行安装。具体的下载安装方法将在后面进行讲解。

　　微店之所以受到用户喜爱，是与它丰富的功能分不开的。微店APP主要包括两个简洁的页面，首页如图2-1所示，包含网店管理、笔记、商品、订单、统计、客户和收入7个模块，其中单击最上方的微店名即可进入网店管理模块，该模块在两个页面中都会显示；次页如图2-2所示，除了网店管理模块外，还包含推广、服务、货源、供货、商会与为梦想打卡模块。

图2-1

图2-2

微店不仅功能丰富，并且开店手续也简单，只需手机号码即可开通。服务则完全免费，所有交易不收取任何手续费。在回款方面，微店每天会自动将前一天货款全部提现至用户的银行卡（一般1～2

个工作日到账），同时支持信用卡、储蓄卡、支付宝等多种方式付款，且无须开通网银，既快捷又方便。同时，微店的用户（包括卖家与买家）也是同类平台中最多的，人气也最旺盛。

口袋时尚公司的微店APP目前支持苹果手机的iOS系统、安卓（Android）手机的安卓系统，覆盖了市面上大部分手机。对于黑莓（BlackBerry）手机以及Windows手机则不支持，好在这两者的用户比较少。此外，它对手机硬件要求较低，大多数智能手机均可安装使用。同时它也是本书将要重点讲解的APP。

高手支招 如何确定自己的手机能 ▶▶—
否运行口袋时尚公司的微店APP

相信苹果手机用户都清楚自己的手机是苹果公司的，因此这类用户是没有疑问的。其他用户如果不能确定自己的手机是安卓还是黑莓或是Windows，可以将手机拿到移动、联通或电信营业厅询问柜台服务人员，他们能够准确判断手机的类型；当然也可以询问比较懂行的朋友；如果购机时的说明书还在的话，也可以拿出来浏览，一般说明书上都会对手机的类型进行说明。

2.1.2 微店网

微店网由深圳市云商微店网络技术有限公司运营，主要以分销的形式进行运营，为店主解决货源难的问题，其官网页面就直接向大众推荐货源与微店，如图2-3所示。此外，微店网还推出了买家版手机App，方便买家在手机上购物，如图2-4所示。

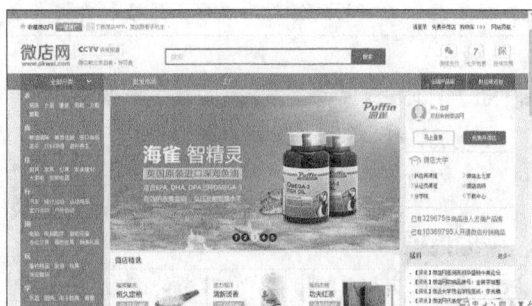

图2-3

图2-4

供应商可以在微店网上注册并提供货源、物流及售后服务，而微店店主则可以选择供应商的商品，负责推广出售。在微店网开微店无须资金成本，也无须寻找货源，更不用自己处理物流和售后，方便省事，是最适合大学生、白领、上班族的兼职创业平台。

在微店网注册了一个微店后，就有了微店网上所有供应商的产品销售权。店主将不同的商品放到自己的微店中，然后将自己的微店推广出去。消费者进入微店购买商品后，店主就可以获得推广佣金，这就是分销模式的运作过程。不过，这种分销模式也存在以下一些问题。

- 店主无法直接看见货源，对货源缺乏直观了解，只能凭借供应商给出的图片和资料来介绍商品。
- 店主不能保证供应商提供的都是正品。有些供应商并没有某商品的代理权，他们提供的商品是仿制品。买家买到仿制品以后，风险却要由店主承担。
- 由于利润微薄，店主无法对价格进行调控，一些让利大促销的活动也不好开展。

注意区别微店网的APP图标与口袋时尚公司的APP图标

专家提点

微店网的微店APP图标与口袋时尚的微店APP图标比较相似，在下载的时候要分辨清楚，切勿弄错。

2.1.3 微信小店

微信小店是根植于微信平台的微型店铺，适合有运营微信公众账号经验的店主。店主需自行组织货源，并负责售后维护。"微信小店"通过公众账号售卖商品，可实现包括开店、商品上架、货架管理、客户关系维护、活动开展以及维权等功能，如图2-5所示。

图2-5

微信最大的优势就是拥有上亿的用户，这是其他微店平台难以比拟的。不过微信小店的进入"门槛"颇高，需要满足两个条件：第一，需开设一个微信服务号；第二，需开通微信支付接口。其中，开通微信支付接口需要缴纳20000元押金，这对个人店主来说，无疑是一个沉重的负担。因此，微信虽然用户众多，但过高的押金却将很多个人店主"拒之门外"了。因此微信小店适合本身已有实体店，资金比较充裕的店主，通过开设微信小店新增销售渠道。

2.1.4　有赞商城（原口袋通）

　　"有赞商城"即原来的"口袋通"，由杭州起码科技有限公司开发，主要走分销模式。有赞商城为用户提供整套的店铺系统，面向的对象主要有认证企业与个人，还提出让公司员工各自开设微店，为公司销售商品的创新模式，如图2-6所示。

图2-6

- 对于认证企业，有赞提供了有赞商家版（包括PC版与APP版）供其使用。商家版APP可以管理货品、开展活动、联系客户等，其功能与口袋时尚的微店APP、微信小店差不多。虽然主要面向有三证一照资质（组织机构代码证、税务登记证、法人代表身份证、工商营业执照）的企业，但也不限制个人用户注册使用，凡是不想走分销模式，希望自组货源的个人用户都可以使用。
- 对于喜欢分销模式的个人用户，有赞提供了微小店APP供其使用。微小店走的是分销模式，店主可以直接"搬运"有赞商城中供应商提供的商品到自己的微店中进行售卖，然后赚取分销利润。这和微店网几乎是一样的，微店店主虽然省却了进货发货的麻烦，但也无法控制商品质量与价

格。同时，微小店APP也支持公司全员开店，通过简单的指令即可让一个公司的所有员工分别开设微店，为公司分销商品。

- 对于纯粹的买家，有赞提供了有赞买家版APP，可以方便地浏览有赞商城中的货品。对于商家来说，也可以使用有赞买家版来查看和测试自己的店铺。

2.1.5　根据经营方式选择微店平台

　　前面介绍了这么多微店平台，那么，最适合自己的平台是哪一个呢？其实，要找到属于自己的平台，首先要弄清楚自己属于哪一种经营形式。目前，微店店主的经营形式大致可分为3类。

- 店主本身已经在淘宝等电商平台开设有店铺，在此基础上再开设微店，作为主店的辅助销售平台。这一类店主通常对网店的经营已经有了比较成熟的理念。
- 店主主打朋友熟人生意，一般在自己的社交圈里出售商品，买卖双方基于信任关系，这样的店主一般是在微信、微博上经营，并没有专门的店。
- 店主利用新兴的各类微店平台，如微店、微店网以及口袋通等，以类似于淘宝网店的形式展示、出售各类商品，只不过交易的硬件平台不再是台式电脑，而是手机。

　　第一类店主可以方便地在淘宝微店开业，也可以利用口袋时尚微店的一键搬家功能将淘宝店的商品复制到微店中。

　　第二类店主并不开设具体的微店，因此可以不必选择微店平台，直接在微信朋友圈中进行营销即可，不过这类店主仍然可以利用本书的营销推广部分来提高商品销售量。

　　第三类也是要重点认识的开店方式，即通过微店APP开店，再以各种方式宣传推广，打出知名度后盈利。不过第三类店主也分为两种，一种是以自己进货、自己发货为主的"实体"销售商，另一种是主打代销/分销的销售商。前者可在支持自主上货的微店平台开设小店，如口袋时尚的微店；后者作为代销/分销商，可以在提供货源的平台上开店，如口袋时尚的微店、微店网、有赞商城等。

2.2 在微店销售最火的商品

一般来说，一个微店有它主营的商品，如快消品、女装、首饰等。那么一个微店店主该如何选择自己的主营商品类型呢？首先，店主要对适合微店的商品有一个全面的了解，并知道其中哪些是热销商品，最后再根据自己的优势选择微店的主营商品。

2.2.1 适合微店销售的商品

一般来说，只要不违反国家法律法规的商品（虚拟类、实物类）以及各种服务，都可以在微店中进行销售，但实际上还需要综合各种因素进行分析，尽量选择适合在网上销售的商品，这是因为网上销售的商品通常涉及快递费用、稀缺性等因素，与实体店销售的商品有一定的区别。下面简单分析在选择微店商品时需要考虑的因素。

1. 商品的体积与重量

网上销售的商品多是通过邮寄或快递方式发送到买家手中的，因此卖家在选择销售的商品时，商品的体积是必须要考虑的。微店销售的商品体积不宜太大且要易于包装，从而方便快递运输、节约运输费用。如果是一些异形商品，还要根据形状和性质来进行特殊包装，需要定制特别的包装袋，这些也是额外的投入，要计算在成本之中，如图2-7所示。

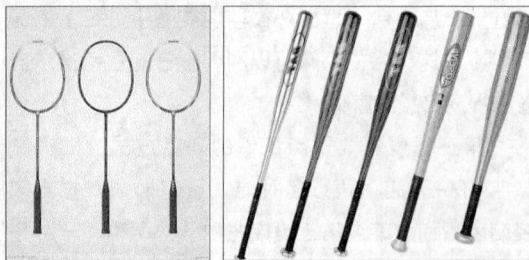

图2-7

同时，一般商品的体积与重量是成正比的，而快递运输计费是将商品重量核算到其中的，微店一般是包邮的，因此商品总价=商品实际售价+运费，如果商品太重运费过高，而导致商品总价与买家在网下购买悬殊不大的话，就失去对买家的吸引力了。

2. 商品价格和附加值

在网上购物，图的就是便宜，同样的一条裤子，别家卖100~120元，而自己的微店卖180元，顾客怎么选？这答案很明显。因此在选货时一定要关注利润率高的商品，这样调控商品的售价也比较方便，同时还能兼顾利润。

3. 商品的独特与时尚性

在网上销量较好的商品，基本都具有各自的独特性与时尚性。独特性就是商品本身独具特色，有亮点，这样才能吸引买家的注意，如果商品太过普通或大众化，或者现实中随处可见，那么其在网上销售的价值就很低了。

时尚性就是商品能跟上时代主流，是否是当前所热门追捧的类型，如服装类的商品是否流行、数码类商品配置是否为当前主流等，很多买家在网上购买商品时，也都会对商品的时尚性非常关注，尤其是一些具备很强时尚性的商品，如服装等。

广大卖家在选择商品时，必须分析所选择商品是否具备一定独特性与时尚性，如果商品太过平庸，则应分析网上买家的需求，该商品在网上是否有销路。

4. 能引起买家购买欲望

网上交易过程中，买家都是通过卖家所提供的商品图片和描述来选择与确定购买商品的，这就要求卖家所销售的商品，必须通过图片与描述就能让买家对商品有详细的了解，并引起买家的购买欲望。如果指定商品必须买家亲自见到实物并进行检测才会购买，那么就不太适合在网上销售。

5. 只能在网上买到的商品

如果具备条件的话，尽可能选择网下没有，而只有在网上才能买到的商品，如外贸订单商品或者从国外带回来的等。这类商品首先购买者只有在网上才能买到；其次竞争度相对较小，更容易销售。

一般来说，违反国家法律法规的商品肯定是不能在微店出售的，如枪支弹药、盗版游戏以及违禁药物之类；其次，有很多商品虽然可以在实体店售卖，但禁止在网店中出售，如卫星电视接收设备、开锋的刀剑匕首等冷兵器以及食用盐等；还有一些商品虽然能够在微店售卖，但需要申请特别许可，如书籍、药品等。

2.2.2　了解网上热销的商品

知道微店里能卖什么，这就确定了一个大致的商品范围。自己的微店可以在此范围内选择类型。一般来说，选择能在网上热卖的商品比较好，因为这类商品的需求巨大，做得好的话，利润相当可观。目前，网上的热卖产品主要有以下几类。

- 服装类。在众多从事开店的个体户中，赚钱最快的当属服装店。五彩缤纷的时装在给人们生活带来美感和享受的同时，也给店主带来了不菲的收入。有报告显示，服装是网上最畅销的商品。

- 手机。手机不仅是一种通信工具，还是时尚的代表——拥有一部或几部"很炫"的手机是一件"很酷"的事。所以，网上推出的最新款式手机永远不会缺少年轻人的追捧，并由此带动了相关彩铃、配件、充值卡等商品的销售。

网上卖手机类商品，一定要有价格优势。一般买家在网上购买此类产品时都很谨慎，在网上搜索比较以后才去购买，同样品牌的商品价格是很重要的因素。

- 美容护肤品。女性天生爱漂亮，喜欢使用各种化妆品，因此，化妆品市场的前景非常开阔；而护肤品是留住青春年华的"法宝"，不仅女性会大量购买，连部分男性都要为之解囊。所以美容护肤品一直是网络上销售火爆的商品。一般来说，女性一旦觉得某个店里的一款美容护肤品比较好用，会重复在该店购买，还会自发地传播，劝导亲朋来购买。这就是美容护肤品微店盈利的秘诀。

- 箱包类商品。箱包类也是微店非常热销的商品。每个女孩至少有两三个包包，如上课上班用的大

包包、逛街的斜跨包包、约会的精致小包包等。箱包运输方便，不会过期，优势和服装差不多，而且箱包作为礼物的也很多，这也是其优势所在。

- 数码与小家电产品。在网上购买数码产品与小家电的人也越来越多，一方面反映出了消费者网上购物行为逐步成熟，另一方面也反映了主要网上零售厂商产品策略的调整方向。另外，数码家电类生产商对于新零售渠道的重视程度逐步升级，也给市场带来了积极的影响。

- 电脑整机及配件。很多人认为电脑价值不菲，邮寄也不方便，应该不适合网上销售。这样想就错了，事实上，电脑（包括台式机和笔记本）的销量一直都在各C2C平台上排在前列，其相关配件和外设的销量也非常可观。

电脑产品的进入门槛相对较高，需要具备一定的专业知识，如清楚产品的功能特点、能辨别产品的优劣以及可以帮助买家排除一些小故障等。

- 流行饰品。流行饰品的市场非常大，女性的饰物数量是数不胜数。在女性自己购买的同时，男性也会购买来作为礼物，也有少许男性喜欢佩戴。打算做饰品微店的卖家，一定要紧跟时尚的步伐，不可脱离最新、最流行的字眼。只要商品款式够新颖、够时尚，买家一般只要看上就会念念不忘，最终掏钱购买。

其他比如快消品、母婴产品、家居产品等，销售量也非常可观，也是可以考虑的。

2.2.3　选择适合自身优势的微店商品

了解了热销的网上商品之后，是不是选择的范围进一步确定了呢？那么接下来，可以根据自己拥有的资源来决定小店究竟销售什么商品。比如当地有特产，价格比较便宜，这就是非常好的货源；或者当地服装厂很多，款式、价格上均有优势，这也是很好的货源。

一般来说，常见的货源优势有以下几种。

- 品牌上的优势。要清楚自己所选商品是否是在社

会上较有影响的品牌商品,因为商品的品牌在网上购物中的影响比现实中更为重要。由于无法看到商品实物,很多买家在选购商品时,对品牌的依赖度非常强,毕竟一个影响力大的品牌,在一定程度上代表了其产品的品质。

■ **价格上的优势。**自己的商品在该类商品的卖家中有没有价格优势,价格优势有多大对于商品的选择非常重要。绝大多数买家选择网上购物,是因为网上销售的商品价格要明显低于现实中的价格。在选购商品时,也会在该商品的卖家中进行对比,如果商品其他方面都一致,只是价格存在差异,那么价格较低的商品无疑更具优势。

■ **稀缺性上的优势。**自己的商品在全国范围内都比较少,而且利润率较高,这就具有了稀缺性。典型的例子是一些特色手工艺品微店,以及服务性的微店,因为特色手工艺品往往是独一无二的,很难复制,而一些种类服务也比较少见,如泰语 - 中文互译。由于同类商品较少,保证了稀缺性优势,因此可以考虑将该商品作为微店的货源。

■ **售后质保上的优势。**商品的售后服务也是非常重要的,尤其对于一些在售后质保上要求较高的数码产品,如手机、电脑等。购买这类商品的顾客,在选购商品的同时,也会将商品的售后服务考虑进来,如果卖家能提供更加周到的售后服务,让买家能够更放心,那么在竞争中自然更具有优势。当然,一般情况下,商品的售后服务来自卖家进货渠道商所提供的服务,因此在选择货源时,要关注渠道商所能提供的商品售后服务。常见商品的售后服务如:服装类的退换;数码电器类产品的包退、包换以及质保时间等。

经过多番调查研究后,相信微店卖什么商品的问题已经不再成为问题了。

高手支招 选择主营商品要根据店 ▶▶
主的优势而定

店主的主营商品并不一定必须在热销的商品中选择,如果店主能够找到其他价廉物美,且又便于在网上销售的商品,即使不是那么热门,问题也不大。

2.3 深入了解微店进货渠道

确定了微店的主营商品方向后,接下来就是寻找货源了。虽然微店可以分销其他供货商的商品,但前面已经讲过,分销商是无法控制商品质量和价格的,这在经营上会很不利,利润也很微薄。因此,很多店主希望自己进货自己销售,将不可控的因素减少到最低,那么,这就涉及如何寻找进货渠道的问题。下面就对常见的进货渠道进行介绍。

2.3.1 从批发市场进货

几乎每个城市都有批发市场,商品种类丰富,价格便宜,市场一般处于交通方便的地段,因此很多人都会去批发市场进货。批发市场进货的优势有以下几点。

(1)能够看到实体商品,可以监控质量。

(2)商品种类比较多,数量通常也很充足,挑选余地比较大,很容易货比三家,择优而购。

(3)进货时间自由,很适合兼职的微店店主在非工作日去进货。

(4)商品价格相对较低,利润要多一些,如果微店店主要降价促销也比较容易。

专家提点 进货前的规划

在去批发市场进货之前,要先做好进货规划,包括进货种类与数量、大致花费、如何运输、来回路线等。进货数量、价格的清单要保留,便于记录进货情况,同时也是退、换货的凭证。

2.3.2 从厂家直接进货

厂家货源往往价格较低,而且商品质量有保障。

一件商品从开始生产到送至消费者手中,要经过许多环节,其基本流程是:原料供应商→生产厂家→全国批发商→地方批发商→终端批发商→零售商→消费者。

如果是进口商品,还要经过进口商、批发商、零售商等环节,涉及运输、报关、商检、银行和财务结算。经过如此多环节、多层次的流通组织和多次重复运输过程，自然就会产生额外的附加费用。这些费用都被分摊到每一件商品上，所以，对于一件出厂价格为30元的商品，消费者往往需要花两三百元才能买到手。

对微店店主来说，联系厂家直接进货有很多好处。

（1）从源头直接进货降低了进货成本，定价才能低下来，从而更具竞争力。

（2）减少了周转环节，进价最低，可以薄利多销。

（3）正规的厂家货源充足，质量有保证，如果长期合作，可以稳定产和销，保证商品供应，还能争取到滞销换货。

从厂家直接进货也是有缺点的，多数厂家不屑与小规模的卖家打交道，因为厂家的起批量较高，自然瞧不起小批发客户，即使愿意批发，价格也比大批发客户贵。如果店主有足够的资金储备和存放仓库，并且不会有压货的危险，则可以找厂家进货。

2.3.3　外贸尾单货品

外贸尾单货就是正式外贸订单的多余货品。众所周知，外商在国内工厂下订单时，一般工厂会按5%～10%的比例多生产一些，这样做是为了万一在实际生产过程中有次品，就可以拿多生产的数量来替补，这些多出来的货品就是常说的外贸尾单货。这些外贸尾单货价格十分低廉，通常为市场价格的两三折，品质做工较好，是不错的货源。

外贸尾单货最明显的优点就是性价比高，出口后都是几十美金或是更高的价格，但在国内却只买几十上百人民币。但要注意的是，尾单货的颜色和尺码有的不成比例，不像内销厂家的货品那样齐码齐色。

面对鱼龙混杂的外贸尾货市场，微店店主们应该如何判断其真假呢？下面介绍几点经验供大家参考。

（1）看质量。真正的外贸尾单货的质量和正品一样，这就需要有相当的经验才能辨别，或者手上有真货可做比较。

（2）看包装。真正的外贸尾单货的外包装比较简单，那些包装精美、所有配件都齐全的"尾单货"就很可疑了。

（3）看商标。一般尾单货的商标都是最后才贴上去的，有的甚至没有或者剪掉了，这并不代表商品不好，或者质量有问题，而恰恰说明了真货的严谨性。越是替知名品牌加工产品的厂家，它的尾单货就越不可能有商标，因为越是知名的品牌对商品的控制越严格，包括包装袋也一样。

（4）看尺码。一般来说，尾单货特别是服装类的尾单货，有断码现象是非常正常的，尺码几乎不可能齐全，而且尺码通常是欧标、美标，基本偏大。

2.3.4　引进国外打折商品

无论国内还是国外，在换季或节假日前夕都可能要开展打折促销活动。如果在国外有亲戚朋友，可以让他们趁此时买进一些打折商品，由自己放到国内网站上的网店来卖，即便这些商品仍然有着较高的价格，仍然能够吸引大量国内喜欢国外品牌的买家，毕竟按折扣价拿到的这些商品在国内同类商品中还是会有一定的优势。因而，经营该类商品也会有较大的利润空间。不过，微店开起来之后，要保证能够从国外源源不断地供货，还是有些难度的。

在国外，一些日用品牌都有所谓的"工厂店"，英文叫做"Outlet"，这些店铺是厂方直接开设的，省去了很多中间环节，因此价格要比商场优惠不少，款式也更加丰富，在国外生活过的人，很多都知道工厂店，也很乐意去购买，特别是打折商品，价格更是非常优惠。如果把这些打折商品批量购买运回国内销售，利润也是非常大的。图2-8所示为某流行服装品牌在加拿大的工厂店。

图2-8

国外打折商品虽然利润较高，但运输则相对复杂，不仅要求国外有人稳定寻货发货，还要从国外运到国内，周期长，并且涉及关税问题，这也是很多店主"望而却步"的原因。

2.3.5 海外网上商城代购（海淘）

经常网购的网友，可能都知道亚马逊，很多网友甚至在亚马逊网购过商品。其实亚马逊是美国公司，在美国、日本也有网购网站，简称"美亚"（见图2-9）、"日亚"（见图2-10）。在美亚或日亚上，可以买到美国或日本的一些产品，质量很有保障，价格也不贵，加上关税也比国内便宜。很多微店店主在上面购买商品，再转卖给国内买家，赚取一些劳务费，这也是一个比较热门的经营方法，大家称之为"海淘"。另外，日本的"乐天"（见图2-11）网上商城也是海淘一族钟爱的购物网站。

图2-9

图2-10

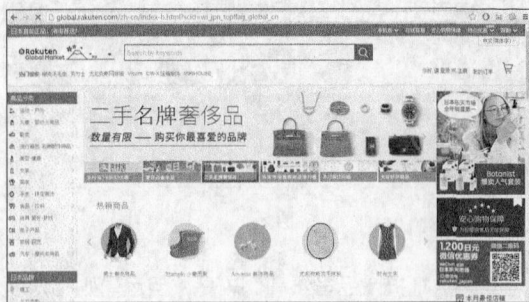

图2-11

海淘的优点大家都知道，质量好，基本没假货、山寨货，价格有优势，还能买到很多国内没有的商品。但缺点也很明显：需要对英语、日语比较了解（虽然日亚和乐天都有中文界面，但具体到一些详情页面以及与售后交流时还是要用到日语），售后服务、付款比较麻烦，大部分商品不能直接发回国内，要通过转运公司转运。

海淘的缺点阻挡了大部分想买国外商品的买家，因此才让海淘代购生意成为了可能。微店的店主们如果能理清海淘的程序，不妨自己来做代购。服装、电子产品、家用电器、化妆品等都是热门的海淘种类。

2.3.6 引进库存商品

当前传统意义上的"旧货"概念正在被打破，很多崭新的商品在市场的更新换代中积压下来，但仍具有完善的使用价值，"旧货"成为多品种、多层次、数量巨大的各类库存商品及闲置物资的代名词，其交易额已占到各旧货市场交易额的60%以上。

有些品牌商品的库存积压很多，一些商家干脆把库存全部卖给专职网络销售卖家。不少品牌虽然在某一地域属于积压品，但在其他地域则可能成为畅销品，这种现象在发达地区与欠发达地区、城市和乡镇之间尤为明显。这就为库存商品提供了销售的可能性。

微店店主在选择库存商品时，要学会运用一些选择的技巧；否则如果判断失误，就会造成商品积压。

（1）根据实际销售能力确定进货量。企业库存商品的价格都比较低，微店店主应该尽量根据自己的销售能力和资金状况进货，不要贪图价格便宜而大量进货。

（2）款式过时商品可进行换区销售。积压的商品很多款式是过时的，销售时一定要换区，比如在大城市已经过时的商品可以选择面向小城市或者乡镇作为销售重点，东部的过时商品可以尝试到西部进行销售等。如没有把握也可以选择一些永不过时的商品，如T恤与牛仔裤之类。

（3）简单再加工进行销售。比如超级女声流行期间，就有很多商家抓住了这一商机，将一些库存积压的白T恤印染上超女头像后变成了畅销的服装货源。

（4）预测市场需求能力。通过预测市场需求能力及市场需求量，可以粗略估算大致的进货量，这样可以保证自己进货数量不会盲目，避免积压货品的风险。

2.3.7　引进清仓商品

厂家、商场都会因为一些原因（如拆迁、翻修等）进行清仓处理，这些清仓商品在品质上没有什么问题，价格却比较便宜，其中甚至不乏牌子货，是不可多得的好货源。

在购买清仓商品时，店主进货时一定要小心里面是否有陷阱。现在很多商家以"拆迁"或"经营不善倒闭"为由清仓，实际上只是一种销售手段而已，这样的假清仓品要么是价格优势不大，要么是质量有问题，最好不要购买。

高手支招　清仓可遇不可求 ▶▶

清仓是偶然事件，无规律可循，微店店主切勿将其视为网店货源的唯一渠道或重要渠道。遇上清仓不妨进一次货，但不用刻意去追求。

在网上也可以找到清仓商品，如阿里巴巴的清仓专场，如图2-12所示。关于在阿里巴巴网批量进货的方法，将在后面详细进行介绍。

图2-12

2.3.8　搜寻本地特产和民族特色商品

作为民族工艺品其价值很高，由于其民族特色

足以使它在琳琅满目的商品中鹤立鸡群。网络店主之所以愿意让这类商品来充实自己的店铺，不仅是因为它们稀有、能吸人眼球，而且还拥有其他产品无法取代的特点。

- 具有很强的个性。
- 具有丰富的文化底蕴。
- 富含淳朴气息。
- 具有奇特的蕴味。
- 富有民族特色和地域特色。

图2-13所示的店铺的工艺品富有民族特色，销售状况就很好。

图2-13

而本地特产具有价格便宜、质量好、货源充足的特点，如茶叶、水晶、山货等都是不错的货源。微店店主可以直接转卖原品赚差价，也可以进行简单再加工后提价出售。

专家提点　谨慎选择特产

需要注意的是，尽量不要选择容易腐败变质的特产，如水果、生鲜肉类等，因为运输是个大问题，除非使用顺丰快递，基本可以实现次日送达，但运费又较贵，摊到商品上，很可能会让商品失去价格优势。

2.3.9　二手市场里淘宝

虽然二手物品具有不合时宜、无法保证品质、不可退换以及售后不便等缺陷，但它还是具有许多适合在网上销售的特点。

- 二手闲置商品不用担心压货。
- 货源广，成本低。
- 识货并会侃价的话，利润可能会非常高。

闲置物品不会一直增加，卖掉一件就少一件。那么，卖光这些闲置二手货后怎样保持现有的特色继续经营下去呢？其实有一个地方能采购到便宜的二手货，那就是跳蚤市场。

"跳蚤市场"是欧美国家对旧货地摊市场的别称，它由一个个地摊摊位组成，市场规模大小不等，所售商品多是旧货，如多余的物品及未曾用过但已过时的衣物等。小到衣服上的小件饰物，大到完整的旧汽车、录像机、电视机、洗衣机，一应俱全，应有尽有，价格低廉，仅为新货价格的10%～30%。

在国内的城市里，由于有市容市貌方面的要求，很多夜市、二手市场等已经被取谛了，不过在二手交易网上，如赶集网、58同城网以及闲鱼，倒是可以找到很多价廉物美的二手货，作为自己网店的货源之一。

如果有亲朋好友在国外，也可以委托他们在当地的跳蚤市场购买一些价格低廉、利润较高的二手商品，打包发送回国进行销售；或者淘一些有意义、有价值的艺术品或收藏品发回国内进行出售，也是一个方法（由于收藏品、艺术品的门道很多，新手容易上当，建议不了解的人谨慎入行）。

2.3.10 自己加工商品

不少心灵手巧或具有一技之长的店主，可以考虑自行加工商品来出售。比如善于手工制作首饰的店主，可以购买散珠、丝线等原材料来制作创意首饰，如图2-14所示；善于雕刻的店主，可以购买檀木、玉石原材来雕刻挂件、佛牌等。这些原材料价格并不算贵，但一经加工，成品就可以高出原材料数十元甚至上百元的价格出售。这也是一种不错的货源。

图2-14

2.3.11 虚拟货源

游戏点卡、Q币以及各种充值卡，是虚拟商品的重要组成部分。这些商品都有各自的进货货源。游戏点卡可以找游戏官方联系代销；电话充值卡或

在线充值代理可以找当地的移动、联通和电信营业厅协商；Q币、泡币、微币等虚拟货币也可以找各自的官方客服联系代销。

从广义上讲，没有实物的商品都可以算是虚拟商品，如网店装修、室内设计、同城电脑维修等。其实，具有各种技能的人也可以开微店提供服务，赚取劳务费。另外，各种电子资料也可以出售，如电子书、学习教程等，当然前提是不能侵犯版权。

2.3.12 做省心省力的代销商

网上代销，也叫网上分销，即代销者自己的店里展示其他商家的产品，但代销者并不进货。当买家下单后，代销者扣下差价部分，剩余货款转给商家，商家即向买家发货。在整个过程中，代销者没有接触到货物实体，货物也不从代销者手里流转，而是直接从商家发送到买家。代销者实际上赚的就是一个广告宣传费用。

代销具有以下特点。

■ 几乎没有什么资金投入，适合新卖家和小卖家。

■ 由于商品不经过代销者转手，因此代销者无需准备仓库、物流，也无需承担售后的责任，相对来说比较轻松。

■ 代销者直接使用商家提供的商品照片和描述，因此省去了自己拍照写描述的麻烦，而且商家提供的照片与描述一般都比较华美精致，比起新手卖家的作品来，更能吸引买家的目光。

■ 由于代销者不能接触商品实物，因此对商品的细节和质量其实不是很了解，因此常常在买家询问细节时，只能含糊其辞，往往不能让买家满意。

■ 由于代销的投入小，因此利润也很微薄，需要把量做大，才能有较好的收入。

对于缺乏流动资金的卖家，或者纯粹是"玩票"性质的卖家，可以考虑代销的方式。代销/分销的微店平台很多，如微店网、中兴微品会等，前面已经介绍过，想做代销/分销的店主可以考虑到这些平台上开店。

2.3.13 B2B电子商务批发网站

全国最大的批发市场主要集中在几个城市里，

而且很多卖家没有条件千里迢迢地去这几个批发市场，即使去购买，加上差旅费，导致商品成本也很高。所以，阿里巴巴、生意宝等作为网络贸易批发的平台，充分显示了其优越性，为很多小地方的卖家提供了很大的选择空间。它们不仅查找信息方便，也专门为小卖家提供相应的服务，起批量很小，适合少量购买。图2-15所示为阿里巴巴批发网站。

图2-15

网上批发比传统渠道进货的优势要明显一些，主要表现在以下几个方面。

- 成本优势。可以省去来回批发市场的时间成本、交通成本、住宿费、物流费用等。
- 时间优势。选购的紧迫性减少，亲自去批发市场选购由于时间所限，不可能长时间慢慢挑选，有些商品也许并未看中但迫于进货压力不得不赶快选购，网上进货则可以慢慢挑选。
- 批发数量限制优势。一般的网上批发基本上都是10件起批，有的甚至是1件起批，这样在一定程上增大了选择余地。
- 其他优势。网络进货不但能减少库存压力，还具有批发价格透明、款式更新快等优点。

当然，网上进货也存在看不见商品、不知道质量究竟如何的问题，这就需要花时间慢慢去和批发商接触，"大浪淘沙"了。在B2B电子商务批发网站进货的方法下面会详细讲解。

2.4 在阿里巴巴网批量进货

前面已经提到过，在网上进货可以省去很多麻烦，是目前比较适合微店店主的进货方式之一。网上进货，首选的网站当然就是阿里巴巴网了。阿里巴巴网是专业的批发网站，进驻批发商多，商品种类齐全，起批量小，对微商来说非常友好。

2.4.1 注册阿里巴巴个人账号

要在阿里巴巴网上进货，首先要注册一个账号（如果已经有淘宝网的账号，则可以直接使用该账号登录阿里巴巴网，无需再注册），具体的注册步骤如下。

第1步 ❶打开浏览器，在地址栏输入阿里巴巴网站的网址并按下回车键，进入阿里巴巴主页，❷单击"免费注册"超级链接，如图2-16所示。

第2步 进入新页面，❸单击"切换成个人账号注册"超级链接，如图2-17所示。

图2-16

图2-17

因为默认注册账户类型是企业账户，对于大多数以个人身份开店的微店店主而言，这里需要切换成个人账户来进行注册。

第3步 进入新页面，❶输入"会员名"和"登录密码"等注册信息，❷单击"同意条款并注册"按钮，如图2-18所示。

第4步 进入新页面，❸选择国家或地区，并输入手机号码，❹单击"提交"按钮，如图2-19所示。提交后阿里巴巴网站会向这个手机号发送一封短信，短信中包含一个验证码，用户请注意查收。

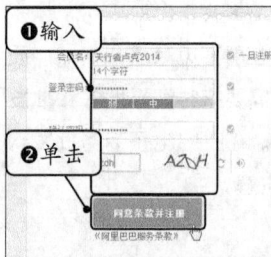
图2-18

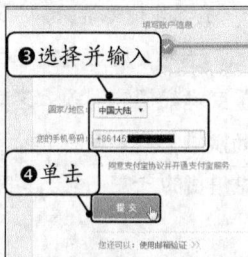
图2-19

在第四步操作中，阿里巴巴网站为用户开通了支付宝功能。如果用户暂时不想开通，可以单击"提交"按钮下面的"使用邮箱验证"超级链接，按照提示进行验证，也可以完成注册，但并不开通支付宝功能。建议用户开通支付宝功能，便于安全支付和收取货款。

第5步 弹出一个对话框，❶输入手机短信中的验证码，❷单击"验证"按钮，如图2-20所示。

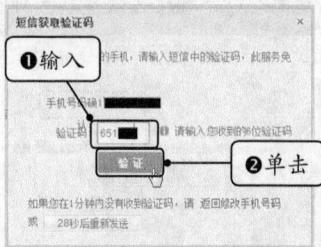
图2-20

第6步 进入新页面，显示注册成功，如图2-21所示。

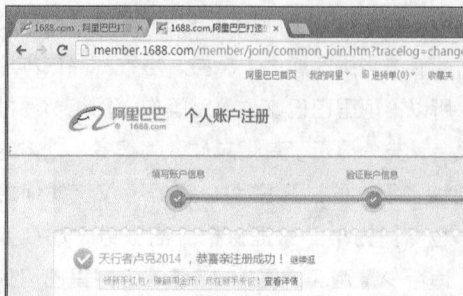
图2-21

2.4.2 主动寻找货源

主动寻找货源的操作方法很简单，就是在阿里巴巴首页的搜索栏里输入货源的名称，比如"望远镜"，就可以找到很多有关望远镜的货源信息，选择一个信用度较高、销售量较好，并且距离自己较近的供应商（可以节省运费），与他商谈细节，之后就可以下单进行采购了。

第1步 打开浏览器，进入阿里巴巴网站主页后，❶在搜索框内输入关键词"望远镜"，❷单击"搜索"按钮，如图2-22所示。

图2-22

第2步 进入新页面，单击满意的货源，如图2-23所示。

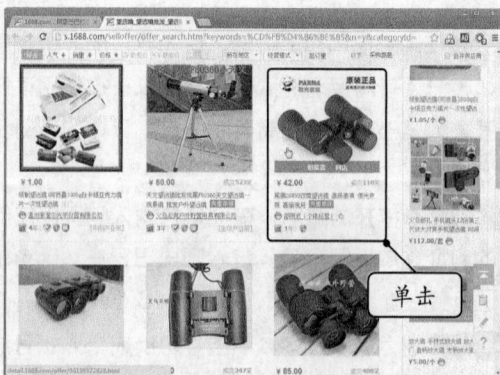
图2-23

第3步 进入新页面，查看货源详细信息后，❶输入购买数量，❷单击"立即订购"按钮，如图2-24所示。

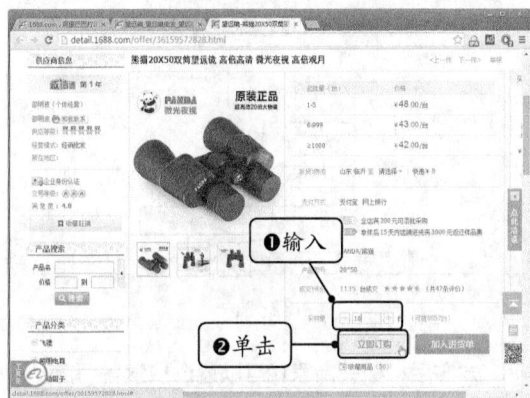

图2-24

专家提点 下订单之前最好先和商家沟通

下订单之前最好先和商家进行必要的沟通，询问一些关于商品的细节，如产地、包装、发货方式等，以做到心中有数。和商家沟通的方法很简单，直接单击页面上的 和我联系 按钮，就会自动弹出阿里巴巴和淘宝都通用的聊天软件"阿里旺旺"的登录界面，用户登录之后，向商家申请成为好友，商家同意后，双方成为好友即可开始交谈。

第4步 进入新页面，❶输入地址和联系电话，❷单击"确认收货信息"按钮，如图2-25所示。

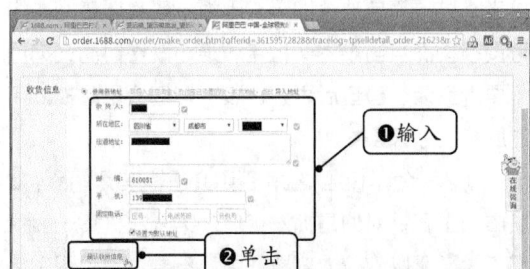

图2-25

第5步 收货地址和联系信息会被保存起来，用户确认之后，单击"提交订单"按钮，如图2-26所示。

第6步 进入新页面，单击"绑定支付宝账户"按钮，如图2-27所示。

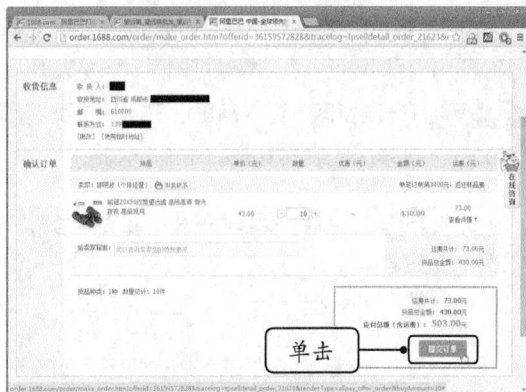

图2-26

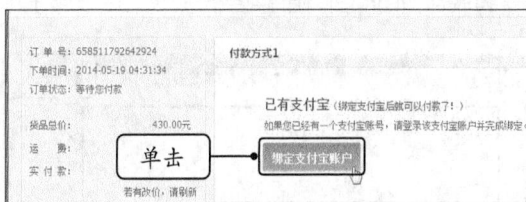

图2-27

第7步 弹出对话框新页面，等待数秒后，单击"确认此协议，开始绑定支付宝"按钮，如图2-28所示。

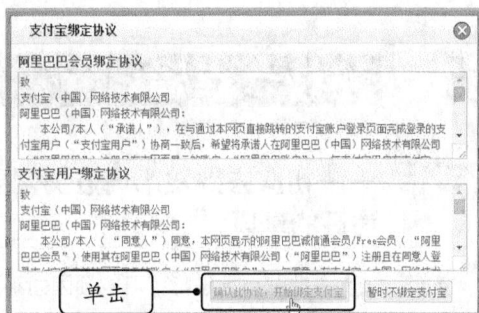

图2-28

随后会跳转到支付宝网站，用户登录进去后，按照提示绑定银行卡，即可支付货款了。后面的章节中将讲解更多关于支付宝的使用方法，也包括支付宝绑定的内容。

2.4.3 发布需求信息

买家也可以在阿里巴巴上发布需求信息，在信息中填写好商品名称、截止时间等信息后，发布到阿里巴巴网站上，相关的供应商们看到信息后，会向买家进行报价，买家再选择其中价格适合（并非越低越好）、距离较近以及信誉较好的商家联系进货。

第1步 打开浏览器，进入阿里巴巴网站主页后，单击"发布询价单"超级链接，如图2-29所示。

图2-29

第2步 打开新页面，填写商品信息，如图2-30所示。

图2-30

第3步 确认商品信息无误后，❶选中"我已经阅读并同意《询价单发布以及违规处理规则》"复选框，❷单击"确定发布"按钮，如图2-31所示。

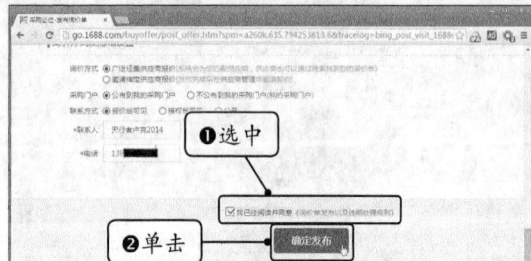

图2-31

发布后，相关商家就可以通过搜索看到自己的询价表，有符合条件的商家可以填写价格向买家报价，买家在众多报价商中选择合适的进行沟通，如双方均满意即可完成交易。

高手支招 询价单中商品名称的长度 ▶▶

有的新用户在填写询价单时，希望把商品名称写得越详细越好，这个想法固然没有错，但要注意，产品名称的长度最长不能超过30个字；否则无法发布。

2.5 秘技一点通

技巧1 ——初次去批发市场进货需要注意的事项

新手第一次去批发市场进货，可能会因为不熟悉市场规则而出现各种问题，如使劲砍价、进货过多，甚至不小心被偷掉钱包等。其实，最好的方法是先去批发市场逛上两三次，了解其商品分布、交通路线、货运情况以及目标商品的大致价格后，再携带钱款去进货，这样就能做到心中有数、不慌不忙了。

当然，去批发市场还是有很多地方要注意的。

（1）钱货要当面清点，避免遭受损失。这里所说的清点有两层含义：一是钱款方面，要注意别收到假币（尤其是新版人民币刚出来，很多人还不会鉴别假币），数额也别弄错；二是货品方面则要细致检查数量、颜色、尺码和款型，当面检查当面调

换，免去来回换货之苦。但对于质量，则不用逐一检查，进行简单抽查即可，因为一般有质量问题均可调换，而且当场逐一检查质量，既费时间又麻烦（要拆包装、检查后再封包装），还会引起批发商的反感，得不偿失。

（2）砍价不要太猛；否则会适得其反。因为批发市场主要针对的是批发客户，第一次进货一般量都不大，所以砍价力度要适中，不要太狠；否则店家一般都不会太愿意跟这样的买家合作。还有，货比三家并不是以买到低价货为目的，更重要的是要发掘优质供应商，这是以后合作中关键的一环。

（3）不要提过分的要求。进货时，不要对批发商提出退换滞销产品这类过分的要求，货物滞销的风险批发商一般来说是不会为进货人承担的。假如批发商做下了这样的承诺，倒是要好好考虑一下他

是不是在骗人，或者当前这批货是否有问题，以至于批发商乱下承诺，急于出手。

（4）买好的货物，千万要不离左右。批发市场龙蛇混杂，什么样的人都有，隐藏着很多一般人无从察觉的陷阱。在批发市场，有些人专做偷拿别人货品，然后低价转卖的勾当。如果有人进店挑选时间较长而疏于看管货物，有可能转身就被偷走。所以，始终要记着货物不离左右，随时注意周围情况，最好是两三人一起去，专人负责看守货物较好。

（5）不要失去主张而完全被批发商意见所左右。有的新手去拿货时，因为一点也不了解和熟悉市场行情，所以看到别人拿什么就拿什么，批发商说什么好就按批发商的意见赶快掏钱，这样完全没有自我主张的进货态度往往造成货品混乱、不易搭配，更无从谈个人风格，所以去之前一定要分析好经营方向，到了批发市场不要轻易改变进货种类。

（6）第一次进货不要进太多，避免压货。对于初次进货，新手往往有些茫然，不知道拿多少和拿些什么合适，好像觉得这也行那也行；而有的人一旦开拿又往往收不住手，回家又发现拿货太多，这些都要注意。

（7）对中意的店铺，要留下对方的联络方式。每次去批发市场，遇到比较满意的货物就与供应商交换名片，方便下次再联系，这是因为某些批发市场太大，下次不一定就找到该批发商，有了名片就不存在这个问题。另外，有了对方名片之后，商品有什么问题可随时联系对方；在熟悉后，还可以和批发商联系，请对方托运货物，避免自己来回奔波，当然搬运费邮费之类的也要事先谈好，以免产生纠葛。

（8）考虑好运输问题。在批发市场里，一般货物的运输都是通过汽车或者铁路，而且都是买家自己处理，如果进货少，可以用蛇皮袋直接带走。电瓶车是不错的运输工具，适合补货、进新货时，从批发市场带回小批量的货，经常进货的店主不妨考虑购买一辆。

技巧2 ——进货利润较大的法门

网店进货是一门学问，如进货的数量、质量、品种如何确定，什么时候补货及如何确定补货的数量，作为店主都应该了解。在进货时需要掌握以下的方法和技巧，才能获取较大的利润。

1. 对店铺的经营了如指掌

店主要想将进货工作切实抓好，就要对店铺的经营洞悉分明，只有这样才能采购到顾客喜欢的商品。这就需要店主尽量在短时间内积累大量的店铺经营经验，从而增加对所购商品的判断能力。

2. 货比三家

为了使进货价格最合理，可以向多家供货商咨询，并从中挑选出各方面都适合自己的店铺销售的商品来。

3. 勤进快销

勤进快销是加快资金周转、避免商品积压的先决条件，也是促进网店经营发展的必要措施。店铺经营需投入较少的资金，经营种类齐全的商品，从而加速商品周转，将生意做活。当然，也不是进货越勤越好，需要考虑网店的条件及商品的特点、货源状态、进货方式等多种因素。

4. 积累丰富的商品知识

一些店主在进货时通常会一味杀价，而对于其他交易条件从不考虑。这样一来，就十分容易陷入别人的圈套。倘若供货商知道进货者有这种习惯，一定会有所准备地提高价格，来等待进货人砍价。因此，店主在进货时应该洞悉市场动向，商品知识丰富，这样才不至于被欺骗。

5. 按不同商品的供求规律进货

对于供求平衡、货源正常的商品，少销少进，多销多进。对于货源时断时续，供不应求的商品，根据市场需求来开辟货源，随时了解供货情况，随时进货。对于采取了促销措施，仍然销量不大的商品，应当少进甚至不进。

6. 注意季节性

新手往往不知道服装进货时间一般会比市场提前2～3个月，在炎炎夏季时，批发市场的商家们已经在忙着准备秋衫了。如果不明白这个道理，还在大张旗鼓地进夏季尾货，还在为占了商家换季而处理的便宜货得意时，乐的可是批发商，而你进的货也可能会因换季打折而卖不了好价钱，或需求少影响到销售不理想。所以，看准季节时机慎重进货也是一个方面。

7. 进货的数量

进货数量包括多个方面，如进货总额、商品种类数等。确定进货金额有个比较简单的方法，即把整个店铺的单月经营成本总额除以利润率，得出的数据就是每月要进货的金额。

进货商品种类第一次应该尽可能多，因为需要给顾客多种选择的机会。当对顾客有了一定了解时，就可以锁定一定种类的产品了，因为资金总是有限的，只有把资金集中投入到有限的种类中，才可能单个产品进货量大，要求批发商给予更低的价格。

技巧3 ——网上进货防骗术

网上进货不比批发市场进货，因为网络毕竟存在着一定的虚拟性，所以选择商家时一定要谨慎小心，选择比较可靠的商家进行交易。在阿里巴巴网进货还比较有保障，有些自建网上批发主页的商家则要多加留意。

1. 注意批发商提供的地址

一般来说，批发商会有一个固定的地址，如果是个人供应商的话，那进价可能就要贵一些了。所以网上还是以公司的批发商居多。而他们都会有一个固定的地址。可以在百度或其他搜索网站搜索一下，这样可以找到更多信息，仔细看看有没有漏洞，如是否和供应商提供的公司名称相符等。

2. 观察网站的营业资质

一般的骗子网站都没有营业执照，可以要求他们出示营业执照等证明。不过需要注意的是，一些比较高明的骗子网站也会用图片处理软件伪造一份营业执照，在观察营业执照时需要仔细辨认，查看是否有涂改痕迹；而正规的注册公司网站则会主动出示他们的营业执照，可以去各地的工商部门官方网页查询。但不是所有地区的工商部门官方网站都

可以查得，即便这样，也是可以打电话去当地的工商部门查询的。

3. 注意批发商的电话号码

其实，通过电话号码可以发现很多的问题，首先，直接拨打批发商所在城市的114，去查一下这个号码的归属；其次，也可以去网上搜索这个电话号码，这样也能得到一些信息，如这个电话对应的公司名称、公司地址等。

4. 注意批发商提供的网址

如果供应商有自己的销售网站，那就要仔细看看了，首先可以多研究店铺里面的商品，然后对供应商提问题，通过询问，应该也可以了解一二，如果连提出来的问题都没有办法好好回答的话，那么，其真实性就很值得怀疑了，但是也有很多骗子训练有素，能够流利回答各种问题，所以问问题的时候一定要问得细，是骗子总是会有漏洞的。

5. 注意批发商提供的汇款途径

如果从网络进货的话，就一定会存在汇款等问题。用什么方式汇款，也是可以查到很多疑点的。一般来说，实体公司进行网络批发的时候，要是很正规的话，提供的是公司账号，而不是个人账号。另外，多和供应商谈，有的供应商也是同意通过支付宝汇款的。还有一种办法，就是选择快递公司的货到付款服务。

6. 商家是否支持上门看货

如果不能支持上门看货，就要先考虑一下这个商家是不是骗子公司了。当然有些公司由于代理数量比较多，可能会对上门看货提出一定的要求，如有的公司会要求必须一次性批发50件并预交定金之后才支持上门看货，这是为了防止无聊的骚扰，以及同行来打探情报，因此这样的要求也是可以理解的。所以在是否支持上门看货这一点上，还需要大家更加仔细地辨别、分析，不能一概而论。

技巧4 ——土特产进货的诀窍

有很多想开店的人，都准备将本地或附近地区

的土特产作为销售商品，并亲自到县城或乡里去考察，和一些门市、厂家建立供销关系，以较低价格进货。

其实，有时候多走两步，有可能拿到更低价格的货。因为县、乡的门市里的货物，很多都是从当地农民那里直接进的，再出售给网店店主，其实门市已经赚了一次转手钱了。要买到比门市里价格更低的货物，可以多走几步，直接去找货物的生产者——农民、农场、养殖基地、畜牧基地等，价格上应该还有优惠。

另外，直接找生产者进货，还可以杜绝其他人往货物里掺假，或者进行有毒加工的可能。比如蜂蜜是很容易掺假的，而且很难检测；银耳使用硫黄熏蒸漂白后，虽然很有卖相，但食用后对人体有害。如果从生产者处直接进货，就可以有效避免这样的问题。

开店小故事

海外批货国内卖，养病开微店也赚钱

家住上海的刘玉树，最近处于痛并快乐的状态中。24岁的他，刚上班不久就出了车祸，导致左手粉碎性骨折，住院两个月后回家继续修养。

刘玉树在家里养病，无聊之余只能玩玩手机。某天突然微信传来通知，有人想加他为好友。因为无聊，刘玉树顺手就同意了。成为好友后，两人聊起天来。原来新朋友是个微店店主，利用微信中"附近的人"功能找到了刘玉树。新朋友邀请刘玉树去他的微店看看，直说买不买都没关系。

刘玉树架不住对方的热情邀请，于是点开新朋友的微店去看了看，发现是一个快消品微店，洗发水、卫生纸、餐具洗洁精等商品琳琅满目，看上去很有吸引力，价格也很优惠。刘玉树好奇地问店主从哪里进的货，店主也是个爽快人，给他讲了各种进货渠道。

"……比如你有亲戚朋友在国外，就可以让他们帮忙进货，你在国内开个网店卖掉，利润不低啊！"这句话让刘玉树眼前一亮，匆匆结束了聊天，与远在美国读博士的哥哥刘玉林联系，询问他是否能够定时从美国进货发给自己。得到肯定的答复之后，刘玉树兴致勃勃地研究了一宿，然后迫不及待地通知刘玉林，让他去里维斯工厂店进牛仔裤，通过快递发回国内。

很快第一批50条各款牛仔裤就到了刘玉树家里，之前刘玉树也已经申请好了微店，并利用等货的日子学习了微店营销。当牛仔裤一到，刘玉树就在家里拍照、上传、定价，忙得不亦乐乎，专注起来，似乎手臂的疼痛也不那么明显了。

很快微店就开张了。刘玉树本来就是老网虫，对网络比较熟悉，利用各种营销方法大打广告，微信、微博、QQ、论坛……一个都没放过。很快微店就有了访客，当访客看到牛仔裤照片旁的工厂店进货发票以及关税收据时，都认为这家店卖的是正品，而且价格也比国内便宜不少，纷纷解囊购买。

很快50条牛仔裤就要售罄了，刘玉树赶紧把哥哥垫付的货款以及该得的分成汇过去，然后打电话给哥哥，让他火速再采购100条发回国内。刘玉林动作也很快，当即发货回国，让刘玉树的小店没有"断炊"。

现在刘玉树已经在售卖第三批货，每天忙得不亦乐乎，但却感到很开心。"虽然左手还没康复，但小店赚钱了，我心里高兴，这算是'痛并快乐着'"，刘玉树如此说道，"康复以后我考虑是不是专职做微店，毕竟收入还不错，时间也自由，我拿着手机出门办事也好，吃饭也好，都不耽搁做生意，比当白领的时候要舒服很多。"

第 **3** 章

微店开张大吉

本章导言

    在手机上开设微店,首先要做的工作就是开通网上银行,并注册微店账号。其中网上银行用于收支经营钱款,微店账号则用于开店并管理店内事务。另外,还要掌握微店的安装方法,并了解其主要功能。在此基础上,掌握设置店铺信息,发布并管理宝贝以及处理各类订单的方法。

学习要点

- 掌握开通网上银行的方法
- 掌握微店手机APP的下载、安装、注册、登录与退出的方法
- 了解微店手机APP的各大模块及主要功能
- 掌握设置微店基本信息的方法
- 掌握发布并管理宝贝的方法
- 掌握处理各类订单的方法

3.1 开通网上银行

    在互联网发达的今天,银行为了方便用户在网上办理收支钱款、查询账户信息等业务,于是开设了网上银行。用户需要先去银行办理"网上银行"功能,之后就可以在网上的虚拟银行中方便地办理各种业务,而无需到银行去现场办理。

    作为微店卖家,肯定是需要开通网上银行的,如此才能在家中方便地接收货款,或者处理为买家退款、赔款等手续。

3.1.1 银行卡与网上银行的关系

    网上银行与银行卡在实际操作中,虽然都无需到柜台上办理,但其使用上的区别还是很大的,具体说来有以下几点。

- 银行卡存取款时,只需要一个简单的银行卡密码,网上银行则需要更复杂的登录密码,并且还需要U盾或电子银行口令卡等支付工具。
- 银行卡存钱和取钱都需要到银行存、取款机前,亲手输入银行卡密码完成。网上银行存钱和取钱

则只需在任何一台联网的计算机前,用鼠标和键盘操作即可完成。

- 银行卡存的是现金,取的也是现金。网上银行存的是现金数字,取的也是现金数字。但这个数字一定是要在银行卡中有对应现金。

    从网上银行和银行卡的操作特点中,可以清楚地看出网上银行的电子钱,就等于银行卡中的实际现金,网上银行的账户就等于银行卡的账户。

3.1.2 办理网上银行

    网上银行是支持在网络上进行交易的虚拟银行,使用网上银行可以方便地实现支付宝充值、商品付款和转账等功能。下面就以在工商银行网站开通网上银行业务为例讲述如何开通网上银行。

第1步 ❶登录工商银行网站,❷单击"个人网上银行登录"左上角的"注册"超级链接,如图3-1所示。

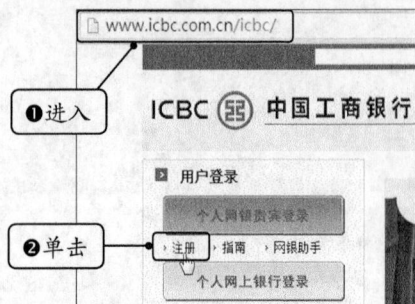

图3-1

专家提点 小心假冒的银行网站

有些网上的骗子使用假冒的银行网站来骗取用户的账户信息，以盗取资金。他们常用的方法就是使用和真银行网站很相似的网址来欺骗用户进入，用户进入后看见熟悉的页面就习惯性地输入账户和密码来办理业务，结果就被骗子窃取了这些信息，马上就将账户里的钱款盗取出来。

预防这样的假冒网站其实不难，只要在银行里拿一份简介，按照上面的介绍进入该银行主页即可。进入后马上将该主页收藏起来，以后只从自己的收藏夹中登录网上银行就安全了。

第2步 进入新页面，❸单击"注册个人网上银行"按钮，如图3-2所示。

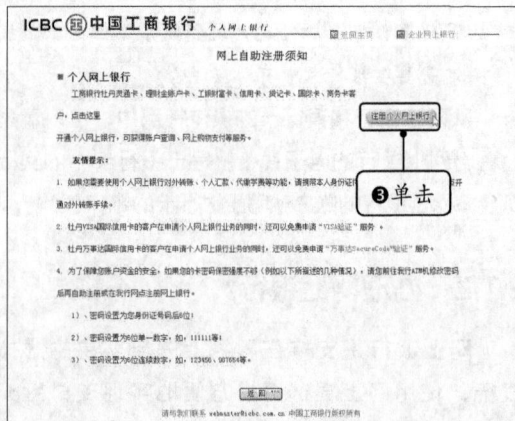

图3-2

第3步 进入新页面，❶输入卡号和账户密码（也就是取款密码）以及验证码后，❷单击"提交"按钮，如图3-3所示。

第4步 进入新页面，❸单击"接受此协议"按钮，如图3-4所示。

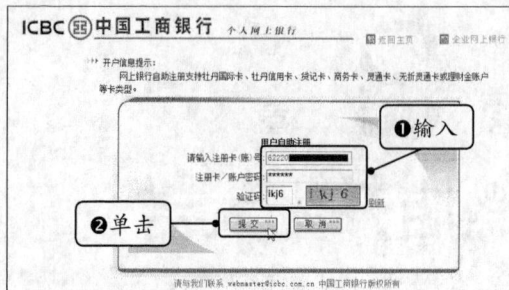

图3-3

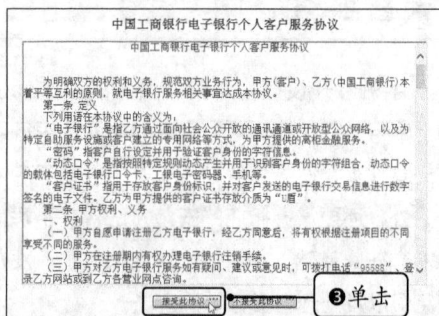

图3-4

第5步 进入新页面，❶填写相关信息，❷单击"提交"按钮，如图3-5所示。

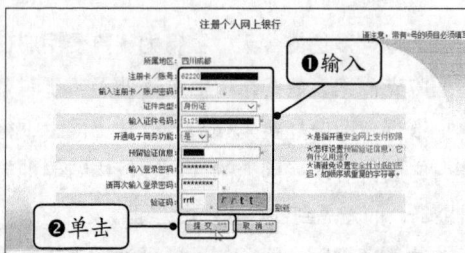

图3-5

第6步 进入新页面并确认注册信息无误后，❸单击"确定"按钮，如图3-6所示。

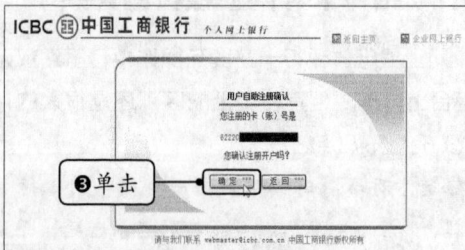

图3-6

第7步 返回注册成功信息，单击"返回"按钮可返回工行首页进行登录，如图3-7所示。

图3-7

有的银行需要去柜台上填表才能开通网银，在网上是不能开通的；有的网银开通后，还需要去柜台上领取一个U盘（一般叫做U盾），当登录网银时，必须把这个U盘插在电脑上才能正常操作，不然是没有办法进入网银的，因此，一定要保管好这个U盘，不能交给任何人。

3.2 管理微信钱包

微信钱包是微信APP内置的电子现金管理工具，可以用于支付、转账、信用卡还款、缴纳水电气费等用途。不仅如此，它还是众多微店平台使用的支付工具之一。

在微信APP中，只需单击"我"选项卡，再单击"钱包"选项，简单两步操作即可进入钱包界面。下面就一起来看微信钱包的常见使用方法。

3.2.1 将银行卡绑定到微信钱包方便充值与提现

微信钱包在没有任何绑定银行卡时，虽然也可以接收他人转来的款项，但无法提现，也无法向微信钱包充值，因此一般用户都会将银行卡绑定到微信钱包，让钱包使用起来更加方便。

第1步 进入"我的钱包"页面，❶单击"银行卡"按钮，如图3-8所示。

图3-8

第2步 在"银行卡"页面中即可看到已经绑定的银行卡。❷要绑定新的银行卡，可单击"添加银行卡"按钮，如图3-9所示。

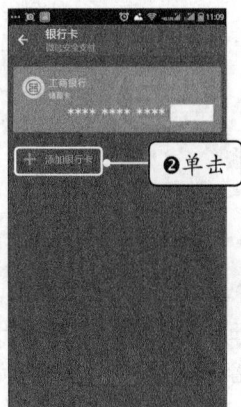

图3-9

第3步 ❶输入支付密码，将会自动跳转到下一个界面，如图3-10所示。

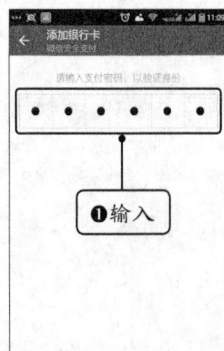

图3-10

专家提点 支付密码什么时候设置

支付密码是在用户第一次绑定银行卡，或者第一次使用微信钱包进行支付时，微信要求用户设置的密码。由于本例中绑定的银行卡已经是第二张，因此直接输入支付密码即可。

第4步 ❷输入姓名和卡号，❸单击"下一步"按钮，如图3-11所示。

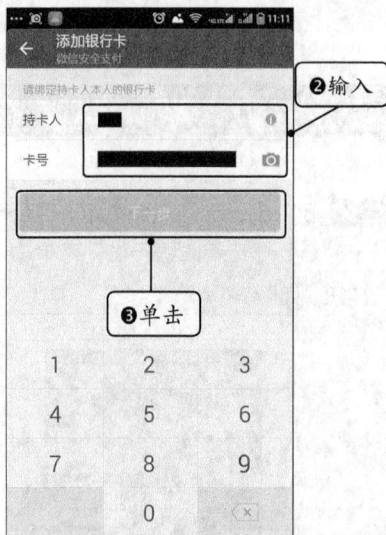

图3-11

第5步 ❶输入手机号（需与申请该银行卡时留在银行单据上的号码相同），❷单击"下一步"按钮，如图3-12所示。

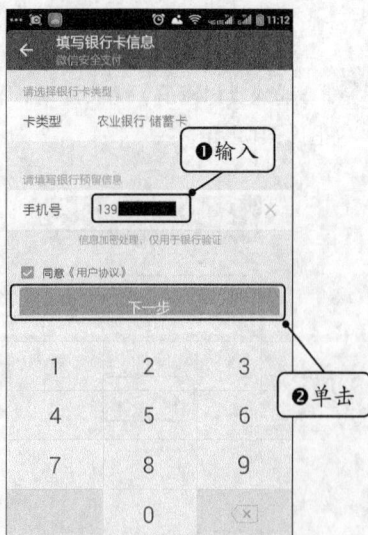

图3-12

第6步 此时会收到微信钱包发来的手机短信，❸输入里面包含的验证码，❹单击"下一步"按钮，如图3-13所示。

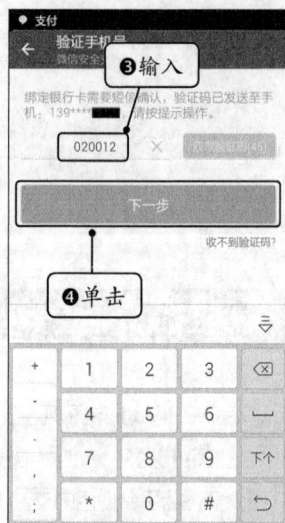

图3-13

第7步 返回"银行卡"页面，可以看到新的银行卡已经添加上了，如图3-14所示。

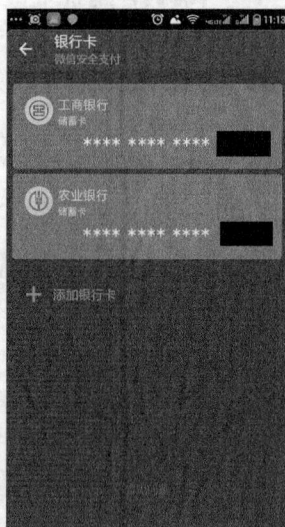

图3-14

3.2.2 微信钱包转账、充值与提现

当微店交易较多时，微信钱包中的资金也会越来越多，为了资金的安全，应该及时提现，将资金转移到银行卡上；而有时候刚提现，结果马上就遇

到无担保交易的买家要求退款，由于钱包内无钱可退，此时就要向钱包充值，才能向买家转账退款。因此对店主来说，微信钱包的提现、充值与转账是常用的功能。下面就以转账功能为例进行讲解。

第1步 进入"我的钱包"页面，❶单击"转账"按钮，如图3-15所示。

图3-15

第2步 ❷在查找框内输入对方的ID，❸在下方显示的查找结果中单击对方的头像，如图3-16所示。

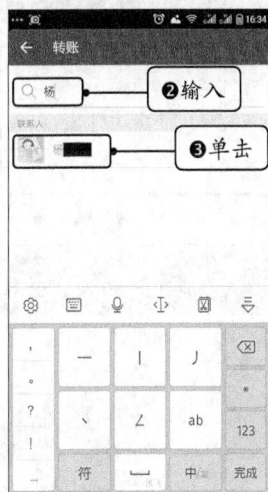

图3-16

第3步 ❶输入转账金额，❷单击"转账"按钮，如图3-17所示。

第4步 ❸输入支付密码，自动跳转到下一个界面，如图3-18所示。

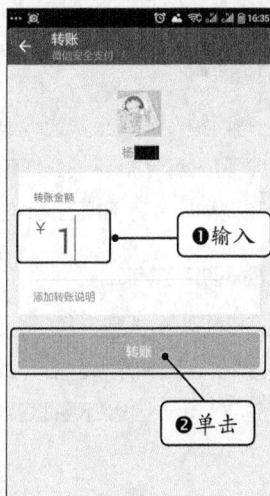

图3-17

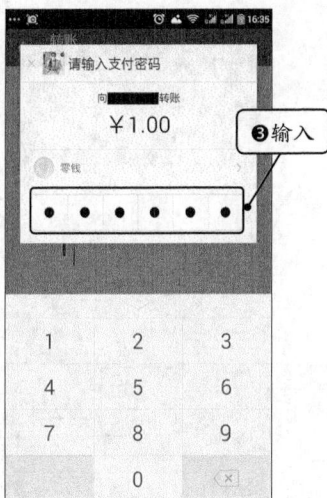

图3-18

第5步 转账成功后，❹单击"完成"按钮返回，如图3-19所示。

图3-19

3.2.3 微信红包：小额转账与活跃气氛的利器

微信红包有两种，一种是普通红包，也就是固定金额的红包；另一种是拼手气群红包，也就是随机金额的红包，两种红包有不同的用途。

1. 用普通微信红包转账

普通红包既可以发送到群里，也可以发给私人，发给私人实际上就是转账。由于微信规定每个红包最多只能包200元，因此普通红包适合于小额度的转账。

第1步 进入"我的钱包"页面，❶单击"微信红包"按钮，如图3-20所示。

图3-20

第2步 ❷单击"普通红包"按钮，如图3-21所示。

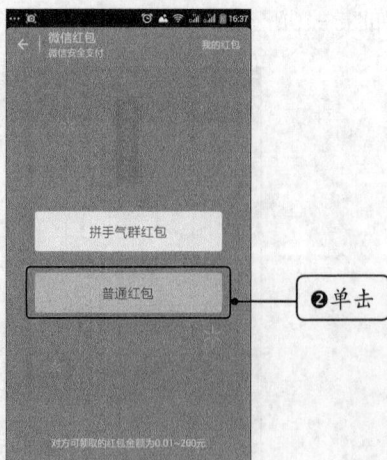

图3-21

第3步 ❶输入红包个数与金额，❷单击"塞钱进红包"按钮，如图3-22所示。

图3-22

第4步 ❸输入支付密码，自动跳转到下一个界面，如图3-23所示。

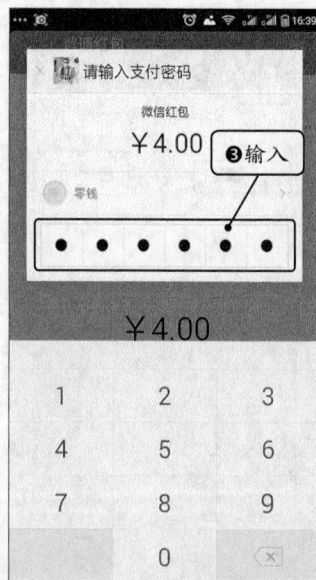

图3-23

第5步 ❶单击"发红包"按钮，如图3-24所示。

第6步 ❷在查找框内输入对方的ID，❸在下方显示的查找结果中单击对方的头像，如图3-25所示。

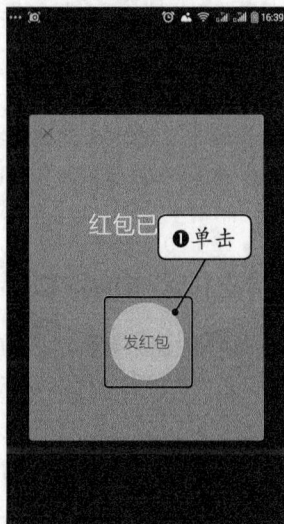

图3-24

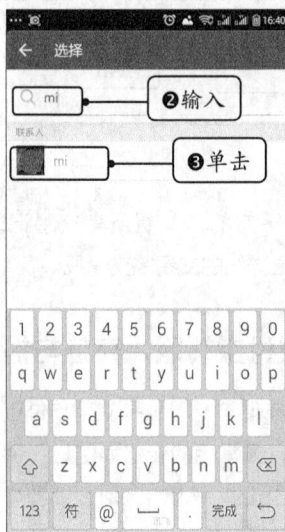

图3-25

第7步 ❹单击"发送"按钮即可将红包发送出去，如图3-26所示。

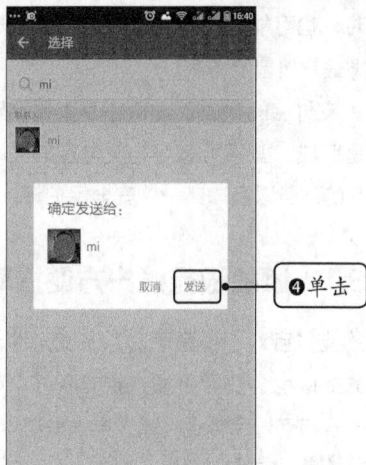

图3-26

2. 用拼手气群红包活跃群内气氛

拼手气群红包只能在微信群里发放，不能发给个人。群员抢到红包后，会发现红包内金额是大小不等的（但总数不超过200元）。很多人在微信群中发红包供群友哄抢，这是因为拼手气群红包比普通红包更有意思，抢到红包的群员们可以相互比较红包大小，这样就能较快地活跃群里的气氛，因此拼手气群红包也成了一种微信群营销的利器。

发拼手气群红包的方法与发普通红包一样，只不过在选择红包类型时，单击"拼手气群红包"按钮即可。

专家提点 发拼手气群红包的技巧

拼手气群红包通常用于活跃群内气氛，因此发红包时可以附带一些留言，如"祝大家新年快乐手气旺！"，或"散财童子求支持"等。作为微店店主，应该有自己的买家群，在需要活跃气氛时，也应该发一些红包，几元到几十元不等，充分调动群内积极分子的参与，从而让整个群充满生机。不过，群红包也不宜发送太频繁，太频繁会让其效果下降，也不能太有规律，有时按规律发，群员会失望，反而不好。

3.3 管理支付宝

需要说明的是，微店并不支持支付宝收款，买家目前只能通过微信钱包、信用卡和储蓄卡支付。

但微店店主也离不开支付宝，因为在阿里巴巴进货需要用到支付宝，以及某些朋友通过无担保交易购买时，也可能会使用支付宝来付款，毕竟支付宝要比微信钱包普及得多。

支付宝的相关管理操作其实是比较简单的，主要是完成一些银行账号与支付宝的关联，开通一些便利的服务以及申请一些安全保护等。

3.3.1 添加银行账户方便提取货款

支付宝对于卖家而言除了安全性有保障外，货款的提取也会变得更加方便。所以，可将自己的常用账号和支付宝绑定起来，详细操作步骤如下。

第1步 登录进入支付宝网站之后，❶单击"账户通"选项卡，❷单击"添加银行卡"按钮，如图3-27所示。

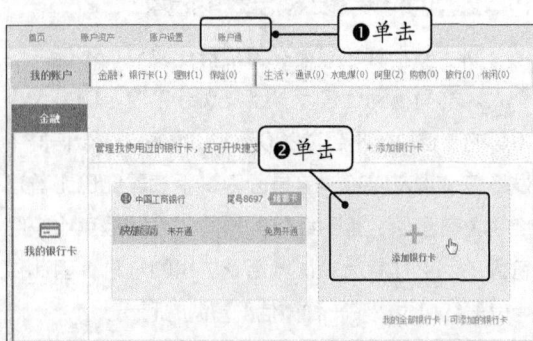

图3-27

第2步 进入新页面，❸输入姓名、身份证号和银行卡号等信息，❹单击"同意协议并确定"按钮，如图3-28所示。

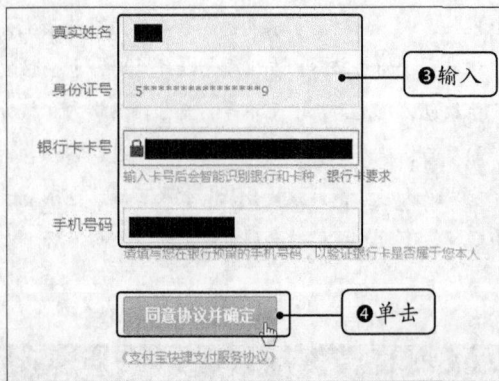

图3-28

第3步 将手机上收到的短信验证码输入到页面中，即可绑定银行卡。

专家提点 如何将钱款提到别人的支付宝账户

这里的银行卡开户名必须要和支付宝认证时的真实姓名一致；否则是无法进行提现操作的。如果用户打算将钱提现到其他人办理的银行卡，可以单独再以他人姓名注册一个支付宝账户并绑定该银行卡。然后将当前支付宝款项直接转到新注册的支付宝中，再通过新注册的支付宝进行提现操作。

3.3.2 查看支付宝中的款项

卖家通过微店卖出商品以后，货款会自动存入支付宝账户，卖家可以通过打开支付宝来进行查看。

登录进入支付宝网站，在默认的页面中即可查看最近的资产动态，如图3-29所示。

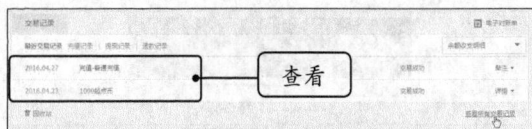

图3-29

单击右下方的"查看所有交易记录"超级链接，会显示更详细的交易收支情况。

3.3.3 支付宝转账、充值与提现

转账、充值与提现也是使用支付宝常用到的功能。下面就以最常用的转账为例进行讲解。充值与提现的操作也没有太大的区别，读者可以根据支付宝页面的提示来进行。

第1步 打开自己的支付宝账户，❶单击"转账"按钮，如图3-30所示。

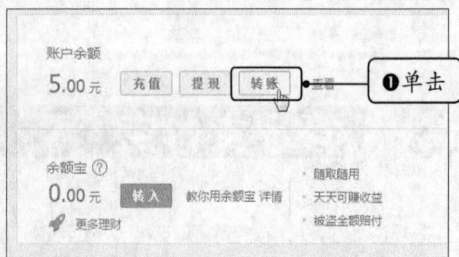

图3-30

第2步 ❷输入收款人账号、转账金额以及付款说明，❸单击"下一步"按钮，如图3-31所示。

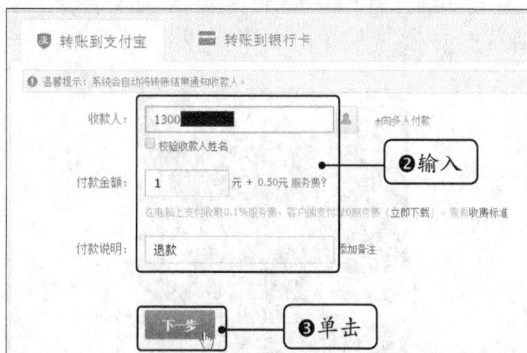

图3-31

专家提点 关于支付宝转账的手续费

在电脑上登录支付宝进行转账时，每次操作要收五角钱的手续费，在手机上用支付宝APP转账则不会收手续费，这是为了支付宝推进支付宝APP使用率的一种策略。除此之外，用户转账超过一定限额也会收取相应的手续费，详情可参考支付宝帮助网站。

第3步 确认转账信息后，❶输入校验码，❷单击"确认信息并付款"按钮，如图3-32所示。

第4步 ❶输入支付密码，❷单击"确认付款"按钮，如图3-33所示。

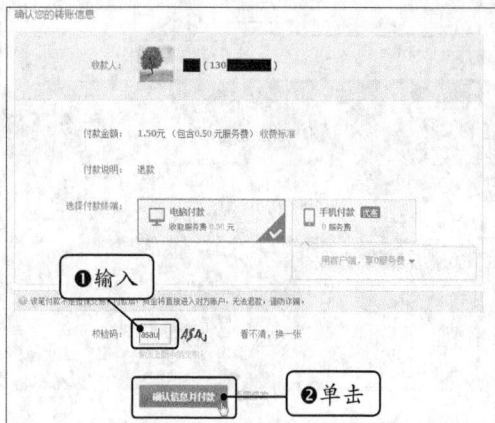

图3-32

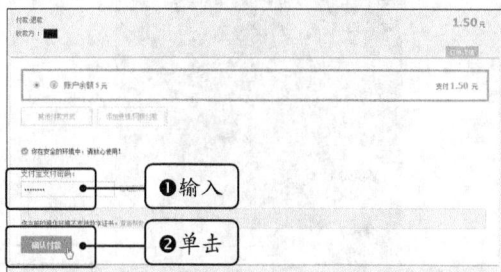

图3-33

转账成功后会弹出提示对话框，如图3-34所示。

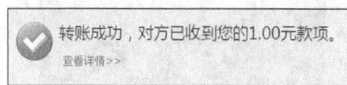

图3-34

3.4 微店手机APP的下载、安装、注册与登录

进好货以后，接下来就可以让自己的微店开张了。这里以较火的口袋时尚的微店APP为例进行讲解，涉及下载与安装、注册与登录、退出与注销等常用操作。

3.4.1 微店安卓版的下载与安装

安卓手机与苹果手机是目前使用人数最多的两类手机，二者在安装手机APP上的方法是不一样的。

在安卓手机上安装微店的操作很简单，使用带扫描二维码功能的手机网页浏览器，如UC浏览器，扫描电脑上微店的下载二维码，下载微店APP到手机上进行安装即可。

第1步 打开电脑浏览器，在地址栏输入微店的网址并按下回车键，进入到微店的主页，可以看到主页上有一个二维码，如图3-35所示。

第2步 ❶单击安卓手机上的UC浏览器，将之运行，如图3-36所示，❷在输入网址的页面单击右上角的"扫描"按钮，如图3-37所示。

图3-35

图3-36

❷单击

图3-37

第3步 ❶手机打开摄像头以后，用摄像头扫描电脑屏幕上的二维码，如图3-38所示；❷扫描成功后，自动跳转到下载页面，单击"普通下载"，如图3-39所示。

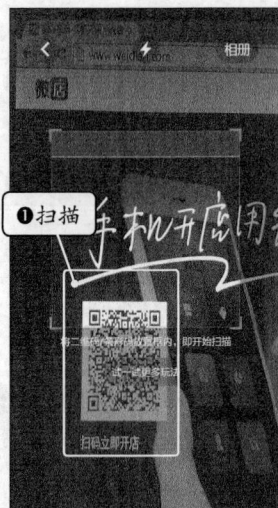

❶扫描

图3-38

❷单击

图3-39

专家提点 "应用宝高速下载"和"普通下载"的区别

如单击"应用宝高速下载"，将会先下载并安装"应用宝"APP，再通过应用宝APP下载微店APP，这是因为微店APP是存放在应用宝网站上的，该网站为了推广应用宝APP，在每个下载发生的时候都会向用户推荐"应用宝高速下载"。不想下载应用宝的用户直接单击"普通下载"按钮即可。

第4步 ❶弹出确认对话框，单击"确定"按钮，如图3-40所示，❷单击"本地下载"选项，如图3-41所示。

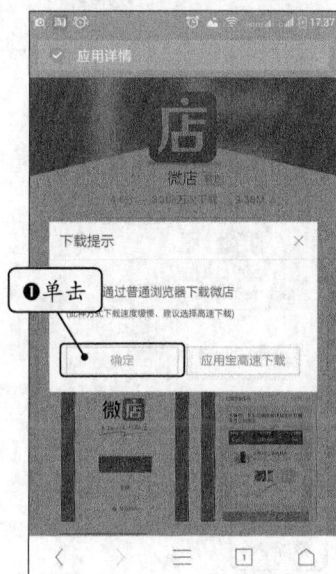

图3-40

图3-41

第5步 ❶选择"酷管家建议您安装在外置SD卡"选项，❷单击"安装"按钮，如图3-42所示，❸安装完毕后可单击"完成"按钮退出，也可单击"打开"按钮直接打开微店APP，如图3-43所示。

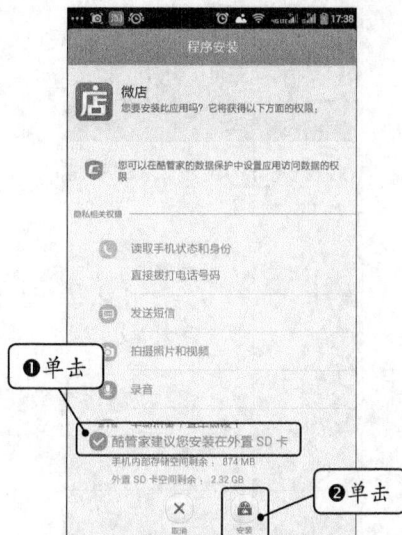

图3-42

图3-43

专家提点 关于安装在SD卡的选项

安卓手机的存储介质分为机身内存与SD卡。一般情况下APP都应安装在SD卡上，以节省机身内存空间。本例中，使用的是酷派手机，在安装时会出现"酷管家建议您安装在外置SD卡"选项，选中此选项即可将APP安装到SD卡。在其他品牌的安卓手机上也有类似的选项，选中之后再安装即可。

安装完毕后，手机桌面会出现微店APP的图标，如图3-44所示。单击该图标即可打开微店，如图3-45所示。

图3-44

图3-45

3.4.2 微店苹果版的下载与安装

在苹果手机上安装微店APP，可以到苹果手机的专用商店"Apple Store"进行搜索并下载安装，其操作步骤如下。

第1步 ❶在手机桌面单击"App Store"图标，打开苹果应用商店，如图3-46所示，❷在苹果商店的搜索页面输入"微店"，❸单击"搜索"按钮，如图3-47所示。

图3-46

图3-47

第2步 ❶单击"获取"按钮，如图3-48所示，❷单击"安装"按钮，如图3-49所示。

图3-48

图3-49

第3步 ❶输入苹果用户密码，❷单击"好"按钮，如图3-50所示，下载完毕后，❸单击"打开"按钮，如图3-51所示。

图3-50

图3-51

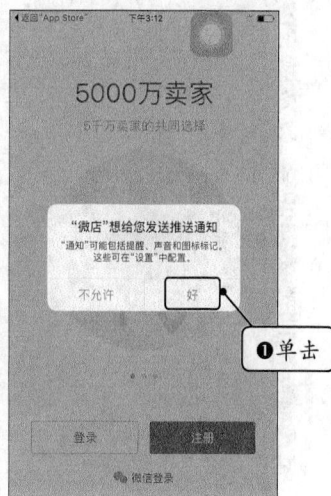

图3-52

第4步 弹出对话框，❶单击"好"按钮，允许微店APP发送通知，如图3-52所示，弹出对话框，❷单击"允许"按钮，允许微店APP获取用户的地理位置，如图3-53所示。

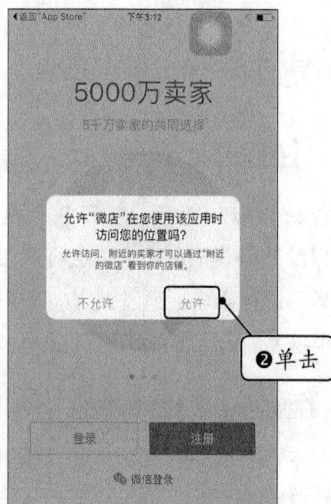

图3-53

专家提点 通知与位置

微店APP在第一次运行时会申请两个权限,即发送推送通知和获取用户位置。发送推送通知是必要的,因为当顾客和店主联系时,或商品被点赞时,以及其他一些情况需要立即通知店主;获取用户位置也应该允许,这样买家在根据位置搜索微店时才能搜到自己的小店。

之后就可以进入微店APP的界面了。以后要运行微店APP时,可以在手机桌面单击微店APP的图标,如图3-54所示。

图3-54

微店APP的安卓版与苹果版的功能是完全一致的,因此后面将统一用安卓版进行讲解。

3.4.3 注册微店账号

安装好微店APP后,接下来就要注册微店账号,并以此账号登录进微店,进行开店、管理等操作。账号可以在手机上通过微店APP进行注册,也可以在电脑上访问微店官网进行注册。

1. 在微店APP上注册账号

在微店APP上注册装好的步骤很简单,只需输入基本信息后即可完成。

第1步 在手机上打开微店APP后,❶单击"注册"按钮,如图3-55所示,❷输入手机号,❸单击"下一步"按钮,如图3-56所示。

图3-55

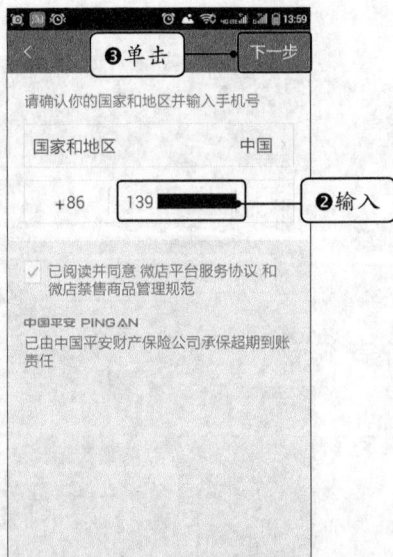

图3-56

第2步 弹出确认号码的对话框,❶单击"好"按钮,如图3-57所示,❷将手机上收到的短信中的数字填写在文本框中,❸单击"下一步"按钮,如图3-58所示。

第3步 ❶输入两次密码,❷单击"下一步"按钮,如图3-59所示,❸输入店铺名称,❹单击"完成"

按钮，如图3-60所示。

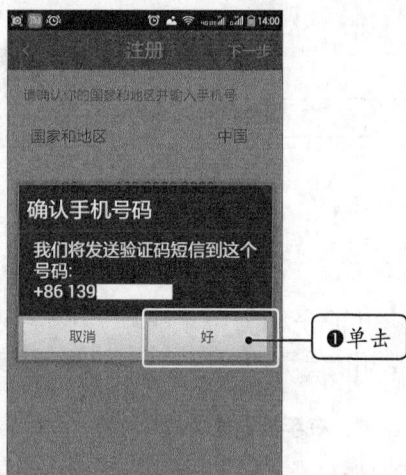

图3-57

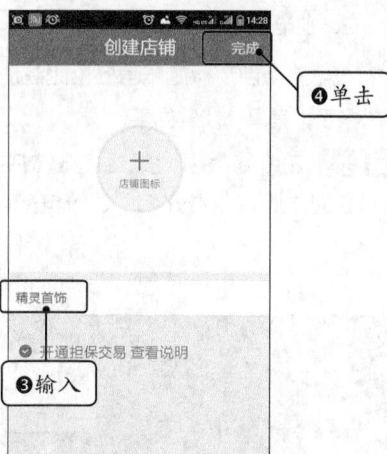

图3-60

第4步 单击"以后再说"文字，如图3-61所示，即可进入微店的管理界面，如图3-62所示。

图3-58

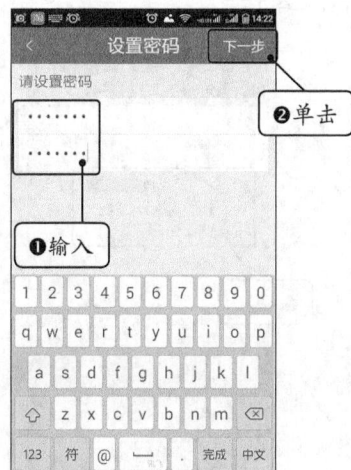

图3-59

图3-61

图3-62

2. 在电脑上注册账号

在电脑上注册微店账号的也比注册淘宝店账号简单多了，其具体步骤如下。

第1步 在电脑上用浏览器打开微店主页后，单击"立即注册，免费开店"超级链接，如图3-63所示。

图3-63

第2步 ❶输入手机号，❷单击"获取短信验证码"按钮，❸将手机短信中发送过来的数字填写到"短信验证码"文本框中，❹输入两次密码，❺单击"下一步"按钮，如图3-64所示。

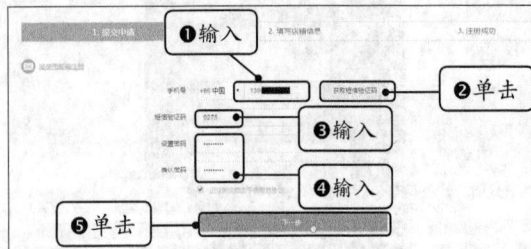

图3-64

第3步 ❶输入店铺名，❷单击"下一步"按钮，如图3-65所示。

图3-65

第4步 店铺创建成功，单击"开始管理店铺"即可进入店铺管理界面，如图3-66所示。

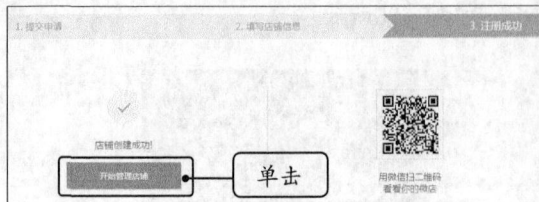

图3-66

3.4.4 登录进入微店

微店平台同时也提供了手机APP与电脑两种方式供用户登录进自己的账号，对微店进行管理。

1. 在手机上登录进入微店

第1步 在手机上打开微店APP后，❶单击"登录"按钮，如图3-67所示。

图3-67

第2步 ❷输入手机号与密码，❸单击"完成"按钮，如图3-68所示。

图3-68

密码正确的话,随后就可以进入微店的管理界面了。

2. 在电脑上登录进入微店

在电脑上登录进入微店也很方便,用浏览器打开微店主页以后,❶输入手机号和密码,❷单击"登录"按钮即可,如图3-69所示。

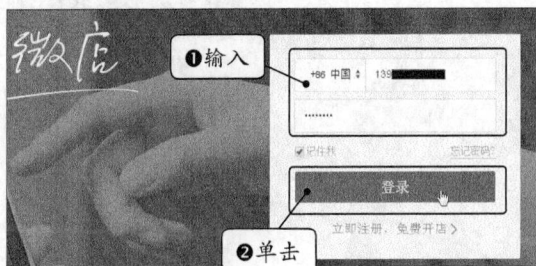

图3-69

3.4.5 退出微店

有时候会暂时离开电脑或手机,此时最好退出微店的登录,以防被他人胡乱修改信息,造成损失。

在电脑上退出登录很简单,只需在管理界面的右上角单击"退出"超级链接即可,如图3-70所示。

图3-70

在手机上退出登录则稍微麻烦一点,❶单击管理界面右下角的齿轮图标,进入设置界面,如图3-71所示,❷单击底部的"退出登录"按钮即

可,如图3-72所示。

图3-71

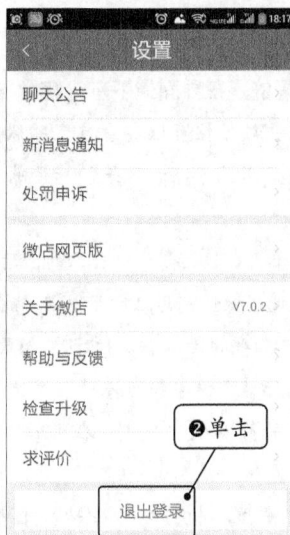

图3-72

3.5 了解微店APP的主要功能

至此,相信大家的手机里已经安装好了微店APP,也成功申请了账号。接下来就要对微店APP做一个全面的了解。登录进入微店APP之后,可以看到主界面有两页,共13个模块,包含了微店所有的功能,下面就来了解。

3.5.1 "微店管理"模块

在微店主界面第一页单击最上方的店名,如图3-73所示,即可进入"微店管理"模块,如图3-74所示。

在"微店管理"模块中,包含所有对微店的设置项目，包括店标店名的设置、运费设置、店铺装修、身份与实体店资质认证、交易、付款与退货等一些设置。其中，店铺装修功能中还包含更多的选项，将在后面专门介绍。

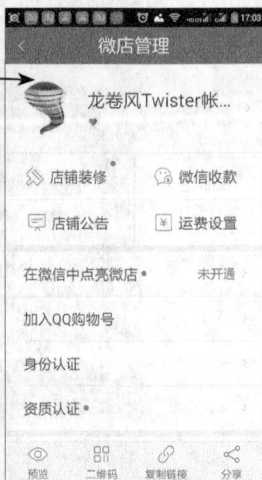

图3-73　　　　　　　图3-74

值得一提的是在界面最下方，有4个按钮。

- 预览：单击该按钮可以查看自己的微店，对于刚刚装修过微店就想查看效果的店主来说，这个功能相当方便。
- 二维码：单击该按钮会弹出自己的微店的二维码图片，对方使用微信或其他带有扫描功能的手机浏览器扫描此二维码的话，可以直接进入自己的微店。
- 复制链接：单击该按钮可以将自己微店的网址复制到手机的剪贴板中，方便在微信、QQ中进行粘贴，并发送给他人。
- 分享：单击该按钮可以方便地将自己的微店地址分享到朋友圈、微信好友、QQ好友、QQ空间、新浪微博等平台上，进行推广宣传。

如果店主在做营销活动的时候，充分利用这些工具的话，可以为自己省下不少宝贵的时间，提高营销效率。

3.5.2　"笔记"模块

在微店APP第一页单击"笔记"按钮，即可进入"笔记"模块，其界面如图3-75所示。在"笔记"模块中，有两个选项卡，默认进入"店长笔记"选项卡，在这个选项卡可以发送自己的店长笔

记供大家阅读，另外一个选项卡是"微店头条"，在此可以浏览其他店长的笔记，如图3-76所示。

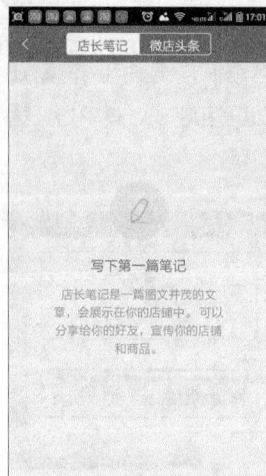

图3-75　　　　　　　图3-76

"店长笔记"是一个展示自己店铺的好地方，经常撰写优质的店长笔记，可以吸引到更多的店主与买家，为自己的店铺增添人气。"店长笔记"的内容没有限制，可以是关于店铺或商品的内容，也可以是与经营不直接相关的内容，比如人生感悟、旅游笔记、教育心得等，只要吸引人，就能为自己的店铺加分。

3.5.3　"商品"模块

在微店APP第一页单击"商品"按钮，即可进入"商品"模块，其界面如图3-77所示。在"商品"模块中，可以浏览店里的所有商品，包括出售中、已下架和已分类的商品，其切换按钮在界面最上方。

单击每个商品之后可直接进入商品详情页，在此可对商品进行编辑改动。每个商品下方都有"预览""复制""图文推广"和"分享"4个按钮，方便店主针对单个商品进行营销推广。

单击界面最下方左边的"添加新商品"按钮，可以在新页面中上传商品图片、添加商品信息，并将之保存为新的商品，如图3-78所示；单击界面最下方右边的"批量管理"按钮，可对商品进行批量下架与批量分类的操作，省去逐一操作的麻烦，如图3-79所示。

关于如何管理商品，将在后面进行详细讲解。

图3-77

图3-78

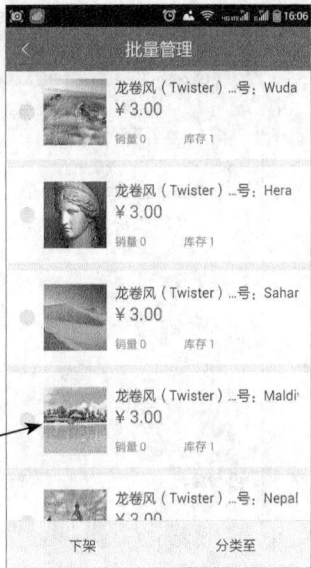

图3-79

3.5.4 "订单"模块

在微店APP第一页单击"订单"按钮，即可进入"订单"模块，其界面如图3-80所示。可以看到，在"订单"模块中，订单分为"进行中""已完成"和"已关闭"三类，单击不同的按钮可以查看该分类下的订单，并根据具体情况进行处理。

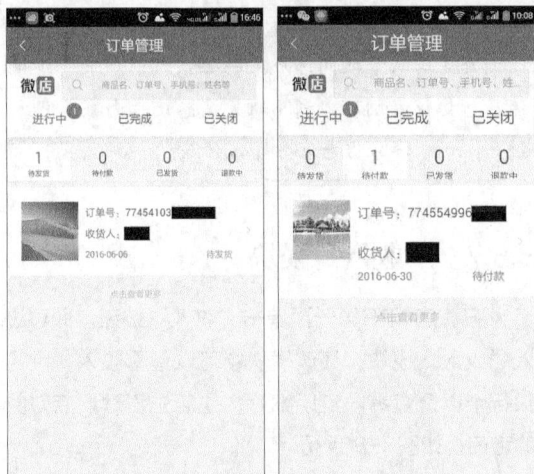

图3-80

关于如何处理各类订单，将在后面进行详细讲解。

3.5.5 "统计"模块

在微店APP第一页单击"统计"按钮，即可

进入"统计"模块。"统计"模块包含了一些简单的数据，如浏览量、收藏量等，如图3-81所示。在统计模块页面下方有3个按钮，分别可以查看访客、订单与金额的详细数据，图3-82所示为访客详细数据，包含最近7日与30日的访客量、访客来源等信息，用户可以根据这里的数据，判断自己的营销工作是否有效，并可以根据数据调整营销方向与策略。

图3-81

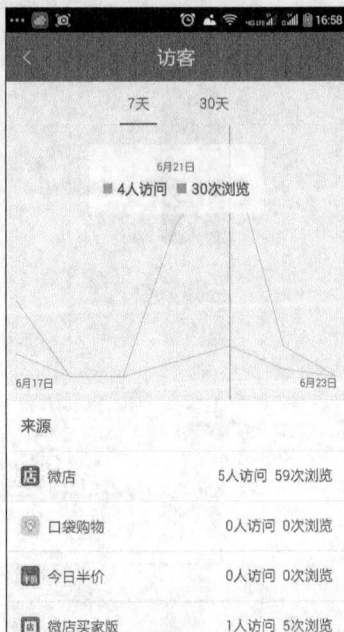

图3-82

3.5.6 "客户"模块

在微店APP第一页单击"客户"按钮，即可进入"客户"模块。该模块主要有3个功能：一是管理与客户的聊天消息；二是查看客户列表；三是查看客户评价，如图3-83所示。

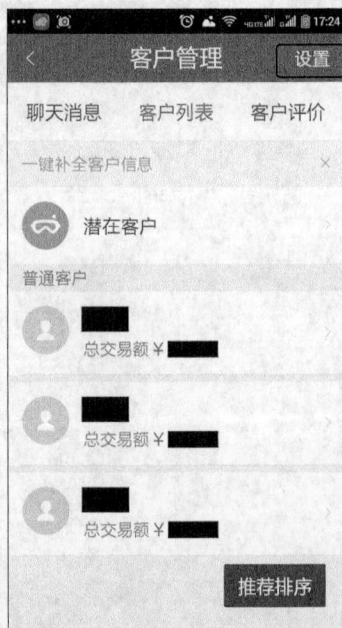

图3-83

另外，在"客户管理"右上角单击"设置"按钮，还可以对"聊天公告"进行设置。"聊天公告"可以在买家初次聊天时自动发出，如图3-84所示。

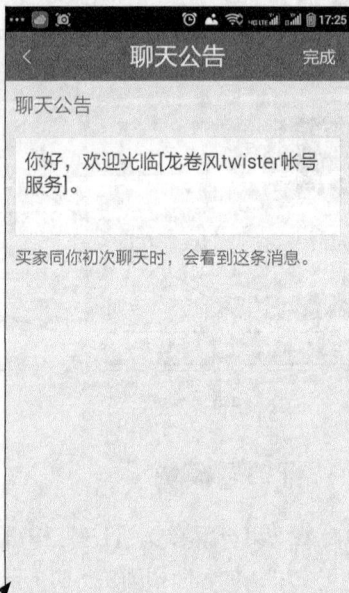

图3-84

专家提点 聊天消息是保存重要证据的地方

聊天消息中记录了店主与买家之间的交流信息。有时候店主与买家之间达成某种协议后，如果买家拒绝履行协议，则可以利用聊天消息记录向微店官方进行申诉，要求微店官方介入仲裁。

3.5.7 "收入"模块

在微店APP第一页单击"收入"按钮，即可进入"收入"模块。在该模块中可以查看收入、绑定银行卡以及查看收支明细等，是店主管理网店财务的窗口，如图3-85所示。

需要注意的是，当买家购买了商品之后，货款会先进入微店平台，在一两个工作日之内，会自动转入店主的银行卡，因此需要店主事先绑定银行卡到微店账户上。绑定银行卡的方法很简单，❶在图3-85所示的界面中单击"我的银行卡"按钮，❷进入图3-86所示界面，填写银行卡相关信息后，单击"绑定银行卡"按钮即可绑定。

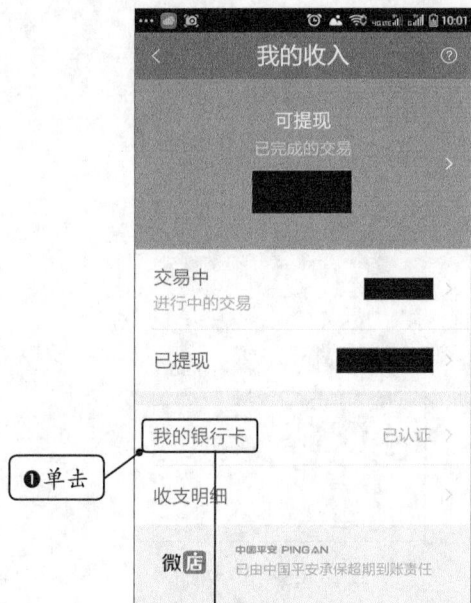

图3-85

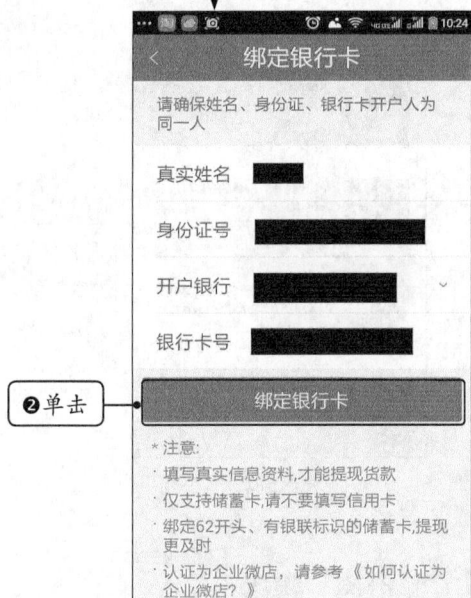

图3-86

动，如图3-87所示。

图3-87

关于如何使用营销推广模块，将在后面进行详细的讲解。

3.5.9 "服务"模块

在微店APP第二页单击"服务"按钮，即可进入"服务"模块。该模块为店主们提供了各种店铺服务，如排版君、店铺装修服务、代购助手等，如图3-88所示。单击任意服务即可进入详细说明页面进行订购，如图3-89所示。

这些服务大多数都是收费的，店主们可以根据自己的实际需要来决定是否购买。

3.5.8 营销"推广"模块

在微店APP第二页单击"营销"按钮，即可进入"推广"模块。该模块的功能分为两大类：一类是"营销设置"可以进行各种营销活动，比如微店拼团的满减、限时折扣以及满包邮等；另一类是"店铺推广"，可以进行分成推广、展会招商等活

图3-88

图3-90

图3-89

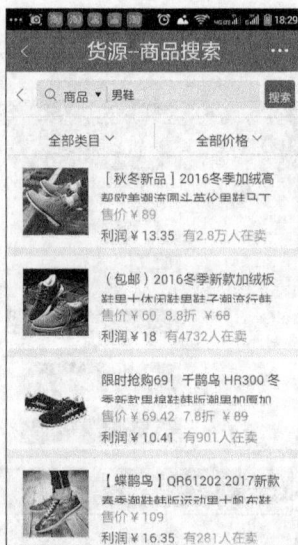

图3-91

3.5.10 "货源"模块

在微店APP第二页单击"货源"按钮，即可进入"货源"模块。"货源"模块主要是为分销型店主提供现成货源。店主可以在其中按照分类选择货源如图3-90所示；也可以在搜索框中输入关键词来查找货源，如图3-91所示。

3.5.11 "供货"模块

在微店APP第二页单击"供货"按钮，即可进入"供货"模块。如果店主自己掌握了很多货源，则可以通过"供货"模块，在微店平台上向店主们供货。"供货"模块中列出了供货商报名条件与供货种类，在模块最下面，可以单击"我要入驻"按钮进行申请，如图3-92所示。

成为供货商也是一条不错的赚钱之路，前提是自己要找到充足的货源，并且货源要符合微店"开放品类"的要求。

图3-92

图3-94

3.5.12　"商会"模块

在微店APP第二页单击"商会"按钮,即可进入"商会"模块,如图3-93所示。在该模块中,可以看到微店商会,单击感兴趣的商会,可以看到该商会的帖子,如图3-94所示。

图3-93

必须先关注某个商会,才能在该商会里发布帖子,不然只能浏览。有些商会要求更加严格,需要通过审核以后才允许发布帖子。一般这样的商会在置顶帖中留有审核微信号,用户可以和该微信号联系,发送资料由对方审核。

3.5.13　为梦想"打卡"模块

在微店APP第二页单击"为梦想打卡"按钮,即可进入"打卡"模块,在该模块中每天打卡签到,每次打卡后可以进行抽奖,连续打卡5次以后可以额外获得一次抽奖机会。奖品为开店相关的资源,如爆款货源、店铺装修模板等,如图3-95所示。

图3-95

3.5.14　微店各模块对经营的帮助

微店的13个模块中,与店铺经营直接相关的是微店管理、笔记、商品、订单、统计、客户、收入和推广这8个,店主的主要商品销售活动都是在这些模块中进行的,因此一定要熟练掌握它们的功能和用法。

服务、货源和供货主要是为了方便店主们而设置的模块，并不是必须的，有的店主可能从来没有用过。

"商会"模块主要方便店主们相互交流，吸取经验。有的商会还会举行小规模的营销活动，对经营也是一种帮助。

"打卡"模块主要是为了吸引店主签到抽奖，

不过奖品并不是很具有吸引力，对经营来说帮助并不是很大。

店主们主要还是应该关注前八个与经营直接相关的模块，另外，也不要忘了去"商会"模块获取最新的经营咨询。

3.6 微店的基本设置

了解了微店的各个功能后，接着就要对微店进行基本的设置，包括修改店铺名、绑定微信号、设置运费等。这些基本设置完成后，就可以发布商品，进行出售了。

3.6.1 修改店铺名称

虽然在申请微店时，就填写了店名，但很多时候店主会觉得当时填的店名不够好，想要更改；有的店主改变了经营方向时，也会想要更改店名。更改店名可以在微店APP中方便地进行。

第1步 在微店主界面第一页，❶单击店名按钮进入"微店管理"模块，如图3-96所示。

图3-97

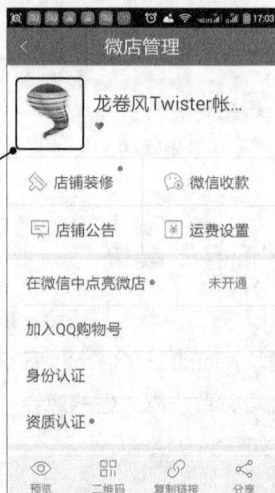

图3-96

第2步 ❷单击网店店标，如图3-97所示。

第3步 进入"微店信息"界面，❶单击"店铺名称"项目，如图3-98所示。

图3-98

第4步 ❷修改微店名称；❸单击"完成"按钮，如图3-99所示。

返回"微店信息"界面后，可以看到微店名称已经更新了，如图3-100所示。

图3-99

图3-100

按照修改店铺名称的方法，还可以设置微信号。不过设置微信号之后，在使用手机浏览器或微信浏览微店时，该微信号不会显示，仅仅在使用"微店买家版"APP浏览微店时才显示。微店买家版APP是微店官方开发给微店买家们用的，内置了商品推荐、好店推荐、商品查找等多种功能，非常方便买家们。

3.6.2　设置商品运费

邮费是网络购物时，买家比较关注的焦点之一。当出售重量较重的商品时，由于买家购买多件可能会导致重量超过快递公司的首重，此时需要增加续重运费，因此这类商品不宜设置包邮，比如水果、生态粮食等；相反，对于重量较轻的商品最好设置为包邮，将运费打入商品价格即可，买家看见包邮也觉得心里舒服。至于虚拟商品，当然要设置包邮了。

下面就以设置不包邮的邮费为例进行讲解。设置时，将港澳台设置为运费最高的地区，将青海、内蒙古与西藏设置为次高地区，其余地区邮费则统一设置为最低。

第1步 进入"微店管理"界面，❶单击"运费设置"项目，如图3-101所示。

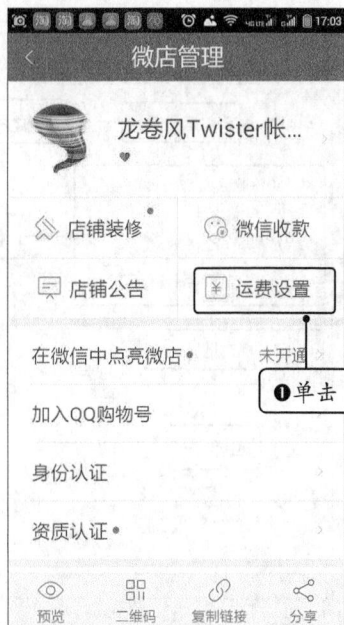

图3-101

第2步 ❷单击"修改运费"按钮，如图3-102所示。

第3步 进入"修改运费"界面，❶输入模板名称；❷设置第一件商品的邮费，以及每增加一定商品数量的邮费（这里设置的是大部分地区的邮费，是最低的）；❸单击"添加指定地区运费"项目，如图3-103所示。

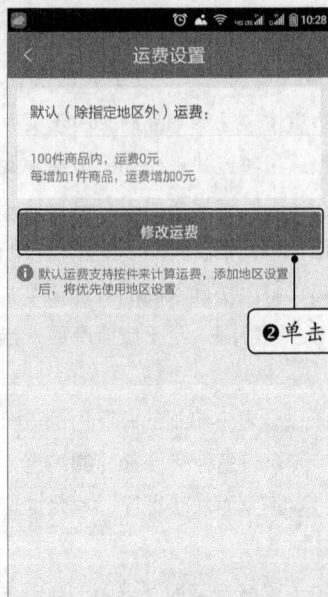

图3-102

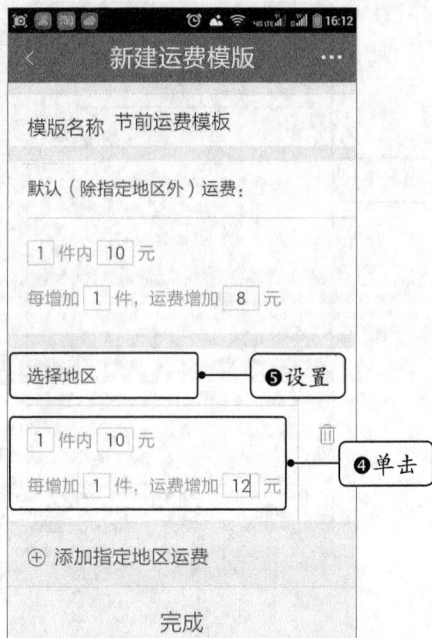

图3-104

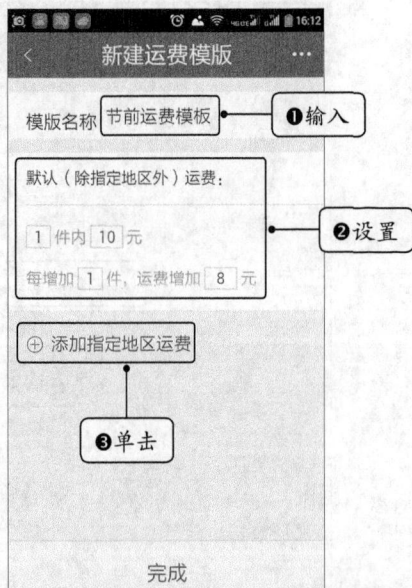

图3-103

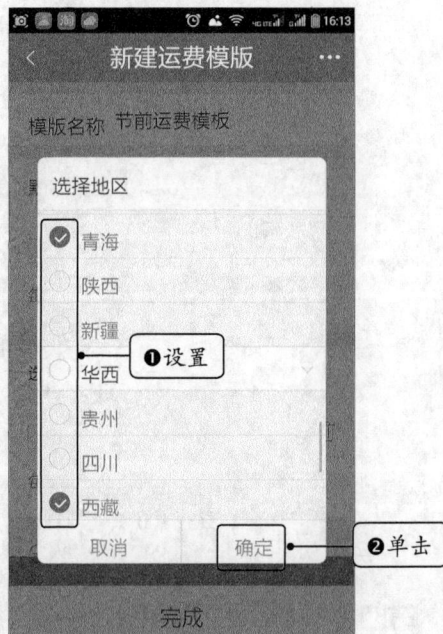

图3-105

第4步 ❹设置指定地区第一件商品的邮费，以及每增加一定商品数量的邮费（这里设置的是青海、内蒙古与西藏的邮费，比大部分地区的邮费略高）；❺单击"选择地区"按钮，如图3-104所示。

第5步 进入"选择地区"界面，❶选择青海、内蒙古与西藏；❷单击"确定"按钮，如图3-105所示。

第6步 返回"修改运费"界面，可以看到青海、内蒙古与西藏的较高邮费已经设置好；❸再为港澳台设置最高运费；❹单击"完成"按钮，如图3-106所示。

返回运费设置界面后，可以看到刚刚设置的新运费规则，如图3-107所示。

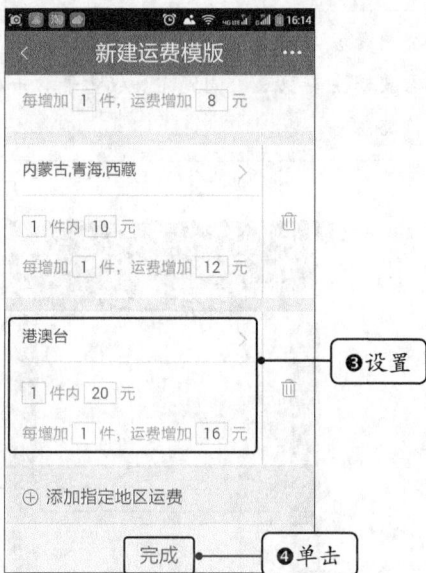

图3-106

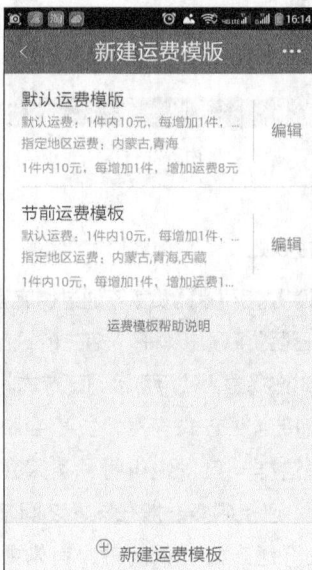

图3-107

要注意，设置完毕后，店内所有的商品运费全部会自动套用此运费模板。如果有个别商品需要包邮的，要进入该商品的编辑界面，打开"包邮"开关。

3.6.3　开通货到付款与直接到账

货到付款与直接到账是两种不同的付款方式，它们有个共同特点是资金都不通过微店官方进行中转，与担保交易正好相反，担保交易下货款是必须通过微店中转的。

> **专家提点** 担保交易是默认开通的
>
> 担保交易在店主申请微店时就默认开通了。在处于担保交易状态时，每笔交易的货款都会先在微店官方停留，买家确认收货之后自动转入店主的银行卡，这样方便在买卖双方发生纠纷时，由微店官方进行仲裁。担保交易对于买家来说是一种安全性保障。

1. 货到付款

货到付款是指买家在下单时不在线付款，由快递公司在交付商品给买家时向买家收取货款。该货款会由快递公司打入店主的银行账户，不通过微店中转。

开通货到付款有利于满足某些没有网银，又不愿去邮局汇款的买家的需要，而喜欢看到实物再付款的买家，也倾向于使用货到付款；但货到付款需要收取额外的服务费，资金回笼慢，对卖家来说又是不利的。因此，开不开通货到付款，需要卖家综合自己的情况进行考虑。

开通货到付款很简单，其步骤如下。

第1步 进入"微店管理"界面，❶单击"货到付款"项目，如图3-108所示。

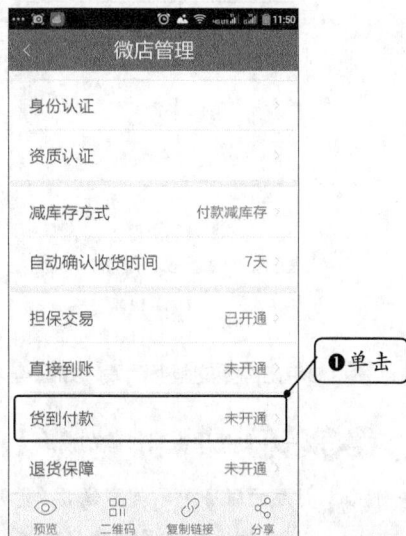

图3-108

第2步 ❷单击"货到付款"开关按钮，如图3-109所示。

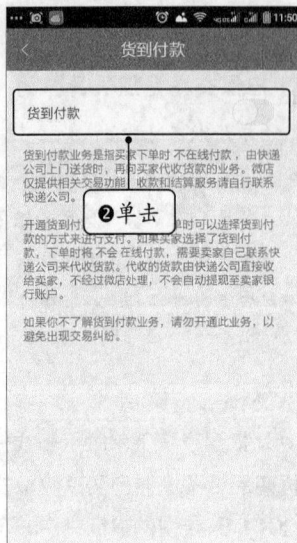

图3-109

第3步 ❶单击"货到付款服务费"选项，如图3-110所示。

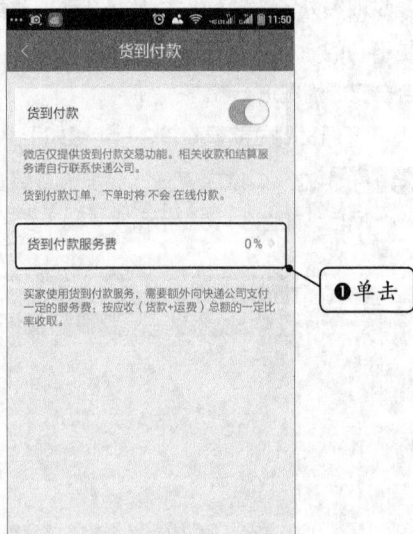

图3-110

第4步 ❷单击需要的服务费率，如图3-111所示。

○○高手支招 关于货到付款的费率 ▶ ▶ ▶

一般货到付款的服务费率是总钱款（货款+运费）的2%～3%，有的快递公司还规定有保底费，一般是3～5元，如果服务费率少于保底费，则按保底费收取；有的公司有上限，比如50元，超过则不再增收；而有的公司则没有上限，按实收取；还有的

公司是按单收取，一般为每单10元。具体的费率需要店主与快递公司商定，尽量争取一个较好的价格。

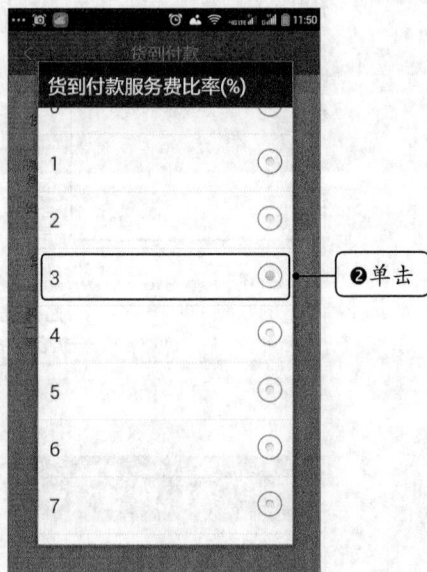

图3-111

2. 直接到账

直接到账是指买家的货款不通过微店官方中转，一两个工作日后货款直接就打入店主的银行卡。买家可以在购物时选择是否使用直接到账方式。

使用直接到账方式购买，货款会脱离微店官方的监管，这样一旦发生纠纷，买家会比较难以申诉。因此，直接到账一般在熟人之间才会使用。直接到账的开通方法也很简单，首先要通过身份认证，然后就可以打开"直接到账"开关，买家在购物时，会发现页面上多出一个"直接到账"的选项。

要进行身份认证，可在"微店管理"界面单击"身份认证"项目，如图3-112所示，之后可看到有"实名认证"与"证件认证"两个项目，如图3-113所示，店主应先进行实名认证，然后进行证件认证（顺序不可颠倒）；认证完成后，在"微店管理"界面单击"直接到账"项目，然后单击开关按钮，打开直接到账服务即可，如图3-114所示。

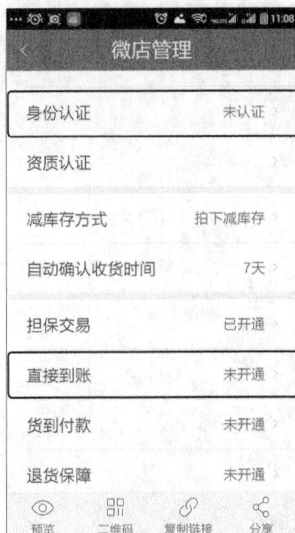

图3-112

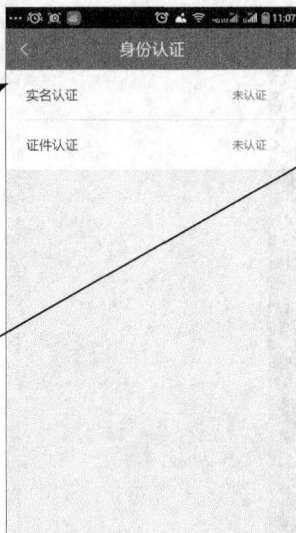

图3-113

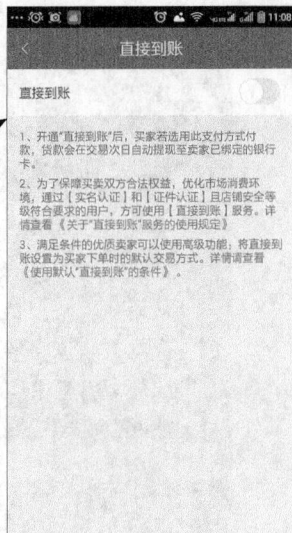

图3-114

3.6.4 开通7天无理由退货

7天无理由退货是一个吸引买家的因素。买家在签收商品7天内，可以不需要任何理由就退货退款，当然前提是退货的商品不影响二次销售。一般来说进行无理由退货时，从买家发回给店主的这部分邮费，是由买家自行承担的。

7天无理由退货给了买家一个尝试商品的机会，有些买家发现商品不喜欢或不好用，而商品又没有质量问题，则可以申请无理由退货。开通这样的服务，无疑会收到买家的欢迎，增加商品销售量；但同时也会给店主带来一定的退货压力，需要店主根据自身情况来决定是否开通。

第1步 进入"微店管理"界面，将页面拉到最下方，❶单击"退货保障"项目，如图3-115所示。

第2步 ❷单击"加入7天退货保障"开关按钮，如图3-116所示。

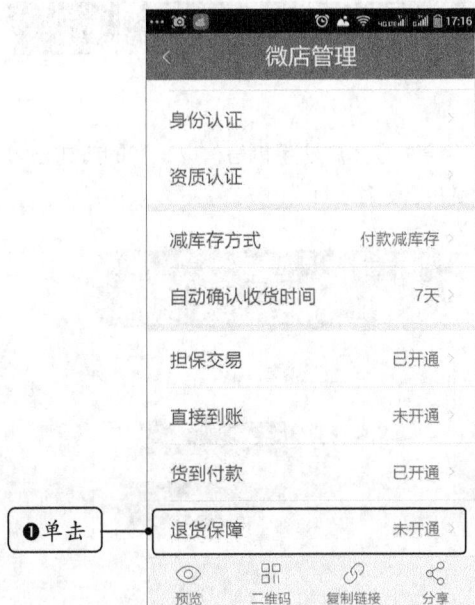

图3-115

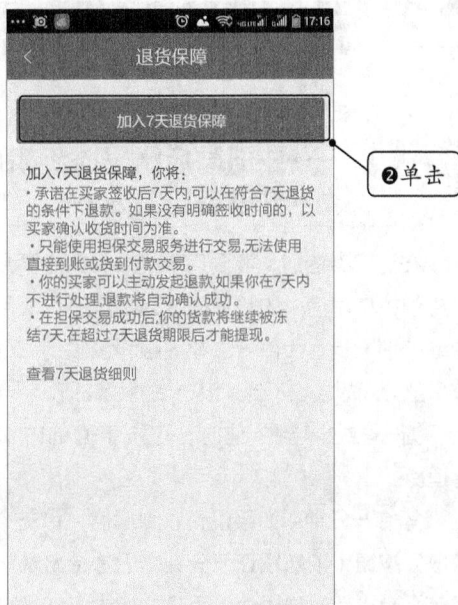

图3-116

第3步 ❸单击"确认"按钮，如图3-117所示。

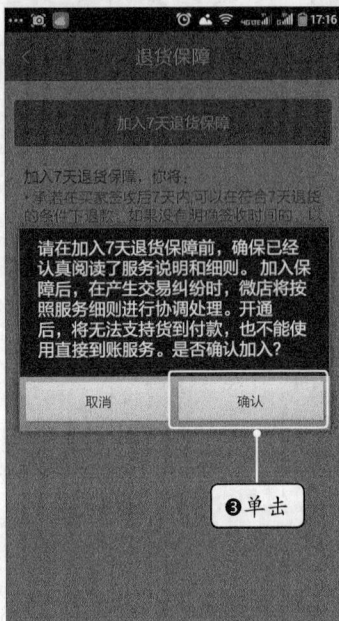

❸单击

图3-117

可以看到已经加入7天退货服务，如图3-118所示。如果单击"退出7天退货保障"按钮，即可退出。

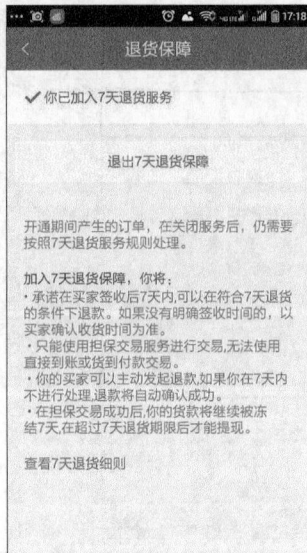

图3-118

7天退货保障与货到付款、直接到账的冲突

专家提点

7天退货保障是不能与货到付款同时开通，因为7天退货保障会让货款在微店官方监管7天，之后如无退货，才会自动转入店主银行卡，而如果货到付款或直接到账，则货款是不能被微店官方监管的，这就出现了冲突，因此这两个服务不能同时开通。

3.7 秘技一点通

技巧1 ——注册微店账号时手机总是收不到验证码怎么办

在注册微店时，需要用手机接收微店平台发来的短信，将短信中的验证码输入到注册页面后，才能继续下一步。大部分人能够顺利接收到短信，但有小部分人却接收不到，没办法继续注册。

万一接收不到短信时，可按下面的方法逐步处理。

等待一分钟后如果没有收到短信，单击"重新获取"按钮（该按钮在一分钟之后才会出现），让微店平台重新发送短信给手机。如果多次发送仍然接收不到短信，应单击"收不到验证码？"文字，

微店平台会拨打用户的手机号，以语音的方式告知用户验证码，如图3-119所示。

图3-119

不过在实际使用中，会发生既无法接收到短信，也无法接收到语音电话的情况，用户仍然无法得知验证码。此时用户要考虑是否自己的手机上安装了来电防骚扰APP。这种APP可以设置不接收指定电话号码的语音呼叫和短信，并且可对含有指定文字的短信进行屏蔽，图3-120所示为"酷管家"APP的"骚扰拦截"功能，对含有某些文字的短信进行了屏蔽。

图3-120

用户的手机如果安装了此类APP，就要打开软件检查是否有来自微店的短信或电话。由于微店平台的电话是以400开头的，不少人都屏蔽了400开头的电话，因此也就接不到微店的电话了。

如果用户手机没有安装防骚扰APP，或者在APP中并没有屏蔽微店的电话与短信，那么就要登录手机业务运营商的网上营业厅，查看是否有来自微店的短信。如果有，说明短信已经发送给自己，但因为手机的某些原因没有接到，此时可换手机再进行尝试（最好换个功能机，即带有按键的手机，功能简单，现在一般是老年人在用，即所谓的老年机）；如果没有，说明问题出在微店平台与运营商之间，此时就应打电话与手机运营商联系，询问如何处理。最好的办法是带上手机，亲自到营业厅向工作人员演示，并请他们查询原因，进行处理。

如果营业厅工作人员也找不到原因，就只有拨打口袋时尚公司的客服电话4008-933-557请求帮助。

技巧2 ——面向海外的小店，选什么国际网络收支工具最好

现在越来越多的卖家把眼光转向了海外市场，原因不外乎海外市场收益率高，空白点多，竞争较小。

那么，如果想成为一个海外的微店卖家，需要使用到什么样的收支工具来收取或支付钱款呢？国内常用的支付宝等工具只能在国内使用，要进行跨国收支，则要使用国际性的第三方支付工具。

常见的国际第三方支付工具有PayPal、Google checout、worldpay以及Authorize.net等，其中，贝宝（PayPal）是全球支付霸主，不仅可以用来在国际间收支货款，支持数十种货币，还可以即时支付，即时到账，具有全中文的操作界面，能通过中国的本地银行轻松提现。贝宝对于买家来说，是完全免费的，对于卖家则需要收取少量的服务费用。

贝宝是目前最方便和热门的国际支付工具，通过简单的几步即可注册，然后添加自己的银行卡，即可开始国际收支之旅了。

卖家还可以到贝宝的网站上去看看关于"外贸一站通"的详情，充分利用贝宝提供的良好环境和

条件，来方便地开店和销售，如图3-121所示。

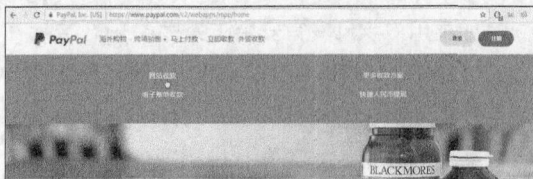

图3-121

技巧3——怎样给微店起个不和他人 重复的特色店名

经常有人发现，在搜索自己的微店店名时，搜索结果一大堆，自己的店名淹没在其中，完全不能引人关注。这是因为微店用户太多，平常使用的店名都被注册过了，所以在自己起名时，要使用一定的"前后缀"技巧，来避免重名。

一般来说，准备开店的卖家总是倾向以主营商品的名字来作为账户名的，比如"茶具""零食""服装"等，毫无疑问这样的店名已经被注册了，重复率太高。那么卖家可以在前面或后面加上自己所在城市名，最后加上一个注册年份或者自己的出生年份，这样重复的可能性就很低了，而且还很好记。

比如在北京卖茶具，可以起名为"北京茶具2015"，在上海卖零食可以起名为"零食上海1989"，这样的名称，是不是又醒目，又好记呢？

六旬老太开微店，女儿帮忙"上下货"

"我妈妈的剪纸历史长达50多年，她出品的剪纸件件都是精品！去年还被市里评为当地文化遗产，现在在网上好卖得很哦！"微店"剪纸传承"的老板眉飞色舞地说。

这家微店通过微信朋友圈传播，卖的是一位六旬老太太的艺术剪纸，而老太太的女儿则帮助母亲管理微店，短短一个半月内，就卖出近2000元的剪纸，其中，大尺寸的百鸟朝凤、岁寒三友等就售出了十多张，中小尺寸的京剧脸谱、十二生肖等更是卖断了货。

这位传奇老太太名叫柳福花，从事剪纸艺术已有数十年。在旁人看来无比复杂的图样，她随手剪来，速度之快令人啧啧称奇。自从去年被本地电视台报道之后，成了市里小有名气的"明星"，很多市民慕名而来求一副剪纸，名气传开以后，甚至邻市也有人专门过来拜访求剪纸。

由于老太太每年都在创作，剪纸艺术作品已经装满了十多口箱子。有一次她向女儿王明燕念叨，想要把这些剪纸"给更多的人看看"。王明燕听了母亲的话，

就琢磨着找一个平台进行展示并出售。后来在朋友的介绍下，她了解到一款名叫"微店"的APP，操作简单，于是就萌生了开家网络商店，出售母亲剪纸作品的想法。

"当时我一说，母亲立刻点头答应。"王明燕说，由于母亲不懂智能手机，更不知道怎么开店，于是她就帮助母亲开店并进行管理，负责剪纸作品的拍摄、上下架与销售，"剪纸的价格，都是我们母女俩商量着定的"。

"开设微店的操作流程并不算复杂。"王明燕拿出手机展示，下载好APP后，通过平台上传产品图，再配上相应的描述就行了，下单、付款都能在微信朋友圈里完成。从3月27日开店到现在，短短的40几天里，收入已经接近2000元了。

"钱虽然不多，但是妈妈很开心，因为她觉得有这么多人喜欢她的作品，她这辈子就算没白活"，王明燕笑着说："我嘛，没事帮她管理下店铺，就当是哄她开心了，还有什么比老人开心更重要的呢？"

第 4 章
宝贝的描述与定价很关键

🔍 本章导言

　　宝贝的描述（包括标题）是吸引买家眼球、引诱买家点击浏览的关键因素，一个好的商品介绍胜过一位优秀的营销专员；宝贝定价则关系到买家的购买意愿，合适的定价能够让买家欣然解囊。因此，写好宝贝标题与描述，并针对各类宝贝进行差别定价，是微店店主必须要掌握的技能。

🔍 学习要点

- 掌握为宝贝撰写诱人标题的方法
- 掌握为宝贝撰写精彩描述的方法
- 掌握为宝贝定出合适价格的方法

4.1 为宝贝撰写诱人的标题

　　大部分微店买家都是使用搜索功能来查找要购买的宝贝，而搜索功能就是从宝贝的标题中，对关键词进行筛选，再将结果返回给买家。因此，写好宝贝的标题，可以提高宝贝被搜索到的可能性，从而增加被浏览以及购买的概率。

4.1.1 认识宝贝标题的构成

　　为了尽可能多地增加被搜索中的概率，每个宝贝都需要一个好的标题，这个标题不仅能吸引人，也能让买家一目了然地知道宝贝的特性，还能利于关键字搜索。

　　一个完整的宝贝标题应该包括3个部分。

　　第一部分是"宝贝名称"，这部分要让客户一眼就能够明白这是什么东西。

　　第二部分是由一些"感官词"组成，感官词在很大程度上可以增加买家浏览这个宝贝的兴趣。

　　第三部分是由"优化词"组成的，可以使用与产品相关的优化词来增加宝贝被搜索到的概率。

　　这里举一个宝贝标题的例子来说明。比如："【热销万件】2016秋季新款男装正品修身外套"，其中"外套"是宝贝名称，"热销万件"这个词会让客户产生对产品的信赖感，"男装""正品""修身"这3个词是优化词，它能够让买家更容易找到宝贝。

　　在宝贝标题中，感官词和优化词是增加搜索量和点击量的重要组成部分，但也不是非要出现的，唯独宝贝名称必须要正确出现在标题中。

　　当然，宝贝标题也不是随便什么文字都可以填的，必须严格遵守微店的规则，不然很容易遭到处罚。比如，宝贝标题需要和宝贝本身一致的，不能干扰搜索。宝贝标题中出现的所有文字描述都要客观真实，不得在宝贝标题中使用虚假的宣传信息。

一般宝贝标题主要有下面几种组合方式。

- 品牌、型号+宝贝名称：BL5C 诺基亚原装电池
- 促销、特性、形容词+宝贝名称：双11大减价 纯牛皮高帮女靴
- 地域特点+品牌+宝贝名称：新疆高温差培育 xx牌甜枣
- 店铺名称+品牌、型号+宝贝名称：潮东店 高大公子出品 手工松露巧克力
- 品牌、型号+促销、特性、形容词+宝贝名称：酷派手机 真双摄 八核CPU 运行速度逆天 超长续航大神Cool1 Dual
- 店铺名称+地域特点+宝贝名称：老胡小铺 四川特产 特辣朝天椒
- 品牌+促销、特性、形容词+宝贝名称：云天酒 买二赠一 浓香型 400毫升水晶瓶礼品装
- 信用级别、好评率+店铺名称+促销、特性、形容词+宝贝名称：双皇冠 好评过万 蓝色数码 光棍节大促 双11疯抢 2万毫安超大容量 盖铁移动电源

这些组合不管如何变化，宝贝名称这一项一定是其中的一个组成部分。因为在搜索时首先会使用到的就是宝贝名称关键字，在这个基础上再增加其他的关键字，可以使宝贝在搜索时得到更多的入选机会。至于选择什么来组合最好，要靠自己去分析目标消费群体的搜索习惯来最终确定，以找到最合适的组合方式。

4.1.2 为宝贝取个好标题

在微店开店，要想让宝贝被顾客搜索到，应该重点优化宝贝的标题。宝贝标题直接影响着其在微店平台的排名，尤其是开通了口袋直通车的店主，靠前的排名意味着较高的搜索量和曝光率。那么，有哪些技巧可供店主学习呢？

（1）关注宝贝中心词，提升宝贝的搜索权重。宝贝中心词就是店主发布宝贝时的类目词，也可以是名称词。例如，店主发布的商品是一款鞋子，那么中心词就是鞋子。中心词前最好加一个比较热搜的关键词，如"运动"，因为宝贝也带有运动的味道，所以无疑与宝贝最相关的关键词排在最前面，

权重大大增加。此外，中心词前面也可以放一些热搜的关键词，如正品、新款、韩版、时尚等。

某品牌销量超过24万双的宝贝，可以看到这款商品的描述为"正品新百伦N字母潮鞋运动鞋"。通过分析，可以发现该标题的格式为"热搜词（正品）+品牌（新百伦）+产品特色（N字母）+宝贝中心词（潮鞋、运动鞋）"，店主可以从中学习标题设置的技巧。

（2）关注宝贝相关的属性词，提升搜索的精准度。大家可以看看这个标题的后半部分：2012韩版时尚背心V领女士牛仔连体女裤，其中"2012、韩版、背心、V领、牛仔"这些就是宝贝属性，店主千万不可忽视这些属性。

（3）留出必要的空格。标题到底要不要空格呢？当然要留出空格。例如，搜索"男装衬衫"和"男装 衬衫"，留出空格便将一个关键词变成两个标题关键词，更易于消费者搜索店铺商品。

不过，因为宝贝标题是有字符限制的，一个标题最多可输入60个字符，太多空格就无法输入比较多的关键词，空格留一两个就可以了，这样标题看起来比较清楚。

4.1.3 在标题中突出卖点

在网店经营中，如何能够吸引买家点击宝贝是一个比较重要的问题，这和宝贝标题的编写密切相关了，如果标题比较吸引人，那么被点击的次数就会较多，被浏览的次数也就较多，被购买的可能性也就增大了。

宝贝标题编写时最重要的就是要把宝贝最核心的卖点用精练的语言表达出来。卖家可以列出四五个卖点，然后选择最重要的3个卖点，融入到宝贝标题中。下面是在宝贝标题中突出卖点的一些技巧。

- 标题应清晰准确。宝贝标题不能让人产生误解，应该准确而且清晰，让买家在一扫而过的时间内能够轻松读懂。比如："外贸 大码 纯棉男装T恤"就是一个很好的标题，特点和卖点都清晰，而"高级工艺 原浆 超低价 云天酒"就是一个失败的标题，除了"超低价"以外，"高级工艺"和"原浆"都很难给访客留下印象，高级工艺高在何处，原浆又是什么，看了也不了解，当然也

就谈不上被吸引了。

- 标题的充分利用。微店规定宝贝的标题最长不能超过60个字节，也就是30个汉字，在组合理想的情况下，包含越多的关键字，被搜索到的概率就越大。

- 价格信号。价格是每个买家关注的内容之一，也是最能直接刺激买家，形成购买行为的因素。所以，如果店里的宝贝具备一定的价格优势，或是正在进行优惠促销活动，如"特价""清仓特卖""仅售99元""包邮""买一赠一"等，完全可以用简短有力的词在标题中注明。

- 进货渠道。如果店铺的宝贝是厂家直供或从国外直接购进的，可在标题中加以注明，以突出宝贝的独特性，如"原厂直销""海外渠道"或"美国直邮"。

- 售后服务。因在网上不能面对面交易，不能看到实物，许多买家对于某些宝贝不愿意选择网上购物，因此，如果能提供有特色的售后服务，如"七天无条件换货""全国联保"等，这些都可以标题中明确地注明。

- 店铺高信誉度记录。如果店铺的信誉度较高，可以在宝贝标题中注明网店的信誉度，这些都会增强买家与卖家的交易信心，如"皇冠店信誉保证正品虫草"等。

- 卖品超高的成交记录。如果店中某件宝贝销量在一段时间内较高，可以在标题中注明"月销上千""明星推荐"等文字，善用这些能够调动人情绪的词语，对店铺的生意是很有帮助的。这样会令买家在有购买意向时，极大降低对此宝贝的后顾之忧。

- 使用特殊符号。为了让标题与众不同，可以在宝贝标题中插入特殊符号，以起到强调作用，如"◆限量特价◆""☆新款☆"等。但是这些符号不能滥用，用得太多反而会让人眼花缭乱，无法阅读。

- 适当分割以利于阅读。如果30个字的标题一点都不分割，会使整个标题看上去一团糊涂，比如"全场包邮2016秋冬新款冬裙羊绒毛呢加厚短裙半身裙包臀裙子"，这么多字没有一个标点符号，完全不分割，虽然有利于增加被搜索到的概率，但是会让买家看得很辛苦，所以，少量而必要的断句是应该的。最好使用空格符号或半角进行分割标题。如"全场包邮！2016秋冬新款冬裙 羊绒毛呢 加厚短裙 半身裙 包臀裙子"。

4.2 为宝贝撰写精彩的描述

通过宝贝标题，吸引买家浏览宝贝，这是第一步。第二步则是要使用准确的、值得信赖的宝贝描述，来说服买家购买宝贝，因此做好宝贝的自我介绍也是很重要的。

4.2.1 了解宝贝描述的作用

宝贝描述用于介绍产品的功能以及那些与众不同的地方，进而促进买家购买，因此可以说宝贝描述的重要性不在于标题之下。宝贝描述的好处集中表现在以下两个方面。

（1）提高宝贝转化率。一项根据对两万多家网店的抽样调查，发现中小卖家99%的顾客是从宝贝描述页进入店铺的，大卖家92%的顾客是从宝贝描述页进入店铺的，超大卖家88%的顾客是从宝贝描述页进入店铺的。因此，宝贝描述页是店铺营销的核心所在，重中之重。

调查进一步显示，买家决定是否购买，最关心的因素包括宝贝图片、宝贝描述（参数、性能、属性等）、服务承诺、质量保障、描述可信度与专业度、使用说明、注意事项、快递事项、真实评价、优惠政策、客服态度、店铺信誉、店铺装修等13项，其中9项属于宝贝描述的范畴。

（2）关联营销更多商品。使用精心编写的标题将买家引进店铺，但如果顾客不是很喜欢该宝贝，就会马上关掉页面，这样就浪费了一次浏览。如果店主在宝贝详情页的前面放置一些类似宝贝或者相关宝贝的推荐，用户就有可能会去点击浏览，这样就增加了顾客购买其他宝贝的可能性。

4.2.2 描述开头一定要吸引人

宝贝描述开头的作用是吸引买家的注意力，立刻唤起买家的兴趣，让买家不由自主地就想看下去。

不管写什么样的产品描述，必须首先了解客户的各类需求，了解他们的想法，找到吸引客户的因素，琢磨怎样把自己的宝贝和客户的兴趣点联系在一起。

比如卖中老年服装，面对的客户绝大部分是青年人和部分中年人（因为老年人很少上网，不会在网上为自己买服装），购买的目的是赠送给父母长辈，因此在宝贝描述中，可以适当颂扬一下亲子感情，比如：“小时候，爸爸是参天大树，为我遮风挡雨，现在爸爸已经老了，在这个寒冷的冬天，我想亲手为他披上一件厚厚的羽绒服，然后说声谢谢你，爸爸”。

4.2.3 突出卖点，给买家一个购买的理由

找到并附加一些产品的卖点，加以放大。挖掘并突出卖点，很多产品细节与卖点是需要挖掘的。每个卖点都是对买家说服力增加的砝码。描述能够吸引买家的卖点越多，就会越成功。比如一家售卖蜂蜜的微店，就发掘出4个关于蜜源的卖点：水质好、气候好、日照长、花种多，肯定要比单纯写上“自产蜂蜜，营养美味”好得多，如图4-1所示。

图4-1

4.2.4 图文表结合最吸引顾客

微店是手机平台上的店铺，由于常用手机屏幕最大不过6.5英寸，因此大量的文字说明让买家看得很累，不愿意阅读，浏览者更想看到的是图片。图片和文字相结合，让人看起来很轻松，同时也将宝贝展示出来。

在宝贝描述时，最好采用“文字+图像+表格”的形式，这样看起来更加直观，能够第一时间抓住买家的心，如图4-2所示。

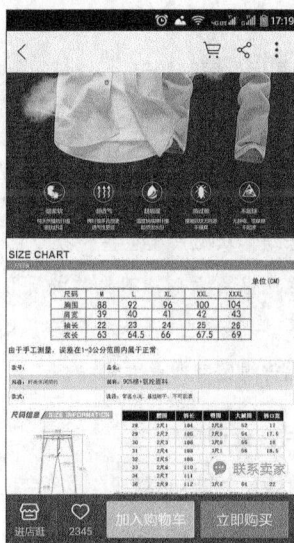

图4-2

当然，没有表格也不用强求，但图文并茂是必须要做到的。需要注意的是，由于手机屏幕较小，因此宝贝的描述文字在大小上必须注意，既要保证可读，又不能喧宾夺主。

4.2.5 优化宝贝图片做好视觉营销

宝贝图片的好与坏直接影响到买家是否会感兴趣并进行点击浏览，甚至影响到买家是否付款购买。宝贝图片优化是对现有的宝贝图片进行优化处理，进而优化出好的图片，优化出最能刺激买家产生购买行为的图片。优化图片可以从以下几个方面着手。

1. 首图的优化

在所有的宝贝展示图片中，首图往往决定了宝贝是否能吸引买家关注。图4-3所示的宝贝图片展示的信息量丰富而且也很美观，绝对能让它在众多宝贝中脱颖而出。

图4-3

宝贝首图优化原则如下。

- 主体突出，宝贝清晰漂亮，从最佳角度展示宝贝全貌，不要有过于杂乱的背景。
- 展示促销信息，让买家一看图片就知道这个店铺有优惠活动，从而产生点击的欲望。
- 尽量把主图做成方形，不要做成圆形、椭圆形以及菱形等，因为手机屏幕本来就不大，只有使用方形才能将视觉空间最大化。

2. 图片要处理好

图片的大小首先要调整好，要符合在手机上打开时浏览者的视觉感受，注意太大的图会影响网页打开的速度。修正构图，把因拍摄时不注意留下的构图问题，利用黄金分割法调整好让人看上去舒服，并产生美感。图片不能过亮，当然也不能偏暗，调整得适合就可以。同时要加上店铺的防盗水印，彰显店铺的专业性，也防止网络盗图行为，如图4-4所示。

图4-4

关于宝贝图片的拍摄、美化，将在下一章专门进行讲解。

3. 应详细地展示宝贝

即使是同一件宝贝，随着颜色和尺寸的不同，

人们的感觉也常会有很大差异。对于买家想要了解的内容，不要一概而过，而是应认真、详细、如实地介绍给买家。只有这样，买家才能毫不犹豫地购买。在图4-5所示的宝贝展示中，使用了多幅图片详细地展示了宝贝的不同部位。

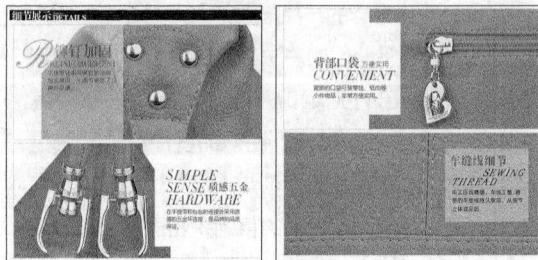

图4-5

很多新手卖家都不注重细节图的拍摄，甚至在页面上就没有细节图，这样是很难让买家满意的。所以，为了店铺的生意，细节图的拍摄一定不能少。细节图越多，买家看得越清楚，当然对卖家的宝贝产生好感及购买欲望也就越大。

4. 采用模特实拍

宝贝图片不仅要吸引人、清晰漂亮，还要向买家传达丰富的宝贝信息，如宝贝的大小、感觉等这些看不准、摸不着的信息。如果是想用心地经营一个属于自己的品牌店的话，采用模特实拍图片是必不可少的。建议经营服装、包包、饰品等宝贝的卖家用真人做模特拍摄图片，给买家传达更多的信息。

相比平铺的衣服照片，使用真人模特的照片更能体现衣服的试穿效果。而且模特的姿势也要各式各样，这样才能显示出服装的板型和试穿效果，如图4-6所示。

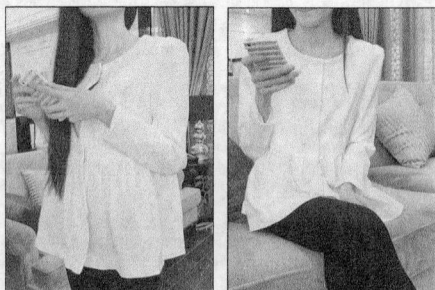

图4-6

使用真人模特拍出来的宝贝图片，不仅能让买

家更多地了解宝贝，还能美化店铺，吸引买家的眼球，店铺浏览量也会随之提高。

使用真人模特拍摄宝贝图片，应该注意以下几点。

- 使用真人做模特，最好在宝贝描述中标明模特的身高或宝贝的大小，让买家对于宝贝的了解更加透明。

- 尽量不要在逆光状态下直接面对模特，拍摄者或模特也可以尽量采取斜45°的拍摄角度。

- 使用真人模特拍摄图片，选择合适的背景也很重要。地点最好选择户外，自然光拍摄出来的效果更好。

- 要协调拍摄对象之间的关系，不能喧宾夺主。重点体现宝贝的特点，但是也要注意宝贝和模特之间的协调。

- 模特姿势要多些，同时动作要自然，不要太僵硬。

关于如何使用真人模特来拍摄宝贝图片，还会在第5章通过实际案例进行讲解。

4.2.6 利用关联推荐

在宝贝描述中也可以添加相关推荐宝贝，如本店热销宝贝、特价宝贝等，即使买家对当前所浏览的宝贝不满意，在看到商家销售的其他宝贝后，也许就会产生购买的欲望。另外，即使已经决定购买现在所浏览的宝贝，在浏览其他搭配宝贝的同时，也会产生再购买另外宝贝的打算。让买家更多地接触店铺的宝贝，增加宝贝的宣传力度。如图4-7所示，下半部分为宝贝详情，而上半部分为其他相关推荐宝贝。之所以把推荐宝贝放在宝贝详情上面，是因为这样可以强迫访客浏览推荐的宝贝。

图4-7

4.2.7 展示宝贝权威证书

对于一些价值较高的商品，如珠宝玉石、名牌化妆品等奢侈品，店主可以将授权书、技术鉴定、合格证书等权威证明展示出来。这些东西可以打消买家的顾虑，提升销量和信誉度，如图4-8所示。

图4-8

专家提点 证书等图片无需遮盖信息

在图4-8所示的授权书中，遮盖了一些关键信息，这是本书为了避免不必要的纠纷而做的技术处理。实际上，在微店中展示授权书等证明时，除了非常重要的隐私信息之外，其余皆可展示出来，无需遮盖。展示的信息越详尽，就越能赢得买家的信任。

4.2.8 说明售后与质量保证条款

在宝贝描述中需要添加售后、质量保证条款与退换货的注意事项，以此进行售后服务与规避无谓的纠纷，如图4-9所示。这样做既打消了买家的担忧，也让店主在发生纠纷时有理有据。

4.2.9 展示买家真实评价

利用好买家的评价，并附加在描述里。放些客户好评和聊天记录，增加说服力。第三方的评价会让买家觉得可信度更高，让买家说好，其他的买家才会相信。图4-10所示为把信用评价添加在宝贝描述中，效果就比较好。

图4-9

4.2.10 给买家购买推动力，让对方尽快采取行动

当买家已经产生了兴趣，但还在犹豫不决的时候，还需要给他一个推动力，不要让买家有任何考虑的机会。比如，可以在宝贝描述中设置免费的赠品，并且告诉买家，赠送赠品的活动随时都有可能结束，让买家尽快采取行动；或者写明"限时特价"等，也可以促进买家下单。

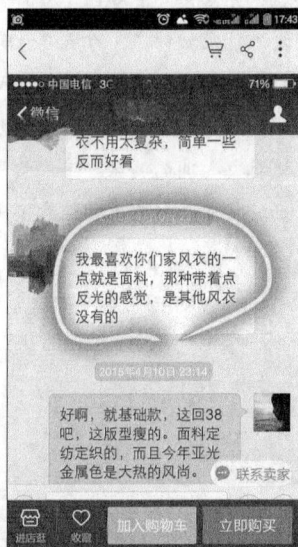

图4-10

4.3 为宝贝定一个合适的价格

定价是一门学问。定贵了顾客不买，定便宜了赚不到钱。为宝贝定一个合适的价位其实并不难，只要学会定价的方法与技巧，就可以轻松解决这个问题。

4.3.1 微店宝贝的定价

微店平台的销量与商品的定价策略，有着十分重要的关系，店主可以参考以下策略，为店铺的宝贝进行定价。

（1）定价要看目标客户。对网购平台而言，价格的制定也要针对目标客户，根据目标客户的消费水平来制定价格。例如，在一些奢侈品网店中，客户更重视品质，对价格并不十分看重，因此定价无须考虑太多消费水平较低的情况。而在快消品等大众网店中，类似5元包邮、9.9元包邮的商品定价则更适合一些。

（2）商品价格应该注重差异化。网购商品和线下商品一样，一定要有差异化才能促进消费，单一普遍的商品则缺乏竞争力，没有让用户选择的空间，不能满足不同用户人群的需求，也就失去了市场竞争力。

（3）定价还应注意价格区间。网购平台和线下实体店的价格也会有差异，线下实体店的价格经常是按整数价格来卖。电商则不同，对网购平台来说，价格都是在网络商城中比较长时间显示的，网购用户看到的价格一般心里都有个范围。例如，原本价格是1000元的产品，网购上定价是950元，那么这个价格既不会太接近1000元，又不容易让客户去砍价，因为用户心里知道市场上普遍是1000元，再往下砍的话也不会优惠多少。

4.3.2 定价的要素

给商品定价看似是一件很简单的事情，其实不然，如果店主不考虑周全，武断地制定一个恒久不变的标准价格，无疑犯了一个严重的错误。因为大多数情况下，这种价格往往不会带来任何利润。在给宝贝定价时需要考虑的因素很多，具体来说，要特别注意以下几点。

（1）产品的成本。这个成本由产品生产过程和流通过程所花费的物资消耗以及支付的劳动报酬所组成，是产品定价的基础因素。简单地说，就是商品值多少钱，在定价时自然会以成本价为底线，合理定价。

（2）市场竞争情况。为商品定价时应考虑市场上其他商品是如何定价的，再仔细权衡，从而为自己的商品定价。商品诱惑力的高低，直接决定着顾客购买的意愿及数量。如果商品具有一定的吸引力，此商品的销售数量会大大增加；如果商品没有吸引人的地方，那么无论如何促销、降价，都不能成功售出。

（3）市场的性质。首先考虑买家的消费习惯，一旦买家使用习惯了一种品牌，就会形成一种购买习惯，不易改变。其次，考虑销售市场的大小。销售一种商品，要找准自己的顾客群，要了解由这种顾客群构成的市场走向。

（4）销售策略。制定商品销售策略，要依据商品性质、企业形象以及店铺的特性。例如，销售品质优良的名牌产品，则需要定高价，人们才觉得物超所值。一些流行性十分强的商品，也需要定高价，因为一旦流行期过后，就会降价。如果销售过时的商品则需要定低价，才会使商品顺利打开销路。

（5）商品形象。一些历史悠久、商品品质优良的品牌店铺服务周到，已经闯出了名号，奠定了根基，因此定价可以稍高，老客户对此也是认可的。

4.3.3　掌握十二大定价技巧

定价方法直接影响买家的消费意向，不同的定价方法对买家产生的心理影响也不相同。一般来说，以下几种定价方法需要掌握。

1. 批量购买引导定价法

买家都想在价格最便宜时购买宝贝，但必须保

证买到。宝贝八九折时买家的兴趣不太大，七折时会担心别人将自己心爱的东西买走，五六折时买家会迫切买走宝贝，否则将会失去廉价的机会。批量购买引导定价法，是根据买家购买量的差异来制定不同的价格，随着买家购买量的增加，单位宝贝的价格在不断降低。

2. 成本加成定价法

成本加成定价法又叫毛利率定价法、加额法或标高定价法。这是多数商家通常采用的一种定价方法，其优点是计算方便。而且在正常情况下，即在市场环境的许多因素趋于稳定的情况下，运用这种方法能够保证商家获取正常利润。同时，同类宝贝在各商店的成本和加成率都比较接近，定价不会相差太大，相互间的竞争不会太激烈。此外，这种方法容易给买家带来一种合理公平的感觉，很容易被买家接受。

3. 习惯定价法

这是市场上已经形成习惯来定价的方法。市场上有许多宝贝，销售时间已长，形成了一种定价的习惯。定价偏高，销量不易打开，定价太低，买家会对宝贝的品质产生怀疑，也不利于销售。这种方法对于稳定市场不无好处。

有许多日用品，由于买家时常购买，形成了一种习惯价格，即买家很容易按此价格购买，其价格大家都知道，这类宝贝销售应遵守习惯定价，不能将价格轻易变动，否则买家会产生心里不满，如果原材料涨价，需要提价时，要特别谨慎，可以通过适当的减少分量等方法来解决。

4. "特价品"定价法

商家将少量的宝贝价格降低成本，为此来招揽买家，增加对其他宝贝连带式的购买，以便达到销售的目的。运用这种方法要采用一些多数家庭需要的"特价品"，而且市场价格要为广大买家所熟悉。这样才能让买家知道这种宝贝的价格要比一般市场价格低，从而招来更多的买家。

5. 安全定价

安全定价是一种很稳妥的定价策略。宝贝定价

适中，会减少市场风险，可在一定时期内将投资收回，并有适当的利润。买家有能力购买，经营者也便于销售。

6. 高位定价法

高价定位法是针对一些买家攀高心理而实施的。采用高价策略，将宝贝的价格定得很高，以便在短期内获取尽可能多的利润。同时，高价格又满足了买家求新、求异和求品位的心理。

（1）从买家角度进行的高价定位。

许多买家所追求的是自己独占某些奢侈品，所以有时高价也是需求增加的重要原因之一，而削价则会导致需求的下降，因为削价意味着有社会声誉的物品的贬值。当店铺的目标买家是那些社会阶层比较高的人士时，商店必须高价定位宝贝。

（2）标志宝贝高品质而进行的高价定位。

在宝贝价格与需求的关系中，存在一种质价效应，即消费者通常把高价看作是优质宝贝和优质服务的标志，因而在宝贝价格较高的情况下，也能刺激和提高需求的效应。在许多情况下，消费者往往以"一分价钱，一分货""好货不便宜，便宜无好货"的观念去判断宝贝的质量，因此，高价能给人们产生高级宝贝、优质宝贝的印象。

（3）标志服务高水平而进行的高价定位。

如同宝贝高价位能显示宝贝高品质一样，高价位同样能显示服务的高水平。对于以高价定位的商店，除了要时刻注视消费者对宝贝的反应，不断提高宝贝质量，增加宝贝功能，创造更新的款式外，还要搞好服务工作，增强消费者对宝贝使用的安全感和依赖感。高价位所标志的高水平服务，也能满足一些人的需求。

在采取高价策略时应十分慎重，只有具有独特功能、独占市场、仿制困难及需求弹性小的宝贝时，才能在较长的时间内保持高价，否则价格太高会失去买家。

7. 低位定价法

现在许多商家都在采用每日低价的法则，此类法则总强调把价格定得低于正常价格，但高于其竞

争对手大打折扣后的价格。最成功的零售商沃尔玛就是使用的这一低价策略。

低价法则在通常情况下是具有竞争力的。但是并非"价格低廉"就一定好销售。这是因为过于低廉的价格会造成对宝贝质量和性能的"不信任感"和"不安全感"。买家会认为，"那么便宜的宝贝，恐怕很难达到想象的质量水平，性能也未必好"。要卓有成效地运用这一策略，商店必须具备以下条件。

（1）进货成本低，业务经营费用低，低费用才能支撑低价格。

（2）存货周转速度快，所以宝贝都能被卖掉。经常降价尽管利润受损，但可以尽快把宝贝销售出去。

（3）买家对宝贝的性能和质量很熟悉，价格便宜会使卖家大量购买，如日常生活用品、食品等。

（4）能够向买家充分说明价格便宜的理由。

（5）商店必须在买家心目中享有较高的信誉，不会有经营假冒伪劣宝贝之嫌。

8. 非整数定价法

"差之毫厘，失之千里。"这种把宝贝零售价格定成带有零头结尾的做法被销售专家们称为"非整数价格法"。很多实践证明，"非整数价格法"确实能够激发出消费者良好的心理呼应，获得明显的经营效果。如一件本来值10元的宝贝，定价9.8元，肯定更能激发消费者的购买欲望。

把宝贝零售价格定成带有零头结尾的非整数的做法，是一种极能激发消费者购买欲望的价格。非整数价格虽与整数价格相近，但它给予消费者的心理信息是不一样的。

一家网上服装店进了一批货，以每件100元的价格销售，可购买者并不踊跃。无奈商店只好决定降价，但考虑到进货成本，只降了2元钱，价格变成98元。想不到就是这2元钱之差，买者络绎不绝，货物很快销售一空。

9. 整数定价法

美国的一位汽车制造商曾公开宣称，要为世界上的富人制造一种大型高级豪华轿车，价格定为

100万美元的整数价。为什么？因为高档豪华的购买者，一般都有显示其身份、地位、富有、大度的心理欲求，整数价格正迎合了这种心理。

对于高档宝贝、耐用宝贝等宜采用整数定价策略，给买家一种"一分钱一分货"的感觉，以树立品牌形象。

10. 小单位定价法

定价时采用小单位，会让买家感觉宝贝的价格比较便宜，如茶叶每市斤100元定成5元/两；或用较小单位宝贝的价格进行比较，如"使用这种电冰箱每天只耗半度电，才0.26元钱！"，而不是"使用这种电冰箱每月只耗15度电，才7.8元钱！"。

11. 心理定价法

据调查发现，宝贝定价时所用数字的频率，依次是5、8、0、3、6、9、2、4、7、1。这不是偶然的，究其根源是买家消费心理的作用。带有弧形线条的数字，如5、8等比不带弧线的数字有刺激感，易为买家所接受；而不带有弧形线条的数字，如I、7、4等比较而言就不大受欢迎。

在价格的数字应用上，应结合国情。很多中国人喜欢8这个数字，并认为它会给自己带来发财的好运；因中国有六六大顺的说法，6也比较受欢迎，4因为与"死"同音，被人忌讳；250则有骂人之嫌疑，最好减一两元以避开。

12. 同价定价法

如果想省掉讨价还价的麻烦，并且销售的商品主要是一些货真价实、需求弹性不大的必需品，店主应该如何定价呢？

英国有一家小店，起初生意萧条很不景气。一天，店主灵机一动，想出一招：只要顾客出1英镑，便可在店内任选一件商品（店内商品都是同一价格的）。这可谓抓住了人们的好奇心理。尽管一些商品的价格略高于市价，但仍招徕了大批顾客，销售额比附近几家百货公司都高。

在国外，比较流行的同价销售术还有分柜同价销售。比如，有的小商店开设1分钱商品专柜、1元钱商品专柜，一些大商店则开设了10元、50元、100元商品专柜等。

在我国，生活中常见的一元店，采用的就是这种同价定价法。因此，把微店里的一些价格类似的产品定为同样的价格销售也是一种办法。

4.3.4 各类商品的定价"潜规则"

微店中出售的各种商品可能具有不同的作用和地位，比如某款商品是旗舰商品，质量好价格高；某几款商品是卖得最好的商品，盈利占店铺利润的一半多；某些新品上架带动热销；某些旧款产品需要折价处理等。

那么，面对这些功能不同的商品，微店店主该如何进行适宜的定价呢？

1. 旗舰商品定价

微店店铺产品可大致分为旗舰款、利润款、活动款3类。旗舰款商品的定价要稍高，因为旗舰款是品牌形象，不能过于廉价，最好也不降价。以坤包为例，一款坤包的成本价格是200元，那么如果作为普通包来卖，可能就加上20%～30%的利润来定价。但是，如果要打造成为旗舰款，那么售价可能就要成本加上40%～50%的样子，最后的售价就是280～300元，而且这款旗舰包后期一般也不会参与打折，以维持其地位。

2. 利润商品定价

在微店店铺中，真正有利润的一部分商品，并不是高端商品，也不是低价商品，而是位于中间价位的利润款商品。利润款的商品最好适合大众型，选择主要考虑市场价格分布。比如某款商品在25～40元、65～75元、90～110元这3个区间比较好卖，就会选择这3个区间的包来做利润款的销售。但是正因为是利润款，即使卖得少，所赚的钱也是很可观的。一般这类包在后期会进行打折活动，让后买的消费者觉得自己赚到了。

3. 活动商品定价

每家微店店铺都会有价格便宜的商品，一则为了增加店铺浏览量和销量，二则可以作为活动赠品进行搭配销售。活动款商品的价格要非常具有竞争优势，让买家能低价体验产品，让品牌和产品都得到更好的宣传，但最好不要以次品、瑕疵品或尾货来做活动，不然口碑就被砸了，得不偿失。越是活动款，质量越要经得起考验。有时候可能会赔一点，因为定位就是引流，需要用价格来带动访问量与销量。

4. 新品上市定价

新上市的产品，由于刚刚投入市场，许多消费者还不熟悉，因此销量低，也没有竞争者。对新上市宝贝的定价，店主可以参考以下3点。

（1）确定该新品的目标客户。目标客户是决定产品价格区间的关键因素。想要合理地定位目标客户，就要分析他们的偏好与心理，创造差异化的图片、个性化的服务、有针对性的功能需求，分析目标客户喜欢的价格区间来完成定价。

（2）定价前应考虑产品的各项成本。定价的原则是除去成本后还要有一定的利润，所以前提是先算出各项成本。这些成本包括平台运营成本、推广成本、人员成本、货品及售后成本等。

（3）定价应有利于搜索排名。分析了目标客户喜爱的价格区间，如何在这个区间内选择一个最合理价格，这个合理价格的含义应是更容易被买家搜索到。一般来说，针对不同的店铺新品，应该给予不同的定价。

- 花色、款式翻新快的时尚新品，可采用高价定价。
- 市场上已经营稳定的产品，选择中价定价。
- 还未打开市场但有较大潜力的新品，可以把价格定得稍低些（如设置"新品尝鲜价"），以达到迅速扩大市场占有率的目的。

5. 旧款商品定价

随着同类新品的上市，部分旧款商品热销程度开始下降，其销售进入衰退期。旧款商品要根据不同情况采用不同定价操作。

（1）若新款商品满足不了需求，那么旧款商品可以维持市场，不急于降价。

（2）若新款商品供应充足，则旧款商品很快就会退出市场，这时应果断降价，以保证销量、回收投资。

6. 连带商品定价

某件商品的销售，总会带动其他配件的销量，如出售电脑会带动相关配件的销量。对这种连带产品的定价，要有意识地降低连带产品中购买次数少、顾客对降价比较敏感的产品价格。提高连带产品中消耗较大，需要多次重复购买，顾客对它的价格提高反应不太敏感的产品价格。

举例来说，店主的店铺主要出售手机配件，产品包括移动电源以及手机外壳等。移动电源的需求量较低，购买次数明显比较少，因此如果降价，顾客明显会比较敏感地感觉到。而手机外壳消耗较大，顾客可能会多次购买，所以即使提高了商品定价，顾客可能也不会太在意，毕竟手机外壳价格并不会太高。

7. 系列/成套商品定价

很多商品都是可以成套售卖的，比如在化妆品行业，大多以套装出售系列产品，如美容产品包括去油、祛斑、保水等一系列产品；在服装行业，也有成套（上装加下装）出售的情况。

对于这类既可以单个购买，又能配套购买的系列产品，可实行成套购买价格优惠的做法。例如，某套化妆品有3件，分别单独购买要400元，而成套购买只要350元，很显然不少顾客会倾向于成套购买。

成套购买还有个小诀窍，可以将不怎么受欢迎的产品搭配到比较受欢迎的产品中，适当降低价格，吸引顾客购买，这样可以让不受欢迎的产品加快清空速度，回笼资金。

4.4　发布并管理宝贝

进行了基本的设置后，即可将要出售宝贝的信息准备好，上传到微店中，供买家浏览与购买。对于已经上传的宝贝，也要进行管理，如分类、上下架和删除等。

4.4.1 以手机上传/编辑宝贝信息

微店APP具有管理商品的功能，在手机上可以方便地上传、编辑宝贝信息，无需打开电脑。

1. 上传宝贝信息

当有新的宝贝要出售时，首先应把它的信息上传到微店中。

第1步 ❶在微店APP第一页单击"商品"按钮，如图4-11所示。

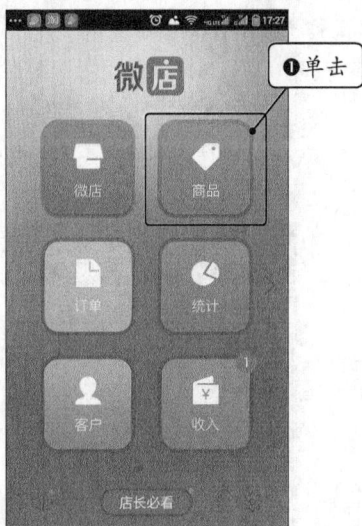

图4-11

第2步 在弹出界面中，❷单击"添加新商品"按钮，如图4-12所示。

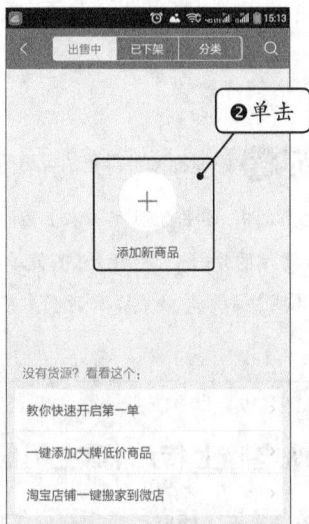

图4-12

第3步 ❶单击"商品图片"下面的"＋"按钮，如图4-13所示。

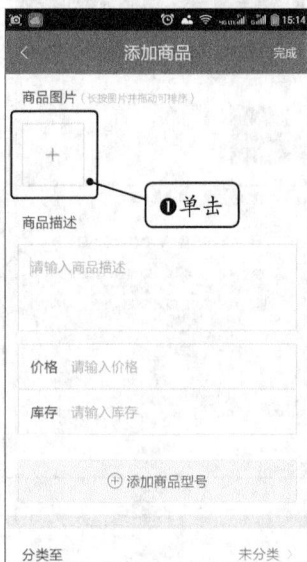

图4-13

第4步 ❷单击要上传的商品图片（最多可以选15张），❸选择完毕后单击"完成"按钮，如图4-14所示。

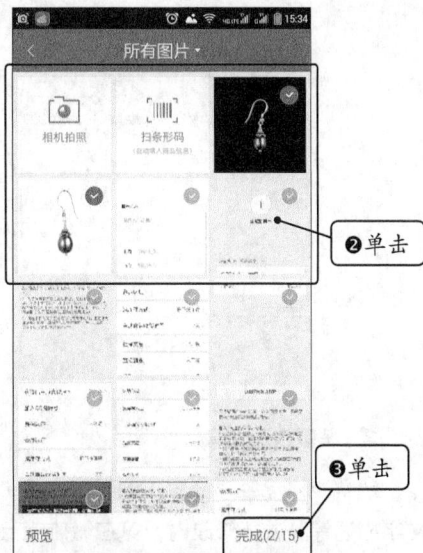

图4-14

第5步 ❶输入商品描述、价格与库存等信息，❷单击"完成"按钮，如图4-15所示。

可以看到成功添加商品的提示，在此页面还可

以单击不同的按钮来分享该商品的链接，如图4-16
所示。

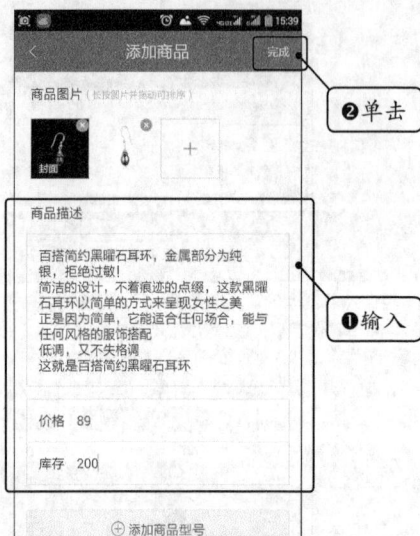

图4-15

图4-16

2. 编辑宝贝信息

当需要对已经存在宝贝的某些信息（如图片或
文字描述等）进行修改时，可在微店商品管理模块
中找到该宝贝，并对之进行编辑。

第1步 进入商品管理模块，❶单击要编辑的商
品，如图4-17所示。

第2步 ❷对商品的信息进行编辑，❸完毕后单击
"完成"按钮，如图4-18所示。

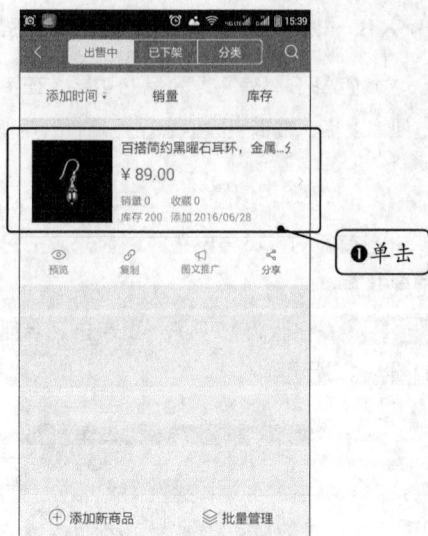

图4-17

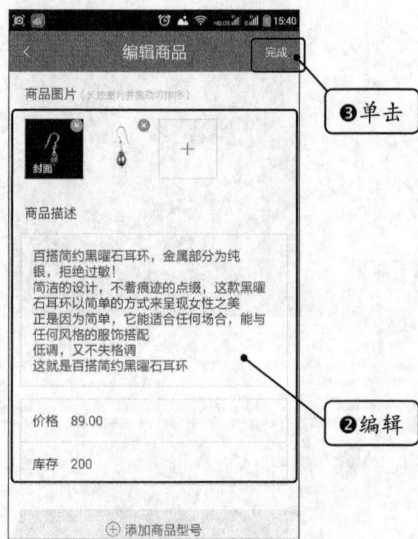

图4-18

高手支招 如何删除已存在的宝贝照片 ▶▶▶

在编辑商品页面中，单击宝贝照片右上角的"关闭"符
号，即可将该图片删除掉。此外，如果单击宝贝照片
本身，还可为照片添加特效或添加说明文字，进行简单
的修饰。

4.4.2 以电脑上传/编辑宝贝信息

在电脑上登录微店以后，也可以上传与编辑宝
贝信息。当宝贝图片存在于电脑上时，显然用电脑

来上传更加方便，在电脑上输入宝贝描述文字也更加快捷。

1. 上传宝贝信息

使用电脑上的网页浏览器访问微店并登录，之后即可上传宝贝信息到微店中。

第1步　用浏览器打开微店主页以后，❶输入手机号和密码，❷单击"登录"按钮，如图4-19所示。

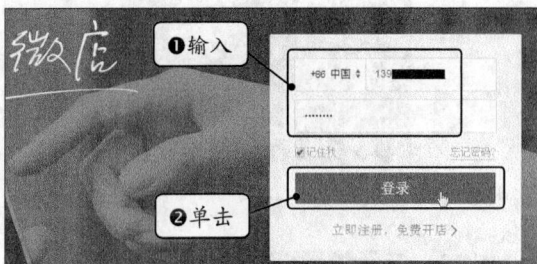

图4-19

第2步　❶单击"商品管理"选项卡，❷单击"添加商品"按钮，如图4-20所示。

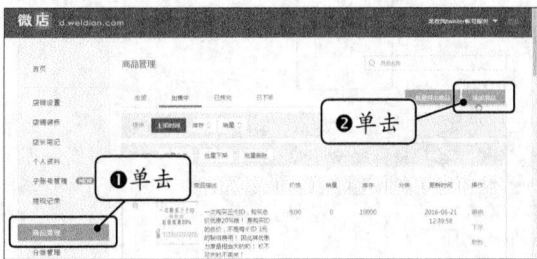

图4-20

第3步　单击"图片"旁的＋按钮，如图4-21所示。

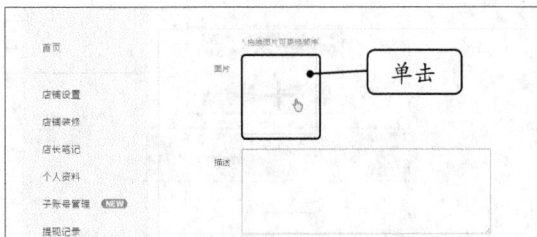

图4-21

第4步　❶用鼠标左键单击需要的图片（按住Ctrl键不放可以选择多张图片），❷选择完毕后单击"打开"按钮，如图4-22所示。

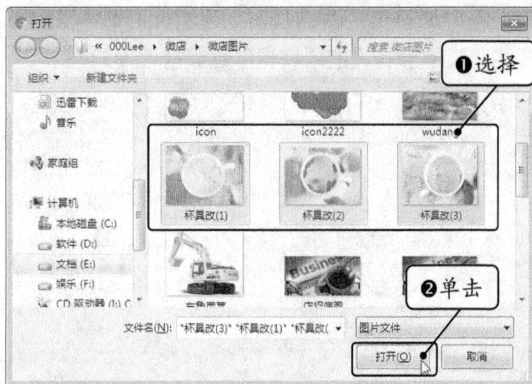

图4-22

第5步　输入描述信息以及价格、库存等信息，如图4-23所示。

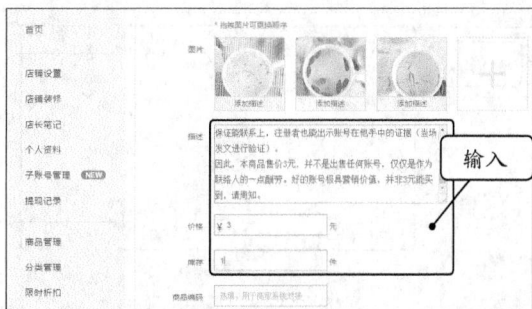

图4-23

第6步　❶继续填写其他信息，❷填写完毕后单击"提交"按钮，宝贝信息即可上传到微店中，如图4-24所示。

图4-24

2. 编辑宝贝信息

在电脑中编辑宝贝信息是很多店主喜欢的方式，因为在电脑上撰写文档、制作图片都要比手机上更加方便。

第1步 ❶单击"商品管理"选项卡，❷单击要编辑的宝贝信息右边的"编辑"超级链接，如图4-25所示。

图4-25

第2步 ❶修改宝贝信息，❷修改完成后单击"提交"按钮，如图4-26所示。

图4-26

4.4.3 从淘宝店批量导入宝贝信息

如果店主已经在淘宝开设了店铺，则可以利用"搬家助手"将淘宝的宝贝直接复制到微店中，而不用逐个手工添加，非常方便。搬家助手有两种方式：一种是快速搬家；另一种是普通搬家。快速搬家比较方便，但有时会失败，如果失败则需要用到普通搬家。

1. 快速搬家

快速搬家很简单，只需要根据微店APP的提示，登录进入淘宝网，稍等片刻搬家就自动完成了。

第1步 ❶在微店APP单击右下角的齿轮按钮，如图4-27所示。

第2步 ❷单击"快速搬家"按钮，如图4-28所示。

第3步 ❶输入淘宝账户与密码，❷单击"登录"按钮，如图4-29所示。

图4-27

图4-28

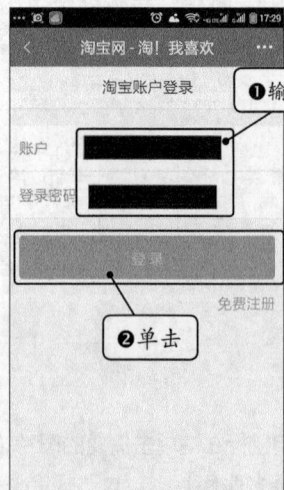

图4-29

第4步 等待搬家助手自动转移宝贝信息，如图4-30所示。

钮，如图4-32所示。

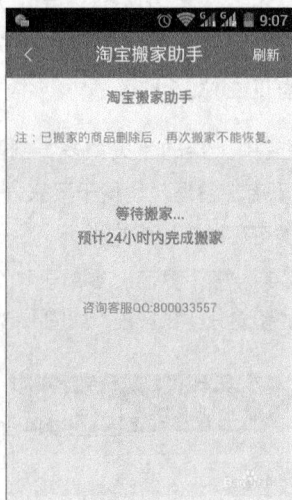

图4-30

搬家完毕后，可单击"再搬一家淘宝店"按钮，重复上面的操作步骤，从另一家淘宝店转移宝贝信息，如图4-31所示。

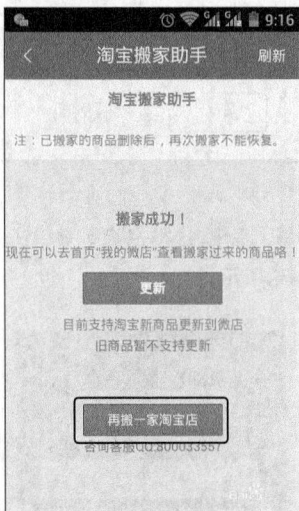

图4-31

2. 普通搬家

有时候快速搬家不一定能正常工作，其具体表现在：当用户按照提示输入淘宝账号与密码后，没有出现自动搬家的界面，而是进入了淘宝首页。这样就无法实现快速搬家了。此时需要使用普通搬家。

第1步 在搬家助手界面，❶单击"普通搬家"按

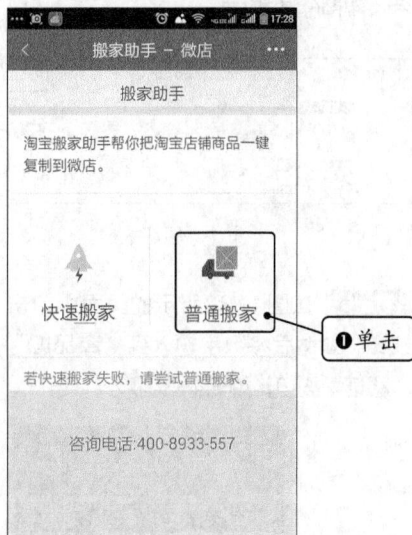

图4-32

第2步 ❷将序列号抄写下来，如图4-33所示。

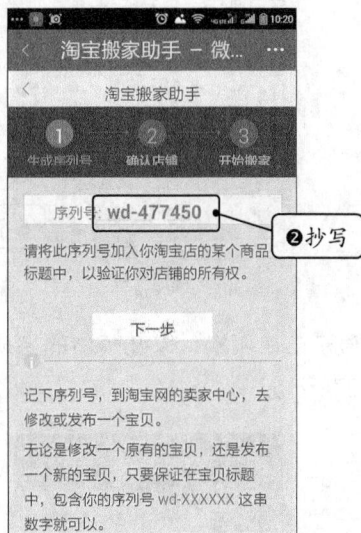

图4-33

第3步 在电脑上登录进入淘宝的"卖家中心"，发布一款商品（或者编辑原有商品也可），在商品标题中加入序列号，如图4-34所示。

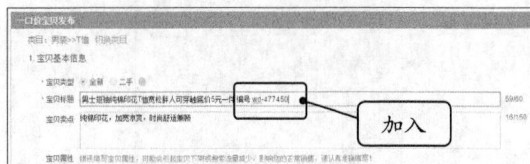

图4-34

第4步 发布后，将地址栏"id="后面数字抄写下来，如图4-35所示。

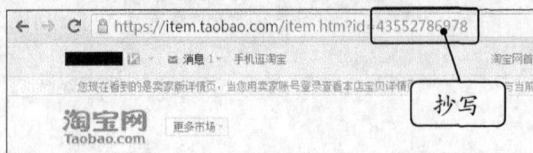

图4-35

第5步 在图4-33所示的页面中单击"下一步"按钮，❶然后将数字输入到"商品ID"后，❷单击"验证"按钮，如图4-36所示。

图4-36

显示正在搬家，以及预估的完成时间，如图4-37所示。

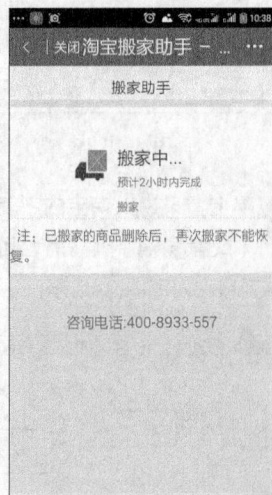

图4-37

之后店主可以直接关闭该界面，返回到微店主页面即可，搬家工作将由微店官方服务器自动进行。如果商品不多的话，几分钟内就可以搬完。

4.4.4 添加商品分类

如果微店中上架的宝贝太多，则需要进行分类，不仅便于店主管理，也便于买家分类浏览。为商品添加分类可在微店APP中进行。

第1步 在商品管理界面，❶单击"分类"选项卡，❷单击"新建分类"按钮，如图4-38所示。

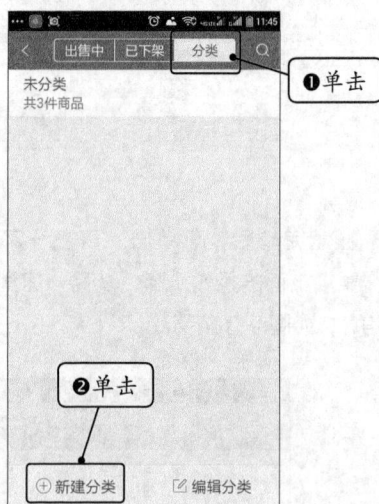

图4-38

第2步 ❸输入新建分类名称，❹单击"确定"按钮，如图4-39所示。

图4-39

第3步 可以看到新建的"首饰"分类，如图4-40所示。

图4-43所示。

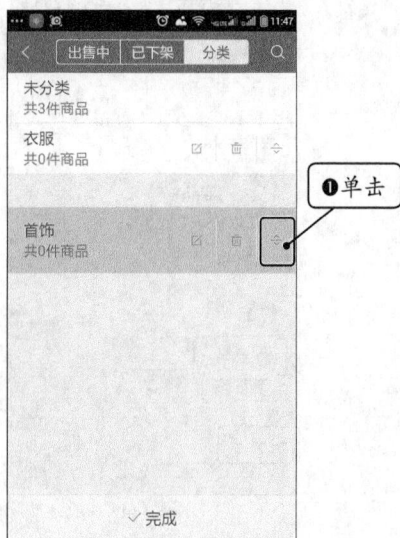

图4-42

图4-40

第4步 重复新建操作，建立多个分类。如要对分类进行修改、删除或排序，可以单击"编辑分类"按钮，如图4-41所示。

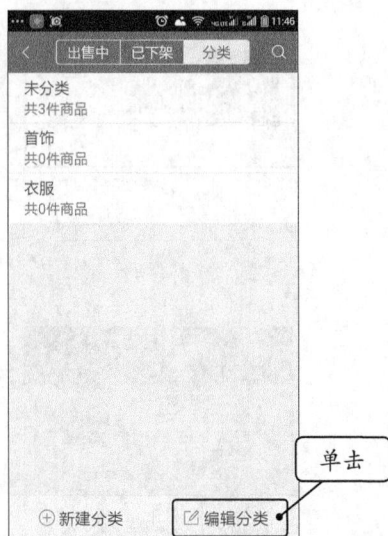

图4-41

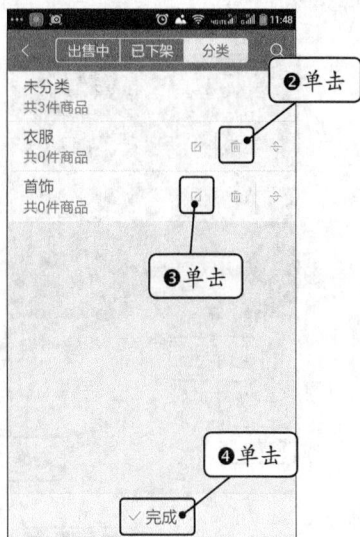

图4-43

4.4.5 对宝贝进行分类

对宝贝分类可以在新建宝贝时进行，也可以对已存在的宝贝进行分类。

1. 新建宝贝时进行分类

在新建宝贝时进行分类是很方便的，仅仅只需多做一个操作即可。

第5步 ❶按住分类右边的上下箭头符号⇕不放，并进行拖动，可以调整分类的排列次序，如图4-42所示。

第6步 ❷单击分类的垃圾桶符号🗑，可以删除分类；❸单击分类的编辑符号☑，可以对分类进行重命名。❹编辑完毕后，单击"完成"按钮即可，如

第1步 在添加商品的页面，❶单击"分类至"按钮，如图4-44所示。

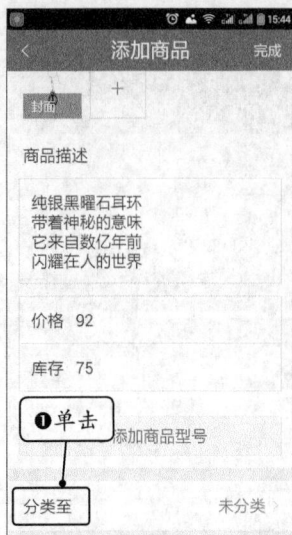

图4-44

第2步 ❷单击商品所属的分类，❸单击"确定"按钮，如图4-45所示。

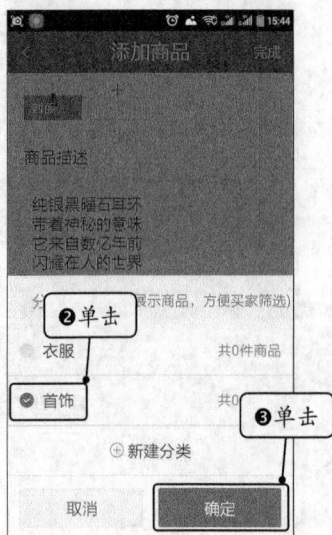

图4-45

第3步 ❹单击"完成"按钮，如图4-46所示。

2. 对已存在宝贝进行分类

对已存在的宝贝进行分类，则要在进入其编辑界面后，再进行分类操作。

第1步 在商品管理界面，❶单击要分类的商品，如图4-47所示。

第2步 进入编辑商品页面后，❷单击"分类至"按钮，如图4-48所示。

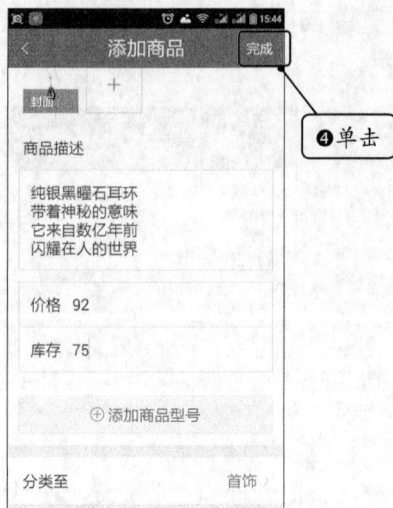

图4-46

图4-47

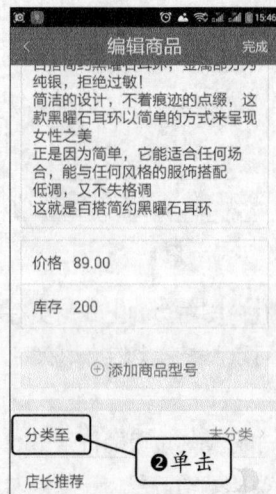

图4-48

第3步 ❶单击商品所属的分类，❷单击"确定"按钮，如图4-49所示。

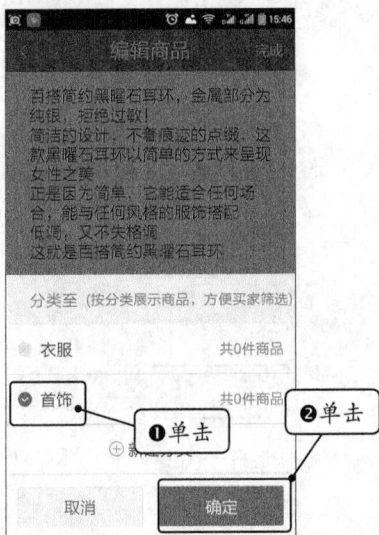

图4-49

第4步 ❸单击"完成"按钮，如图4-50所示。

图4-50

4.4.6 宝贝的上下架与删除

宝贝在上架时，都填写了库存，销售完库存后，宝贝会被微店自动打上"已售完"的标签，如图4-51所示。对于已售完的宝贝，一般会先把它下架，待进货后再次上架。对于不再销售的宝贝，则应把它删除掉。

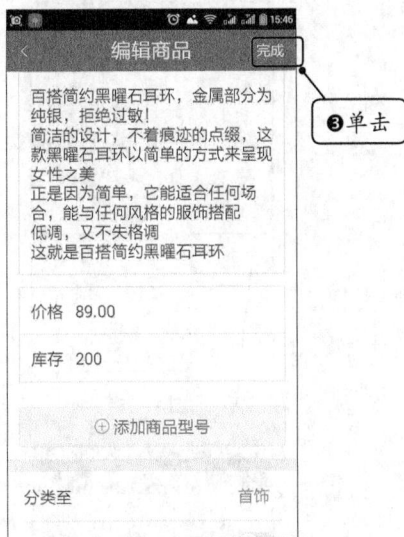

图4-51

下架与删除宝贝的操作都在同一页面里，也就是商品编辑页面。在页面的最下方有"下架"与"删除"两个按钮，单击即可达到目的，如图4-52所示。

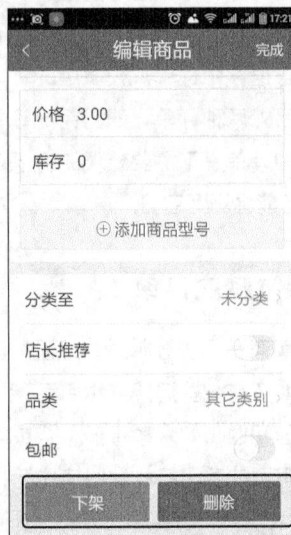

图4-52

下架的宝贝在商品管理页面的"已下架"选项卡中就可以看到，如图4-53所示。如果要将宝贝再上架，可单击该宝贝，进入"编辑商品"页面，单击"上架"按钮即可（对于因库存为零而下架的宝贝，应先重新设置好库存量再上架），如图4-54所示。

图4-53

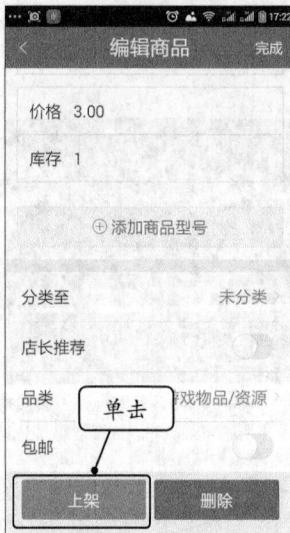

图4-54

4.5 处理宝贝订单完成第一笔交易

在买家购买了宝贝之后，就会生成相应的订单。店主需要对这些订单进行处理。一般来说，需要处理的订单有4种：即待发货订单、待付款订单、已发货订单与退款中订单。在微店的订单管理界面还可以看到另外两种订单，即已完成订单与已关闭订单，这两种订单是不需要处理的，仅在进行订单统计的时候可能会用到它们。

4.5.1 待付款的订单

有一些买家在下了订单后，却没有马上付款，有可能是因为还有一些迟疑，也有可能是因为付款工具出了一些问题（如余额不够），或者是因为误操作买了不想要的宝贝等。此时店主可以做的操作有3种：一是礼貌地催促买家付款；二是修改价格；三是关闭订单。

1. 催促买家付款

在待付款订单页面上单击"待付款"按钮，可看到待付款的订单，如图4-55所示。单击订单，即可进入订单详情页面，可看到有很方便的渠道催促买家付款，如图4-56所示。

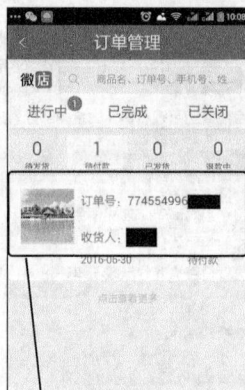

图4-55

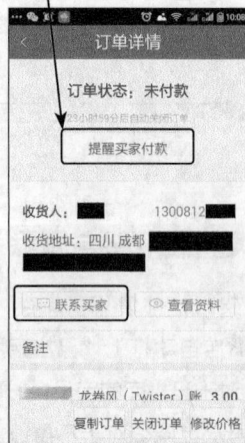

图4-56

- 提醒方式一：直接拨打订单页面上提供的买家电话号码。
- 提醒方式二：单击"提醒买家付款"按钮，弹出提示，❶单击"确认"按钮，将提醒信息复制到剪贴板中，如图4-57所示，❷到微信中将信息发送给买家，如图4-58所示。

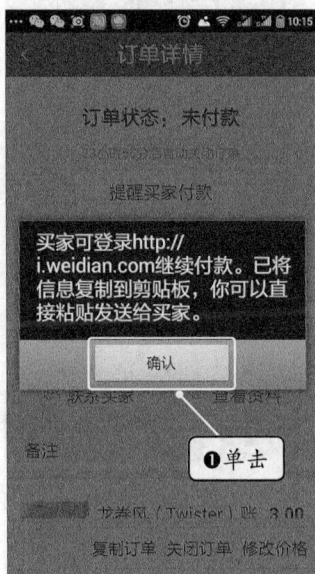

图4-57

图4-58

- 提醒方式三：单击"联系买家"按钮，在微店内置的交流工具中与买家交谈，催促买家付款，如图4-59所示。

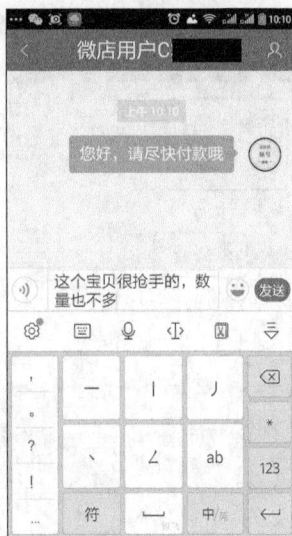

图4-59

2. 修改订单价格

有时候店主需要为未付款的订单修改价格，比如买家讲价成功，店主需要将商品价格改低，或买家上门自提商品，店主要将邮费修改为零元等。

要为订单修改价格，❶可在订单详情页单击"修改价格"按钮，如图4-60所示，❷修改货款或运费价格，❸单击"完成"按钮，如图4-61所示，返回"订单详情"页面，即可看到订单的价格已经修改成功了，如图4-62所示。

图4-60

图4-61

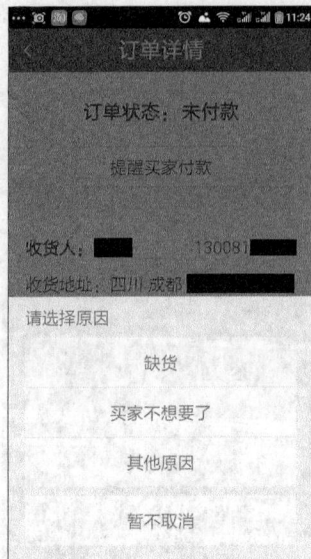

图4-63

图4-62

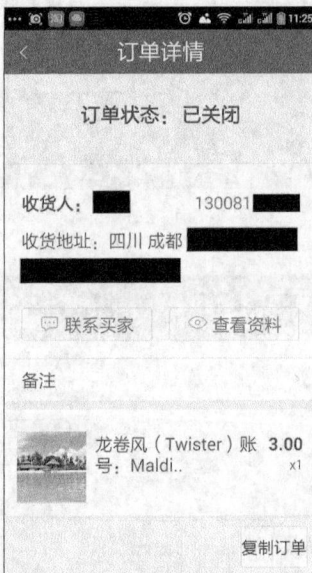

图4-64

3. 关闭订单

如果买家24小时内不付款，订单会自动关闭。此外，如果买家明确表示不需要此商品，希望终止交易，那么店主可以手动将订单关闭。关闭订单很简单，在"订单详情"页面单击"关闭订单"按钮，选择关闭订单的原因，如图4-63所示，之后返回"订单详情"页面，即可看到订单已被关闭，如图4-64所示。

关闭后的订单会自动转移到"已关闭"列表中去。

4.5.2 待发货的订单

当买家付款之后，订单状态就从"待付款"变为"待发货"。在订单管理界面中单击"待发货"按钮可以看到所有待发货的订单，如图4-65所示。单击订单后，进入"订单详情"页面，在此可以填写发货信息或退款，如图4-66所示。

图4-65

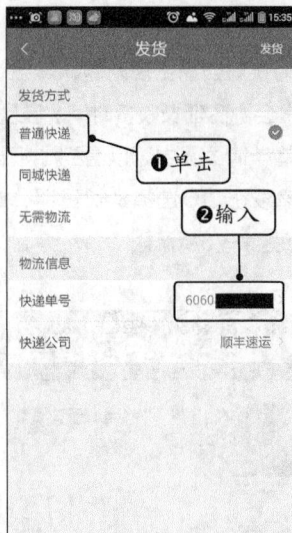

图4-67

图4-66

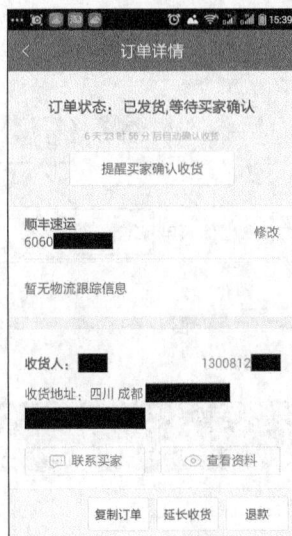

图4-68

发货的方式主要有普通快递、同城快递与无需物流3种。下面以最常见的普通快递发货为例进行讲解，其操作步骤如下。

在"订单详情"页面单击"发货"按钮，❶单击"普通快递"选项，❷输入快递单号（快递公司将会根据单号自动判断，无需店主手工选择），如图4-67所示。返回"订单详情"页面，可以看到订单状态变为"已发货，等待买家确认"，如图4-68所示。

订单经过发货处理后，就成为了已发货的订单。另外，在待发货订单中，还可以进行退款操作，由于该操作与已发货订单中的退款操作是一样的，因此放到已发货订单中进行讲解。

4.5.3　已发货的订单

已发货订单如果得到买家的签收确认，则该订单会自动转移到"已完成"列表中。对于店主而言，已发货订单中可做的操作是延长收货与退款。

1. 延长收货

有时因为快递公司出现问题，导致快递延误，买卖双方通常会协商延长收货时间。在图4-69所示的已发货订单详情页面中可以看到"延长收货"按钮，❶单击该按钮，❷选择延长日期，❸单击"完成"按钮，如图4-70所示。

图4-69

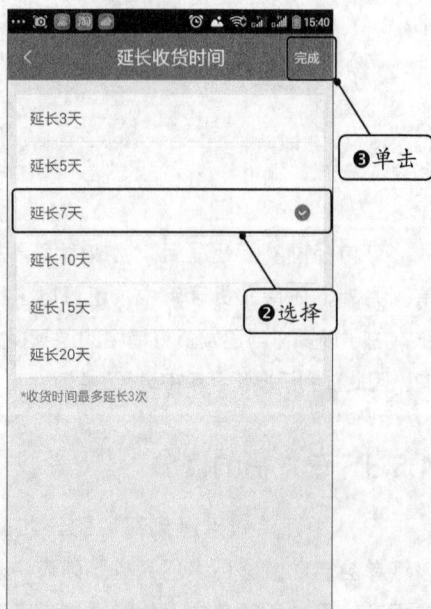

图4-70

高手支招 延长收货时间的经验 ▶▶

微店规定收货延长最多只能3次，因此要注意不要把延长时间卡得太紧。一般来说，延长5~7天是比较合适的。

2. 退款

退款是一个有时会用到的操作，当买卖双方协商好退款金额之后，店主可在待发货订单或已发货订单中进行退款操作。

在"订单详情"页面中单击"退款"按钮，转到"退款"页面，❶输入协商好的退款金额，❷单击"退款"按钮，如图4-71所示，❸单击"确定"按钮，如图4-72所示。

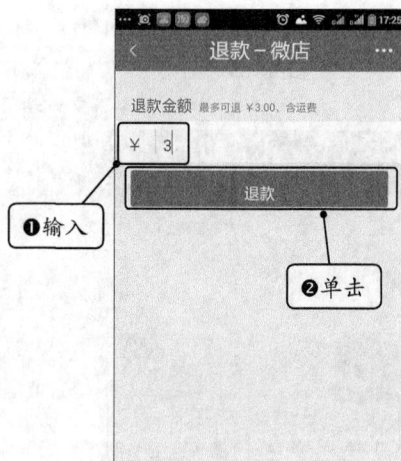

图4-71

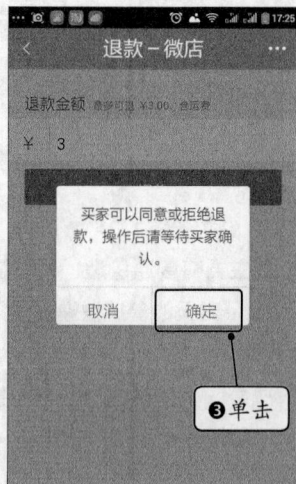

图4-72

进入退款流程后，订单就会自动转移到"退款中"列表里。

4.5.4　退款中的订单

进入退款列表的订单，在其详情页可以看到退款进度，如图4-73所示。当买家同意退款后，退款进度也会随之发生变化，如图4-74所示。

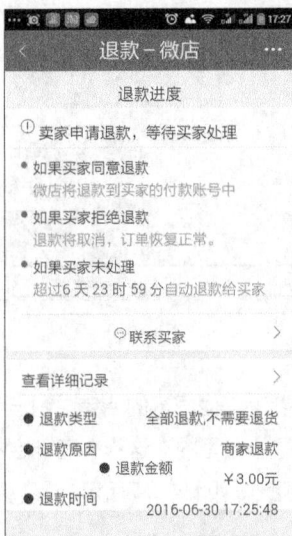

图4-73

图4-74

退款成功后，该订单会自动转移到"已关闭"列表中。

4.6　秘技一点通

技巧1——宝贝定价要避开哪些误区

对一些新手开店者来说，往往不清楚如何给商品定价，在微店运营过程中，难免会因为一些心理误区而导致错误的定价。

常见的错误定价心理有以下两种。

（1）差不多心理。对定价经验不足的店主来说，产品进价是多少，大概赚多少钱就好，那么价格就定下来了，而且所有的产品基本上都是这样的定价，这样差不多的心理会对店铺成本造成损失。

（2）"薄利多销"心理。很多店铺掌柜在定价上，会把产品的利润定得很低，当低价格没有销量时，想提高价格却很难说服客户，因为在每个商品详情页，都可以找到历史最低售价。

假设某产品定价100元，利润是10元，月销100件，则利润是1000元。卖家为了提升销量，价格降到95元，即价格降低5%，每件利润是5元，销售1000件的利润是500元，利润降低了50%。产品价格降低5%，直接影响的是利润降低了50%，1%的价格=10%的利润。从金额上来说，需要将销量提升1倍才能达到同样的利润额。因此，盲目追求薄利多销，会对店铺利润产生较大的影响，这一点店主在定价时应该特别注意。

技巧2——怎样让宝贝关键字一字两用

在宝贝的名称中，多个关键词是连在一起的，这就让有些字可以进行"复用"，也就是说如果"ab"是一个词，"bc"是另外一个词，这样可以把它们安排在一起："abc"，这样就用3个字安排了两个词，而这两个词原本需要4个字，在寸字寸金的宝贝标题中，使用这样的技巧可以多安排下2～3个关键词，这样就让宝贝标题增加了竞争力。

举例来说，"中元 健德正品牌修身女裤加厚

夹棉裤 冬季保暖羽绒裤2016女装137"这个标题中，有"中元""健德""正品""品牌""修身""女裤""加厚""夹棉""棉裤""冬季保暖""羽绒裤""2016""女装"137（货号）一共14个关键词，其中有商家名关键词一个，品牌关键词一个，属性关键词7个，品名关键词2个，类目关键词2个。细心的卖家可能发现了，30个关键词的位置却放了32个关键字，这就是"正品牌""夹棉裤"这两个关键词复用的好处了，因为"正品牌"既可以被"正品"关键词搜到，也可以被"品牌"关键词搜到，"夹棉裤"也如此。

类似的关键词还有很多，例如"男裤子""加大码""秋冬季""新品牌"等，相信本书的读者还可以发明更多适合自己宝贝的复用关键词。

技巧3 ——怎样确定自己选择的关键词的效果

买家搜索宝贝时会在搜索栏输入宝贝的关键词，每个人使用的关键词可能都不一样。比如同样是为了买电脑，可能有的人喜欢搜索"台式电脑"，有的人喜欢搜索"台式机"。那么，微店店主究竟使用哪个关键词，才能更好地让买家搜索到自己的电脑呢？

可能大家首先想到的是去微店同类商铺，查看卖得比较好的商品都用了些什么关键词，但是由于微店界面比较小，布局简单，在借鉴关键词这方面，不如淘宝电脑版方便。下面先来看看如何从淘宝电脑版获得正确的关键词。

在淘宝主页面的宝贝搜索栏中，输入"笔记本电脑"，在下拉框中可以找到其他相关联的很多关键词，如"笔记本电脑桌""笔记本电脑包"等，每个关键词的后面都标有搜索到的件数，如图4-75所示。

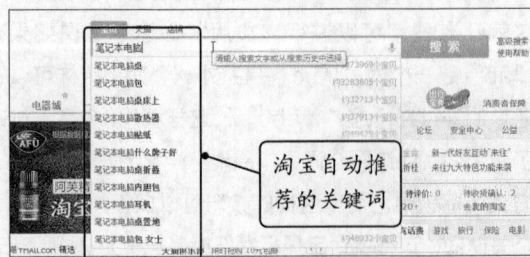

图4-75

也可以使用一个关键词进行搜索，在搜索页面中，淘宝也会给出其他比较热门的相关搜索词。这里用"男士风衣"进行搜索，可以看到淘宝给出的其他匹配类似的关键词，如图4-76所示。

图4-76

也可以参考其他同行的店铺，看一下他们的宝贝标题名称是怎么写的。这样有可能会得到更多的关键词作为预选，如图4-77所示。

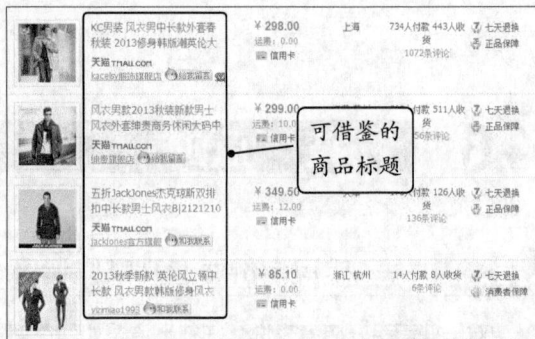

图4-77

在完成了预选的关键词的收集后，要做的就是从中找到最好、最合适的那几个关键词。

那么怎样选择关键词呢？第一步，判断关键词的竞争性，把想要的几个关键词分别输入到淘宝首页的宝贝搜索中，看看搜索结果得到相关宝贝数量，获得结果越多，竞争就越大，那么该关键词使用价值就越小。第二步，关键词的搜索量分析。没人搜索的关键词是没有任何使用价值的，而当有人搜索了自己的关键词，才有可能让人搜索到。下面以"台式电脑"和"台式机"两个关键词为例来分析，如何选择出合适的关键词。

第一步，关键词的竞争性判断：❶进入淘宝主页，输入关键词"台式电脑"，❷在搜索结果页面中可以看到，此关键词能搜索到的相关宝贝数目为23.75万件，如图4-78所示。❸再输入关键词"台式机"，❹最终的结果搜到33.03万件相关的宝贝，如图4-79所示。两者比较，由于"台式电脑"搜索结果较少，因此竞争较少，优于"台式机"。

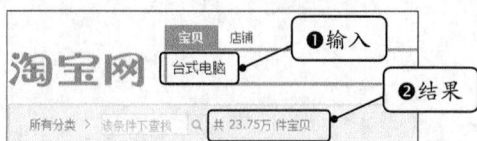

图4-78

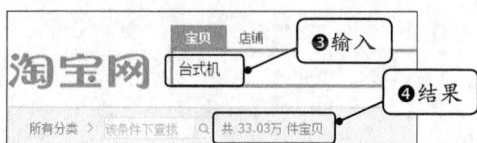

图4-79

第二步，进行关键词的搜索量分析，通过百度指数来查询这个词的搜索趋势并看近期内的用户关注度，指数越高，证明这个词在近期用户的关注度越高，这也从另一个方面表明用户使用这个词语进行搜索的数量比较大，也可以认为使用搜索的量很大。

专家提点 什么是百度指数

百度指数是以百度网页搜索和百度新闻搜索为基础的免费海量数据分析服务，用以反映不同关键词在过去一段时间里的"用户关注度"和"媒体关注度"。

下面进入百度搜索指数主页网址，如图4-80所示。

图4-80

只要输入关键词，就可以看到各类关于此关键词的分析指数。注意图中的"用户关注度"，这是百度科学分析并计算出各个关键词在百度网页搜索中搜索频次的加权和，并以曲线图的形式展现，如图4-81所示。

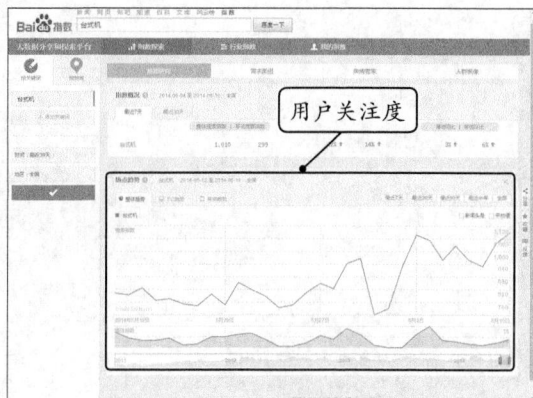

图4-81

如果要比较两个关键词的数据，可以使用逗号隔开这两个关键词来搜索结果。❶输入"台式机,台式电脑"，❷单击"百度一下"按钮，如图4-82所示。

图4-82

在下方的用户关注度表的图4-83中，可看到两个关键词在一段时间内的搜索次数曲线。在同一个季度的时间段里，绿色线的"台式电脑"的搜索次数大约是每天2000次，黄色线的"台式机"搜索次数大约是每天1000次。"台式电脑"搜索量明显高于"台式机"。

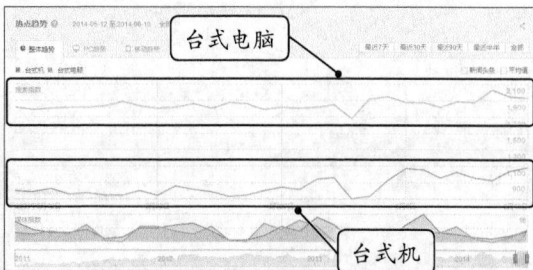

图4-83

通过上面第一步和第二步的操作，会发现选择
"台式电脑"这个关键词最好。根据上面的方法依
次分析准备进入标题的各个关键词，在总体规划取
舍后再侧重选择合适的关键词，即可达到较好的搜

索效果。

由此可见，淘宝是一个很方便的、有很多信息
可以借鉴的资源库，微店店主要多在淘宝学习、思
考，将成果应用到微店中来。

白领回乡开微店的心得

丁丁大学毕业后，去了北京工作。当时的他干劲十足，想通过努力在首都买房落户。但天有不测风云，工作了两三年后，丁丁发现自己出现了哮喘的毛病，医生告诉他，到空气质量较好的地方修养一段时间，病情就会缓解，也有痊愈的可能。

随着病情加剧，丁丁干脆决定回老家修养。回到老家后，良好的空气质量的确让他的病情得到了极大的好转。养病的同时，丁丁也没有闲着，他发现本地的棉纺织业比较发达，从厂家进各种棉麻制品到网上进行销售利润颇大。于是丁丁决定开个网店试试。由于在老家没有电脑，丁丁用自己的智能手机下载了微店APP，开了个网店进行试水。没想到短短两周，丁丁的小店就开始有订单了，慢慢地，店里生意越来越好，丁丁每天都奔波于厂与家之间。

经营小店的同时，丁丁也在微店社区内交了不少开店的朋友。很多新手店主都觉得丁丁做得不错，纷纷询问他有什么心得。丁丁也不藏私，发了"店长笔记"讲解了自己开微店的"绝招"。

第一点：拍照取片。

试着站在买家的立场想一想，在买东西的时候打上关键词随后一堆宝贝全部显示在眼前，买家都会用眼睛扫描，哪个图片漂亮有吸引力，然后才去点击它查看详情，所以宝贝的图片务必精致抢眼。至于图片怎么修改，有几个工具，如美图秀秀、PS修图软件等都是常用的。

第二点：详情描述。

一个产品，就算图很有吸引力，让买家点击了，也只是成功了第一步。接下来就是考验详情描述的时间了。详情描述干巴巴、不精确、不详细，都会造成客户的流失。因此详情描述里，宝贝的属性、特点、尺寸、颜色等都需要描述清楚，以及运费说明也可以放进去说明白等，这样才能让买家充分了解宝贝，下单的可能性才会增加。在详情描述中还可以加入一些文艺元素，让整个店的格调显得更高，这样就更容易吸引买家。

第三点：上下架时间。

上下架的黄金时间大家都知道：8:00～11:30、13:30～16:00、20:00～22:30。这个时间段看的人比较多。

第四点：促销与活动。

像打折、买几送几满就送、仅限3天等这些促销可以开通，微店官方组织的活动，如果是免费的，能参加的都要参加，收费的活动则要慎重。如果有广告方面的预算，则前期可以参加一些收费活动来促销自己的产品。

第五点：推广。

坐等流量？天下没有免费的午餐，其实新手每天的工作量是非常大的。随便说说时间规划参考一下：每天整理检查自己的店铺1个小时；每天在微店社区逛一逛学习交流1个小时；寻找客户2个小时；还有各大论坛、网站，如百度、谷歌、搜狐等推广2个小时。参观他人微店，同行取长补短、学习取经，看看别人的店是怎么做的，也要1个小时。这些时间都是必须要付出的。

第六点：持之以恒。

最后不要懒，勤快一点，把它当作一个正经的事来用心做，别三天两天没生意就放一边不管，那怎么行？持之以恒，不要放弃，最后成功一定是属于你的！

第❷部分
装修篇

　　装修对网店的重要性是不言而喻的。装修精美的微店页面更能吸引买家的眼光；而商品详情页面配上精美的商品图片与文字，则会增加买家下单购买的可能性。本书"装修篇"将向大家介绍如何把自己的小小微店装修为人见人爱，忍不住掏钱消费的"美店"。

手机微店
赚钱不难

第 5 章

为宝贝拍出美美的"玉照"

🔍 本章导言

在微店中展示出售的宝贝时，最直观、最具有视觉效果的无疑是宝贝的展示图片。即使一件普通的宝贝，如果配上色彩鲜明、光线充足的照片，这件宝贝也会变得更加有吸引力，更能让人产生购买的欲望。本章就专门讲解选择摄影器材、常见拍摄方法以及后期处理方法等内容。

🔍 学习要点

- 选择适合的摄影器材
- 掌握网店宝贝拍摄的一般原则
- 掌握拍摄服装、鞋类、箱包、珠宝、手机、数码设备、日用百货与快消品等常见宝贝的拍摄要点
- 掌握使用手机拍摄网店宝贝的方法
- 掌握使用Photoshop处理和美化照片的方法

5.1 摄影器材——只买对的不买贵的

在微店中，展示宝贝的主要渠道是照片与文字描述。其中照片占有很大的比例，因为照片能以最直观的方式将宝贝的外形、细节、特点等呈现在顾客面前，打动顾客，在照片不能展示的地方，才用文字描述来进行补充，由此可见照片的重要性。

要为宝贝拍出炫丽悦目、打动人心的图片，就需要准备好合适的相机以及其他辅助摄影器材。

5.1.1 选择适合自己的相机

很多店主可能对相机的了解不是很充分，对于选择使用什么样的相机来为宝贝拍照，也比较茫然。目前，市面上比较流行的相机大致可分为3种，即普通数码相机、单反相机和微单/单电相机。

■ 普通数码相机。普通数码相机的特点是价格低廉，这类相机适合于拍摄家人、朋友、宠物或旅行照的相片。在普通相机中，有很多比较轻薄，便于携带，因此这种薄型相机又叫做"卡片机"，是普通数码相机中的主流产品，价格集中

在800～3000元之间，当然也有特别便宜和特别贵的。普通数码相机的像素一般在1000万～1600万之间，拍出来的照片效果其实相当不错，对于微店宝贝来说，已经足够了。图5-1所示为索尼（Sony）DSC-RX100 黑卡数码相机，2020万像素，最大分辨率为5472×3648，3英寸触摸屏，3.6倍光学变焦，自动/手动变焦，最重要的是它具有卡尔蔡司镜头，配有多种处理功能，拍摄效果不俗，被称为"卡片机机皇"，时价为2000元人民币左右，比较超值。

图5-1

■ 单反相机。现在一提到专业拍照，似乎都要说到"单反相机"。单反相机效果确实比较好，但价格也较昂贵。单反相机主要是镜头比较贵，机身相对比较便宜，镜头和机身一般都可以分离，一个机身上可以安装不同的镜头。单反相机的价格一般都是数千元，上不封顶。如果店主希望完美展示自己宝贝的细节，不妨购买一台单反相机来进行摄影。图5-2所示为佳能（Canon）EOS 700D 单反套机，含EF-S 18-55mm f/3.5～5.6 IS STM 镜头，时价为4000元人民币左右，是一款入门级单反相机，购买者较多。

图5-2

■ 微单/单电相机。由于单反相机是采用了单镜头加反光板的取景结构，故名"单反"，但也因为这个结构，导致单反相机体积庞大、机身沉重。为了克服这个缺点，相机生产厂商又研发出单镜头加数码取景结构的相机，取消了反光板，使其体积大大减小，摄影效果上只是略差于单反相机，但价格相对单反相机来说有大幅度降低，主要集中在2000～5000元之间。这种相机被称为"单电相机"或"微单相机"。对于一个追求较好拍摄效果，但资金预算又有限的店主来说，单电相机是一个不错的选择。图5-3所示为索尼（Sony）ILCE-5000L微单单镜套机，时价在2200元左右，从其较好的销售情况来看，比较受用户的欢迎。

图5-3

高手支招 自己动手丰衣足食 ▶▶

一些高档手机配备的摄像头效果也是比较不错的，用于拍摄宝贝照片绰绰有余，比如苹果六七代手机、三星Galax系列手机的高端型号等。如果店主已经有了这样的手机，就可以省下购买相机的资金了。

有的店主可能觉得，为了拍摄出最好效果的宝贝图片，就必须买一个非常高档的相机，如万元以上的单反相机。其实，这是一种错误的理念。要知道在网店里展示的图片，受网页大小以及网速的限制，其分辨率并不是很大，据笔者的经验来看，1280×1024分辨率的照片已经足够了。照这样的照片完全用不着单反相机出马，使用普通卡片相机，配上简单的摄影设备，如三脚架反光板等，再加上后期电脑处理，完全可以拍出效果很好的照片。

在选购数码相机时，要量力而为。价格高的相机，性能确实好，拍出来的照片确实很好，但如果仅仅是为了给微店宝贝拍摄，大可不必买高价相机。其实，根据自己的实际需要来选购才是最适合的。选购时通常要注意的要点有以下几个。

■ 品牌。影响相机的成像效果除了像素、镜头等因素外，主要的因素还是厂家在成像质量方面的整体技术水平，像佳能、索尼、三星、尼康、柯达等厂家在相机整体成像技术上做得就比较专业，但要买那些在市场上推出较长时间的机型，因为新的机型价格高，降价空间大，而成熟机型降价空间不大，买来后不会像新机型一样大幅度降价。

■ 像素。现在主流的数码相机都是上千万的像素。像素越高，照片质量会越好，但是网络图片使用800万像素相机就足够了。当然，如果店主平时外出游玩时还要使用该相机的话，倒也不妨选择高像素的型号。

■ 购买时要在电脑里观看实际拍摄效果。在选购数码相机时，购买者一般都会随便拍几张，然后在数码相机的液晶屏上看过后觉得效果可以就行了，其实这种方法是不正确的，因为数码相机的液晶屏很小，效果好坏并不能看出来。正确的方法是拍出来后要在电脑屏幕上确认一下，并注意看照片里有没有偏色。因此，尽量到配备电脑的经销处购买，购买时才方便在电脑上查看。

- 数码相机镜头往往比像素和CCD更加重要，尽量选择名牌的，如佳能、尼康、索尼以及奥林巴斯等，变焦控制在3~4倍以内，有些定焦的效果可能更好，因为镜头变焦越大，镜头镜片数量就会越多，镜片数量多，就会影响画质，甚至造成更大的眩光、噪点、丢失暗部细节以及影响整个变焦范围的画质等。

- 微距拍摄。对于要拍摄宝贝细节的相机而言，其微距拍摄功能就显得非常重要了。所谓微距拍摄，就是在极近距离（如4厘米）拍摄物体的功能。微距功能越好成像就越清晰，拍摄距离也越近，更容易拍出宝贝的细节。

另外，购买相机时也要注意商家是否提供正规经销商，是不是正品行货，是否全国联保等，这些都是影响到售后服务的因素，要充分考虑到，毕竟谁都不希望相机坏了找不到地方修理。

5.1.2 选择三脚架让相机拍摄更稳定

虽然现在的中高档相机都有防抖功能，但在拍摄宝贝的时候，有的人手抖得比较厉害，仍然会拍出一些模糊的照片。这个时候就需要使用三脚架，将相机放在三脚架上，拍出的照片会非常清晰；有时候需要在光线不好的地方，或者在夜晚进行拍摄，就要进行长时间曝光，手持相机进行长时间曝光会造成图像模糊，此时就必须使用三脚架辅助拍摄。另外，有的店主自己做模特，没有人帮忙拍摄，这个时候也需要使用三脚架架好相机，设置延时拍摄进行自拍。

三脚架一般支撑脚有3只，每只脚都由3节可伸缩调节的金属管组成。支撑脚上面有可调节高度的中轴，中轴上面还有可以调节仰角和方向的云台。三脚架在收起来时如图5-4所示（不带云台），展开并安装好云台以后的相机如图5-5所示。

三脚架的各个调节螺杆都非常明显和直观，只需按照说明书操作，两三分钟不到就可以把三脚架展开，将相机安装到云台上。

三脚架的档次有高有低，低的很便宜，四五十元就可以买到，高的要上千元。作为网店店主，一般只需购买一个百元左右的带有云台的三脚架就可以了。国产的名牌三脚架有浦吉、信乐、捷宝和富

图宝等，可以满足需要。

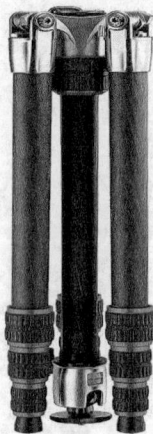

图5-4

图5-5

专家提点 三脚架与相机的配合

在选购三脚架时，要注意好相机重量与三脚架重量的配合。三脚架越重稳定性越好，但如果相机很轻，则没有必要配很重的三脚架。一般来说，相机的重量主要集中在镜头上，像那些比较重的三脚架适合400mm的镜头，而中型三脚架则适合100~300mm的镜头，小型三脚架则配合广角镜头使用。

5.1.3 选择适合的灯光器材获得更好的拍摄效果

拍摄宝贝照片时，光线因素很重要。太亮、太暗、反光等都是造成照片质量不佳的因素。要获得

曝光正确的照片，就要用到各种灯光器材、摄影棚及反光伞等。

1. 利用简易摄影棚调节光线

如果拍摄的宝贝对颜色要求很高，那就一定要使用摄影棚。摄影棚是在室内拍摄宝贝的最主要的工具。在淘宝拍摄器材店中，摄影棚的售价不高，如果宝贝不是很大可以买一个现成的简易摄影棚。图5-6所示为淘宝上卖的简易摄影棚，价格并不昂贵。图5-7是某个简易摄影棚的构造细节，其实心灵手巧的店主完全可以使用白卡纸自己制作一个。

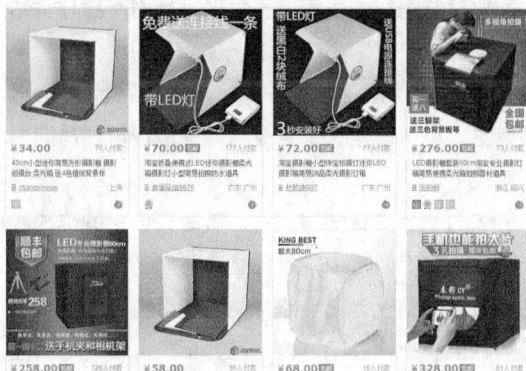

图5-6

图5-7

2. 利用反光伞/反光板调节曝光

反光伞通常是配合闪光灯使用的，它的作用是可以把闪光灯闪出的硬光变成柔和的漫射光。如果没有反光伞也可以使用反光板。反光板在室外拍摄时很有用，因为很多时候外景都是逆光拍的，但逆光拍摄时模特正面会有很暗的阴影，这时用反光板补光就可以减少阴影。

反光伞外形和雨伞差不多，不过伞的内面贴的是高度反光的材料，其价格在几十元到200元不等，如图5-8所示。反光板通常是一块轻巧的圆形或长方形的平板，一面贴有高度反光材料，其价格在20多元到七八十元不等，如图5-9所示。

图5-8

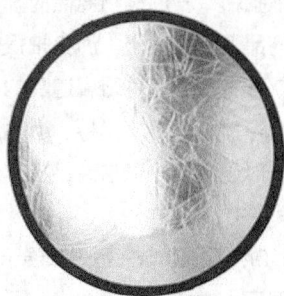

图5-9

专家提点 关于柔光箱

低价的简易摄影棚通常不带光源，需要用户自己添加光源。带光源的简易摄影棚又叫"柔光箱"，提供几个方向上的柔和光源，拍摄出来的照片中可以看到，产品的光线显得更加柔和，没有单/双光源的阴影，表面也不会给人"硬"的感觉，总的来说更加有说服力。

高手支招 自己动手丰衣足食 ▶▶▶

动手能力强的店主，可以自行购买锡箔贴在旧雨伞的内面，做成一把反光伞，其效果并不比买的反光伞差多少。

另外，还有一些辅助拍摄器材，如独立闪光灯、摄影台等，用到的时候不多，这里就不详细介绍了。

5.2 网店宝贝拍摄入门

很多新手店主在拍摄宝贝照片时，没有什么经验，也没有太多的想法，拿起相机就拍，拍完就放到网店里。其实，各种宝贝的拍摄都是有一定规律的，掌握这些规律能够快速拍出好看又有说服力的宝贝照片。

5.2.1 了解网店宝贝照片的特点

网店宝贝照片与平时的风景摄影、人像摄影是有区别的。作为要出售的商品，网店宝贝的照片应该尽量真实、可信地描述商品本身的特点和质地，在此基础上，还应该尽量美观，能够给买家以良好的印象，吸引买家购买。具体来说包括以下几点。

1. 主体突出

突出商品主体是网店商品照片的一项重要要求，比较理想的情况是在没有任何文字说明的情况下，买家能通过照片直观了解到商品的基本情况。因此在构图和搭配的时候，就要考虑使商品突出的问题。通常在拍摄单一的静物商品时，使用简单的背景就能让商品变得很突出。而在拍摄一些复杂商品的时候，就要考虑到各种附属道具的配合，比如就服装来说，可能会需要与模特、道具进行搭配拍摄，那么这个时候就要注意与商品搭配的人物、道具等不要喧宾夺主。

如图5-10所示，这本来是一张展示帽子穿戴效果的照片，但因为模特的眼镜太大，反而成为了照片的焦点，让帽子这个主体显得不那么突出了，这就是一个典型的喧宾夺主的例子。

图5-10

2. 色彩准确

网店商品照片的色彩也是描述商品的重要因素，买家通过照片了解到的色彩与商品的实际情况要一致，不然容易引起纠纷以及退换货等麻烦。

关于色彩的准确表现，其中比较关键的一点是白平衡的设置，以拍摄服装为例，如果白平衡设置不当，导致服装色彩偏暖或偏冷，那么将会引起买家对服装色彩的误解。当发现照片中商品与实物不一致时，可以用光影魔术手等软件的"自动白平衡"功能加以纠正，对于Photoshop比较熟悉的店主，也可以用这个专业软件来进行更加详细的调色。

不过大家应该知道的是，就算在店主的电脑或手机上，商品照片中的色彩基本还原了，但在买家的手机或电脑上，商品照片的颜色可能还是会与其真实颜色有一定差距，这是因为手机屏幕、电脑显示器的个体差异造成的，另外每个人设置显示器亮度、色彩饱和度与对比度可能都不一样，这些都造成了颜色差异。作为店主，只要尽量保证在自己电脑上色彩还原就行了。

3. 注重细节

网店商品的细节主要包含商品的材质以及做工方面的细节。以一款手提包为例，可以通过近距离拍摄的手法来展现手提包使用了什么材质、通过什么方法缝制等细节。另外是设计、功能方面的细节，还是以手提包为例，可以打开手提包拍摄，展现内部的口袋、拉链等细节。注重细节的交待并不是说只拍摄商品的细节，即细节越多就越好；而是要适当地拍摄整体情况，并与细节照片结合起来才好。

以图5-11所示的亚麻衬衣为例，不仅要给出衣服的全景图，还要给出细节图（这里只给出了纽扣的细节图，实际上还应该有锁边、袖口、衣领等，这里就不一一列举了），细节图越多，越能够加深买家对商品的了解，越能促成销售。

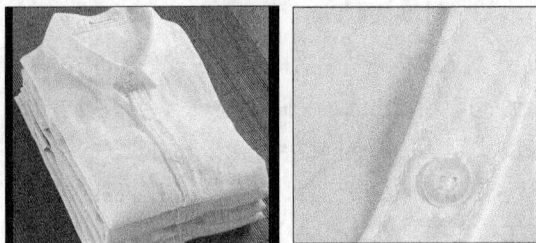

图5-11

4. 照片质量高

网店商品的拍摄对于照片的质量要求是比较高的，高质量的照片不但可以清晰地展现商品，还能满足一些买家放大照片的需要，在放大商品照片后，让买家也能看到清晰的细节，如图5-12所示，上衣的图片放大后可以很清楚地看到花纹与质地的细节。

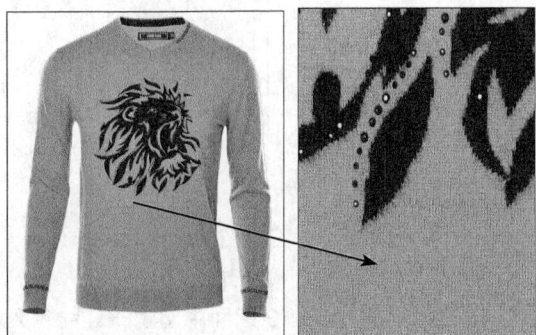

图5-12

这里并不是建议大家使用高质量的图片来代替细节图片，细节图片是不可少的，毕竟很多细节是无法从商品外部照片中得知的，仍然需要专门为之拍摄照片。另外，有些细节可能买家并不清楚，也需要店主专门放出细节照片来提醒买家。

要提高照片质量，首先应将相机的拍摄模式设置为画质较高的形式；其次是拍摄时照片应曝光准确、色彩还原准确，以便减少后期调整幅度；最后是后期处理的时候照片要以低压缩格式保存，因为压缩率越低，画质损失越小。

5.2.2 网店宝贝照片常用构图法

很多店主可能不了解，为什么拍摄宝贝照片还要讲究构图？直接把宝贝拍在图片中间不就好了吗？其实，这只是一种常用的构图方法而已，还有其他的构图方法，不仅可以突出宝贝本身，还能够呈现出一定的美感，让买家看了更加喜欢。

1. 黄金分割法

黄金分割法就是把一条直线段分成两部分，其中较长的一部分占全部线段的61.8%。这是由古希腊人发现的一种比例，这种比例也称黄金律。他们认为这种比例最能体现和谐与美感。事实上也确实如此，将黄金分割法应用到摄影中，能够拍摄出具有奇妙美感的照片来。

在摄影构图中，常使用简单的方法来实现黄金分割：在画面上横、竖各画两条与边平行、等分的直线，将画面分成9个相等的方块，直线和横线相交的4个点，称黄金分割点，如图5-13所示。

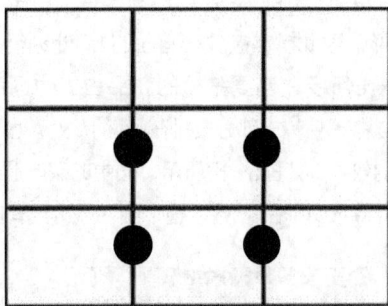

图5-13

在拍照时，将主体安排在黄金分割点附近，既可达到突出主体，又具有美感的效果，如图5-14所示，照片中的面包就安排在黄金分割点上，既显眼又和谐。

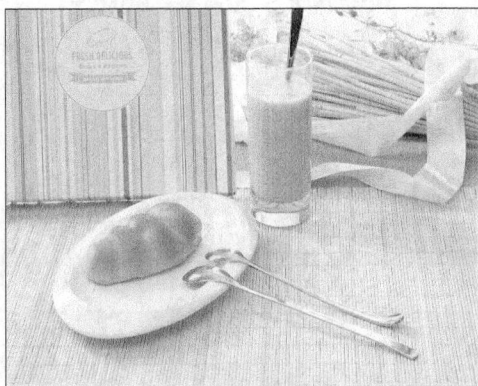

图5-14

专家提点 **井字形构图**

其实上面讲解的方法并非精确的黄金分割构图，而是一种"井字形"构图，这种构图的效果与黄金分割构图是很接近的，但又要比黄金分割构图简便易用，因此在实践中常用于替代黄金分割构图。

2. 三分构图法

三分构图是黄金分割法的另一种应用方法。当要突出的主体比较长时（如人体、地平线等），将主体安排在图片的1/3处，则整个画面显得生动、和谐、主体突出。三分法构图的4种形式如图5-15所示。

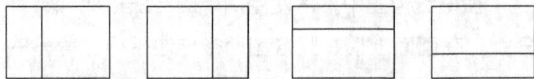

图5-15

在服装拍摄中，经常要用到模特，由于人体是呈长条形，因此常常被放在画面的1/3处进行突出，如图5-16所示。当要拍摄的商品占主体画面较多时，可以考虑将其一部分安排在画面1/3处，也能达到比较好的效果，如图5-17所示，图中的茶叶盒一边颜色较深，将之安排在1/3处，整个画面显得具有美感。

图5-16

图5-17

3. 对角线构图法

对角线构图法是指将主体安排在画面的对角线上，可以使拍出的画面得到很好的纵深效果与立体效果，画面中的斜向线条还可以吸引观众的视线，让画面看起来更有活力，达到突出主体的效果，如图5-18所示。

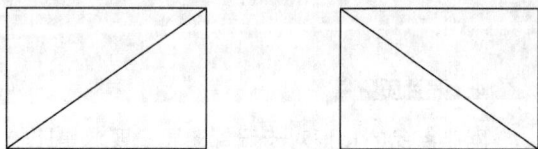

图5-18

在拍摄长条形主体时，可将之斜向摆放，形成对角线构图，如图5-19所示。

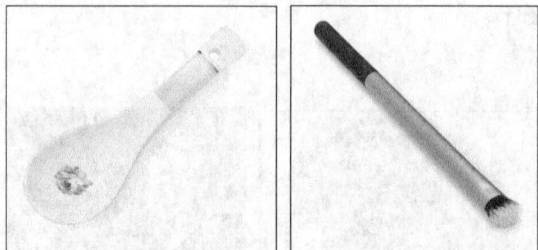

图5-19

4. 汇聚线构图

汇聚线构图就是指在画面中出现一些线条元素，向画面相同的方向汇聚延伸，最终汇聚到画面中的某一位置，利用这种线条的汇聚现象来进行构图拍摄的方式，就是汇聚线构图。通常出现在画面中的线条数量在两条以上才能产生这种汇聚效果，这些线条能引导观赏者的视线，沿纵向的方向由远到近地汇聚延伸，给观赏者带来强烈的空间感与纵深感，如图5-20所示。

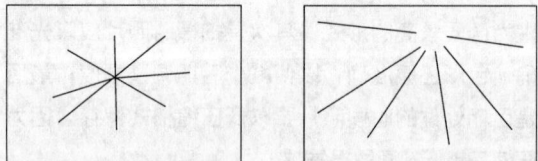

图5-20

汇聚的线条越多越集中，透视的纵深感就越强烈，这也会使普通的二维平面照片呈现出三维立体空间的效果，因此用这种构图方式拍摄的画面也极具吸引力和艺术魅力。在网店商品拍摄中，也可以使用这种构图法进行拍摄，如图5-21所示。

图5-21

5. 对称式构图

对称式构图是指利用主体所拥有的对称关系来构建画面的拍摄方法。对称的事物往往会给观赏者带来稳定、正式、均衡的感觉，所以利用这种对称关系进行构图可达到上述效果，如图5-22所示。

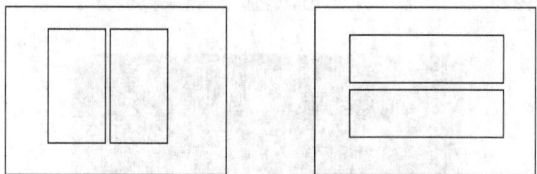

图5-22

在拍摄这种对称照片时，既可将主体摆放为左右对称，也可以上下对称，如图5-23所示。

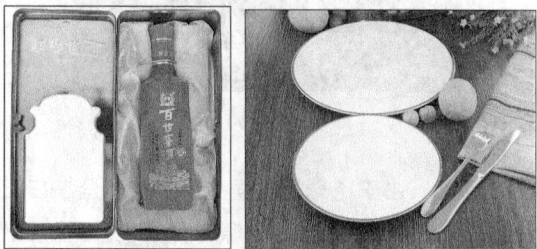

图5-23

专家提点 关于其他构图

其实常用的构图方法还有一些，如曲线构图、框架式构图、开放式构图等，由于网店商品的拍摄一般用不上，所以这里就不进行讲解了。当然，最简单的构图：将主体放在画面中心的构图方式，人人都会，这里也就不多加解释了。

5.2.3 利用不同的光线拍摄网店宝贝

在拍摄商品的时候，主要用到3种不同的光源。

- 自然光。它来自于日光，由大气层、云层等进行过滤与反射后照射到地面。
- 人造光。凡是来自人造光源的光均可称为人造光。在拍摄中，人造光常常需要拍摄者自己购买灯光设备进行布置，也可以利用城市中的公共照明光线进行拍摄。
- 环境反射光。这种光源自身不发光，但是可以反射其他光源产生的光线。

1. 自然光

自然光主要是指太阳光，在服装商品的拍摄中常常使用自然光。它的优点是亮度充足，照射范围广泛。不过它的缺点也很突出，首先它受制于天气，在严重的阴天以及雨天的时候，往往拍摄就只能取消，这使得完全依赖自然光的拍摄计划常常被打乱；其次，自然光有一定的时间限制，如夏天中午光线太强，不适合拍摄，而到了晚上，没有太阳光也无法继续拍摄。

2. 人造光

人造光主要包括两类：一类是城市中的一些公共光源，如路灯；另一类是摄影专用的一些灯光，如闪光灯、影室灯等。第一类人造光的运用有些类似于自然光，拍摄者需要对它们的规律有一定的了解，不过这类光线被运用到商品拍摄中的例子较少，一般都是用于人像拍摄、街景拍摄或艺术摄影等。对于网店商品而言，则基本使用第二类人造光进行拍摄，也就是一些摄影专用的人造光。

使用这些人造灯光的时候，拍摄者可以非常精确地控制灯光的各种属性，如光线的色彩、亮度、照射角度等。与自然光单一光源的情况不同，在使用这些人造灯光的时候，拍摄者还可以组合多个灯光，形成更加丰富的光线照明效果。除了拍摄外景类的服装外，大多数网店商品摄影都是采用这种人造灯光来实现照明的。

3. 反射光

反射光可以说无处不在，但不加控制的反射光

往往对于商品摄影来说是有害的。比如，在户外的
草地上拍摄服装的时候，由于青草会反射出绿色的
光线，会导致服装照片产生色彩偏差，此时就需要
使用专用附件来控制这些反射光。另外，在使用摄
影棚的时候，也要考虑到摄影棚产生的反射光，并
利用好这些光线。

4. 顺光拍摄

当光线从不同角度照射到拍摄主体上时，会产
生不同的效果。充分利用光线的射入角度，可以对
商品进行不同的诠释。

顺光，顾名思义，是指光线照射的方向与拍
摄的方向一致，光线顺着拍摄方向照射。通常情况
下，顺光的光源位于拍摄者的后方，或是与拍摄者
并排。当商品处于顺光照射的时候，商品的正面布
满了光线，因此色彩、细节都可以得到充分展示，
而由光线产生的阴影则出现在商品背面，不会在画
面中明显呈现，如图5-24所示。

图5-24

顺光是拍摄商品时常用的一种光线，通常拍摄
者布光的时候都会考虑采用一个光源来构成顺光，
再搭配其他光源。顺光的主要缺点是光线太过于平
顺，这会导致商品缺少明暗对比，并且立体感也难
以通过阴影来展现。

5. 侧光拍摄

当光线从侧面照射到商品上时，叫做侧光，侧
光可以营造一种很强的立体感，对材质的表现也较
好。在拍摄商品时，侧光一般不作为主要照明光使
用，通常是配合顺光，从两个方向上对商品进行照
明，侧光的亮度一般要小于顺光，如图5-25所示。

图5-25

6. 逆光拍摄

如果光源放置在拍摄主体的后方，就形成了逆
光。由于光线来自于商品的后面，所以商品的轮廓
线条会被光线勾勒出来，产生一条"亮边"，如图
5-26所示。由于这条轮廓线条是明亮的，因此需要
搭配深色的背景才能有明显的画面效果，而采用浅
色背景的时候，逆光勾勒轮廓的效果就很弱了。

图5-26

另外，由于逆光的时候商品的阴影全部在正
面，所以如果只使用一个光源的话，将无法呈现出
商品的正面细节，只能得到一张剪影照片。因此通
常还会使用一个顺光光源，这样一前一后的两个光
源既可以展现出足够的商品细节，也可以产生漂亮
的轮廓线条。

7. 顶光拍摄

顶光就是从拍摄主体顶部向下照射的光。顶光
不是一种非常理想的光线，比如正午时分的阳光会
形成顶光，这时通常不宜外出拍摄服装。不过对于

一些小商品来说，由于商品远小于灯光的体积，各种光位作用到它们身上的效果不是太明显，这时直接采用顶光，反而简便易行，如图5-27所示。

图5-27

5.2.4　不同视角对网店宝贝照片的影响

取景角度的变化也会对拍摄出来的商品照片造成很大的影响。在商品拍摄中，取景角度通常分为正面、侧面、背面、顶部、底部等几个角度，而在对任意一面进行拍摄时，也可以分为平拍、仰拍和俯拍3种角度。

（1）正面取景是指从商品的正面拍摄，这种方式简单直接，让买家一目了然。侧面取景是指从商品的侧面拍摄，这种方式可以较好地展现商品的轮廓线条。背面取景同样很重要，从背面拍摄可以更全方位地展现商品细节。顶部取景是指从高处来拍摄，可以在一张照片中很好地展现出商品的整体面

貌。底部取景则较少被运用，因为大部分商品的底部没有太多值得展示的东西，如有的话，则应进行底部取景。

（2）平拍是最常见的，主要原因在于，平角度拍摄可以真实还原商品的大小比例关系，不易产生变形，因此为了让消费者看到的照片尽量与买到的实物感觉一致，多数时候会采用平拍。仰角度拍摄的作用主要是可以让被摄主体显得高大瘦长，通常在拍摄服装的时候运用，如图5-28所示。而俯角度对于商品拍摄来说更多的作用是展现出平角度所没有的一种立体感，如图5-29所示。

图5-28

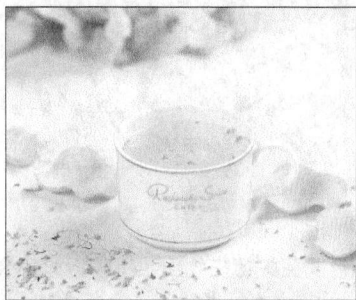

图5-29

5.3　利用手机拍摄宝贝

随着手机镜头技术的发展，手机的拍摄效果越来越好，精度也越来越高，中高档手机拍出来的照片，其画质已经不输于一般的数码相机了。利用手机来拍摄微店商品，可以为店主省下购买相机的费用。

5.3.1　手机拍摄的特点

手机虽然像素已达千万级别，但毕竟不是专门的拍摄设备，功能上有一些简化，可操作性也没有数码相机、单反相机那么强。因此，要掌握好手机

拍摄，必须先对手机的特点有所了解，这样才能在拍摄时扬长避短，拍出好看的商品照片。

1. 手机聚焦

手机的镜头是自动聚焦的，手机的判断不一定准确，有时候会把焦点集中在拍摄主体之外，造成主体模糊。如图5-30所示，拍摄主体本应为前面的花朵，但因对焦错误，焦点集中到了后面的花朵上，造成拍摄主体模糊；而在正确的对焦时，主体应该是清晰的，如图5-31所示。

图5-30

图5-31

以上情况在拍摄主体离手机较近时才会发生，如果拍摄主体离手机较远时，则不会产生这样的情况，主体和背景拍出来会一样清晰。至于多远才会让主体和背景一样清晰，这要根据具体的手机摄像头参数而定，店主可以对自己的手机进行测试，以便做到心中有数。

2. 手机测光

手机的测光也是自动进行的，如同对焦一样，手机也会时常出现错误的判断。这种情况经常发生在拍摄主体与环境光线对比强烈的时候，比如逆光

拍摄时，由于背景光线强烈，手机自动降低曝光量，结果造成拍摄主体偏黑，细节无法呈现，如图5-32所示。又如在室内拍摄平板电脑时，由于电脑屏幕自带光线的原因，让手机自动降低曝光量，造成平板电脑边框偏黑，背景也成为一团漆黑，如图5-33所示，其实这种情况在前面拍摄手机数码类宝贝的内容中已经讲解过了。

图5-32

图5-33

3. 手机闪光灯

手机的确自带有闪光灯，不过其亮度有限，无法与相机闪光灯相比，因此使用手机拍摄商品时，最好还是布置好充足的光源，尽量不要使用闪光灯补光。使用手机闪光灯拍摄出来的商品照片，大多数都有反光强、光线分布不均，拍摄主体与环境的光线强度相差大等缺点，不适宜用于展示商品。

5.3.2 手机拍摄时应进行正确测光与对焦

当使用手机拍摄商品时，手机根据预先设定的程序，对画面进行对焦与测光。此时手机屏幕上会

显示一个对焦框，如图5-34所示。如果手机错误地将对焦框对准了拍摄主体之外的场景，那么焦距与曝光量都会产生错误，此时用户要用手指单击拍摄主体，让对焦框框住主体后，再进行拍摄，才能得到正确的焦距与曝光量。

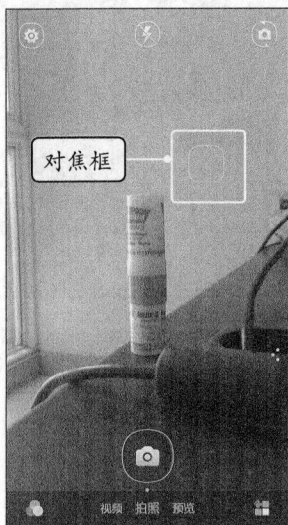

图5-34

5.3.3　利用手机进行逆光拍摄

有些时候光源是无法控制的，比如在进行外景拍摄的时候，背景光线可能会比较强烈，如果按照背景光线的强度来拍，模特拍出来会比较黑，无法展示服装细节；如果按照模特身上的光线强度来拍，天空以及远处的背景会曝光过度，显得太亮，整张图片失去美感。在这种时候，可以利用手机的HDR（High-Dynamic Range）功能，拍出模特与天空曝光量都正常的照片来。

HDR是高动态范围的英文简称。一般在光线明暗度相差较大的环境下拍摄的时候，如果照顾高光区域的曝光，就容易丢失暗部细节，而照顾了暗部细节，高光部分就会曝光过度，整个画面的高光和暗部细节不能同时得到保留。因此可以使用不同的曝光量，拍摄多张照片，然后经过处理，保留各自曝光合适的部分，合成一张亮部、暗部细节都能清晰呈现的照片。

图5-35是一张没有使用HDR功能拍摄出来的照片，可以看到暗部细节几乎看不清楚；而图5-36

则是使用HDR功能的照片，可以看到暗部显示了很多细节，而亮部的曝光仍然是正常的。

图5-35

图5-36

如何打开手机的HDR功能进行拍照呢？这里以酷派手机的系统为例进行讲解。

第1步　打开手机摄像头之后，❶单击屏幕右下角的功能按钮▦，❷在弹出的选项中单击"HDR（逆光拍照）"按钮，如图5-37所示。

图5-37

第2步 在屏幕右下角显示出"HDR（逆光拍照）"按钮后，❸单击"拍照"按钮，如图5-38所示。

图5-38

5.3.4 手机滤镜创造特殊效果

使用智能手机拍照时，可以利用内置的滤镜来创造特殊的视觉效果。比如在拍摄一些较有气氛的商品图片时，可以使用黑白滤镜，营造出一种静谧、怀旧的氛围，如图5-39所示。

图5-39

如何打开手机的滤镜功能进行拍照呢？这里仍然以酷派手机的系统为例进行讲解。

第1步 打开手机摄像头之后，❶单击屏幕左下角的"滤镜"按钮，如图5-40所示。

第2步 ❷在弹出的选项中单击需要的滤镜，❸单击"拍照"按钮，如图5-41所示。

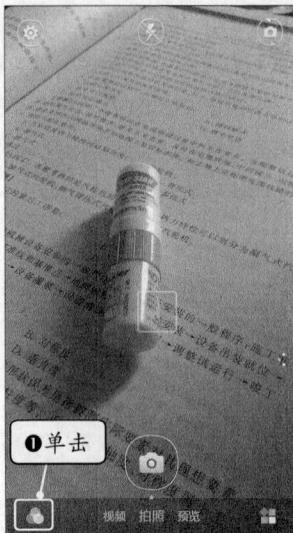

图5-40

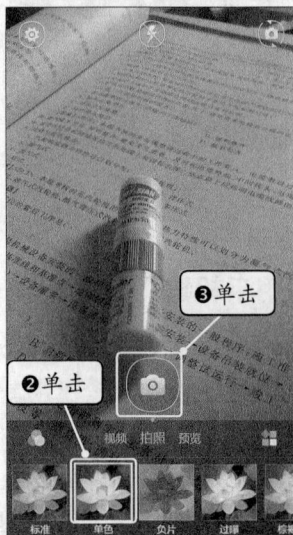

图5-41

5.3.5 利用手机内置软件简单编辑照片

智能手机绝大多数都内置了图片编辑软件，可以对手机里的照片与图片进行简单的编辑，如增加艺术特效、调节曝光度与对比度、增加相框以及修改图片尺寸等，其功能丰富、操作简单，深受用户喜爱。很多使用手机拍摄的商品照片，可以直接在手机上进行编辑，无需打开Photoshop等专业软件来编辑，为店主创造了快拍、快编、快上传的条件。

以酷派手机的系统为例，使用手机内置编辑软件增强照片曝光量的方法如下。

第1步 打开手机相册后，选择一张照片进行浏览，❶单击照片任意位置，❷在下方弹出的菜单中单击"编辑"按钮，如图5-42所示。

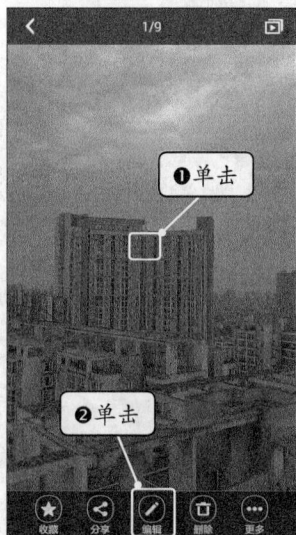

图5-42

第2步 ❸单击"增强"选项卡，❹单击"曝光"按钮，如图5-43所示。

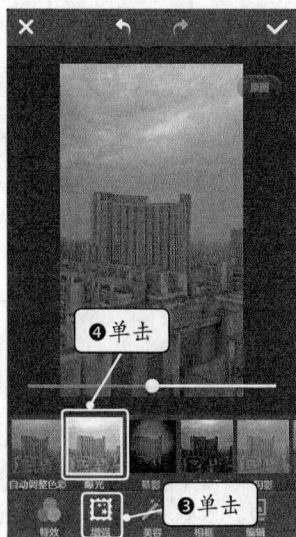

图5-43

第3步 ❺将调调滑块向右拉动到合适的位置，增强曝光量，❻单击"完成"按钮✔，如图5-44所示。

虽然各厂家手机内置的编辑软件功能各有区别，但基本的使用方法大同小异，只要稍微钻研一下，就可以用得得心应手。

图5-44

5.3.6　在手机上对照片进行涂鸦

有时候买家会询问店主一些宝贝的使用问题，如瓶盖如何打开、部件如何组合等，此时店主可以用手机对宝贝进行拍照，并在照片上勾画需要操作的部分，然后发送给买家，解决对方的问题。在手机上对照片进行勾画的方法如下。

第1步 打开手机相册后，选择一张照片进行浏览，❶单击照片任意位置，❷在下方弹出的菜单中单击"…"按钮，❸在弹出的子菜单中单击"涂鸦"选项，如图5-45所示。

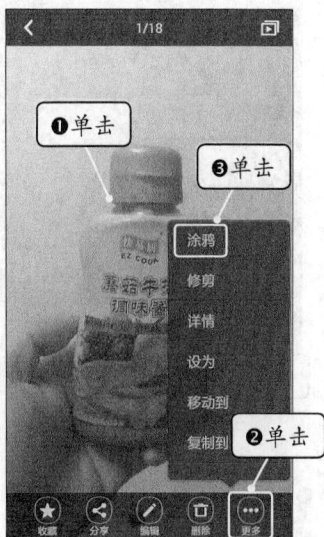

图5-45

第2步 ④单击"颜色"按钮，⑤选择画笔颜色，如图5-46所示。

图5-46

第3步 ①单击"画笔"按钮，②拖动滑块选择画笔粗细（粗细值一般设置为10～15即可），如图5-47所示。

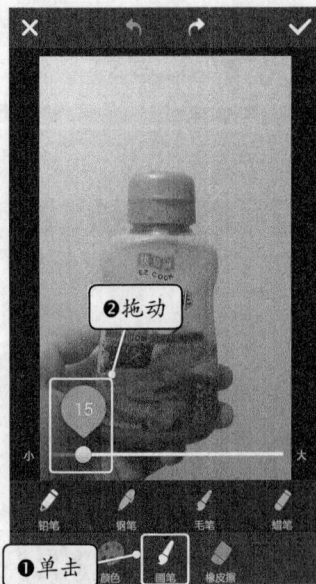

图5-47

第4步 ③在图片上进行勾画标注，④单击"完成"按钮☑，如图5-48所示。

图片会被保存为新的文件，不会覆盖原来的文

件。如果想撤销某一笔勾画，可以单击"返回"按钮↩撤销，也可以单击"橡皮擦"按钮，将画笔切换为橡皮擦，然后将不满意的勾画擦掉。橡皮擦不会擦掉图片原本的颜色。

图5-48

高手支招 利用涂鸦功能遮盖重要信息 ▶▶

如果照片中有重要信息要遮盖，如电话号码、身份证号码、家庭住址以及人像面部等，也可以利用涂鸦功能来进行遮盖。将画笔粗细调节到30左右，颜色选择黑色，然后涂抹要遮盖的信息即可。

5.3.7 在手机上对照片进行裁剪

有时候会发现照片中拍摄主体较小，不能很好地突出，此时可以使用手机上的照片编辑功能对照片进行剪掉，将多余的背景裁剪掉，这样拍摄主体所占比例就会变大，变得比较突出了。

第1步 打开手机相册后，选择一张照片进行浏览，①单击照片任意位置，②在下方弹出的菜单中单击"…"按钮，③在弹出的子菜单中单击"修剪"选项，如图5-49所示。

第2步 ④拉动边框进行裁剪，⑤单击"确定"按钮，如图5-50所示。

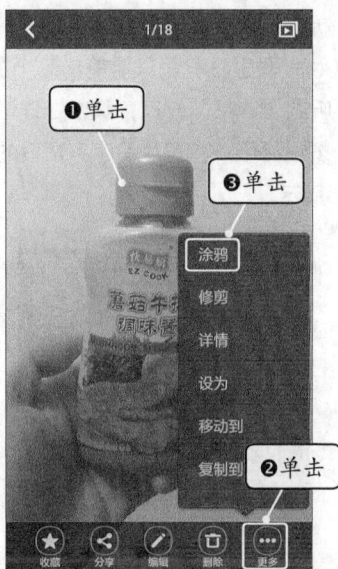

图5-49

图5-50

5.3.8　手机屏幕截图技巧

手机屏幕截图是一个经常性的操作，比如保存屏幕上的二维码图片，或者保存对话记录等，都可以直接截屏，将屏幕画面保存为图片。下面就介绍一些常见的截图技巧。

■ iPhone手机、iPad等苹果产品截屏，其操作很简单，同时按住Home键和电源键，扬声器发出"咔嚓"一声截屏就成功了，然后到相册中即可

找到截屏图片。

■ 大部分安卓手机也可以按住电源键不放，在弹出的菜单中选择"截屏"选项进行屏幕截取，如图5-51所示。

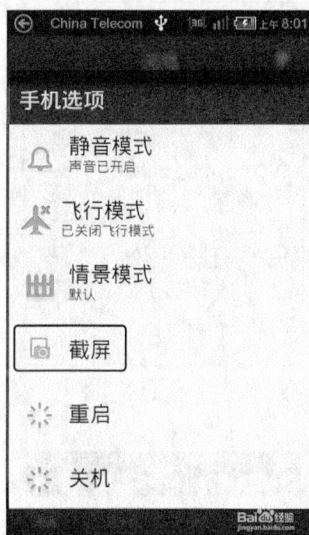

图5-51

■ 三星Galaxy系列手机有两种截图方法，一是使用三星的手势操作，手掌并拢侧面立起，从手机屏幕由右向左滑动或者从左向右滑动，屏幕闪动并且有一道亮光就可以了。另一种就是长按屏幕下方的Home键不松手，然后按电源键。

■ HTC手机截屏使用电源键与Home键。

■ 华为手机截屏：音量键下与关机键一起按三秒钟，听到"咔嚓"一声截屏就成功了。

■ 魅族手机截屏：Flyme1.0的截图方法为电源键+Home键；Flyme2.0的截图方法为电源键与音量键。

但也有部分安卓手机没有这些功能，必须安装截屏软件才能截图。首先用手机访问百度网站，搜索关键词"No Root Screenshot It"，并单击第一个搜索结果里的"进入下载"按钮，进行下载并安装。

安装好之后，单击No Root Screenshot It图标，打开设置界面，将屏幕截图延迟设置为"2秒"，如图5-52所示，然后将保存目录设置好，如图5-53所示，最后回到图5-52所示设置界面顶部，单击"Hide screenshot button"选项，返回桌面，可以看到桌面多了一个机器人图标，这个图

标可以随便移动，如图5-54所示。

图5-52

图5-53

图5-54

这个机器人图标始终都会出现在屏幕上（即使在运行其他的程序时）。只要单击这个图标，2秒后就可以听到"咔嚓"一声，弹出处理选项，单击"保存"按钮就可以将图片保存到预设的目录中，如图5-55所示。

图5-55

如果觉得这个机器人图标不好看，可以将其隐藏起来，而采用摇动截屏的方法来保存屏幕图片。进入"No Root Screenshot It"的设置界面，选中"晃动来截取屏幕"复选框，如图5-56所示，然后在"摇晃强度"下拉菜单中选择强度，如图5-57所示。强度小，则轻轻摇晃就能触发截屏；强度大，则需要使劲摇晃手机。

图5-56

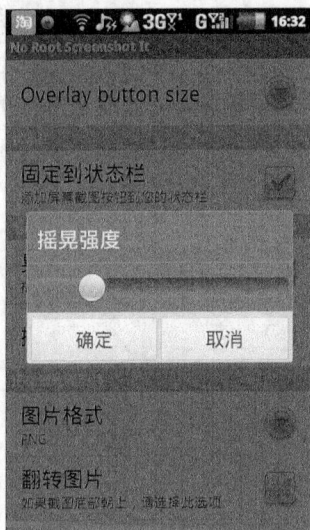

图5-57

有的人可能会问，为什么要设置屏幕截图延时为2秒呢？这是因为有些屏幕图像必须要经过操作才能出现，而且稍纵即逝，要抓到这样的屏幕界面，就要预先设置好延迟时间，当截图开始后，马上进行操作，在延时时间内到达需要的界面，然后自动开始截屏。当然也可以设置更长的延时，以便进行更复杂的操作。

高手支招 安卓版手机QQ也有截屏功能▶▶

安卓版的手机QQ也有截屏功能，在其"设置"→"辅助功能"菜单里，有一个"摇晃手机截屏"的开关选项，只要打开该开关，就能对手机进行截屏，截屏时猛摇手机即可。但QQ截屏是有局限性的，它只能对QQ内的界面进行截屏，要对QQ外的界面截屏，必须对手机进行Root操作，并对QQ赋予Root权限。对手机进行Root操作是通过技术手段取得系统的底层权限，有了这个权限后可以进行很多原本受限制的操作，但同时也削弱了系统的安全性，此外，Root操作本身也可能失败，造成手机系统损坏，因此这里不建议大家对手机进行Root操作。

5.3.9 通过数据线将手机照片上传到电脑

使用数据线连接手机与电脑，在两者之间互相传输文件，是一种很常见的操作。手机上的照片，

也可以通过数据线传输到电脑上，进行备份，或者使用Photoshop之类的专业图像软件进行编辑修改。

第1步 双击桌面上的"计算机"图标，打开"计算机"窗口，如图5-58所示。

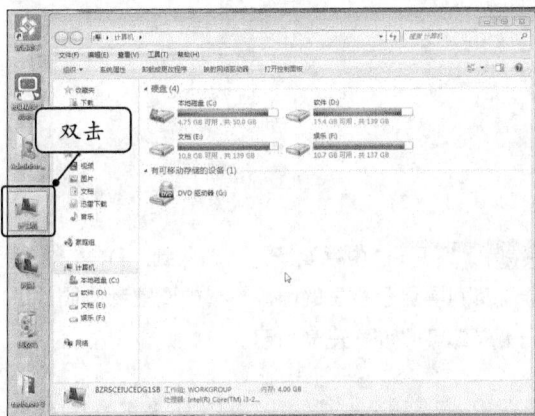

图5-58

第2步 用数据线将手机和电脑连接起来，即可在"计算机"窗口中看到新出现的图标，双击该图标，如图5-59所示。

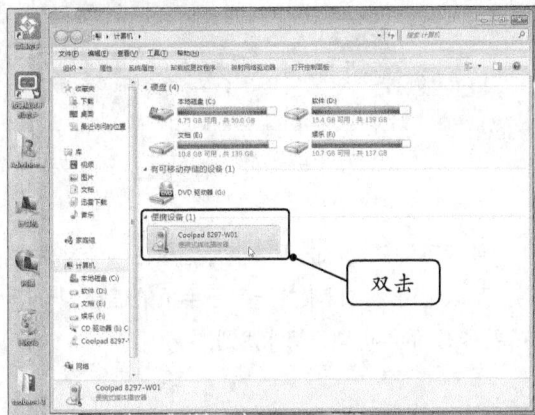

图5-59

第3步 可以看到出现两个驱动器图标，其中"SD卡"是插入到安卓手机的存储卡，"内存设备"则是安卓手机的机身内存（如果是苹果手机的话，这里会只显示一个图标，双击进入即可看到照片），手机照片一般情况下都在内存设备中，因此这里双击"内存设备"图标，如图5-60所示。

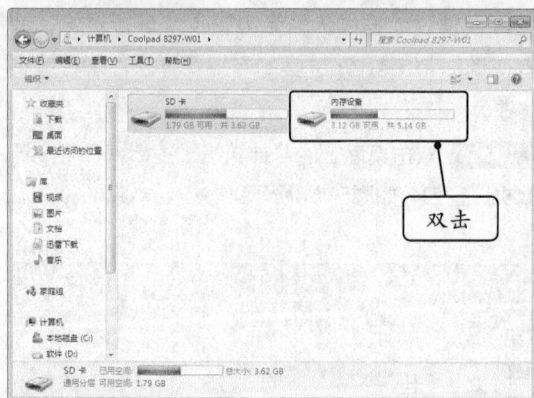

图5-60

第4步 打开"内存设备",进入到"DCIM"目录,即可看到手机里的照片,选中要复制的照片进行复制即可,如图5-61所示。

图5-61

如果不清楚自己的手机相片是放在哪个文件夹下,可以到百度上搜索关于自己手机的信息。一般来说,常见的手机型号都能找到。

5.3.10 通过微信文件传输助手将手机照片上传到电脑

有时候没有数据线,但又需要将手机里的照片上传到电脑,最方便的方法是利用手机微信与电脑微信之间的"文件传输助手"功能,即可将照片方便地传送到电脑上。

电脑版微信可以到微信网站下载,单击"微信Windows版"进入相关页面下载并安装,安装好之

后按照提示登录。注意电脑版微信与手机版微信使用同一个账号登录。

第1步 打开手机微信后,❶单击"通讯录"按钮,❷单击"文件传输助手"按钮,如图5-62所示。

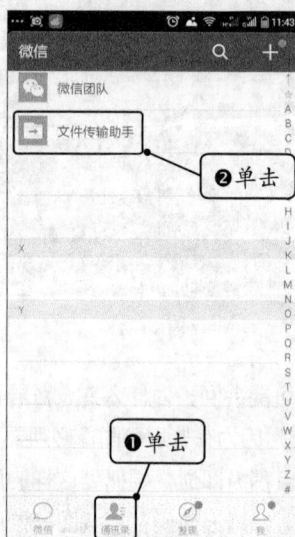

图5-62

第2步 ❸单击"发消息"按钮,如图5-63所示。

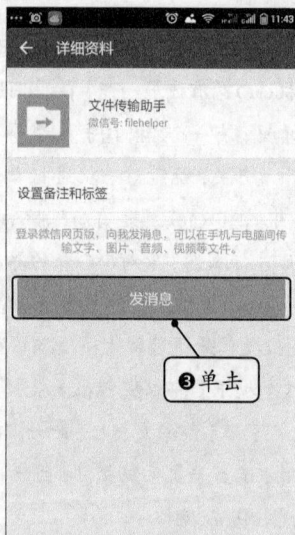

图5-63

第3步 ❶单击"+"按钮,❷单击"图片"按钮,如图5-64所示。

第4步 ❸选择要发送的图片(最多9张),❹单击"发送"按钮,如图5-65所示。

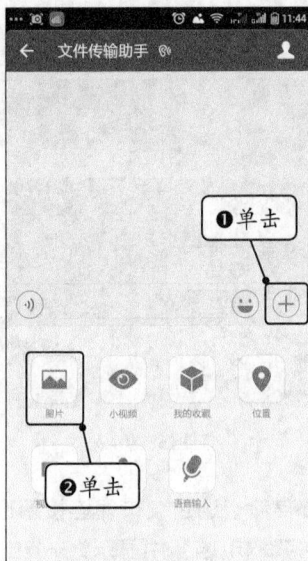

图5-64

图5-65

第5步 打开电脑上的微信，❶单击"文件传输助手"按钮，即可在右边窗格中看到从手机上发送过来的图片；❷在图片上单击鼠标右键，❸在弹出的快捷菜单中选择"复制"命令，将图片复制到剪贴板中，如图5-66所示。

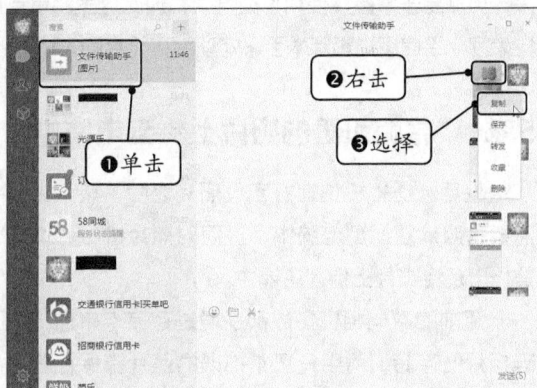

图5-66

第6步 打开要保存照片的文件夹，❶在空白处单击鼠标右键，❷在弹出的快捷菜单中选择"粘贴"命令，将图片复制到剪贴板中，如图5-67所示。

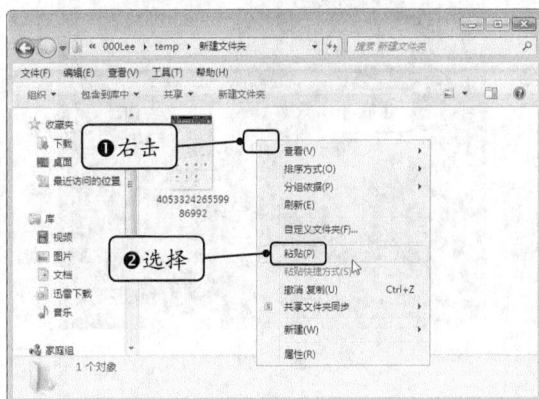

图5-67

专家提点 微信只适合小批量传送

由于微信传图一次只能传送9张图片，而且每张图片还要分别进行复制和粘贴操作，比较麻烦，因此不太适合几十上百张图片的大批量传输。

5.4 照片的处理和美化

宝贝照片一般都需要经过后期处理，如调整大小、改善曝光或添加水印等，之后才能制作出一张合格的、适合在网店中浏览的漂亮图片。

处理照片的软件很多，有Photoshop、光影魔术手、美图秀秀等。其中光影魔术手功能较为齐全、启动快速、简单易用，每个新手用户都能用它制作出精美的相框、艺术照以及各种专业胶片效果，而且完全免费，比起专业的大型图片处理软件来，更加易于掌握，使用也更方便，因此这里将重点向大家介绍使用光影魔术手来处理宝贝照片的方法。

5.4.1 将相机里的照片上传到电脑中

使用数码相机拍摄好宝贝照片之后，接下来就需要将照片复制到电脑中，进而对照片进行修饰与美化以及将照片上传到店铺中。

目前的数码相机多数都是通过存储卡来进行数码相片的存储，而用户日常拍摄的照片都保存在这里。要读取内容，最简单的方法就是直接将存储卡通过读卡器接入电脑。

第1步 ❶首先取出数码相机底部的存储卡，如图5-68所示。

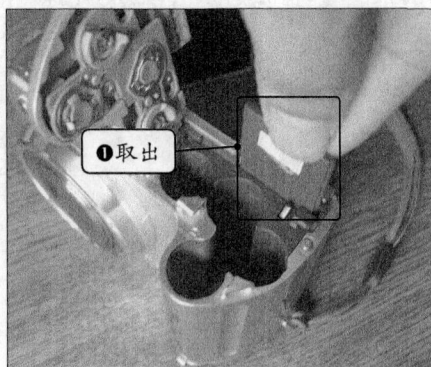

图5-68

第2步 ❷将存储卡插入专用的读卡器设备，如图5-69所示。

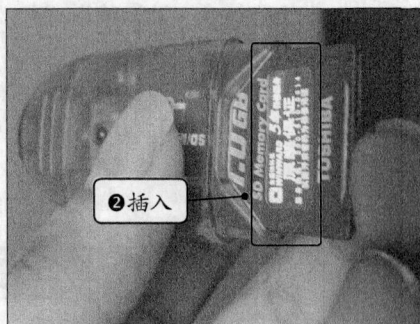

图5-69

第3步 ❶将读卡器插入电脑的USB接口进行连接，系统会自动将存储卡识别为移动设备，如

图5-70所示。

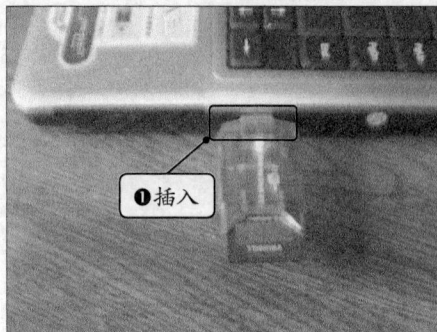

图5-70

第4步 ❷存储卡通过读卡器连接笔记本电脑以后，会在"我的电脑"中显示为一个"可移动磁盘"，双击打开该磁盘，如图5-71所示。

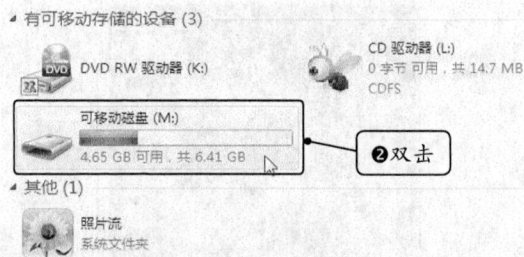

图5-71

第5步 打开磁盘中存放照片的图像文件夹，❶选择要进行传送的图像文件并用鼠标右键单击，❷选择快捷菜单中的"复制"命令，如图5-72所示。

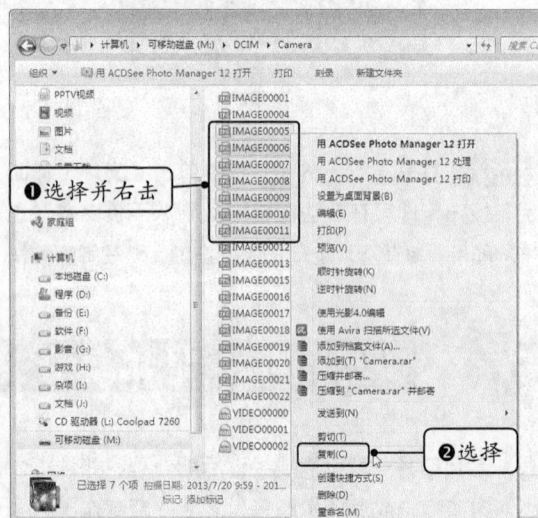

图5-72

存放照片的文件夹的名称

不同品牌的相机，在存储卡中放置照片的文件夹
的名称有所不同。比如，佳能相机的文件夹是以
"100CANON""101CANON"这样的顺序命
名，每个文件夹中存放100张照片；而卡西欧相机
则以"101CASIO""102CASIO"这样的顺序命
名，其他品牌的相机各有不同的命名方法。

第6步 打开电脑上存放照片的文件夹，❸在空
白处单击鼠标右键并选择快捷菜单中的"粘贴"
命令，即可将照片文件复制到电脑，如图5-73
所示。

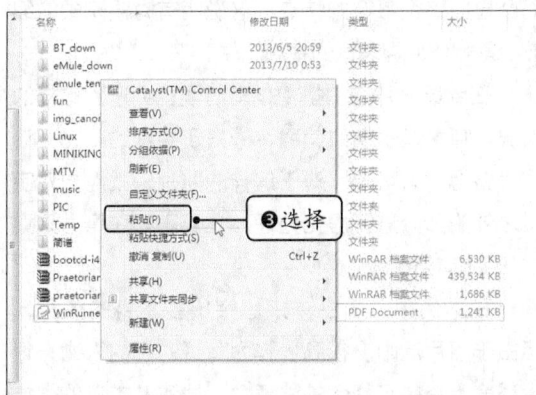

图5-74

图5-73

5.4.2　调整曝光失误的照片让宝贝图片更亮

在拍摄照片时，如果曝光不足，则拍出来的照
片整体偏暗，很多细节无法清晰看到；如果曝光过
度，则照片显得太亮，同样也无法看清楚细节。当
出现这两种曝光问题时，可以使用Photoshop 软件
进行处理。

下面就以为曝光不足的照片补光为例进行讲解。
在本例中，一个毛绒玩具的效果图（见图5-74），
因为曝光不足，导致画面偏暗，看上去效果不好，
不太能吸引访客，这里就要把它的曝光度调亮，使
之看上去明亮饱满，更能吸引人购买。

第1步 在Photoshop CC中打开要调整的照片，
❶选择"图像"菜单，❷单击"调整"命令，❸再单
击"阴影/高光"子命令，如图5-75所示。

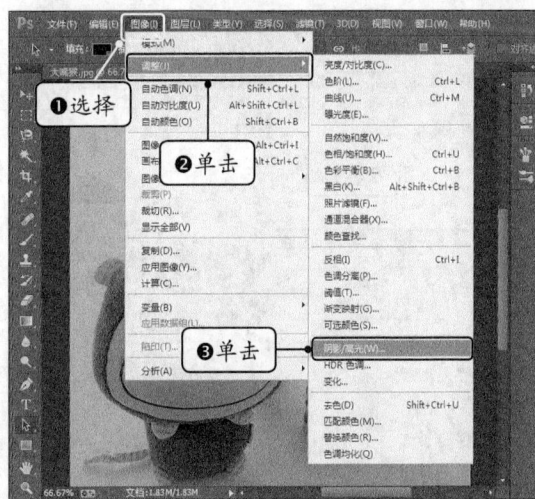

图5-75

第2步 打开"阴影/高光"对话框，❶设置"阴
影"的"数量"为35，❷单击"确定"按钮，如
图5-76所示。

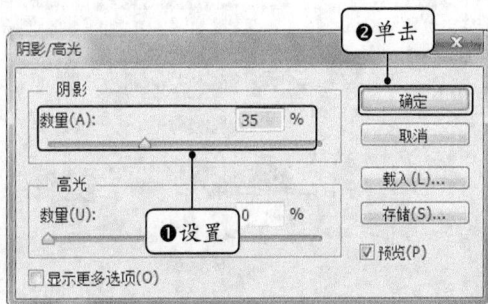

图5-76

第3步 设置后的图像效果如图5-77所示。

图5-77

第4步 ❶曝光调整合适后，选择"文件"菜单，❷单击"存储为"命令，如图5-78所示。

图5-78

第5步 ❸设置图片的保存位置和文件名，❹单击"保存"按钮，如图5-79所示。

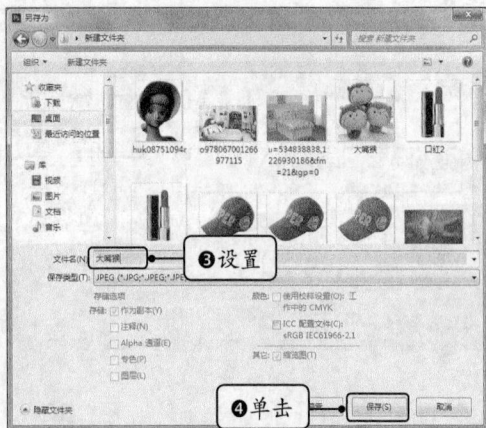

图5-79

如果照片曝光过度，则可以设置"阴影/高光"对话框的"高光"数量来降低曝光度。

用户也可以单击"保存"按钮来保存图片，不过这样一来，就覆盖了原始图片，万一以后要再次使用原始图片就不方便了，因此这里建议使用"另存为"命令把修改后的图片保存到其他地方（或者另外命名保存）。

5.4.3 制作背景虚化照片效果，突出宝贝主要特点

传说断臂维纳斯像是因为手臂做得太美丽，影响了主题，所以作者索性砍去维纳斯像的双臂，从而凸显出整个雕像的特点。这说明有时候无关的细节会影响作品要表达的主题思想。

在宝贝照片的拍摄中，有时候也会遇到这样的情况，背景过于精致美丽，夺去了买家的眼光，让宝贝显得可有可无。对于这样的照片，就需要对宝贝之外的部分进行虚化处理，让买家的注意力只集中在宝贝本身。

在本例中，店主本来想突出鞋本身的效果，但由于照片清晰度很高，作为背景衬托的人物，很大程度上夺去了观众的注意力，导致鞋本身的视觉效果下降，因此这里要把鞋以外的部分虚化，让其变得模糊，丢失细节，从而保证鞋能够获得视觉焦点，显示出本身的特色。

第1步 打开要修改的照片后，按Ctrl+J组合键创建新图层，如图5-80所示。

图5-80

第2步 ❶选择"滤镜"菜单；❷单击"模糊"

命令，❸单击"高斯模糊"子命令，如图5-81所示。

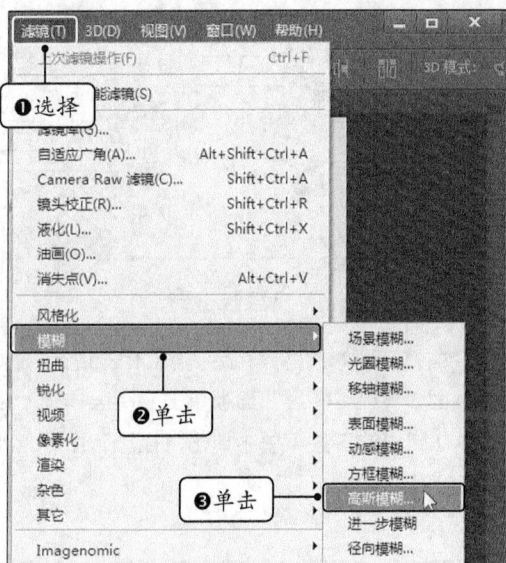

图5-81

第3步 打开"高斯模糊"对话框，❶设置"半径"为3，❷调节完毕后单击"确定"按钮，如图5-82所示。

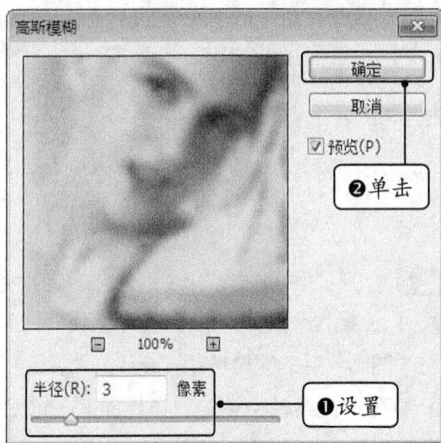

图5-82

第4步 图像变得模糊（虚化），这是可以调节的，❶在"图层"面板单击"添加蒙版"按钮，❷给"图层1"添加蒙版，如图5-83所示。

第5步 按B键选择画笔工具，设置前景色为黑色，在图像中需要清晰显示的区域涂抹，如图5-84所示。

图5-83

图5-84

高手支招 处理模糊照片 ▶▶

为了避免处理过程复杂，可以将原图层复制一层，将其图层属性改为柔光，然后调整透明度。

5.4.4　添加图片防盗水印，让图片无法被他人使用

自己辛苦拍摄的宝贝照片，却被一些不劳而获的淘宝店主盗用，这种事情很是让人气愤。为自己店里的宝贝图片加上LOGO水印即可避免这样的情况出现。另外，制作精美的LOGO水印也能起到宣传自己店铺的作用。

需要注意的是，LOGO图片最好不要放在宝贝的中心，以免影响顾客查看宝贝的细节，但也不要放在空白处；否则很容易被擦除后盗用。

在本例中，将要为润发乳加上店铺LOGO，由于不能挡住瓶子主体，因此把LOGO放在两个瓶子中间。

第1步 打开要添加LOGO的照片后，❶选择"文

件"菜单，❷单击"打开"命令，如图5-85所示。

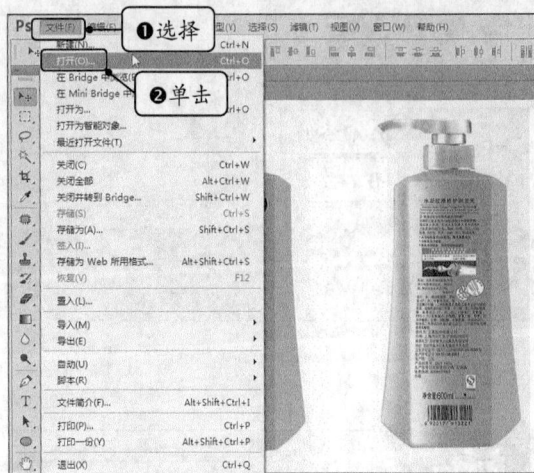

图5-85

第2步 ❸选择LOGO图片，❹单击"打开"按钮，如图5-86所示。

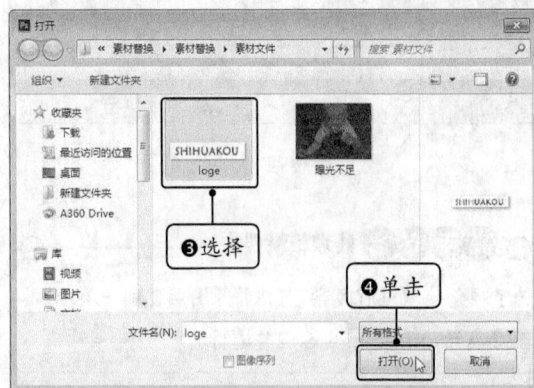

图5-86

第3步 将LOGO图片拖动到润发乳图片中，❶设置LOGO图片的位置、倾斜度以及大小；❷设置LOGO图片的图层样式为"变暗"，不透明度为"50%"；❸选择"文件"菜单，❹单击"存储为"命令进行保存，如图5-87所示。

5.4.5 给图片添加文字说明与修饰边框，提升宝贝吸引力

淘宝店铺上的宝贝图片，大多都被添加了一些文字说明，配上了好看的边框，显得更加雅致、更加有情趣，对于买家来说特别具有吸引力。下面就以为手机添加文字与边框为例进行讲解。

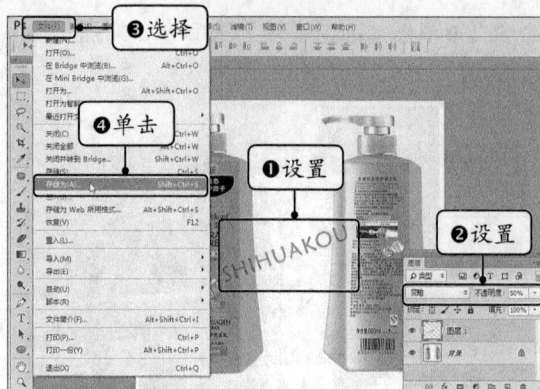

图5-87

第1步 打开要修改的照片后，按Ctrl+J组合键创建新图层，❶在"图层"面板单击"图层样式"按钮；❷在弹出的下拉菜单中单击"描边"命令，如图5-88所示。

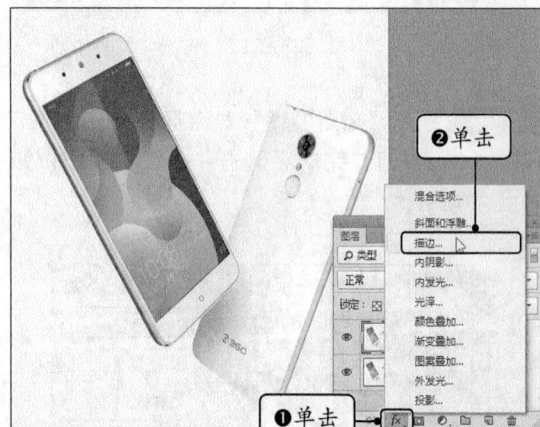

图5-88

第2步 打开"图层样式"对话框，❶设置大小为"30"，位置为"居中"，填充类型为"图案"；❷单击"图案"后的下拉按钮；❸单击"设置"下拉按钮；❹在下拉菜单中单击"自然图案"命令，如图5-89所示。

第3步 在提示框中单击"追加"按钮；❶单击"紫色雏菊"按钮；❷单击"确定"按钮，如图5-90所示。

第4步 按T键激活文字命令，❶设置字体为隶书，字号为50，颜色为紫色；❷单击指定文字位置并输入文字内容（输入的是内容"指纹识别新体验"），如图5-91所示。

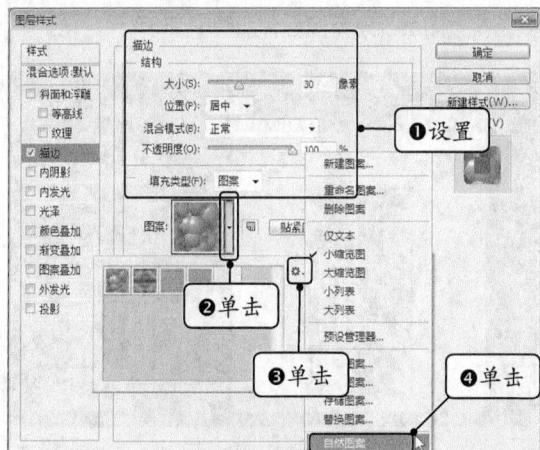

图5-89

图5-90

图5-91

第5步 单击"另存为"按钮，将修改结果保存起来即可。

5.4.6 抠取宝贝主体，更换合适的背景以增强吸引力

对于背景过于复杂或过于单调的图片来说，可以把主体"抠"出来，把背景替换掉，换上其他合适的背景。

比如，很多玩具照片，背景可能不够富有感染力，就可以把玩具的图像"抠"出来，再放到其他更好看的真实的背景中，以增加真实感。

第1步 打开要修改的照片后，❶单击选择"磁性套索工具"，❷依次单击需要的图像边缘选择图像，如图5-92所示。

图5-92

第2步 ❸按Ctrl+J组合键复制选区创建新图层，❹单击隐藏背景图层，如图5-93所示。

图5-93

125

第3步 打开"背景图片"，❶选择"背景图片"，❷单击"打开"按钮，如图5-94所示。

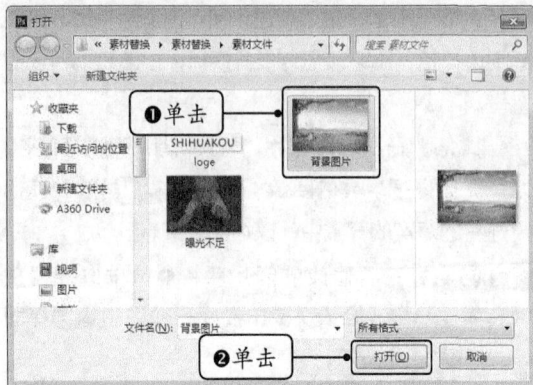

图5-94

第4步 ❸将"熊娃娃"拖动到新打开的图片窗口，自动新建"图层1"，❹调整"熊娃娃"在背景中的位置和大小，如图5-95所示。

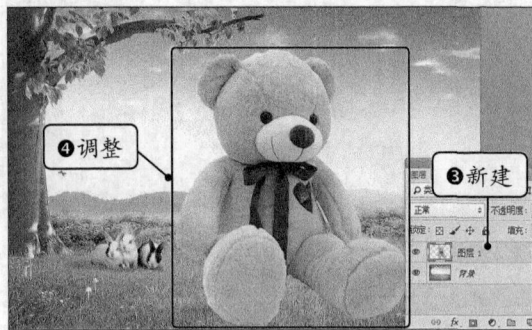

图5-95

第5步 单击"另存为"按钮，将修改结果保存起来即可。

5.4.7 调整偏色的宝贝效果，以免引起买家误会

如果拍摄的时候光线条件特殊，或者相机的白平衡没有设置准确，拍出来的照片就有可能偏色。使用Photoshop软件可以将偏色的照片纠正过来。

在本例中，口红照片的颜色比较偏暗红，不能正确反映口红的颜色（大红色），可能会引起买家的误会，因此需要先纠正偏色，再发送到网店中。

第1步 打开要修改的照片后，❶按Ctrl+J组合键

复制背景图层创建新图层，如图5-96所示。

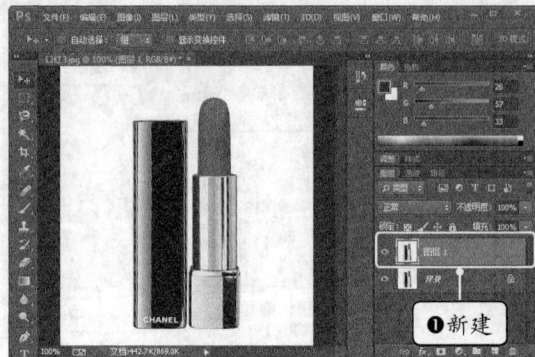

图5-96

第2步 按Ctrl+B组合键打开"色彩平衡"对话框，❷设置色阶参数，❸单击"确定"按钮返回主界面，如图5-97所示。

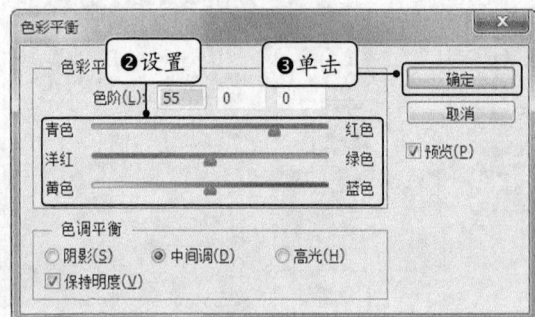

图5-97

第3步 设置完成后效果如图5-98所示。另存图像，将修改结果保存起来即可。

图5-98

5.4.8 锐化宝贝图片，让宝贝图片更清晰醒目

Photoshop CC也可以将轻微模糊的图片变得

略微清晰一点。必须要说明的是，这种消除模糊的方法对于严重模糊的图片没有太好的效果，因为将过度模糊的照片变清晰，将造成图片失真，因此在拍摄时就把照片拍清晰才是最好的。

在本例中，因为光线的问题，图片稍显模糊，衣服的细节不能很好地展示出来，因此这里可以适当使用锐化功能，提高清晰度。

第1步 打开要修改的照片后，按Ctrl+J组合键复制背景图层创建新图层，如图5-99所示。

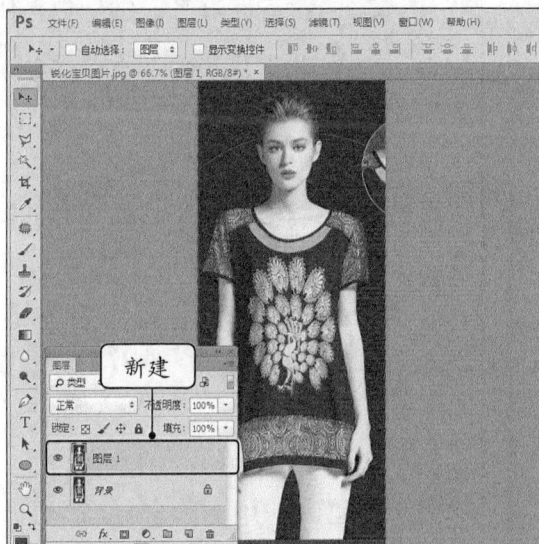

图5-99

第2步 按Ctrl+L组合键打开"色阶"对话框，❶在左侧的白阶输入框输入参数为13，❷满意后单击"确定"按钮，如图5-100所示。

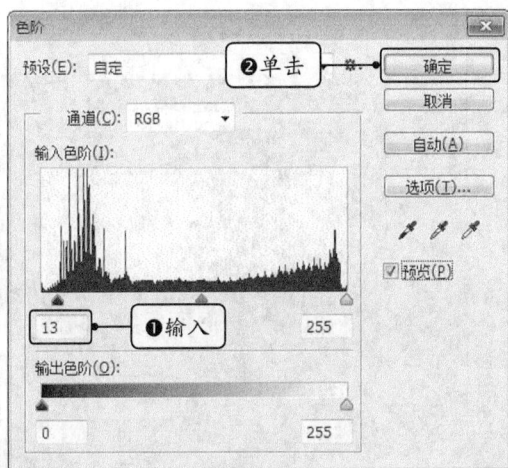

图5-100

第3步 按Ctrl+M组合键打开"曲线"对话框，❶设置预设为"中对比度"，❷满意后单击"确定"按钮，如图5-101所示。

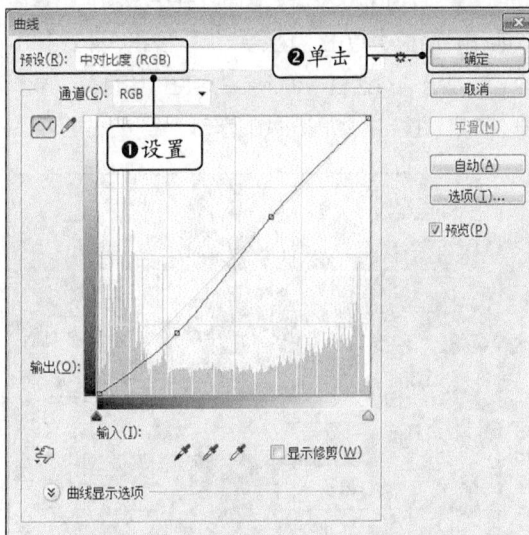

图5-101

第4步 设置完成后图像效果如图5-102所示。另存图像，将修改结果保存起来即可。

图5-102

5.4.9 轻松批量处理产品图片，省去逐个手工操作的麻烦

有时候需要对一批图片做同样的操作，比如将几十张产品图片同时缩小尺寸以便上传到网店中，或者为它们加上一样的水印以防盗版等。这样的

批量操作也可以通过Photoshop CC来完成，过程非常简单。下面就以批量为图片添加文字为例进行讲解。

第1步 在Photoshop CC中打开一张图片，❶在"动作"面板中单击"创建新组"按钮，❷在弹出的"新建组"对话框中输入新的组名"组1"，❸单击"确定"按钮，如图5-103所示。

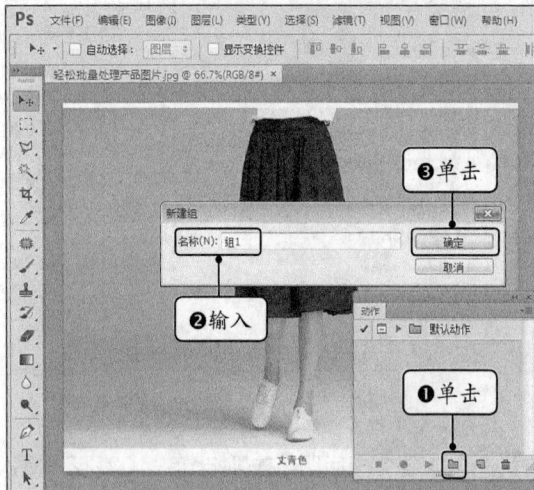

图5-103

第2步 ❶在"动作"面板中单击"创建新动作"按钮，❷在弹出的"新建动作"对话框中输入设置内容，❸单击"记录"按钮，如图5-104所示。

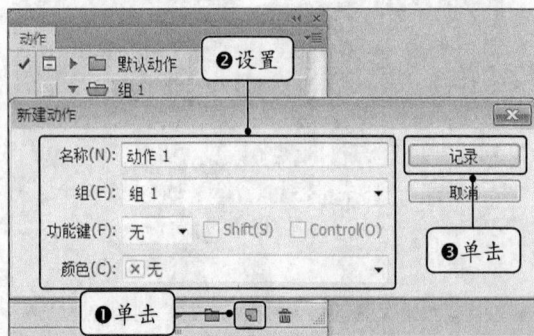

图5-104

第3步 新建文字内容并调整，打开"另存为"对话框，❶指定存储位置，❷设置"文件名"及"保存类型"，❸单击"保存"按钮，如图5-105所示。

第4步 ❹在"JPEG选项"对话框中单击"确定"按钮，如图5-106所示。

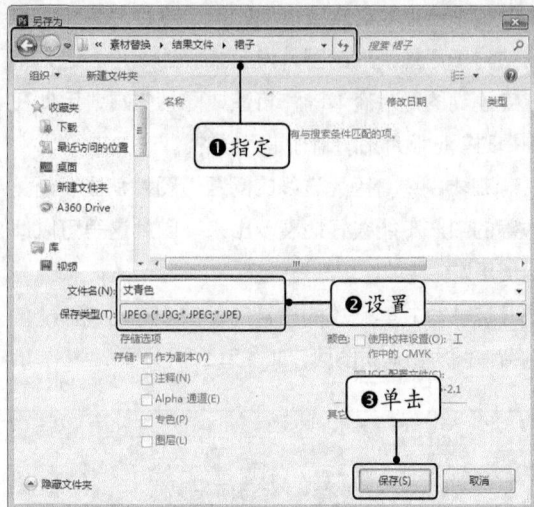

图5-105

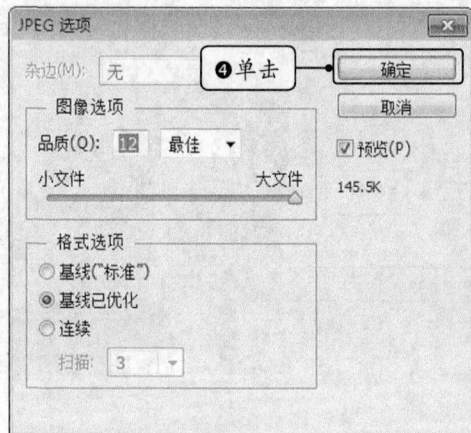

图5-106

第5步 设置完成后在"动作"面板单击"停止播放/记录"按钮，如图5-107所示。

图5-107

第6步 ❶选择"文件"菜单，❷单击"自动"命令，❸单击"批处理"子命令，如图5-108所示。

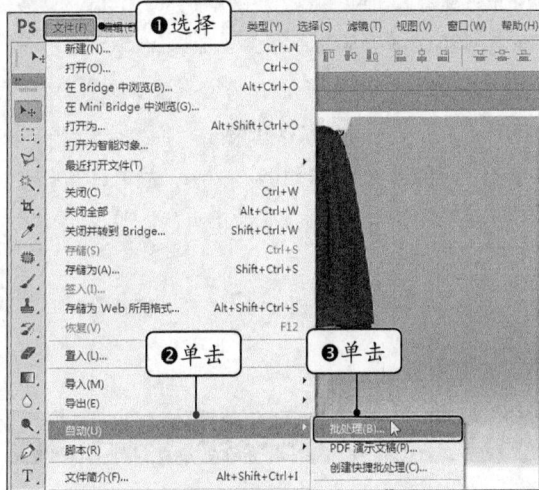

图5-108

第7步 ❶在弹出的"批处理"对话框中进行设置，❷设置完成后单击"确定"按钮，如图5-109所示。

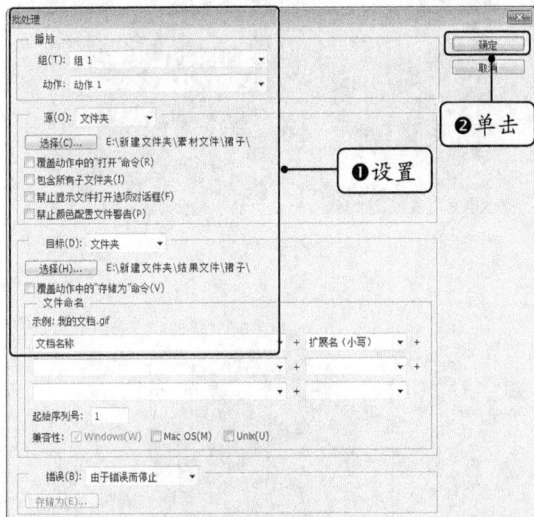

图5-109

5.4.10　调整图片的尺寸与容量

微店针对的是手机用户，因此微店里的照片也要照顾到手机的特点。要在手机上浏览的图片，其尺寸无需太大，因为手机屏幕通常在4~5.5英寸之间，若宝贝照片太大，也只能缩小到4~5.5英寸进行

显示，不如直接把图片的尺寸缩小到适合5.5英寸左右手机浏览（通常宽度为700像素左右），再上传到微店，这样的好处是缩短用户手机加载的时间，能比大尺寸的图片更快显示在用户手机上，这样用户体验就会变好。

专家提点 手机图片上的文字大小

当需要在手机图片上添加文字时，中文字体最好不小于30号字，英文和阿拉伯数字最好不小于20号字，不然字体太小，难以在手机上看清。

下面就来讲解如何把图片尺寸缩放到指定数字。

打开图片，❶单击工具栏中的"尺寸"按钮，❷设置宽度与高度，❸单击"确定"按钮，如图5-110所示。

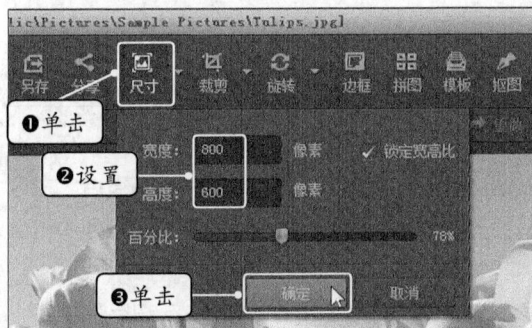

图5-110

另外，用户可以直接单击"尺寸"按钮右边的下拉菜单按钮，在下拉菜单中选择常用的尺寸，这样就可以较为快捷地调整图片了。

专家提点 关于宽高比

注意不要取消对"锁定宽高比"复选框的选择；否则可能会造成图像变形（除非有目的地制造图片变形的效果）。

调整了尺寸，但文件的容量（指文件在电脑中占用的存储空间的大小）可能还是会比较大，需要进一步缩小文件的容量。

在保存图片的时候就可以调整大小，操作方法如下。

单击"另存为"按钮，弹出"另存为"对话框后，❶单击"修改大小"按钮，❷拖动滑块调整图片文件的大小，❸最后单击"保存"按钮即可，如图5-111所示。

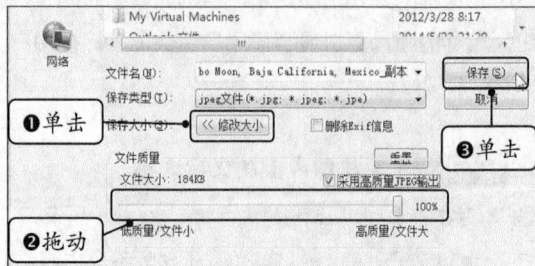

图5-111

5.5 秘技一点通

技巧1 ——如何使用自动数码相机拍摄宝贝的细节

自动数码相机是很多家庭的"标配"，在外出旅游时用于拍照留念，非常方便。很多微店店主可能也已经有了自动数码相机，不想再花额外的资金购买单反、单电相机。

在使用自动数码相机拍摄商品照片时，往往需要拍摄宝贝的细节，要在极近距离内进行拍摄，很多店主发现拍出来的照片是模糊的，不知怎么办才好。其实，市面上绝大多数相机都有"微距"拍摄模式，在打开该模式之后，近距离拍摄效果才好。

微距拍摄能够显示出肉眼难以观察到的细节，一张好的微距相片，能够给人以极为深刻的印象，图5-112所示为平时司空见惯的雨后绿叶，但用微距拍摄出来后，给人的感觉非常干净漂亮；图5-113所示为淘宝上出售的东北梅花鹿鹿茸切片，采用微距拍摄后，买家可以充分了解鹿茸的成色、结构等，更加有助于出售。

一般来说，数码相机的微距功能可以在1～10厘米范围内进行拍摄，这个数值当然是越小越好，因为越小说明拍摄距离越近，拍摄出来的细节也就越多。

图5-112

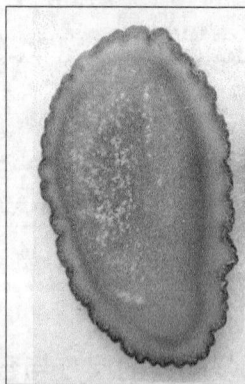

图5-113

在数码相机上通常都有一个"微距"按钮或选项，其图标是一朵花，如图5-114所示。当启动微距功能后，在数码相机的液晶屏上可以看到右下角相应的花朵标志（不同厂商生产的相机，花朵标志的位置可能会有所不同），表示正处于微距拍摄状态，如图5-115所示。

图5-114

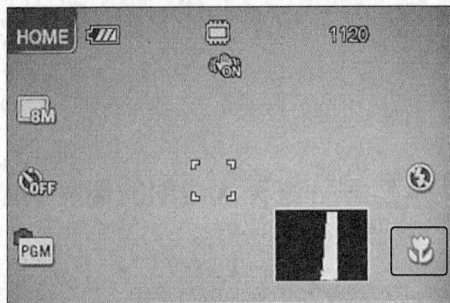

图5-115

技巧2 ——为手机外接镜头，扩展拍摄功能

用过单反相机的人都知道，单反相机的镜头是可以拆卸的，这样单反相机就可以通过更换不同的镜头，拍出更有吸引力的照片，比如广角、微距等。那么，有没有办法让手机也能更换镜头，拍出类似的照片来呢？答案是肯定的，如今专门为手机生产的外接镜头，可以让手机的拍摄功能更为强大。

手机的外接镜头分为4种类型，即广角、鱼眼、微距和长焦。

■ 广角镜头可以将更大范围的图像容纳到照片中，图5-116所示为普通手机拍摄效果，图5-117所示为加装了广角镜头的手机拍摄效果，可以看到在同样的位置拍摄，广角镜头下的照片能容纳更多的内容。广角镜头在模特外拍时比较有帮助，可

以让整个模特在更加深广的背景中展示服装，营造更有感染力的氛围；也能在为商品拍摄全家福时起到帮助作用，店主不必离开商品太远即可将其全部配件"一网打尽"。

图5-116

图5-117

■ 鱼眼镜头其实就是一种极端版的广角镜头，视角范围很大，一般可达到220°或230°，远超正常人类眼睛视角。利用鱼眼镜头拍摄出来的照片有强烈的变形，能够在视觉上给人以冲击感，如图5-118所示。在微店商品拍摄中，展示商品外形、特点及功能的照片，是不能用鱼眼镜头的，必须用正常镜头，但在拍摄一些商品使用场景时，可以利用鱼眼镜头制作出有趣的图片，如图5-119所示，在展示运动装备类商品时，可以利用鱼眼镜头拍摄，让整个画面具有冲击感，吸

引买家购买。

图5-118

图5-119

■ 利用微距功能可以为商品拍摄出精美的细节图。手机自带的微距功能一般是比较差的，加装上微距镜头后，拍摄商品细节就比较方便了。

■ 长焦镜头的作用就是将远处的景物"拉"到近处，其视觉效果与望远镜差不多。不过长焦镜头有一个缺点，即对抖动很敏感，稍有抖动就会拍出模糊的画面，因此手机要配备三脚架才能进行稳定的长焦拍摄。长焦镜头在商品拍摄中用得很少，因为即使是模特外拍，也用不着长焦镜头，只在一些很特殊的商品拍摄中可能用到，如滑翔伞、三角翼等飞行器具的使用场景中，可以利用长焦镜头来拍摄飞行器在空中的使用状况等。但如果真的需要拍摄飞行器，也不会使用手机，一般都会使用单反相机来操作。因此，长焦镜头在手机商品拍摄中的作用是不大的。

手机外接镜头安装都很简单，使用一个卡子夹住手机即可，如图5-120所示。

图5-120

专家提点 **关于外接镜头的价格**

手机外接镜头的价格并不贵，在京东商城，一套只包含广角、鱼眼和微距的三件套镜头价格在30～100元之间，包含长焦镜头的四件套价格在100～120元之间。这里建议店主们购买三件套即可。

技巧3 ——在无人帮助的情况下进行自拍

有不少店主为了节省模特费用，都是自己亲自上阵充当模特。在没有人帮忙拍摄的情况下，就必须使用相机延时拍摄功能进行自拍。不过相机自拍一般只有2秒和10秒两挡等待时间，使用时常常出现一个很麻烦的情况：2秒延迟时间不够，往往还没有摆好姿势，自拍就启动了；而10秒延迟又太长，姿势和表情都僵化了，自拍才启动，这两种情况都会让拍出来的照片效果不好。

其实，现在不少相机都支持红外遥控功能，只要购买一个红外遥控器，就能从容地进行自拍。红外遥控器可以控制相机的快门，店主在摆好姿势后，按下遥控器就能让相机进行拍照。

红外遥控器都比较便宜，一般价格在10元左右，图5-121所示为一款Sony专用的红外遥控器。

不过，有的相机没有红外遥控功能，但是可以连接快门线，这样可以购买另一种遥控器，接收端接在快门线上，发射端进行遥控，如图5-122所示。由于增加了接收端，所以这种遥控器要贵一些，大约在几十元到上百元范围。

图5-121

图5-122

如果使用手机自拍，则可以购买蓝牙拍照遥控器，一般都支持苹果系统和安卓系统，只需进行简单的配对后就能实现遥控拍照，如图5-123所示。注意：在使用手机自拍时，不要使用前置摄像头，因为前置摄像头的效果一般都是很差的。

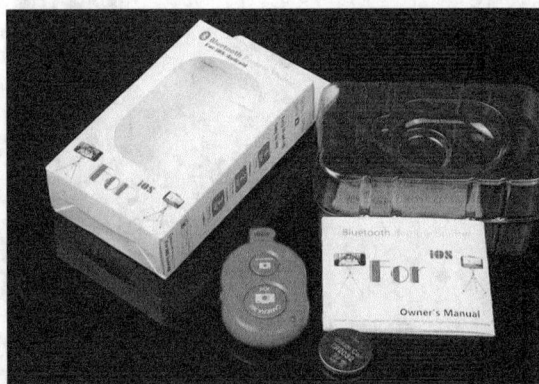

图5-123

专家提点 关于自拍杆

可能有一些店主想到可以用最近比较流行的自拍杆来进行自拍。其实自拍杆有很多局限性，首先自拍杆基本都是为手机设计的，大部分相机没法使用；其次自拍杆拍照容易因抖动造成成像模糊；自拍杆一般只能拍到上半身，对于全身自拍则无能为力。因此，最好还是使用三脚架配合自拍遥控器来进行自拍。

技巧4 ——拍摄宝贝之四避免

避免拍摄照片太暗

多数网店中的宝贝都是在室内拍摄，这种场景下容易出现因光线不足的问题，拍出的照片显得很暗，宝贝细节表现不出来。

一般来说，只要找到合适的光源，就可避免这个问题，但如果排除了光源的原因，拍摄出的照片还是太暗，就需要考虑以下几个因素了。

- 相机没有开启闪光灯。对于需要布光的环境，应当在开启相机闪光灯后再拍摄。
- 闪光灯是否被手指挡住。应当正确握住相机，不要让手指挡住闪光灯。
- 拍摄物位于闪光灯的有效范围之外。由于闪光不足而导致拍摄太暗，此时应当将拍摄物置于闪光灯有效范围之内。
- 拍照物太小且逆光。这种情况应当采用辅助闪光模式或使用定点测光模式。

避免拍摄照片偏色

很多卖家发现拍出的照片与实际宝贝的颜色存在一些偏差，常见如偏红或偏黄。而买家是通过图片来选择宝贝的，如果拿到手的宝贝和所看到的图片色彩相差过大，肯定会感到不满意，轻则要求退换宝贝，重则直接给个差评。因此，保证照片与实物颜色一致是很重要的。

照片偏色主要是由于白平衡没有调节好造成的。目前多数数码相机都提供了自动白平衡功能，能够根据当前环境来自动对相机的白平衡调整。但自动白平衡功能并不一定适合所有拍摄环境，因而如果拍摄出的照片依旧偏色，就需要对白平衡进行手工调整。

调整相机白平衡时可以先准备一张白纸，或者纯白色的物体，然后将相机镜头对准物体，通过显示屏来对比显示出的色调，并逐渐调整相机白平衡，使得显示屏中显示的色调为纯白色为止。

调整好后，可以先拍摄白色物体，看看最终拍摄效果是否还存在偏差。如果存在，继续调整直至色差几乎不可分辨为止。

避免拍摄照片太亮

卖家在拍摄照片后发现宝贝图片太亮，甚至有曝光过度的现象出现。

照片亮度太高多由于曝光过度导致，此时可以调整自然光线，或关闭闪光灯，或不将闪光灯直射拍摄物体。

另外，还有一个原因就是拍摄物体反光度较强。对于这类宝贝，宜尽量采用柔和的光源，或放在柔光箱内拍摄，而不宜使用闪光灯。

避免照片上出现噪点

拍摄照片后，发现宝贝图片中出现密密麻麻的污点，严重影响宝贝的清晰度和美观性。这种情况多数出现在夜景的拍摄中，是由于相机感光度设置太高造成的，也称为噪点。图5-124所示为有噪点的夜景，特别是天空上面，噪点很多，图5-125所示为放大的天空部分，可以很清楚地看到很多麻点，也就是噪点。

感光度调整得越高，画面的质量就会越粗糙，而感光度的数值越低，画面的质量就会越细腻。但是感光度高意味着对光的敏感度高，所以在弱光拍摄的时候，常常要选择高感光度，此时如果相机本身的降噪系统不好，就会造成噪点的情况。

图5-124

图5-125

要避免这样的情况发生，需要手动将感光度调得稍低一些。然后用相对较长的曝光时间来补偿光线的进入。这样，拍出来的照片就会有层次，也就会更加细腻了。

技巧55 ——巧用Word把图片背景设置为透明

有时候需要将两张照片重叠在一起进行展示，上面那张图片的空白部分（通常是背景）会把下面的图遮住，看上去是一个正方形，很不美观，如图5-126所示。

图5-126

其实，可以把上方图片的空白部分设置为透明，这样下面的图片就可以很自然地透过显示出来，效果如图5-127所示。

134

图5-127

要把图片的背景设置为透明，在Photoshop中可以办到。但Photoshop启动和运行都很慢，这种小型操作可以不必劳动它的"大驾"，可以使用常用的Word 2010软件来实现。

第1步 ❶双击要设置透明背景的图片，❷单击"颜色"按钮，❸选择"设置透明色"命令，如图5-128所示。

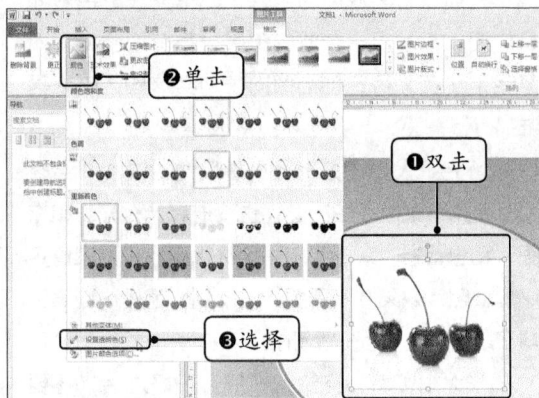

图5-128

第2步 此时光标变成一支笔的形状，❹用笔单击背景，即可将背景变为透明，如图5-129所示。

第3步 用截屏软件（如SnagIt）将图片截取下来

并保存即可，也可以直接按下键盘上的PrintScreen键，将整个屏幕保存到剪贴板中，再在Word中执行粘贴操作，将整个屏幕的图像粘贴到Word文件中，并在图片上单击鼠标右键，在弹出的快捷菜单中选择"另存为图片"命令，将图片保存起来。

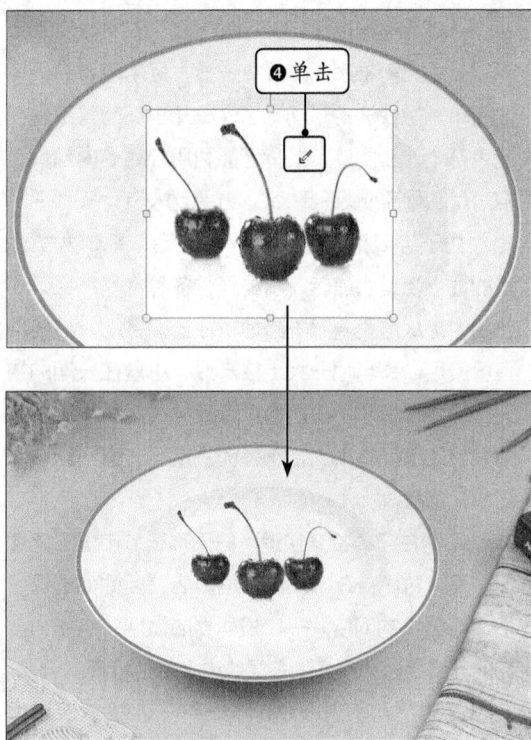

图5-129

什么格式的图片才能将背景设置为透明

专家提点

并非所有格式的图片都可以将背景设置为透明色。常见的格式中，只有PNG和GIF这两种格式的图片才可以设置透明色，而某些GIF格式的图片设置透明色后，图像质量会下降，因此PNG格式的图片是最适合设置透明色的。

换掉生硬照片，小店销量变好

小伙子詹玉德是连云港一家快递公司的工作人员，每天骑着摩托车接货送货，经手的快递日均达百单。做快递的时间久了，小詹也琢磨是不是自己也开个什么网店，发货还能利用公司的内部价，相对其他网店的快递费来说，还是比较有竞争力的。

由于连云港是东海水晶的产地，平时发货最多的地方就是水晶店、水晶厂，各种水晶饰品、工艺品，都从这里源源不断地发往全国各地，价格便宜量又足，是当地一大支柱产业。小詹在长期的快递工作中认识了不少水晶厂老板，关系也不错，低价拿货应该问题不大，于是他决定开一家网店，专卖水晶饰品。

小詹由于要接送快递，白天都在城市里不停穿梭，没有时间坐在电脑前打理网店，因此他选择了更适合手机的网店——口袋购物的微店，来作为自己的开店平台，这样就方便他边上班边打理网店。

开店之初小詹很是忙了一阵子：找货源、为水晶拍照、上传、写描述……很快他的微店就上新了40多个宝贝，看上去也有模有样了，于是小詹利用业余时间四处推广，把微店的地址散播了出去。

小詹认为，自己微店里的水晶饰品是比较有竞争力的，因为他的快递费用很优惠，这种优惠以包邮的形式打入宝贝的价格，就让宝贝比其他店的同类饰品便宜几元钱。相同的质量下，买家肯定选择便宜的，哪怕便宜几元钱，也是不小的诱惑。正是基于这个考虑，小詹对自己的微店充满信心。

推广了一段时间之后，确实也陆陆续续有了一些生意。不过相比起其他店来，却差了不少。小詹仔细研究了一下，发现访客不少，但是购买的不多，用网店术语来讲就是"转化率"不高。

是什么原因造成转化率不高呢？小詹感到很迷茫：明明自己店里的宝贝价格上有优势的么，要说小店信誉不够，可是其他水晶首饰店也有新开张的，销量比起自己的店来，貌似也没差了多少。

百思不得其解之下，小詹专门拜访了他在发送快递时认识的一位张大姐，以解疑惑。张大姐有自己的水晶批发门市，也在天猫上开了几年店，销量也很不错，是个资深的网店店主。

张大姐用手机访问了小詹的微店后，又与其他微店做了比较，然后胸有成竹地分析说："我看了几家微店，再和你的微店一比较，我发现你们的货品都大同小异，价格上你还略有优势，唯一的区别是，你的货品照片看上去都显得很业余，完全没有照出水晶的质地感，没有体现出水晶的'灵气'，你看看其他店的照片，无论光线、色彩还是构图，都呈现出专业的美感，很有说服力，如果我是买家，肯定也会倾向于购买这些店的水晶饰品。"

听完张大姐的分析，小詹后悔地说："当时我就是用手机随便拍的照，也没讲究什么光线和构图，我想着吧，只要我店里价格优惠，东西就肯定好卖，照片效果并不重要。没想到，就是这些照片坏了事，我这就回去重新拍！"

张大姐笑着补充说："照片照好之后，还要用Photoshop处理过，去掉瑕疵，添加水印什么的，你多去其他店看看，就知道该怎么做了。"

小詹回家自己做了个简易的摄影棚，然后借了朋友的单反相机，把宝贝全部重新拍了一次，再用Photoshop处理好，替换了原来的照片。

过了没多久，小店的销售量就逐渐上升，两个半月以后，就达到了水晶饰品类店铺的平均销售水平。小詹把这次的经历记录在了微店的"店长笔记"中，很快收获了数百个"赞"，笔记还被其他店主和访客转发，进一步为小詹的微店做了宣传。

第 6 章

微店虽小装修不可少

🔍 **本章导言**

　　微店的装修要比淘宝店的装修简单很多，因此店主可以省下更多时间用于微店的维护与推广等方面。但这并不是说微店的装修可以应付了事，对于微店装修的风格、色调、店名及店标等，都要精心选择与设计，才能让买家感觉到店主对经营的用心，从侧面为店铺加分。

🔍 **学习要点**

- 做好装修前的准备工作，包括收集装修素材、设计店标店招等
- 掌握店标与店招、店铺公告、封面的设置方法
- 掌握修改商品列表样式的方法
- 掌握为店铺首页添加新模块的方法
- 掌握应用装修更改的方法

6.1 做好装修前的准备工作

　　要做好微店的装修，需要店主从自己的经营类型出发，选择适当的装修风格与色调，再收集相应的素材、为店铺起名、设计店招等，这些都是装修前的准备工作。

6.1.1 根据经营类型定位装修风格

　　店铺风格的选择关系到店铺经营的走向，关系到买家对店铺的第一印象，是一个很重要的装修因素。

　　店铺装修风格要和销售的商品类型相匹配。举几个简单的例子，比如经营电子数码的产品，属于科技类，其销售对象大多数是成年男性，有理性、有逻辑，因此网店装修应该以蓝、黑为主，体现出店铺的科技感与时尚潮流感，才能吸引目标顾客购买，如图6-1所示。

　　又比如母婴用品网店，面向的对象都是初为人母的年轻女性，对于充满婴儿照片、粉红粉蓝等温馨色调的装修完全没有免疫力，一旦进入这样的店铺，其消费欲望就会高涨起来，如图6-2所示。

图6-1

　　下面给出一些常见的根据商品类别确定装修风格的经验。

- **数码类**：蓝色、黑色主打，体现科技感、酷炫感和潮流感。

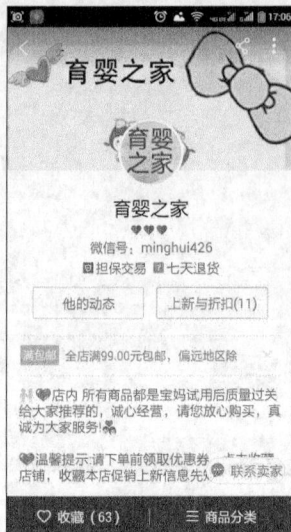

图6-2

- 服装类：服装类商品的风格不好一言以蔽之，因为服装类还可以进行多级细分。例如，按年龄分，可分为童装、青少年装、成年人装、中老年装；按性别分，可分为男装和女装；按层次分，可分为外衣、里衣、内衣；按价格分，又有高中低几档……一个店主的商品很可能同时具备几种分类属性，要根据具体的销售对象来规划装修。比如经营青年女性休闲外衣的网店，可使用活泼明快的色调，经营中老年男装，应使用庄重肃穆的装修，也可迎合中老年人喜欢喜庆的心理，使用红色背景、大灯笼等来装修店面。总之，要根据商品的销售对象来调整装修策略。

- 母婴类：多用浅色，凸显温馨、亲情的感觉。

- 护肤品类：多用浅色、亮色、纯色，给人一种鲜亮、光洁、水润，充满青春活力的感觉。

- 食品类：食品类也和服装类的情况相似，因为种类繁多，不能一概而论。如海产类，可用浅蓝色、白色做基调，体现海洋感；而火锅底料、干锅炒料等产品，可以用大红色为基调，体现出麻辣感等。总之，要根据具体的产品特点进行设计。

- 家装类：家装类也有几个风格可考虑，如粉色系的温馨风格、蓝白系的明朗风格、深红色的复古风格等。

实际上商品类别还有很多，这里不可能——罗列其风格，因此仅选取几种典型类别来进行说明，希望对读者能有启发作用。

6.1.2　为装修收集素材

装修用到的封面图片、背景图片、店标等，都要使用到大量的素材进行组合创新，因此，必须在装修前就收集好各种素材。

在百度搜索引擎中搜索"素材"，可以在搜索结果中看到很多素材网站，如图6-3所示。

图6-3

打开其中一个网站，即可看到很多素材图片，卖家可以下载来使用，如图6-4所示。

图6-4

除了使用百度来搜索素材，还可以在百度图片搜索引擎上直接搜索图片。打开百度网站首页，在搜索栏下方单击"图片"，然后输入搜索关键词，即可看到搜索结果，如图6-5所示。

由于搜索结果是缩略图，因此对于喜欢的图片，可以单击一下，在新的页面显示图片的"真身"，然后在图片上单击鼠标右键，在弹出的快捷菜单中单击"图片另存为"命令，将图片保存到电脑中，如图6-6所示。

图6-5

图6-6

如果卖家确定需要哪方面的素材，不妨以具体的素材类型名称来搜索。比如说，需要网店的背景图片，不妨搜索"壁纸"，在结果页面不仅可以选择壁纸风格，还可以选择尺寸，如图6-7所示。

图6-7

6.1.3 为微店设置好听好记的名称

微店的名称和实体店名称一样，非常重要。一个好的店铺名称，不仅要传达出店铺的主营商品内容，还应该具有一种吸引力，能够让人记住且信任，从而招徕更多的买家。从这个角度来看，取名可以说是一项非常重要的微店装修和包装，太直白了不行，太抽象了也不行，最好有一定境界又容易理解。大家在为微店取名时可以参照以下方法。

- 借名生辉法。所谓"借名生辉"就是借助人名和地名来给自己的网店命名，如老舍网上茶铺。地方特产结合地名进行命名比较普遍，如峨眉山保健品店、蓉城麻辣原料坊等。

- 借典脱俗法。诗词歌赋以及典故中蕴含着很高的文学价值和文化境界，借用它们作为店名，能够有效提高网店内涵，如"云想衣裳"服装店，出自李白的名诗"云想衣裳花想容，春风拂槛露华浓。"熟悉古诗的人一看就会觉得有意境，而对于不熟悉古诗的人来说，也不会觉得这个店名有什么不妥的地方。

- 考虑商品特色。网店名称富有特色往往能够收到非常好的效果。特色可以从商品本身特色和商品对应的消费人群特色两个角度来考虑，如"月半"服装店，"月"和"半"组成一个"胖"字，所以"月半"服装店就是专卖胖人衣服的店，当买家了解了店名的来历后，会对店名产生非常深刻的印象。

- 投其所好。所谓"投其所好"就是结合消费者的审美心理特点，以流行或深受人民喜爱的事物来给网店命名，如怀旧心理、时尚心理、"洋气"心理、求吉心理、猎奇心理等，如"老唱片"二手交易店、"一路顺"户外用品店等。

- 巧用数字。有时候用数字命名也是一个非常不错的选择。一般来说，成功地以数字命名的微店都有易于识别、给人印象深刻的特点，如"520"巧克力店，"520"的谐音是"我爱你"，这就能给买家以较为深刻的印象。

设置了好听又好记的店铺名称后，可以按照第3章讲解的方法，用新的名称替代旧的名称。

6.1.4 为微店设计有特色的店标与店招

一个好的店标设计，除了给人传达明确信息外，还在方寸之间表现出深刻的精神内涵和艺术感染力，让买家觉得有意思、有趣，给买家留下深刻的印象。要做到这一点，在设计店标时需要遵循一定的设计原则和要求。

■ 选择合适的店标图片的素材。店标图片的素材通常可以从网上或者素材光盘上进行收集，通过搜索网站输入关键字，可以很快找到很多相关的图片素材。也可以登录设计资源网站，找到更多精美、专业的图片。选择图片素材时要选择尺寸大一些的、清晰度好的、没有版权问题的，并适合自己店铺的图片素材。

■ 突出店铺的独特性质。店标是用来表达店铺独特性质的，要让买家认清店铺的独特品质、风格和情感，要特别注意避免与其他网站的Logo雷同。因此，店标在设计上需要讲究个性化，让店标与众不同、别出心裁。图6-8所示为一些个性的店标设计作品。

图6-8

■ 要让自己的店标过目不忘。设计一个好的店标要从颜色、图案、字体、动画等几方面着手。在符合店铺类型的基础上，使用醒目的颜色、独特的图案、精心的字体以及强烈的动画效果，都可以给人留下深刻的印象。

■ 统一性。店标的外观和基本色调要根据页面的整体版面设计来确定，而且要考虑到在其他印刷、制作过程中进行放缩等处理时的效果变化，以便能在各种媒体上保持相对稳定。

下面就以图6-8中的"尚品"店标为例，讲解使用Photoshop设计店标的方法。

第1步 启动Photoshop，❶选择"文件"菜单，❷单击"新建"命令，如图6-9所示。

第2步 ❸将"宽度"设置为300，"高度"设置为300，❹单击"确定"按钮，新建一个空白文档，如图6-10所示。

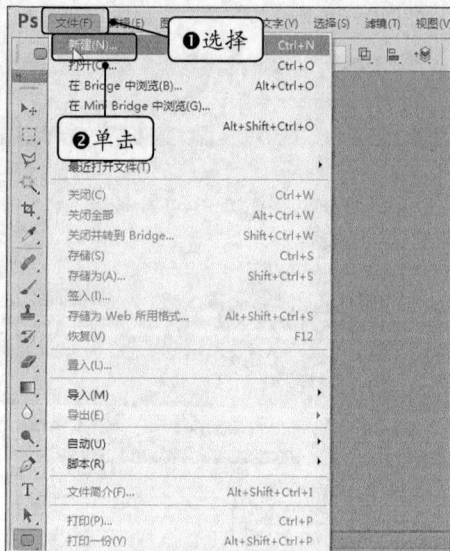

图6-9

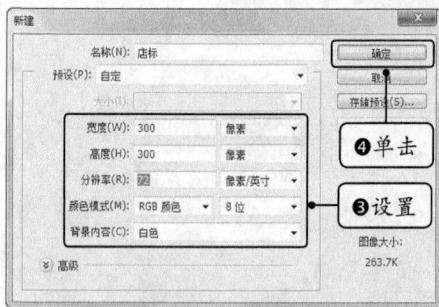

图6-10

第3步 在图层面板中单击"新建图层"按钮新建一个空白图层，❶在工具箱中选择"圆角矩形工具"，❷在工具属性栏的下拉列表框中选择"路径"选项，❸在图像区域按住Shift键拖动鼠标绘制一个圆角矩形，❹单击"选区"按钮，如图6-11所示。

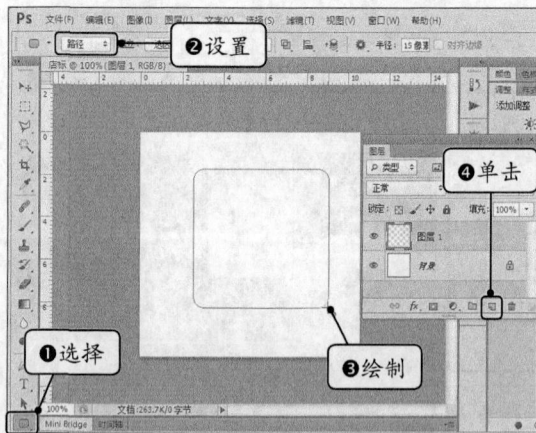

图6-11

第4步 打开"建立选区"对话框，❺直接单击"确定"按钮，将路径转换为选区，如图6-12所示。

图6-12

第5步 ❶在工具箱中选择"渐变填充工具"，❷在工具属性栏中单击"渐变编辑器"按钮，如图6-13所示。

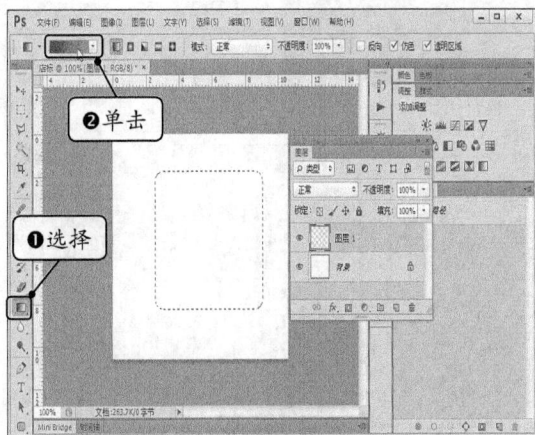

图6-13

第6步 打开"渐变编辑器"对话框，❸双击左下角色标，如图6-14所示。

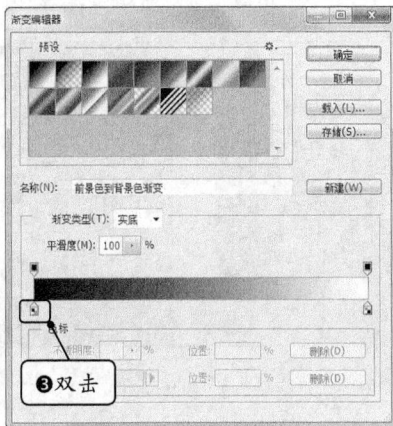

图6-14

第7步 打开"拾色器"对话框，❶在其中设置颜色，❷完成后单击"确定"按钮，如图6-15所示。

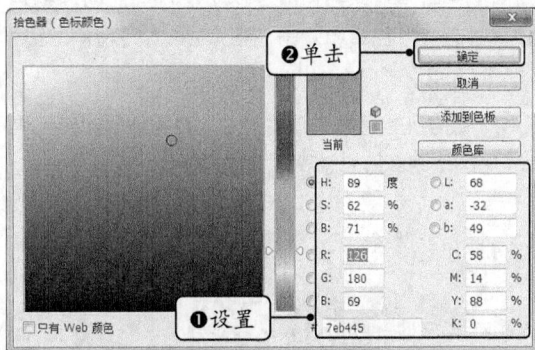

图6-15

第8步 返回"渐变编辑器"对话框，双击右下侧的色标，再次打开"拾色器"对话框，❸在其中设置颜色，❹完成后单击"确定"按钮，如图6-16所示。

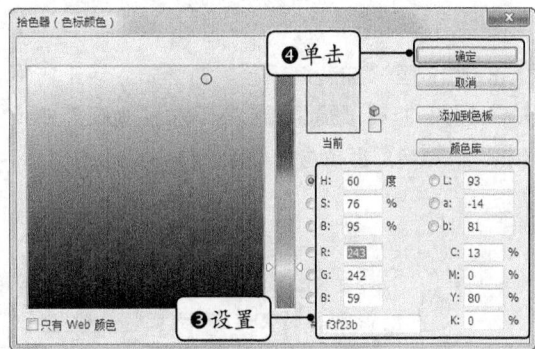

图6-16

第9步 返回"渐变编辑器"对话框并单击"确定"按钮将其关闭。

第10步 在图像窗口中拖动鼠标，从下向上渐变填充选区，如图6-17所示。

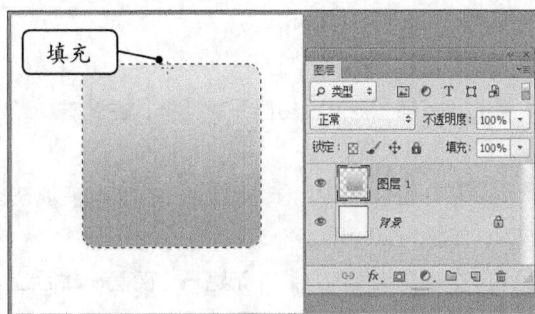

图6-17

第11步 按照前面讲解过的方法，在"图层"面板中单击"新建图层"按钮新建一个图层，在工具属性栏中单击"渐变编辑器"按钮，打开"渐变编辑器"对话框，在其中双击左下角色标，打开"拾色器"对话框。

第12步 ❶在拾色器中设置颜色，❷完成后单击"确定"按钮，如图6-18所示。

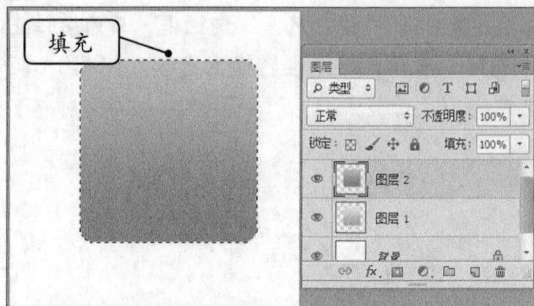

图6-20

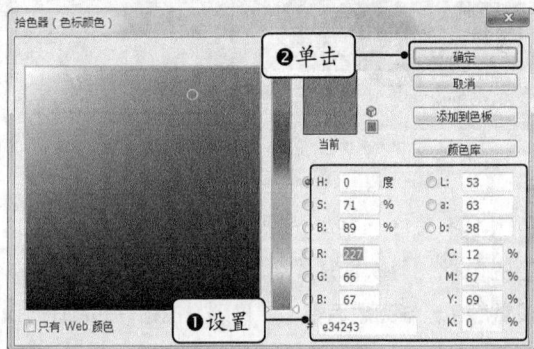

图6-18

第13步 返回"渐变编辑器"对话框，双击右下侧的色标，打开"拾色器"对话框，❶在其中设置颜色，❷完成后单击"确定"按钮，如图6-19所示。

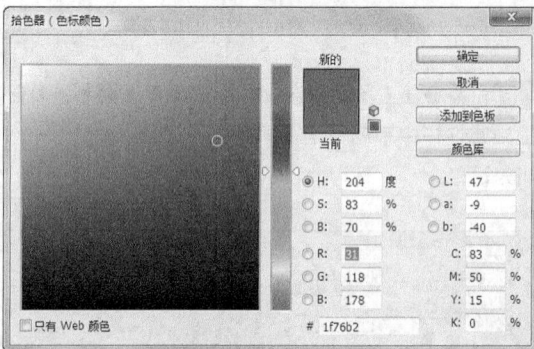

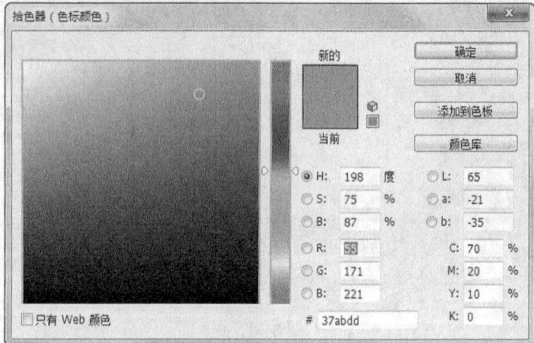

图6-21

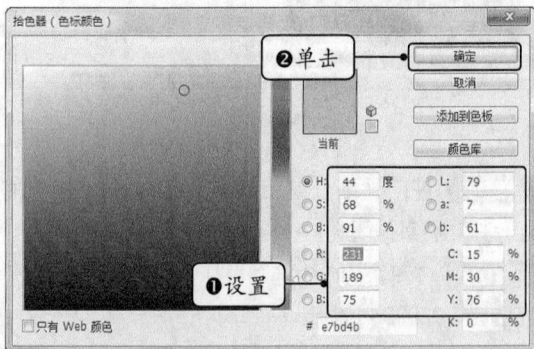

图6-19

第17步 拖动鼠标从下向上渐变填充选区，按Ctrl+D组合键取消选区，其效果如图6-22所示。

第14步 返回"渐变编辑器"对话框，并单击"确定"按钮将其关闭。

第15步 在图像窗口中拖动鼠标从下向上渐变填充选区，如图6-20所示。

第16步 使用相同的方法，新建一个图层，然后分别设置渐变色，如图6-21所示。

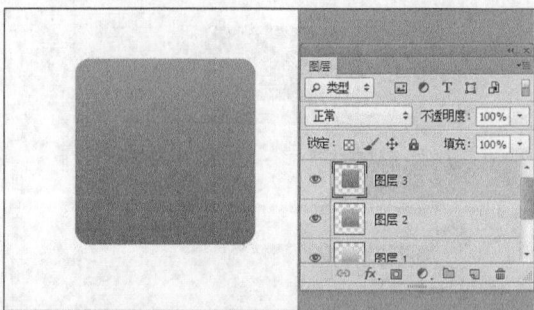

图6-22

第18步 ❶选择"图层"菜单，❷在打开的菜单中选择"图层样式"命令，❸在子菜单中选择"描边"子命令，如图6-23所示。

按钮，如图6-26所示。

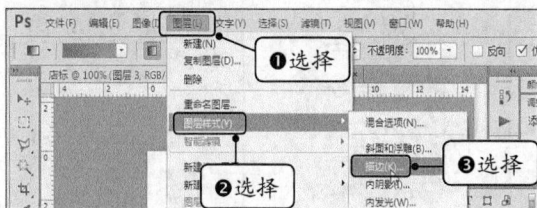

图6-23

第19步 打开"图层样式"对话框的"描边"选项卡，单击"颜色"色块。

第20步 ❶在打开的"拾色器"对话框中设置颜色，❷单击"确定"按钮，如图6-24所示。

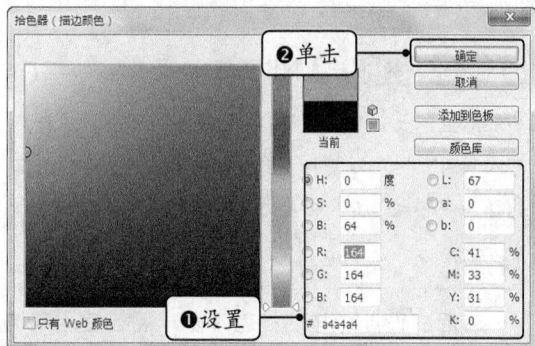

图6-24

第21步 返回"图层样式"对话框，❶设置"大小"值为1，如图6-25所示。

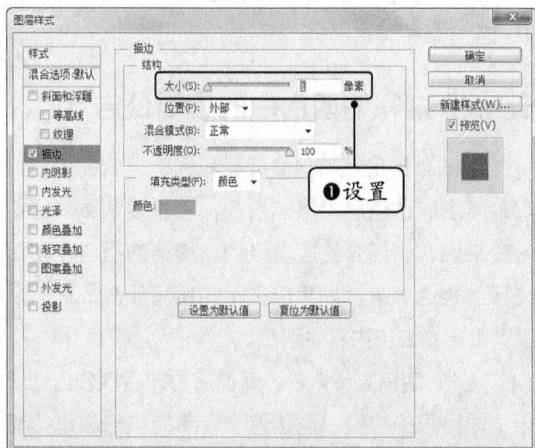

图6-25

第22步 ❷单击"斜面和浮雕"选项，❸设置"大小"为2像素，"软化"为16像素，❹单击"确定"

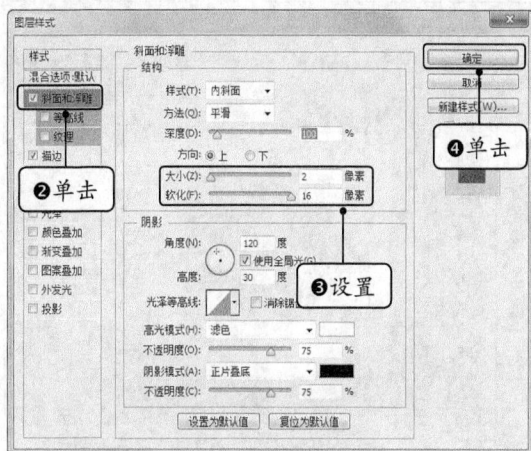

图6-26

第23步 将鼠标移动到图层面板中的图层样式图标上，按住Alt键的同时向下拖动图层样式到图层2上，如图6-27所示。

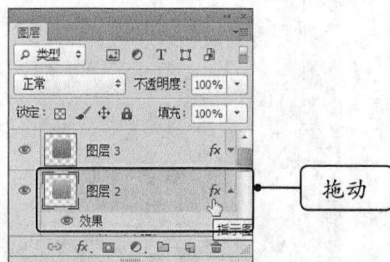

图6-27

第24步 使用相同的方法为图层1添加相同的图层样式，效果如图6-28所示。

图6-28

第25步 选择图层1，按Ctrl+T组合键进入自由变换状态，在工具属性栏中设置"角度"为40，效果如图6-29所示。

第26步 按Enter键确认变换，选择图层2，按Ctrl+T组合键进入自由变换状态，在工具属性栏中设置"角度"为20，效果如图6-30所示。

图6-29

图6-30

第27步 按Enter键确认变换。在工具箱中选择文字工具，在工具属性栏中单击"切换字符和段落面板"按钮，打开"字符"面板。

第28步 ❶在字符面板设置字体为"方正准圆简体"，字号为72点，颜色为白色，如图6-31所示。

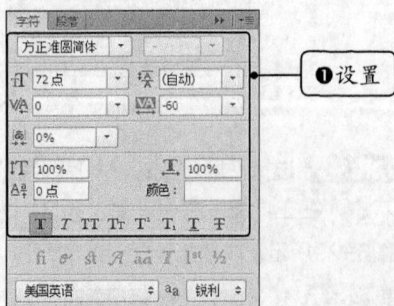

图6-31

第29步 在图像区域单击鼠标，❷输入"尚品"文本，然后移动到合适位置，效果如图6-32所示。

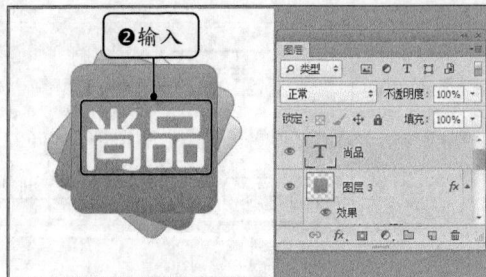

图6-32

第30步 选择"文件"菜单，在打开的下拉菜单中选择"存储为"命令，打开"另存为"对话框，在其中设置图像文件的保存位置，单击"保存"按钮即可。

高手支招 在线制作店标▶▶

如果店主不太会制作店标，或者没有时间制作店标，可以到网上的在线店标制作网站去做一个店标，只需选择一个模板，输入必要文字信息即可生成店标，非常方便。

店招的设计也与店标差不多，需要使用简洁鲜明的图片来传达店主的意图。微店的店招可以有两种比例：一种是宽高比2：1；另一种是宽高比8：5。后者能容纳更多的信息。店招的宽度像素最好设置到1024左右，这样能让绝大多数手机都看得清楚。

6.1.5 撰写明明白白的店铺公告

店铺公告虽然不是必须撰写的，但店铺公告其实是展示店铺信息的重点所在，还是要认真对待。一般来说，店铺公告应以亲切、简洁的语言，将店铺特色表达出来，如果店主不知道写什么，可以从以下常见的公告内容中选择。

（1）店铺宣传广告。在微店中，店铺公告处于一个很显眼的位置，利用这个宝贵的广告位进行宣传推广，无疑会给店铺带来人气，如图6-33所示。

（2）店家温馨提示。以贴心温暖的语言，给买家关怀备至的感觉，会很快赢得买家的心，并且为店铺营造一种温馨的氛围，如图6-34所示。

图6-33

图6-34

（3）店铺优惠活动。店主可以将店铺近期的商品优惠活动显示在公告中，以吸引更多的买家购买，如图6-35所示。

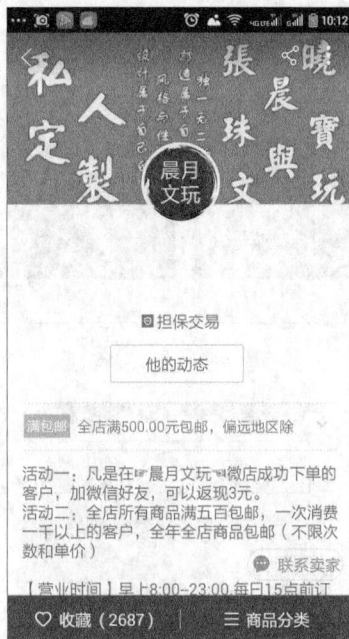

图6-35

高手支招 店铺公告不要一成不变 ▶▶▶

店铺公告最好隔一段时间更新一下内容，让老顾客有一种新鲜感，也让他们感到店主在用心经营。不过，公告中有一部分是不必经常更新的，如营业时间、包邮规则、售后微信号与电话号码等。

6.2 店铺装修实战

微店APP为店主们提供了装修功能，可以让店主们上传自己的店标、店招、封面等图片，还能对一些元素的排列进行简单的调整，让店铺界面变得更加独特，更加具有辨识度，能够在买家心中留下深刻的印象。

6.2.1 上传店标图片/店长头像图片

店主刚开通微店时，其默认店标是一个"店"字，如图6-36所示。要让自己的小店与众不同，显然要将这个默认的店标更换为自己亲手制作的店标。

在手机微店APP中更换店标的方法如下。

第1步 打开微店APP后，❶单击店标，如图6-37所示。

第2步 进入"微店管理"界面，❷单击微店默认店标，如图6-38所示。

图6-36

图6-37

图6-38

第3步 ❶单击"微店"默认店标，如图6-39所示。

图6-39

第4步 ❷单击要上传的店标（请事先将店标图片复制到手机内存中），如图6-40所示。

图6-40

第5步 ❶用两根手指按住图像，使之扩大或缩小，将需要的部分留在框里；❷设置完毕后单击"完成"按钮，如图6-41所示。

❷单击

❶扩大或缩小

图6-41

返回上一界面，可以看到网店图标已经更换成功了，如图6-42所示。

微店信息

店铺LOGO

店铺名称 龙卷风Twister帐号联…

店长头像

店长昵称 未填写

店长标签 未填写

微信号 NewsUSA

微信二维码 未上传

店长名片

图6-42

店长头像的上传方法也是一样的，这里就不再赘述了。需要提醒大家的是，店长头像最好使用真人头像，这样会比较容易获得买家的信任。

6.2.2 调整店标与店名的位置关系

在微店APP中，可以对店标与店名的位置进行调整，一共有三种位置关系，店主可以选择自己喜欢的一种来应用到自己的小店中。

第1步 进入"微店管理"界面，❶单击"店铺装修"按钮，如图6-43所示。

微店管理

龙卷风Twister帐…

❤

◇ 店铺装修 微信收款

店铺公告 运费设置

❶单击

在微信中点亮微店• 未开通

加入QQ购物号

身份认证

资质认证•

预览 二维码 复制链接 分享

图6-43

第2步 进入"选择模板"界面后，❷单击"我的"选项卡；❸单击默认模板右边的"编辑"按钮，如图6-44所示。

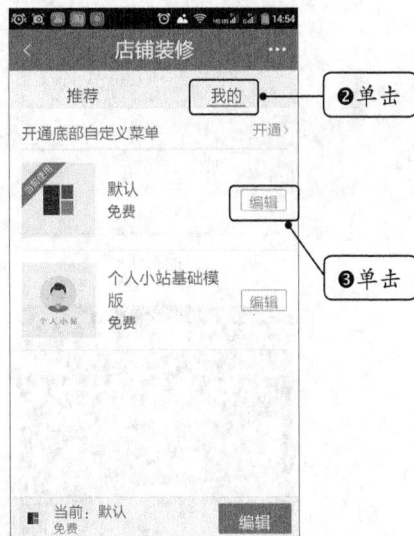

店铺装修 ···

推荐 我的 ❷单击

开通底部自定义菜单 开通›

默认 免费 编辑

❸单击

个人小站基础模版 免费 编辑

当前：默认 免费 编辑

图6-44

第3步 进入"自定义装修"界面，❶单击"店铺动态"下的"编辑"按钮，如图6-45所示。

第4步 ❷选择一个位置关系，❸单击"完成"按钮，如图6-46所示。

返回上一界面后，可以看到店标与店名的位置关系已经改变了，如图6-47所示。

图6-45

图6-46

图6-47

专家提点 关于选择位置关系

在选择三种位置关系时，要单击位置关系图片左右两边的箭头来进行切换，由于印刷精度的原因，可能在书上的图中看不清左右箭头，但是在手机上操作时是能看到的。

6.2.3 上传店铺招牌图片

微店店主刚注册开店时，其默认的招牌是一张简单的蓝天、白云、黄土地、红房子的图片，不具备任何宣传功能。为了让小店更加具有特色，也为了让买家看见自己在用心经营，店主应该将此默认图片替换为能够宣传自己小店，给人留下深刻印象的图片。

如果店主已经使用Photoshop等软件设计出了招牌图片，或者找到了现成的图片，可以事先将之复制到手机上，然后按照下面的方法来上传到店铺中。

第1步 进入"自定义装修"界面，❶单击店招图片上的"编辑"按钮，如图6-48所示。

图6-48

第2步 ❷选择店招比例，❸单击"更换店招图片"按钮，如图6-49所示。

第3步 ❶单击要上传的店招图片，如图6-50所示。

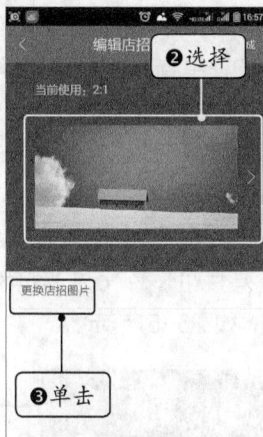

图6-49

返回上一个界面后，即可看到店招已经更换成功，如图6-52所示。

图6-52

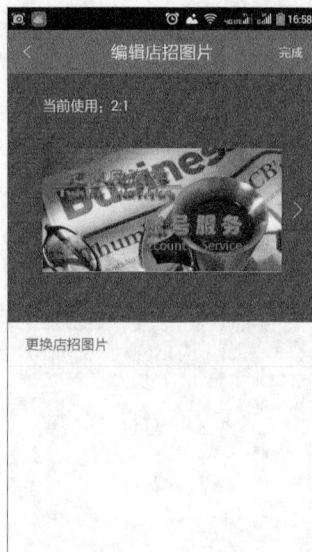

图6-50

6.2.4　上传店铺公告

撰写好店铺公告之后，还要将之上传到服务器，才能起到对外宣传的作用。上传店铺公告的方法很简单。

第1步 在"微店管理"界面，❶单击"店铺公告"按钮，如图6-53所示。

第4步 ❷使用方框设置图片中需要显示的部分（也可进行扩大操作，选取图片中的一部分来进行显示）；❸设置完毕后单击"完成"按钮，如图6-51所示。

图6-51

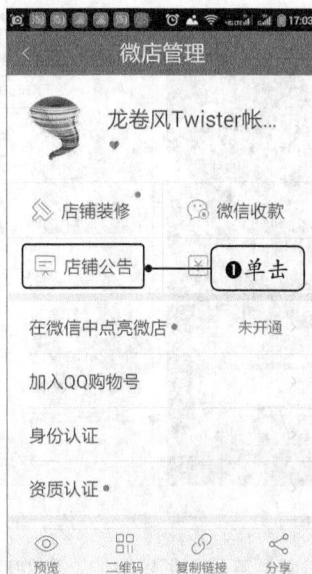

图6-53

149

第2步 ❷输入公告；❸单击"完成"按钮即可，如图6-54所示。

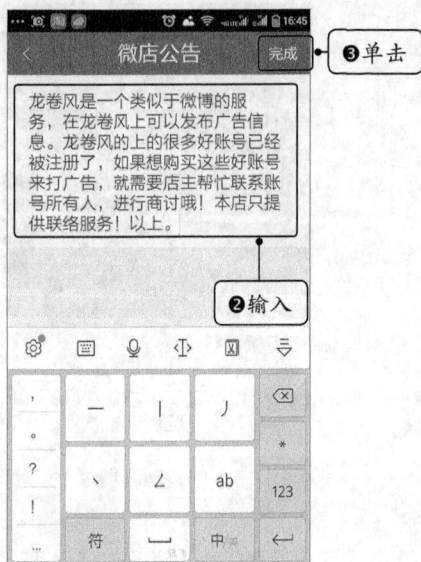

图6-54

6.2.5 设置店铺封面

店铺封面就是在访问店铺首页之前显示的一个页面，该页面上可以使用自定义的背景图进行宣传，还能显示最多达八个分类，如图6-55所示，单击分类按钮可以直接进入店铺内的相应分类，浏览该分类下的商品，如图6-56所示。

图6-55

图6-56

店铺封面并不是必须设置的。有的店主觉得不用封面，让买家直接进入店铺比较好，有的店主则

认为店铺封面也是一个重要的宣传渠道，应该使用封面。对封面的使用与否，在此并没有一个确定的结论，店主们可以根据自己的需要决定是否使用。

下面就以使用自定义图片作为封面，并选择不同商品分类格式的操作为例进行讲解。

第1步 进入"自定义装修"界面，❶单击界面右上角上的省略号按钮 ⋯⋯；❷在弹出的菜单中单击"封面"选项，如图6-57所示。

图6-57

第2步 ❸单击需要的封面，如图6-58所示。

图6-58

第3步 ❶单击"更改背景图"按钮，如图6-59

所示。

图6-59

第4步 这里可以选择微店内置的背景图，也可以
上传手机中的背景图，❷单击"上传图片"按钮，
如图6-60所示。

图6-60

第5步 ❶单击要上传的店招图片，如图6-61
所示。

第6步 ❷移动或放大、缩小图片，设置需要显
示的部分；❸设置完毕后单击"完成"按钮，如图
6-62所示。

第7步 返回上一界面查看效果，❹单击"完成"
按钮，如图6-63所示。

图6-61

图6-62

图6-63

封面可以设置两种分类，一种是单列分类，最多只能显示四个分类；另一种是双列分类，最多可以显示八个分类。当然也可以选择没有分类的封面，店主可自行决定。

6.2.6 编辑商品列表样式

微店APP为店铺提供了三种商品列表方式：两列式（如图6-64所示）、大图样式（如图6-65所示）、详细列表（如图6-66所示），其中两列式是默认的列表样式。店主可根据需要选择相应的样式。

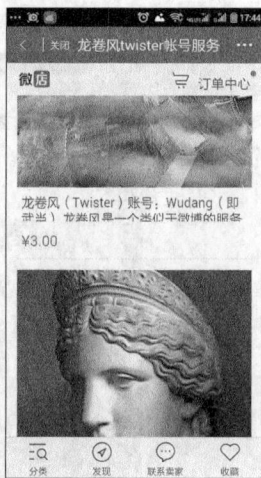

图6-64   图6-65

图6-66

选择商品列表样式的方法如下。

第1步 进入"自定义装修"界面并将画面拖曳到最下方，❶单击商品列表下方的"编辑"按钮，如图6-67所示。

图6-67

第2步 ❷选择需要的样式；❸单击"完成"按钮，如图6-68所示。

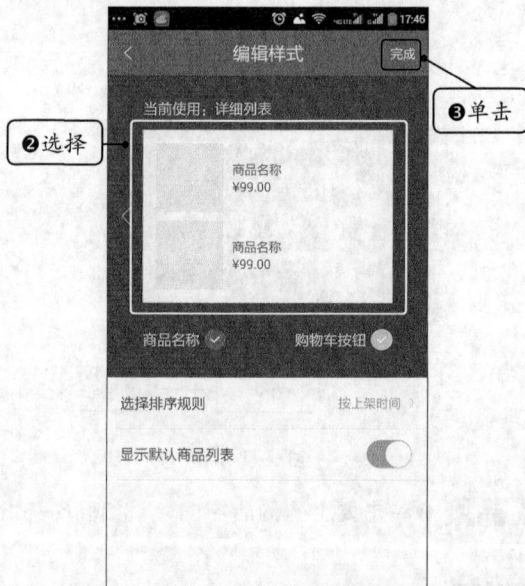

图6-68

在这个界面里还可以选择是否显示默认商品列表、是否显示购物车按钮等，店主可以根据实际需要来微调。

6.2.7　为店铺首页添加新模块

在微店APP的装修界面中，还可以为小店添加其他的模块，包括：店铺形象模块、导航模块、广告模块、推荐商品模块与店长笔记模块。下面就以为店铺添加广告模块为例进行讲解。

第1步　进入"自定义装修"界面，❶单击店名一栏的"插入"按钮，如图6-69所示。

图6-69

第2步　❷选择要插入的模块，这里单击"广告"模块；❸选择"广告"模块，这里单击"大图广告"格式，如图6-70所示。

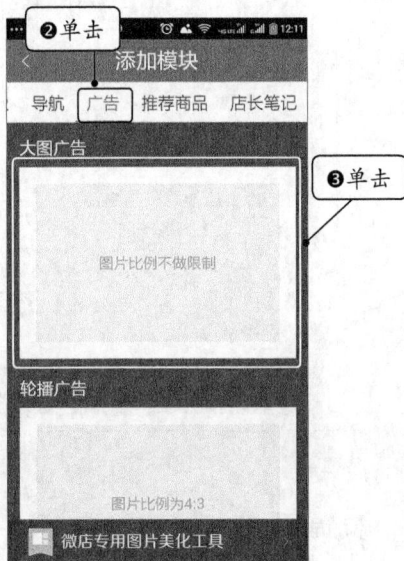

图6-70

第3步　❶单击"广告1"中间的加号，如图6-71所示。

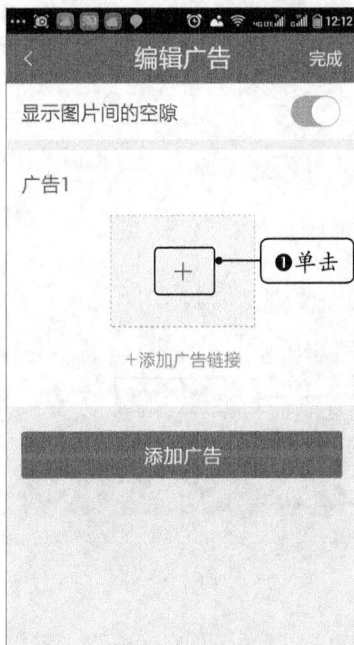

图6-71

第4步　❷单击要插入的广告图片，如图6-72所示。

图6-72

第5步　返回上一界面，❶单击"＋添加广告链接"文字，如图6-73所示。

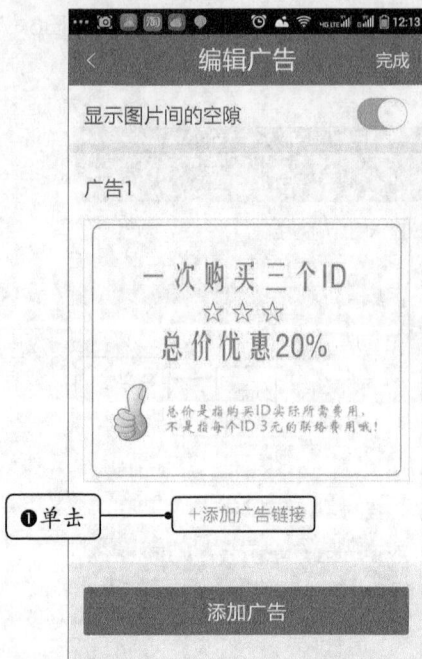

图6-73

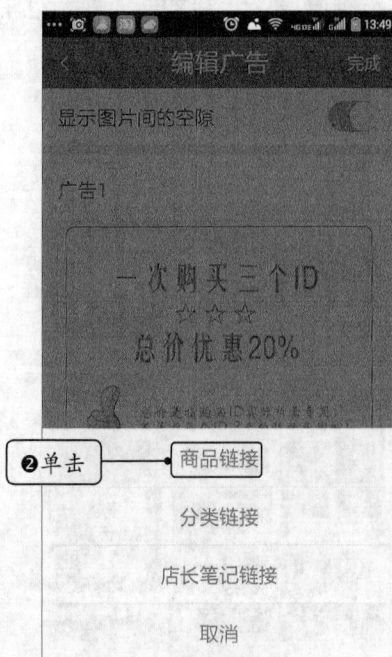

图6-75

第6步 ❷选择要插入的链接类型，这里单击"商品链接"文字，如图6-74所示。

第8步 返回上一个界面（如果要添加第二个广告，可单击"添加广告"按钮，重复第3～7步），❷单击"完成"按钮，如图6-76所示。

图6-74

图6-76

第7步 ❶单击要添加进广告的商品，如图6-75所示。

添加成功后，可看到店铺首页多了一个广告，如图6-77所示。

图6-77

❶单击 ── 应用到店铺

图6-78

应用成功　完成

恭喜你，店铺样式应用成功

分享店铺，获得更多流量 ❷单击

朋友圈　微信好友　QQ空间　QQ好友

新浪微博　其他

预览　复制链接　继续装修

图6-79

高手支招　店招下不要添加太多模块 ▶▶

一般来说，店招下最多添加一个模块即可，如添加太多模块，买家要滑动页面好几次才能看到商品列表，一些性急的买家可能直接就关闭页面不浏览了，这样不利于销售。也可以在商品列表之后添加模块，这样对浏览的影响较小，但该模块又不容易被买家看到，这就要看店主如何取舍了。在商品列表之后添加模块，具体做法是在装修界面向下滑动到底，在商品模块右下角可以看到"插入"按钮，单击该按钮即可插入其他模块。

6.2.8　应用装修更改

在进行了装修之后，需要应用装修更改，才能使装修生效。应用装修更改的方法如下。

第1步 ❶单击装修界面最下方的"应用到店铺"按钮，如图6-78所示。

第2步 ❷单击"完成"按钮，如图6-79所示。

如果对装修效果不满意，不想应用，直接按手机的"返回"键，或单击装修页面左上方的"返回"按钮 ❮ ，返回上一级界面，此时会弹出对话框询问用户是否应用本次修改，单击"不应用"按钮即可。

高手支招　购买收费模板让店铺更有特色 ▶▶

上面讲解的是微店默认的店铺模板，也是绝大多数店主使用的模板。微店官方同时也提供了收费模板，如果想让自己的小店与众不同，可以考虑购买收费模板。购买方法很简单，在微店APP的"选择模板"

界面，单击要购买的模板，按照提示进行付费购买即可。目前微店只提供了"黑金奢华"和"春日"两个模板，价格均为18元，终身使用。估计在以后微店还会提供更多的模板供用户购买。

6.2.9 设置免费模板、收费模板、装修素材与底部菜单

微店平台为店主们提供了两种免费的模板：一种是默认模板；另一种是个人小站基础模板，如图6-80所示。其中默认模板大家应该已经很熟悉了，而个人小站基础模板实际上就是在默认模板上增了店长作品与笔记两个展示窗口，如图6-81所示。店主可以根据自己的需要进行选择。

图6-82

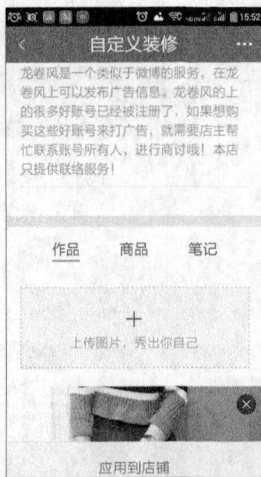

图6-80   图6-81

另外，微店平台还提供收费模板与收费的装修素材。在"店铺装修"页面单击"推荐"选项卡，即可看到相应的模板与素材，如图6-82所示。单击相应的模板或素材即可看到详细介绍，并可以按照价格进行购买，如图6-83所示。

收费模板比起免费模板来，自然是精美多了，价格也不贵，十几元到二十几元一套，不想自己装修的店主不妨试试。收费的装修素材可以用在任意模板中，如临近新年可以使用新年素材包，临近"双11"可以使用"双11"素材包等。使用素材包不会改变网店的装修结构，而模板则是从结构到素材都进行了彻底的改变。

另外，微店平台还提供了底部自定义菜单的收费服务。微店默认的底部菜单是统一的，不过店主也可以付费开通底部自定义菜单，只需在收费模板页面上单击"开通底部自定义菜单"按钮，如图6-84所示，即可看到相关的说明与购买渠道，如图6-85所示。比如服装微店可以在底部菜单中添加各种服装分类，如图6-86所示，这样方便买家直接进入相应分类进行浏览。当然，底部菜单还有更多的用法，店主们可以自行发掘。

图6-83   图6-84

图6-85

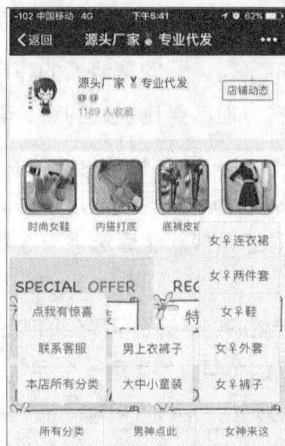

图6-86

6.3 秘技一点通

技巧1 ——装修微店时去哪下载无版权的免费图片素材

网店的图片素材通常可以从网站上直接找到。在百度中输入关键字"素材"并查找，可以找到很多相关的图片素材，也可以去设计资源网站，找到更多的精美、专业的图片。但这些国内的素材下载网站通常存在两个问题：一是素材素质良莠不齐，不少素材达不到精度要求；二是绝大部分素材都没有版权描述，这样会让用户不知道是否可以免费使用这些素材，贸然使用这些素材会不会给自己带来巨大的经济损失。

有鉴于此，笔者在网上大海捞针，找出几个素材站。这些素材站明确声明该站素材没有版权，任何人都可以使用，应用于个人用途还是商业用途皆可。而且这些素材站的素材都非常精美，用来装修网店，其视觉效果不是一般的好。

- Pixabay网站。该网站是一间超高质量无版权限制的图片储藏室。不论是数字还是印刷格式，是个人还是商业用途，都可以免费使用它的任何图像，并且无原作者署名要求。
- Gratisography网站。该网站是一个私人创办的素材站，里面的图片不仅没有版权，而且每周都会更新，内容多为时尚流行类的照片，适合用在平面设计项目上。
- Picjumbo网站。该网站提供免费的，供个人和商业使用的无版权图像和照片，质量很不错，非常适合用在界面设计或其他项目上。
- Lifeofpix网站。该网站提供免费高清图像素材，无版权限制，不过图片多为欧洲景观，有一定的局限性。
- Publicdomainarchive网站。该网站目前有5万余张高清图片可供下载，适合用在创意类的项目上，同样是没有版权限制。

技巧2 ——无美术基础的店主如何设计让人印象深刻的店标

店标涉及访客对本店的认知度。好的店标应该能给访客留下强烈的印象，达到"过目不忘"的程度就成功了。店标是网店的无形资产，好看又好记的店标能使这笔资产增值。

网店的店主们大多数都没有学习过美术方面的知识，对于如何设计好看好记的店标可能没有什么把握。其实，只要掌握几个小诀窍，就算是没有美术基础也能设计出不错的店标。

要让店标和店招被人轻易记住，设计思路是关键。总的来说有3个技巧要记住。

1. 要敢于创新

创作少不了借鉴，欣赏他人的作品是为了激发自己的灵感，但不要让别人的设计禁锢了自己的创造。那么，怎么样才能做到敢于创新、敢于不同呢？很简单，那就是打破常规，想人所不能想。努力尝试不同的风格，然后选择一个尽可能适合作品。

一个很典型的例子就是苹果公司的Logo，它是一个咬了一口的苹果。如果用一个完整的苹果来做Logo，相信很难给人深刻的印象，而咬了一口的苹果，呈现出一种"缺陷"，反倒是让人一见难忘。

另一个典型的例子就是有关"食物体验"写作的Logo，如图6-87所示，该Logo使用黑白两色，巧妙地将钢笔和勺子组合在一起，令人一看就知道是有关食物和写作的。

图6-87

对于没有美术基础的店主而言，反而倒是没有什么条条框框在脑袋中束缚着自己，可以大胆发挥想象力，创造出符合自己店铺风格的店标。

2. 遵循K.I.S.S.原则

所谓K.I.S.S.，就是"Keep It Simple, Stupid"，意即让作品足够简单，够傻瓜，这样它的辨识度才高，才能让人一眼看出Logo是哪家的。

一个典型的例子就是耐克公司的Logo，很简单的一个勾，可是全世界的人都认识它。

而百事可乐的商标也相当简单，是一个由红蓝白三色组成的圆球。这个圆球的色彩和造型都让人印象深刻，一见难忘。

这里并不是说复杂的图形就不好，而是说对于没有美术基础的店主而言，选取简单的图形来作为店标，比创作一个复杂店标的效果要好得多，而且也容易得多。因为复杂的图形牵涉大小、方向、比例、焦点等方面的因素，没有美术基础的人难以掌

握，强行创作很可能会弄巧成拙。

3. 简单的色彩更适合新手

店主们都是设计新手，对于色彩学可能完全没有概念，更谈不上在店标设计中用上对比、互补等色彩原理了。其实，从苹果、"食物体验"写作和耐克的Logo中可以看出，即使只使用黑白二色甚至单色，也能创作出效果很好的作品。所以建议店主们在色彩方面藏拙，不要设计多色彩图形店标，可以从简单的单色图形方面入手进行设计。

> **专家提点** 注意微店店标的形状
>
> 微店的店标就是微店头像，其形状已经被微店APP设置了一个圆形的外框，因此在设计微店店标的时候，需要注意只能把店标设计为圆形或类圆形的图案，如苹果或百事的商品，像耐克商标那样的形状，放在圆形中则显得太小，不能起到店标的作用。

技巧3 ——利用"排版君"轻松搞定微店店标、店标与广告等图片内容

细心的店主可能注意到了，在为店铺添加新模块时，在界面下方有个"微店专用图片美化工具"按钮，如图6-88所示，单击该按钮即可进入"排版君"界面，在该界面最上面有简单的介绍："免费的网店图片排版工具"，如图6-89所示。

图6-88

图6-89

"排版君"实际上是一个模板集成工具，通过内置的各种模板，用户可以通过简单地修改图片与文字，就能生成漂亮的图片，可以用于商品详情、二维码海报、店铺Logo、店铺招牌以及轮播广告。下面就以生成店铺Logo为例进行讲解。

第1步 进入"排版君"界面，❶单击"店铺Logo"按钮，如图6-90所示。

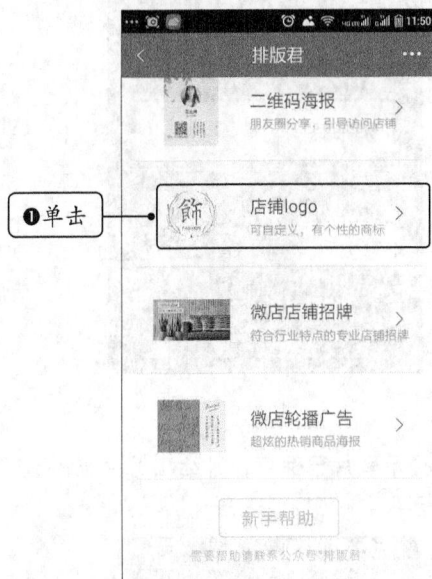

图6-90

第2步 进入"筛选模板"界面后，❷单击喜欢的模板，如图6-91所示。

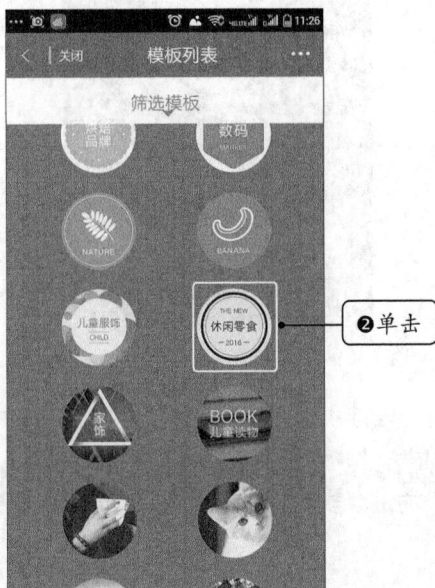

图6-91

第3步 ❶修改原有的文字为自己店铺Logo文字，❷单击第一行文字上的"编辑样式"按钮，如图6-92所示。

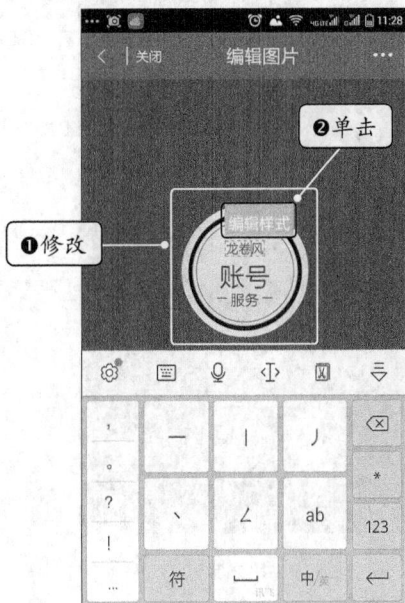

图6-92

第4步 ❸设置文字的颜色、大小以及是否加粗、加下划线或倾斜；❹设置完毕后单击"完成"按钮，如图6-93所示。

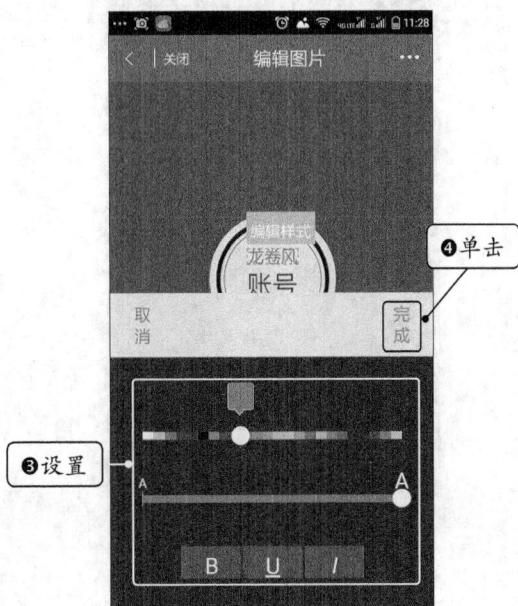

图6-93

第5步 ❶单击"去保存"按钮，如图6-94所示。

图6-94

第6步 ❷根据提示长按图标不放，如图6-95所示。

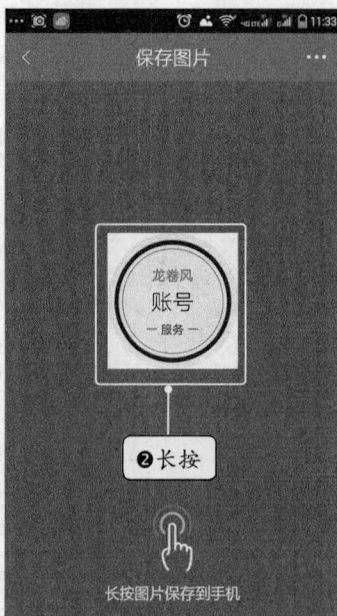

图6-95

第7步 ❸单击"保存到手机"按钮，如图6-96所示。

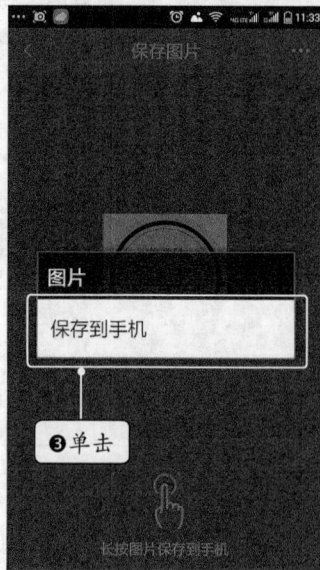

图6-96

第8步 提示图片已保存，并给出保存位置，如图6-97所示。

图6-97

　　保存到手机后，即可通过前面讲解过的方法上传到微店中，作为店标使用了。其他广告、轮播图片等的制作方法也与此相差不大，店主们可以自行研究。

平面设计师利用配色提升微店转化率

"转化率"是衡量微店能否吸引访客购买的一个指标。简单来说，如果今天有100个访客访问了自己的微店，其中有45人购买了商品，那么也就是说有45%的访客"转化"为了购买者，因此该网店今天的转化率就是45%。如果写成公式，即

交易量=访客量×转化率

其中，交易量是按人头计算的，不是按商品交易数计算的。也就是说，某位访客无论是购买了一件商品还是多件商品，都只算1的交易量。

从公式中可以看出，访客量和转化率这两个数字越高，生意就越好。访客量的提高主要来源于宣传得力，而转化率的提高又是怎样实现的呢？

实际上，转化率涉及很多方面的因素，如文案、风格、装修等。其中店铺装修是一个很重要的方面。访客感觉店铺装修有档次、有趣味，看着舒服，潜意识中就被店主给"说服"了，消费的可能性就比较高。而微店的店铺装修花样不多，主要还是以专业的配色来提升微店的格调，依次吸引买家的关注。

刘先生是广州某公司的平面设计师。一个偶然的机会，刘先生认识了一位做服装生意的朋友，听说可以拿到优质的服装货源后，刘先生萌生了开一家微店经营男士正装的想法。

刘先生很快就把微店申请开张了。出于职业敏感，刘先生发现微店上大多数卖家的配色都很一般，优秀的不多，于是刘先生精心为自己的小店设计了色调，并反复配色，花了近一周时间来试验，最后选定了蓝色系进行装修。

微店开张后，受到了访客的一致好评，回头客也相当多，短短3个月时间，回头客就占到了购买量的53%，而新访客的转化率也高于平均水平。

刘先生在店长笔记上秀出了自己的成绩后，众多新手店主表示非常钦佩。大家看了刘先生的网店后，纷纷认为装修得很有特色，很有水平。当大家得知刘先生是平面设计师出身后，都恍然大悟，连说刘先生的网店看上去总觉得大气、协调，又能给人以鲜明的印象，怪不得转化率这么高。

新手店主们七嘴八舌地要求刘先生透露一些使用色彩的秘诀，刘先生在狠狠地享受了一番恭维后，结合自己多年的平面设计经验，撰文总结了9点心得。

（1）女性更多喜欢蓝色、紫色和绿色。

35%的女性表示蓝色是她们最喜欢的颜色，其次是紫色（23%）和绿色（14%）。而女性受访者所不喜欢的颜色前3位则是橙色（33%）、棕色（33%）和灰色（17%）。

绝大多数人会认为女性所喜爱的颜色会是粉色，但现实却不是，仅有一小部分的女性会将粉色选做自己最喜欢的颜色。所以，建议大家在吸引女性的颜色上，选择一些粉色以外的颜色，如蓝色、紫色和绿色，或许这能提高女性对自己网站的访问率，从而提高转化率。

（2）男性对蓝色、绿色和黑色更感兴趣。

若销售目标是男性顾客，那网站一定不能规划成紫色、橙色和棕色。相反，选择蓝色、绿色和黑色更为贴切些。因为蓝色、绿色和黑色是传统意义上的男性色彩。

（3）蓝色有助于培养用户的信任感。

蓝色是一种代表着信任、和平、有序和忠诚的颜色。蓝色让人头脑冷静并带给人平静的感觉。经常被描述为和平、宁静、可靠和有序的代名词。像世界上最大的社交媒体网络Facebook使用的就是蓝色。

尽管蓝色是一种挑不出问题的颜色，但它一般不会被用到与食品相关的事物上。理论认为，蓝色是一种与毒素相关的颜色，会克制食欲。如果你是做食物销售行业的话，网站上就不要出现蓝色。

（4）黄色有警告的意思。

黄色能够刺激大脑的兴奋中心，但活泼的感觉可能只是一种情绪高亢的状态，并不是纯粹的快乐。因此，黄色有可能会让用户产生一些焦躁的情绪，从而促使访问者产生号召进行点击的感觉，在这个颜色的使用上一定要控制好使用量；否则会引起不必要的焦躁。

（5）绿色是环保和户外产品的理想颜色。

绿色是户外的颜色，代表着环保、自然和环境。绿

色实质上是自然本身的颜色象征。如果网站专注于与自然、环境、有机或是与户外有关的产品或信息时，绿色就是首选颜色。

（6）橙色是一种可引起匆忙或冲动感觉的颜色。

橙色能激发人们参与体育锻炼、进行比赛的欲望，并能使人变得更有信心的颜色。亚马逊在他们的限时优惠板块使用了橙色。这种颜色给人一种急迫的感觉，这种感觉使信息更加引人注意，并更具可操作性。另外，橙色象征着亲密无间，因为它是一种明亮且温暖的颜色。

（7）黑色给人一种奢华和有价值的感觉。

一般来说，色调越暗，奢华感越强。黑色可被视作是奢华的颜色。黑色若使用得当，可以传递出有魅力、成熟、排他的感觉。如果网站上出售的是高附加值的奢侈消费品的话，黑色或许是个不错的选择。

（8）使用明亮的原色进行行动号召。

在严格的环境测试中，能够号召行动的转化率最高的颜色是明亮的原色和二次色，包括红色、绿色、橙色、黄色。黑色、深灰色、棕色或是紫色等深色的转化率很低，而明亮色的转化率却很高。

（9）不要忽略了白色。

大量使用白色空间是一种很强大的设计方式。白色容易被人忘记，因为它的主要用途是作为背景色。现如今大多数设计良好的网站都大量使用白色空间，为的就是创造一种自由、空灵及透气的感觉。

第3部分

推广篇

新开的微店如何才能广为人知，客源不断？这是一个很多店主都思考过，并为之头痛的问题。其实，微店本身有很多营销工具可以利用，如优惠券、限时折扣等；互联网上还有微信、QQ、微博等平台可供宣传，只要掌握了恰当的方法，无论是新手还是老手，都可以快速将自己的店铺推广开来。本书"推广篇"就专门介绍微店的各种推广方法，方便店主迅速掌握并学以致用。

手机微店
赚钱不难

第 **7** 章

微店营销"内功"与"外功"

🔍 本章导言

营销是促进店铺交易量的手段。微店虽然小，但做好了营销工作，也能够极大地刺激销量。微店官方为店主们提供了若干营销工具，包括满就减、优惠券、限时折扣以及满包邮等，店主们充分利用这些工具，可以让小店的生意变得更好。此外，店主们还可以自行在互联网上进行营销，招徕更多客户。

🔍 学习要点

- 掌握满就减、优惠券、限时折扣等微店平台内置的营销功能
- 掌握设置店铺友情链接的方法
- 了解互联网营销的本质
- 掌握事件营销、口碑营销、饥饿营销等常见的营销手段的使用方法

7.1 利用微店平台进行营销

在前面的章节里已经简单介绍过，微店APP的营销模块中带了一些常用的营销功能，如满就减、店铺优惠券、限时折扣等。充分利用这些功能，可以为小店吸引买家，提高销量。

7.1.1 做满就减活动

满就减活动是微店APP营销模块的第一个功能。店主可以用该功能设置当买家购买商品总金额到达一定数量时（如55元），则自动减免一定金额（如5元）作为优惠。

第1步 在微店APP第二页单击"营销"模块，进入"营销推广"页面，❶单击"满减"按钮，进入"满减优惠"页面，如图7-1所示。

第2步 ❷单击"创建"按钮，如图7-2所示。

第3步 ❶设置活动名称、开始与结束时间，并设置第一级满减金额，❷单击"添加下一级"按钮，如图7-3所示。

图7-1

第4步 ❸设置多级减免，❹单击"完成"按钮，如图7-4所示。

返回上一页后，可以看到新创建的满就减活动，如图7-5所示。在微店首页，也可以看到相应的提示内容，如图7-6所示。

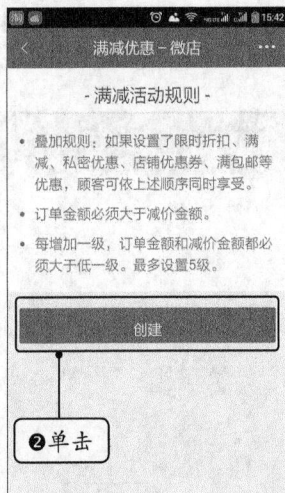

图7-2

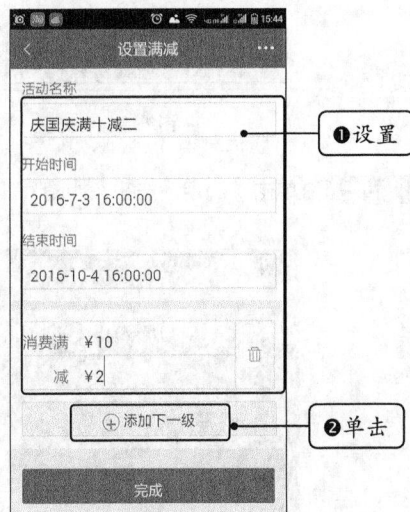

图7-3

图7-4

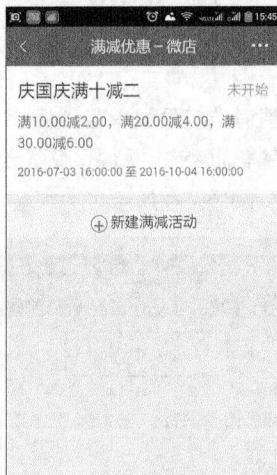

图7-5

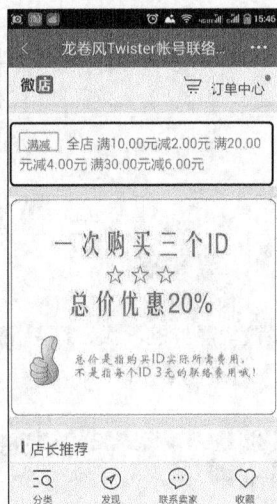

图7-6

专家提点 满就减活动要经过仔细计算

很多店主可能觉得满就减活动很简单，随意设置几个金额等级，随意减个几元钱，就可以了，其实这样做不能将利益最大化。一个好的满就减活动，需要将店铺里各买家的历史记录研究透彻，在最常见的几个购买组合上，略微添加几元钱，形成等级，这样很多买家会发现刚好差一点就能凑齐满就减的金额等级，于是会再多买一件商品，这就增加了店铺销量。这只是一种最常见的计算法，还有很多更适合自己小店的计算法，需要店主们自行摸索。

7.1.2 利用店铺优惠券吸引买家

店铺优惠券也是一种很常见的优惠方式。到店的买家可以领取一定量的电子优惠券，并在购买商品时使用，则可以在货款总额上减去优惠券的面额。

第1步 在营销推广页面单击"店铺优惠券"按钮，进入"店铺优惠券"页面，❶单击"添加店铺优惠券"按钮，如图7-7所示。

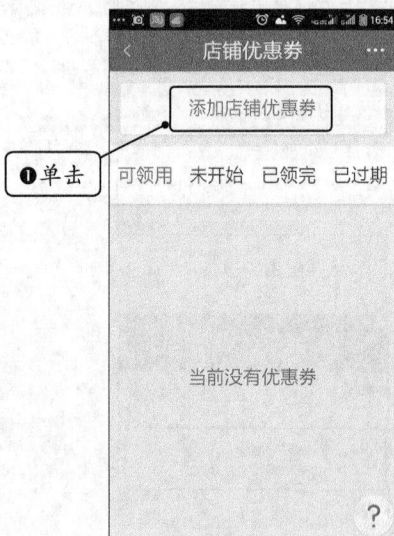

图7-7

第2步 ❷设置优惠券的面额、订单下限以及是否公开等信息，如图7-8所示。

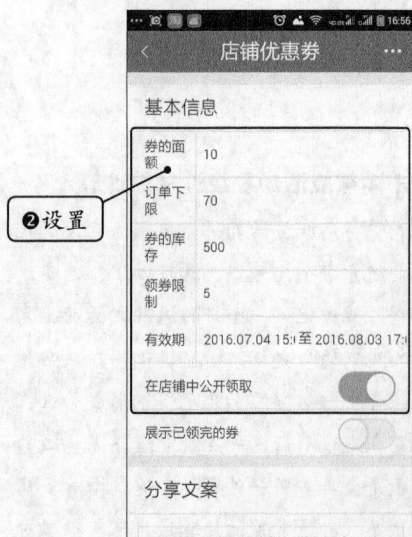

图7-8

第3步 ❶设置完毕后单击"完成"按钮，如图7-9所示。

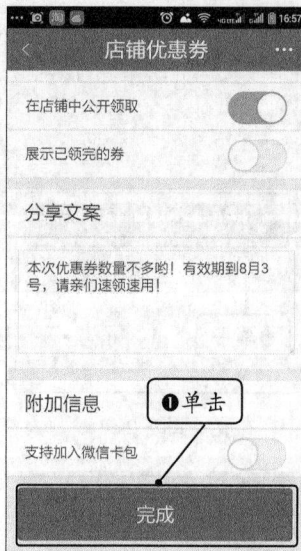

图7-9

第4步 ❷单击"确定"按钮，如图7-10所示。

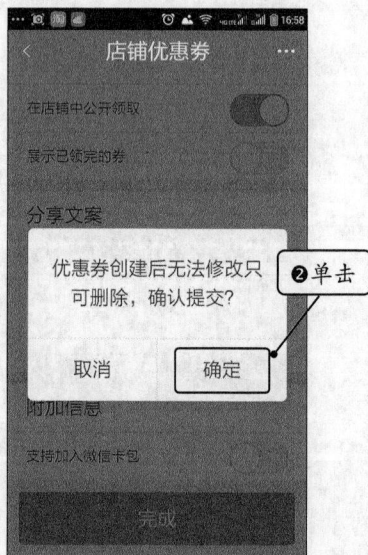

图7-10

返回"店铺优惠券"页面，可以在这里看到新设置的优惠券（在"未开始"一栏中），如图7-11所示。在"可领用""已领完"和"已过期"等其他3栏中还可以见到相应的优惠券。买家在微店首页也可以看到优惠券，只需单击即可获取，如图7-12所示。

图7-11

图7-12

优惠券其实本质与满就减差不多，只不过优惠券可以设置为无门槛使用。由于满就减不能限制使用人数，因此有可能在买家较多时反而出现亏损，或者导致存货售罄，延误发货。如果有这样的顾虑，则可以使用店铺优惠券，并控制优惠券的发放数量，这样一般就不会出现各种意外了。而且不像满就减活动，优惠券的优惠总额也是可以明确计算出来的，店主可以根据自己经济实力进行设置。

7.1.3 利用限时折扣提高销量

就像商场不时来一场"全场大减价"进行促销一样，微店也可以对商品实行打折出售，并对打折时间设置期限，到期恢复原价。这样可以促使很多原本收藏了某款商品，但又犹豫着一直没有购买的买家下决心购买。

第1步 在营销推广页面单击"限时折扣"按钮，进入"限制折扣"页面，❶单击"添加"按钮，如图7-13所示。

图7-13

第2步 ❷单击要设置折扣的商品，如图7-14所示。

图7-14

第3步 ❶设置折扣价格以及开始、结束时间等，❷单击"完成"按钮，如图7-15所示。

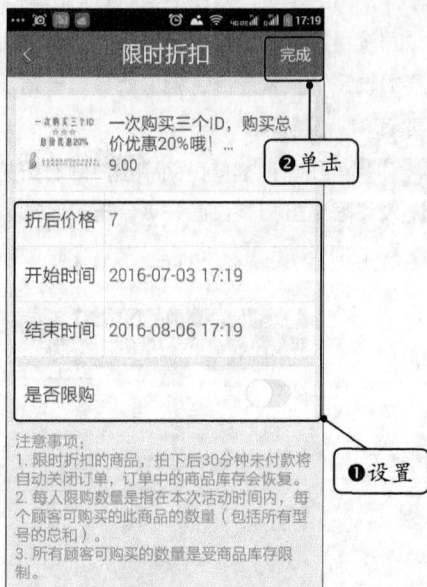

图7-15

返回上一页，可以看到新设置的折扣商品，在此可以设置多个折扣商品，如图7-16所示。买家在店铺首页，也可以看到新增加折扣商品，在商品图标右下角有一个关于打折的标签，上面标着打折的百分比，如图7-17所示。

图7-16

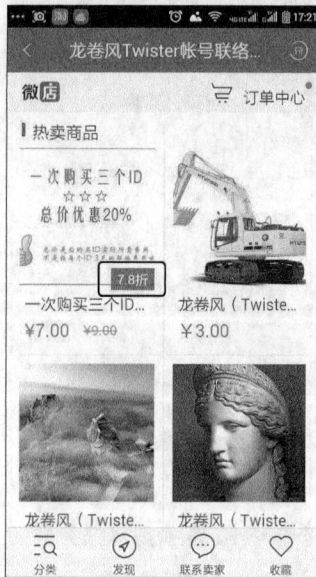

图7-17

专家提点 限时折扣的技巧

在进行限时折扣时，如果把时间设置得太长，未免有种"假折扣"的感觉，如果设置得太短，又会让很多买家因为不知道而错过。其实，限时折扣活动之前，最好先进行一段时间的预热宣传，然后再开始进行折扣活动。活动时限一般设置为3～30天即可，太短太长都会让折扣失去意义。

7.1.4 私密优惠给买家VIP待遇

私密优惠是指小范围、甚至一对一的优惠，需要店主将优惠链接发送到微信朋友圈，或者直接发送给买家。买家通过私密优惠链接访问店铺时，店铺中所有的商品都会按照优惠价格打折，而其他不知道私密优惠的买家访问则无法享受打折。

第1步 在营销推广页面单击"私密优惠"按钮，进入私密优惠页面，❶单击"添加"按钮，如图7-18所示。

第2步 ❷设置折扣及开始、结束时间，❸单击"完成"按钮，如图7-19所示。

第3步 返回上一个页面，❶单击"完成"按钮（也可以在此通过各种分享渠道将优惠发送给买家），如图7-20所示。

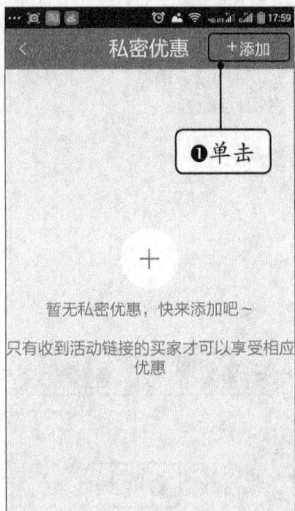

图7-18

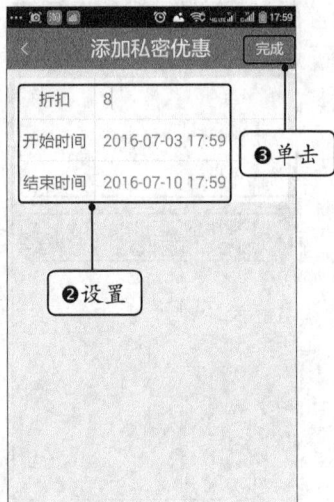

图7-19

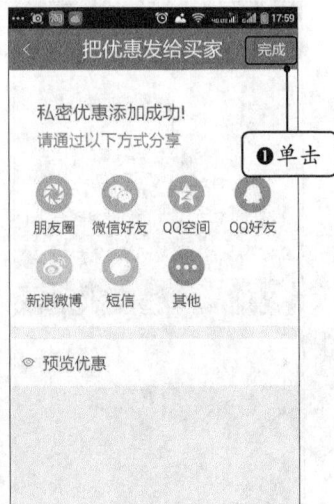

图7-20

第4步 如果要将已存在的优惠发送给买家，❷可在私密优惠页面单击该优惠，如图7-21所示。

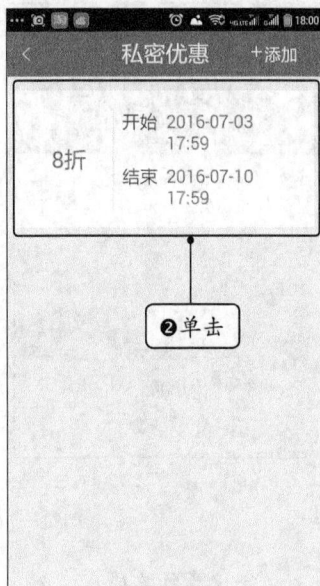

图7-21

第5步 单击社交软件按钮分享私密优惠链接，如图7-22所示。

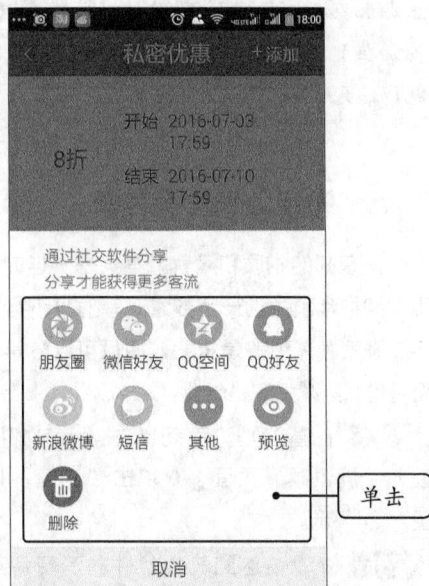

图7-22

当买家使用私密优惠链接进入微店时，会看到相应的提示，如图7-23所示。该提示不会在正常访问时显示。

图7-23

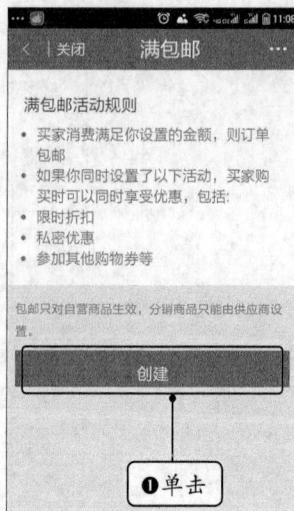

图7-24

专家提点 **私密优惠的本质**

私密优惠的本质就是人为制造等级观念，让买家觉得自己"高人（普通买家）一等"，觉得自己是VIP客户，很受店主的重视，从而在心理上得到满足，对店铺以及店主产生好感。其实私密优惠的力度也未必就比满就减、限时折扣等大，其吸引人之处就在于"私密"。店主理解了私密优惠的本质，就能够更好地利用私密优惠来吸引买家了。

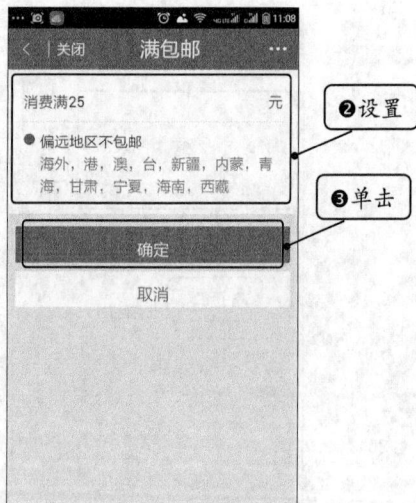

图7-25

7.1.5 为宝贝设置满包邮

满包邮的本质和满就减其实是一样的，都是在买家购物金额达到一定数量时，对其进行减免，只不过满就减减免的是货款，而且可以分等级减免；而满包邮则减免的是邮费。

第1步 在营销推广页面单击"满包邮"按钮，进入"满包邮"页面，❶单击"创建"按钮，如图7-24所示。

第2步 ❷设置达到包邮条件的消费金额，以及是否为偏远地区包邮，❸单击"确定"按钮，如图7-25所示。

返回上一页面，可以看到新创建的满包邮活动，如图7-26所示。买家在微店的首页也可以看到相应的提示，如图7-27所示。

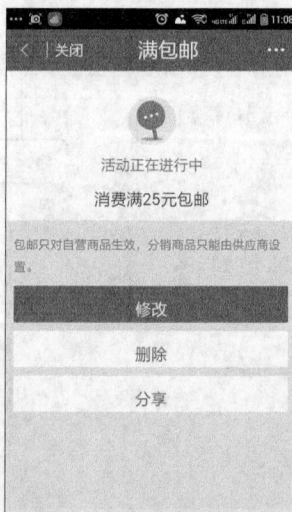

图7-26

图7-27

图7-28

专家提点 **注意满包邮与其他活动的重叠性**

满包邮是可以与限时折扣、私密优惠重叠生效的，因此店主最好在开展满包邮活动之前，先综合计算一下，看是否会亏本，如果把亏损部分当作宣传费用，那么其损失金额是否在能承受的范围之内。还需要注意的是，满包邮只能应用于店主的自营产品，不能应用与分销的产品。

图7-29

7.1.6 为店铺设置友情链接

微店与微店之间可以相互设置友情链接。比如A店铺设置一个链接指向B店铺，买家单击该链接即可跳转到B店铺；同时B店铺也设置一个指向A店铺的链接。这样两个的店铺的买家可以在一定程度上实现流动，这就比单打独斗获得的买家数量要多一些。因此这种友情链接是网店中最常用的互助手段之一。

等待对方验证，如图7-30所示。待对方验证通过后，即可单击"管理"选项卡，看到新添加的友情店铺，如图7-31所示。

第1步 在营销推广页面单击"友情店铺"按钮，进入"友情店铺"页面，❶输入友情店铺的名字（也可以输入店主账号或店铺网址），❷单击"确定"按钮，如图7-28所示。

第2步 ❸找到要添加的友情店铺，单击右边的添加符号➕，如图7-29所示。

图7-30

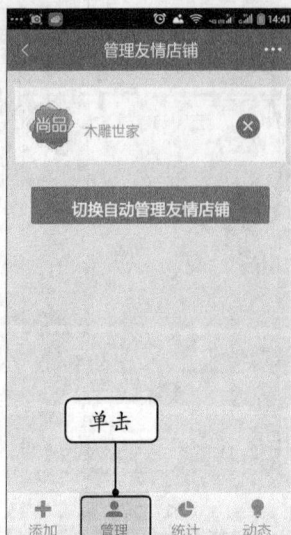

图7-31

当买家进入店铺后，可在店铺最下方看到该友情链接，如图7-32所示。

图7-32

如果有人向自己发送了加友情店铺的申请，则可在友情店铺的"动态"选项卡中看到，单击"接受"按钮，即可同意对方的申请，如图7-33所示。通过申请后双方都会自动将对方列为友情店铺，不存在单方面添加的情况。同样，任意一方删除了友情店铺之后，双方的友情店铺都会同时消失。

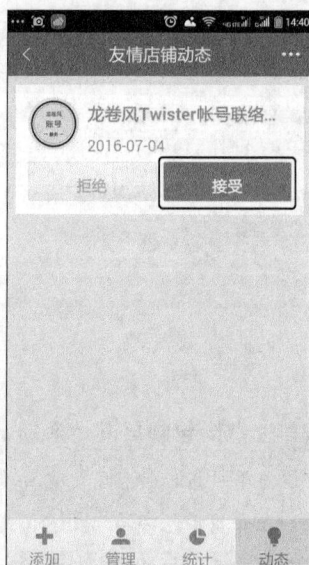

图7-33

专家提点 关于营销模块中其他的营销功能

在营销模块界面中，还有一些其他营销功能，如微客多、分享赚钱、活动报名、分成推广等，经笔者了解，这些功能比较不适用，有些是付费打广告，有些是靠推广别人的产品赚一点钱。总之，对于店主自己店铺的营销作用不大，因此在这里就不一一介绍了。

7.2 利用互联网进行营销

由于互联网具有迅速、发散、匿名等特点，因此网络营销也展现出与传统营销全然不同的面目。作为微店店主，对于在互联网上的营销手段也应该掌握，并根据自身情况使用，以增加店铺的顾客与销量。

7.2.1 互联网营销：让微店获取更多关注

前面讲解的利用微店平台内置的功能进行优惠、满减等活动，来提高买家的积极性，增加店铺的销量，这是针对现有顾客的营销手段。此外，微店还需要在互联网上进行营销,推广自己的店铺或商品,一些店铺优惠活动也可以借助互联网营销来扩大影响。

淘宝平台聚集了数亿用户,已经形成了一个自循环生态圈,淘宝官方在自己的平台上推出各种活动,如聚划算、天天特价、双十一、年终大促等。参加这些活动的淘宝商家的店铺与商品都可以得到充分的展示机会和销售机会,即使不到平台外推广也能很好地增加销量。

微店平台相对来说更加"开放",它鼓励商家通过各种社交手段来获取买家的关注,因此微店平台较少有组织活动,微店商家更多的是通过各种网络平台进行营销,如微信、QQ、微博和论坛等。这些网络平台上的营销活动,对淘宝店来说是锦上添花,但对微店平台来说却是必须要有的。

作为一个合格的微店店主,需要充分了解各种网络平台的使用方法,更要掌握网络平台上常见的营销手段,如事件营销、口碑营销等,通过这些营销手段来极大地增加自己店铺的买家数量,从而提高商品销量。

7.2.2 事件营销

事件营销是以网络为传播平台,通过精心策划、实施可以让公众直接参与并享受乐趣的事件,并通过这样的事件达到吸引或转移公众注意力,改善、增进与公众的关系,塑造企业或产品的良好形象,以谋求企业或产品长久、持续发展的营销传播活动。

成功的企业网络营销事件都具备以下特征。

- 事件内容的刺激性。必须要吸引网民与媒体。
- 事件角色的另类性。事件的创意是最关键的。
- 事件传播的需求性。会给客户带来什么样的影响是你必须考虑的。
- 事件本质的利益性。事件营销本身是双赢的产物,那么利益是需要提前估算的。
- 事件的真实性。无论做什么事件营销,事件本身必须是真实的,是自然形成的可以,是人为特意安排制造的也可以,但是必须要保证真实性。

网络事件的分类,总共可以归纳为两种类型,即自发型和操作型。如自发型的网络事件有

百变小胖、贾君鹏你妈叫你回家吃饭、犀利哥等,它们都是网络舆论自发形成的事件。而操作型的网络事件,有联想红本女、奥巴马女郎、凤姐等,这些都是人为操作形成的。这就是本质的区别。

对于自发事件,如果反应迅速,可以搭一下"顺风车",比如刘慈欣的小说《三体》火了之后,网上就有人卖"二向箔"(小说里的一种科幻武器),虽然几近搞笑,但确实为这个店铺带来了不少流量。

对于操作型的事件,越劲爆、越吸引眼球,效果越好。不过也要注意不能违反现行法律法规。要操作一个事件,不仅需要一个专业团队,还需要按照以下步骤分解进行。

(1)根据被炒作对象特点作出策划方案。

(2)选择适合的论坛(博客、视频站)发帖。

(3)联系网站管理员,请他照顾话题(推荐或置顶)。

(4)抛出易于流传的言论,吸引网民自发传播。

(5)抛出不同观点,引发争议,从而成为热点。

(6)联系网络大V,加大转载与传播数量。

(7)撰写评论进行谴责性或质疑性报道。

(8)期待大量媒体跟进报道。

(9)爆料内幕。

(10)维护形象。

由此可见,操作一个事件需要大量的人手和资金,以及对火候、后果等预判要很准确才能做到,不然就有可能出现虎头蛇尾,或者超出控制的问题,反而达不到预期效果。对于微店店主来说,能及时跟随各种事件(不管是自发的还是操作的)炒作自己的店铺,提高知名度和流量,就是成功的事件营销了。

7.2.3 口碑营销

口碑营销实际上早已有之,地方特产、老字号厂家商铺及企业的品牌战略等,其中都包含有口碑营销的因素,网络营销则是互联网兴起以后才有的一种网上商务活动,它逐步由门户广告营销、搜索广告营销发展到网络口碑营销。

由口碑营销与网络营销有机结合起来的网络口

碑营销，旨在应用互联网的信息传播技术与平台，通过消费者以文字、图片和视频等媒体为载体的口碑信息，其中包括企业与消费者之间的互动信息，为企业营销开辟新的通道，获取新的效益。

简单地说，就是整合各种网络营销方法，包括新闻、博客、微博、论坛、IM、WIKI、圈群、贴吧、百科、问答等在内的十几种网络传播形式与手段综合有效利用，合力形成独具成效、全面网络覆盖、信息迅速扩散的网络创新整合传播模式。

口碑之所以能成为强大的营销工具，很大程度上是缘于它所具有的"病毒式营销效应"。人们喜欢交谈，不管是讲自己的故事还是讲别人的故事。研究发现，一个对产品或服务有正面体验的消费者，会将他的故事告诉至少5个朋友；如果是负面体验的话，他会告诉至少11个消费者。而那些听到故事的人又会再告诉5~11个人，依此类推。故事呈几何级数速度传播，最终在很短的时间内传播给大量听众，类似于病毒传播机制。这就是口碑的魅力所在。

对于微店中小店主而言，要策划一个全方位的口碑营销显然是有点困难。不过，通过微信、朋友圈、QQ、微博等工具，实现一传十、十传百的口碑推广还是容易的，也可以将产品提供给有影响力的博客写手、网络名人试用，让他们写一写心得体会，这样他们的粉丝也能口口相传，将产品推广开来。

淘宝网店"蓝X数码"的老板，就是在某音响论坛上长期经营自己的形象，以热情、专业、诚信赢取了论坛网友的信任，不仅老坛友长期在他的网店里购买音响器材，而且还带动亲朋好友购买，有新坛友发帖询问哪里可以买到靠谱的音响器材时，老坛友们也纷纷把他的网店推荐出去，很快网店就升级成了双皇冠，这就是口碑营销的效果。

7.2.4　免费策略营销

西方谚语说："天下没有免费的午餐"，说明万事皆有代价。正因为如此，人们一旦遇到免费的东西，往往就忍不住有种想占为己有的冲动。

免费策略营销有两个层面：一是用户接受免费物品或服务后，很容易变成忠实用户；二是用户可以毫无心理压力地向其他人宣传这个网店或网站，因为反正是免费的，不会被人觉得是拿了什么回扣或好处才推荐，这样推荐者、被推荐者都容易接受，网店或网站也就容易得到推广。

现在很多网店都有免费的礼物赠送给顾客。比如某出售渔具的微店，以前日交易量约在10单左右，后来老板对一次性超过20元的交易中，都加入了各种免费礼品，如鱼钩、鱼线、浮漂等，结果很多买家收到后纷纷留言表示惊喜，不少买家就此成为该店的忠实顾客，该店的交易量也节节攀升，很快就达到了日交易量近30单的水平。

免费的东西可以包括以下几种形式。

1. 文字

文字是最容易实现的免费形式，当然，不是什么样的文字都可以吸引用户，关键是文字要有价值。比如为什么免费小说网站流量都非常高，原因就是这些免费文字对于用户有致命的诱惑。

2. 软件

软件行业是免费策略运用得最早、最彻底的一个行业。现在的收费软件，基本上都有免费试用期，少则7天，多则半年；或者推出免费和收费两个不同的版本，免费版的功能简化一些，若想使用完整版，则需要交费。

3. 实物

信用卡公司最喜欢用此方法，现在不管到哪家银行办理信用卡，基本上都会送客户一份礼品。而且各大银行之间为了争夺用户，送的礼也越来越大，100元以下的礼品，对用户基本上已经没有多少诱惑力了。

4. 虚拟物品

实物的成本比较大，一般企业是负担不起的。而虚拟物品相对来说成本就低得多了，所以通过提供免费虚拟产品来吸引用户，是一个性价比比较高的选择。虚拟物品是诸如Q币、游戏点卡之类的对特定人群有一定价值但其实成本不高的东西。

5. 服务

相对于产品来说，服务更容易打动用户。服务是一种人和人之间的互动，比起物品来，这种互动性更能让人体会到商家或企业的诚意。

6. 资源

好的资源可以帮助用户节省时间、精力，让用户受益，但是想获得好资源，往往都要付出不菲的代价。如果有免费的资源可以得到，想必会让用户记忆深刻。很多网站提供各行业的免费PPT模板、Excel表格供访客下载，也就是采用的本策略。

7.2.5 饥饿营销

"饥饿营销"，是指商品提供者有意调低产量，以期达到调控供求关系、制造供不应求"假象"、维持商品较高售价和利润率的营销策略。

商家往往采取大量广告促销宣传，勾起顾客购买欲，然后采取小批量出售手段，让用户苦苦等待，蜂拥抢购，结果更加提高购买欲，有利其产品提价销售或为未来大量销售奠定客户基础。

饥饿营销的开展步骤如下。

（1）饥饿营销策划围绕的产品本身一定要好。做营销的产品和或者服务本身质量要过硬，品牌要靠得住，口碑要好；否则大众买回去以后发现上当了，会招来骂声一片，导致后期销量骤降。

（2）做好线上线下的宣传造势，制造产品话题，制造产品的期待，让产品本身就能带有某些话题性。

（3）产品要具有大众性。提供的产品或者服务要具备大众性，而不是高度专业领域里的产品，这样，大众参与的积极性才更高，也才能参与进来。

（4）有利益引导、促销宣传等，比如某手机买一送一（送一指的是送一个电话保护套、屏幕贴膜之类的），总之，用户一定要通过产品得到某种额外利益。

（5）控制销量。所谓的控制销量，制作出来的供不应求的表象，让大众疯狂抢购，实际上只是控制公布出来的数字，制造出了供不应求的表面现象，暗地的出货量可能会比公布的出货量要高。

（6）灵活与调整。饥饿营销要灵活应变，并能随时根据实际市场情况来调整方式。消费者的欲望会受到市场各种因素的影响，从而产生不断的变

化，消费行为也会发生不规则的变动，感情转移，冲动购买也是常有之事。因此，密切监控市场动向，提高快速反应的机动性是重中之重。

（7）从品牌支持、培训支持、物流支持、广告宣传支持、营销策略支持、区域保护支持等十大方面完善服务体系，以做到人性化服务。

苹果公司最擅长饥饿营销。苹果公司经常宣传"产能不足"，造成人为断货，反而让更多的人急于买到一款苹果手机或平板电脑，甚至不少人去各地苹果商店加价预定，或者去黄牛那里高价购买，都是"饥饿营销"导致的。当然，这一切都是建立在苹果产品质量过硬的基础上的，如果随便哪个山寨手机要搞饥饿营销，恐怕会变成无人问津的闹剧。

小米手机也是饥饿营销的成功案例之一，其操作手法也是先大规模宣传，等争议充分展开，吊起大众好奇心后，再慢慢出货，其效果十分明显，甚至出现了有人求购预定号码的情况。小米手机的质量固然比不上苹果，但其卖点在于"性价比高"，也同样能够吸引大众的关注。

对于微店店主来说，要做饥饿营销推广，首先要找到宝贝的卖点，然后要找到能够大规模宣传的渠道，在宣传的时候还要注意始终保持大众的关注，因此对于小店主来说，饥饿营销不太好操作；对于有一定经济实力和充足人手的大店主，则可以尝试进行饥饿营销，比如在某个论坛圈子中先反复进行宣传，吸引了足够的注意力之后才将商品进行限量销售。虽然饥饿营销的要求较高，然而做好了的回报是相当惊人的。

7.2.6 借力营销

借力营销指借助外力或别人的优势资源达到实现自己制定的营销目标或是营销效果。现在很多公司都采用借力营销方法。比如产品外包给专业的营销团队公司、产品包装品牌输出公司、企业咨询顾问公司都是企业需要借的力。

借力营销总的来说有以下3种。

1. 借品牌

有效借助已有知名品牌，可以快速提升自身的品牌知名度和影响力。对微店店主来说，可以去谈

一些品牌商品的代理权，虽然价格上可能不会有多大利润空间，但能够以品牌树立信誉。

2. 借用户

借助别人已有的用户进行宣传，比如一些专业网站拥有大量爱好者，如果自己的商品正好是这些爱好者需要的，那么在这些网站上进行宣传，就能得到较高的关注度。当然，在网站上做广告是要有些技巧的，具体的方法将在后面的章节进行讲解。

3. 借渠道

借助别人已有的渠道进行宣传，如一些比较成熟的折扣网、特卖网或商品推荐网，这些网站已经打通了宣传渠道，有深厚用户基础，店主可以报名参加这些网站组织的销售活动，往往能收到较好的效果。

笔者的一个朋友是做服装网店的，夫妻两人打理网店，奈何新店铺无人问津，生意一直不好。后来笔者推荐他们参加折800的活动，当天一款上衣就卖出了700多件，连带店内其他商品的销售也出现了一个小高潮，不仅如此，很多顾客还从此就成为了固定客户，这让小两口高兴得合不拢嘴。

像折800这样具有广泛用户群资源的网站还很多，比如值得买、亿买网等，参加这些网站组织的销售活动，能够利用其庞大的用户群，快速、有效地提升网店的销售量和信誉度，这也是常见的借力营销手段之一。

对微店店主来说，借力营销是一个不错的选择，无论是借到品牌、用户还是渠道，都会对自己的品牌或宝贝有较大的宣传效果。当然，也要和付出的代价一起来综合考虑。

7.3 秘技一点通

技巧1 ——做好网络营销的8个自我修炼要点

很多人开始意识到网络营销的重要性，从事的人也越来越多，但是大部分还处于初级的水平。要成为一个合格的网络营销人员，必须具备以下几项基本技能。

1. 写作能力

这里的写作能力不是要求文章有多么优雅、多么华丽，而是能够将产品和文字结合起来，激发用户购买产品的欲望。在互联网这个信息快餐时代，浏览量大的文章一定不是文学性强的，而是大白话的小说，能够把文字表述清楚明白就已经足够。

2. 广博的知识

现在的网络营销是一个多方面、全方位的整合营销时代，那就要对新闻、市场、营销、社会学、公关广告等有所了解。平常的时候多收集行业资料，关注热点，关注时事，以备今后使用。

3. 资源整合与使用

资源是网络营销行业一个重要的枢纽，也是推动自己成功的关键因素。资源包含信息、服务、知识、人脉、资金等多种，虽然现在有很多人把钱放到资源的第一位，而其实这几点是同一个位置的，缺一不可。当这些资源准备充分后，要整合起来统一使用，才会看到结果的爆发。

4. 沟通和协作能力

一个内向的人做营销是不行的，一定要具备沟通和协作的能力。好在有很多人在实际场合中羞于开口，但在网络上却可以放开来讲话，这样的人适合到线上平台去发挥。线上平台有IM、论坛、博客、贴吧、专栏等，做好了也可以起到"扬长避短"的效果。

5. 与时俱进的意识

互联网的发展是迅速的，所以与时俱进是必不可少的。要随时关注网络上的热点，善于从每个热点中发现可以营销的机会。也要随时关注网络上的新技术，一旦出现可以考虑该技术能否为自己所用。比如现在流行的P2P技术，可否用来做广告？这都是可以考虑的。

6. 良好的心理素质

做网络推广是一件枯燥的过程，所以心态是稳步发展的基石。很多人看到复杂的过程就会退缩，被巨大的任务量所压倒。其实网络营销操作过程是简单的，当面对庞大的任务量时，最好的办法就是分解到每周每天每小时，按部就班完成即可。

7. 思考和总结

做任何事情都是一样的，一定要有一个总结，整理出一个属于自己的思路。不思考、不总结的人注定是走不长走不远的。

8. 执行与积累

其实任何行业都一样，没有执行力一切都是空谈。不断地操作，关注数据变化，分析后再操作。日复一日、年复一年都要这样，这个量的积累一定会有质的飞越。学习是没有速成的，通过学习他人的经验，可以让自己少走一道弯路。路走得越稳，自己的成功就会越踏实。

技巧2 ——微店如何做好搭配套餐促销

微店如何才能做好搭配套餐，让买家倾向于购买套餐，而不是单一的商品呢？

（1）先排序商品销量，商品销量最好的开始设置搭配套餐。这个最关键，选择什么样的商品进行搭配，关系到店里所有商品的整体销售，要让销量好的商品带动其他滞销的商品销售，还要让销量好的商品搭配新品推广。配有搭配的商品最好放在微店的广告模块中进行强推，这样能提高销量。

（2）要选择有关联性的产品，来做搭配套餐的活动，这样才能达到事半功倍的效果，比如选择衣服+裤子、打印机+油墨等，相互搭配关联性强的产品。

（3）选择多少商品搭配也很重要，一般情况下搭配一两个，也可多搭配一些。如选择一个热卖商

品并搭配些不好卖的商品可以增加后者的流量。作为微店要注意，像淘宝店那样一次搭配四五个商品是不适合的，因为微店的买家大多都倾向于"轻度购买"，搭配太多会起到反作用。

（4）合理设置搭配套餐的价格，让买家产生购物冲击力，关于这点大家可以根据自己的商品利润来看，原则是搭得多优惠得多。让买家感觉到实惠和实用，遵循这两个原则很重要。不过要注意搭配的总价，不要过高，而且也不要超过一些人的心理价位，比如搭配价能设置为59的就不要设置为60了。

技巧3 ——如何避免促销雷区

促销无疑是吸引顾客、增加店铺销量的重要手段，但是在进行促销时，店主还应该尽量避免哪些雷区呢？

虽说促销能够为店铺带来销量，但是仍有很多店主不知道合理促销的原则，一味促销降价，最终不但不能增加销售量，反而步入了促销的误区。

1. 一味打折降价

毫无疑问，现在低价促销成了促销活动的主要内容，很多企业觉得用价格当作促销工具，将降价当作促销活动，战无不胜。但大家都知道这是一把"双刃剑"，刺伤了别人，同时也刺伤了自己，是将来必被抛弃的一种促销手段。促销创新如果能让价格不受促销活动的影响而下跌，继续保持稳定且又能让促销效果良好，这将是促销创新的极大突破。

促销活动与降价活动本是应该尽量避免同时使用的两个营销因素。首先促销活动的开展与价格的降低都会消耗掉店铺的资源和削减商家的利润；其次促销本身的意义就是在不调整价格的前提下，通过一些更新而不是传统的价格变动来吸引消费者。

2. "一锤子"买卖

"促销"不是眼前的"一锤子"买卖，而是提供优质的产品和长期的服务。每当重大节、庆日，商家一般都会发起轰轰烈烈的产品促销活动，但在这热热闹闹的活动中，一定要警惕和提防产生"一

锤子"买卖的行为，售后服务不愿做或长期服务跟不上，形成活动之时客户是上帝，活动过后客户是奴隶的局面。这样，促销活动激励的效能就会随着活动的终止而销声匿迹，浪费了促销带来的人气。

3. 促销手段单一

供应商在促销的形式上时常表现得较为单一，

特价、捆绑买赠是比较常见的促销形式。其实促销有很多种，关键是怎么整合运用，不同的组合就会产生不同的效果。促销策划是一个系统工程，一个有销售力的促销是在深挖消费者需求的基础上策划出来的，同时还要兼顾产品的特性及竞争对手的信息，根据市场的不同情况策划不同的促销。

卖情怀的营销

在互联网高度发达的今天,营销已经几乎被做到了极致。借用各种元素来推广产品的做法屡见不鲜,有借温馨感情营销的,有借奋发精神营销的,有借高尚理念营销的,有借严谨态度营销的,可以说,无物不可借来营销。

薏米红是一家微店的店主,主营生态农产品。开店半年,宣传也没少做,但生意一直不温不火。一天她在论坛里认识了同是微店店主的小辣,交流中发现小辣的微店生意不错,于是就向小辣请教。小辣说:经营网店,不仅要四处去推广,还要懂得炒作营销。薏米红于是加了小辣的微信好友,向对方详细请教营销的方法。

在微信上,小辣向薏米红讲了一个听起来比较奇葩的营销案例:卖情怀。

网络红人罗永浩原来是新东方英语教育机构的老师,能言善侃,很有名气。他于2012年突然宣布要做手机,让很多人都大跌眼镜:这跨界跨得有点大啊。

老罗也秉承他一贯的风格,大肆宣传他的产品、团队、福利,天价办公椅、百万年薪招人、PM2.5补贴……用他自己的话来说,就是要做"最有情怀"的手机。而关注老罗手机的,大多数都是理工科宅男,正受着加班的折磨、老板的剥削,一听说老罗建立了这样一个具有"悲天悯人"情怀的公司,不由得生起了知己之感,不少人立刻变成了"锤子粉"。

而理智的人都知道:一个公司能不能做出好手机,和这个公司有没有情怀关系不大。苹果、三星、索尼等公司好像也没怎么宣传情怀,做出的手机照样风靡全球;老罗草创的新公司没有一丝技术底蕴,想要做出一流手机,不是靠情怀能弥补的,于是很多人纷纷调侃说老罗这不是卖手机,而是在"卖情怀"。

老罗多次制造话题,吊足了网民的胃口,使得锤子手机发布这一事件在当今这样海量信息的世界里得以持续发酵,让网民和媒体对于锤子手机始终保持高度的关注,并产生了极大的期许。最后在手机面世时,遭到了网友的疯抢,一度出现了供不应求的局面。

小辣说,这就是一个成功的营销案例。从这个案例中大家可以学到很多东西,其中最核心的一点就是:即便是与店铺或产品风马牛不相及的东西,也可以想办法拿来为产品做营销。

听了小辣的总结,薏米红茅塞顿开。她认为自己的小店其实也能如法炮制,可以把经营生态农产品升华到为了父母长寿、子女健康、阳光生活……总之,可以往一些美好的东西上靠,让本来单纯的产品,变得富有积极意义,充满生活乐趣,经过这样的包装营销,生意一定会变得更加红火。

小辣听了薏米红的分析,非常赞同,还补充了一条:情怀营销要适度,太多会让买家感到虚假,反而起不到正面的作用。

第 **8** 章

用最火的微信来推广

本章导言

　　微信毫无疑问地成为手机交流软件大哥大了。而伴随上亿微信用户到来的，则是广阔到难以想象的人脉网络和商机，因此，利用微信营销成了微店店主们新的营销手段。微信营销的方法很多，如熟人口碑，朋友圈推广和公众号营销等，掌握这些营销方法，将为微店带来大量的流量和销量。

学习要点

- 了解微信吸引关注者的方法
- 掌握通过微信公众号进行营销的方法
- 掌握利用微信自带功能进行营销的方法
- 掌握微信营销的常用法则

8.1　微信与微店：熟人变熟客

　　微信可以说和微店是天生的一对，因为微店可以非常方便地内嵌在微信中，用户可以不离开微信就能完成"营销→购买"的循环。在微信中推广微店，实际上是一种"熟人营销"，这种依靠社交关系的营销方式与淘宝店有着本质的区别。

8.1.1　微信就是社交经济

　　淘宝店的营销思路是"广招顾客"，也就是通过站内站外的各种活动、渠道和平台，把知名度打出去，让顾客上门；而微信则走了另一条路，即不停地把陌生人变成熟人，然后在熟人中进行营销，卖出商品。

　　由于微信是一个较为封闭的圈子，因此对熟人、老顾客进行反复营销非常方便，有利于提高店铺在顾客心中的存在感，进而提高店铺的销量；而淘宝店则没有这种方便，只能通过短信或阿里旺旺来偶尔联系一下买家，还不能过于频繁。

　　微信将陌生人转换为关注者（通常称为"吸粉"）后，如果营销手段得当，关注者的流失率会较小，只要花费较少的精力来吸粉，就可以把关注者维持在一个数量，让微店的生意保持较为兴隆的状态。

　　要让关注者少流失甚至不流失，就需要与关注者搞好关系，并且在不让他们反感的情况下进行推广，才能达到目的。因此，可以说微信营销的本质就是一种社交活动。

8.1.2　微店在微信中呈现的方法

　　当微信聚集了大量粉丝以后，微店店主就可以将这些粉丝"变现"，也就是将粉丝的购买力诱导出来，通常采用各种软硬兼施的营销手法，如微信群中推销，朋友圈、公众号发软文推销等，推销自己的商品和店铺。

　　微店可以在微信中方便地进行访问，完成浏览商品、咨询以及下单等购物全过程。借助微信的粉丝，微店能轻松实现"商品或活动上新→推送信息给微信粉丝→实现销售"的过程。

在微信中呈现微店信息的渠道有几个，分别是聊天群、朋友圈和微信个人资料，如图8-1所示。

图8-2

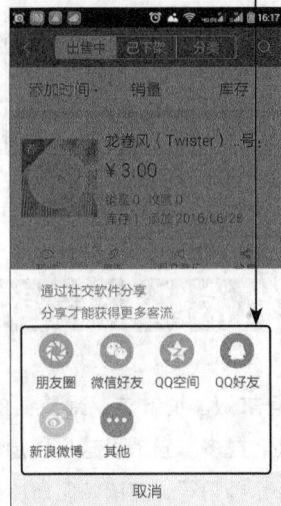

图8-3

图8-1

这些信息其实都是在微店中分享后，自动转发到微信中的。图8-2所示的商品编辑界面，单击"分享"按钮，然后在弹出的菜单中选择分享到何处即可，如图8-3所示。同样，在微店信息管理界面，也可以通过单击"分享"按钮来进行分析，如图8-4所示。

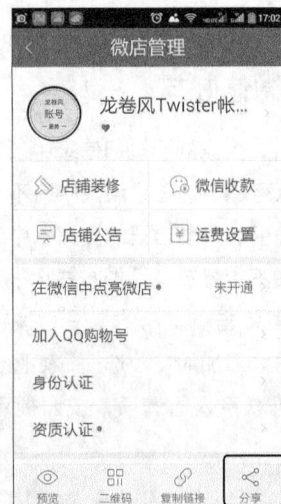

图8-4

如要在微信个人资料中展示自己的微信店，可先进入微店管理界面，单击"在微信中点亮微店"按钮，如图8-5所示，然后在新页面中单击"立刻开通"按钮即可，如图8-6所示。

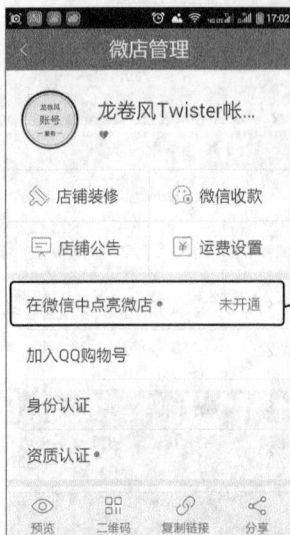

图8-5

图8-6

8.2 微信吸粉与营销

用微信号来做营销推广，最重要的是关注者的数量。关注者越多，营销面越广，营销效果就越好。那么，一个微信号，应该如何增加自己的关注者呢？

8.2.1 导入手机通信录中的朋友来增加微信好友

一般来讲，大家的手机通信录中都有数十个到数百个联系人号码。这些联系人中有不少人都在使用微信，把他们加入到自己的微信号中成为好友，可以轻松增加不少好友。添加方法也很简单，❶在微信的主界面单击右上角的"＋"按钮，❷在下拉菜单中单击"添加朋友"选项，如图8-7所示，❸单击"手机联系人"选项，按照提示进行添加即可。

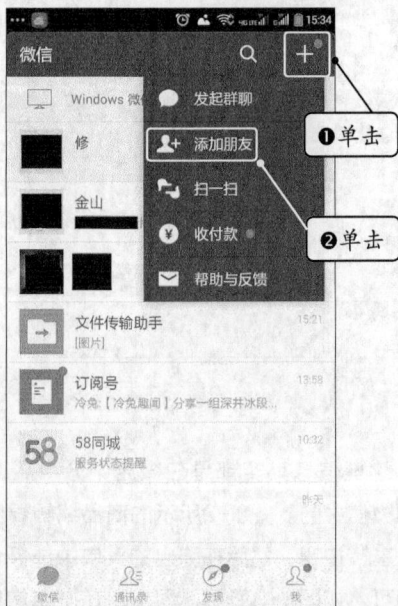

图8-7

❸单击

图8-7（续）

8.2.2 用"附近的人"功能来增加微信好友

微信的"发现"标签里有一个"附近的人"功能插件，如图8-8所示。用户可以使用该功能查找自己所在地理位置附近的其他微信用户，除了显示附近用户的姓名等基本信息外，还会显示用户签名档的内容，如图8-9所示。

图8-8

图8-9

单击任意一个账号即可查看其详细信息，并发送添加好友申请。当然，对方不一定会通过申请，所以自己的微信账号名与头像要精心设置，能够给人以好感，尽量提高通过率。

高手支招 利用APP虚拟地理位置，多▶▶处添加好友

网上有一些可以虚拟手机地理位置的APP，在手机上安装好以后，可以随意设置自己的地理位置，这样可以不必亲自拿着手机到达该位置，就能添加该位置周围的好友。这种APP对添加好友是非常有帮助的，大家不妨在网络上搜索并试用。

8.2.3 使用微信导航平台增加微信好友

微信导航平台就是将比较有名的微信公众号码、微信群等信息集中在一个网站上，分门别类地推荐给微信用户。微信用户既可以在平台上寻找自己感兴趣的公众号或微信群进行添加，也可以将自己的公众号或微信群提交给平台，让平台帮忙推荐。对于想要做营销推广的微信用户来说，初期自己的微信好友不多，就应该多加入一些火爆的微信群，然后向群友逐一发送添加好友的申请。

比较热门的微信导航平台有"微信聚"以及"聚微信"等。聚微信的主页如图8-10所示，单

击它的"微信群"页面，可以看到热门的微信群，加入与自己经营方向相近的群，将群添加为好友即可。也可以提交自己的微信群，供别人加入。

图8-10

8.2.4 发红包快速吸引粉丝

红包是微信的一个有趣功能，任何人都可以通过微信发送红包给他人，一个红包上限为200元，下限为1分钱。利用这个功能，可以快速吸引粉丝关注自己的微信号，花费也不高，下面来看一种常用的红包吸粉法。

制作一个带有自己微信二维码的图片，图片下面包含一行文字"把下面二维码和这段文字转发到你朋友圈，截图给我，我就连发两个红包，绝对不骗人"，如图8-11所示。然后建一个微信群，用常规方法拉几十个好友，将这个图片发到群里。

图8-11

一开始可能大家都在观望，但会有人忍不住尝试，按照图片中的要求发到朋友圈，然后回来领红包。在发微信红包的时候，一般发个1元钱就可以

了，分两次发，这是为了避免有领取红包后就删除信息的情况发生，间隔一定时间发一批红包，如30分钟发一次。相信30分钟一条朋友信息能够被不少人看到。

如果有人看到了这条消息，也转发了朋友圈，他要领红包就必须扫描二维码加自己为好友，这样就新增了粉丝，形成了裂变效应。不过规模要控制好，一旦超出资金预算，就要告诉新增加的粉丝："对不起，本活动已经结束了，下一次活动正在筹备中，敬请期待！"这样最后一波粉丝虽然没有拿到红包，但仍然会有一部分人抱有希望，不会马上删除好友。

8.2.5 与粉丝互动留住粉丝

人情都是有来有往，才会越来越厚。营销账号也要适时地与粉丝进行互动，才能加强联系，粉丝也不会轻易就"弃粉"。一般来说，当粉丝在朋友圈发布了新的动态时，即可前去点赞或评论。

1. 点赞

微信点赞是微信下方内置的一个按钮，是给微信好友分享的动态增加人气的，点赞非常简单，是微信朋友圈互动最简单的方式。

（1）为有价值的文章点赞。如养生、箴言、百科等题材的内容。粉丝因为认同所以才会分享这些文章，如果营销号对他转发的内容点赞，说明营销号对他的品位有认同感，这样粉丝容易对营销号产生好感。

（2）为正能量的状态点赞。如果粉丝晒出美食、好心情、幸福生活感悟或者是积极向上的宣言，为这些积极向上的状态点赞，这些一般都是他/她的真情实感，既能够鼓舞对方，又能让对方感觉营销号的背后也是一个正能量的人。

（3）相反，点赞要注意不要为负面状态点赞。例如，粉丝生病了，失业了，在微信朋友圈中寻求安慰，这时就不适合点赞。

（4）在点赞的时候，不要频繁点赞，有赞必点，这样会让"赞"成为一种"敷衍"，会让粉丝觉得这种赞没有价值，这样的话就不会赢得好友的好感了。

2. 评论

与点赞相比，评论显得更加用心。但要想真正赢得好友的好感，仍然要学习一些评论技巧。

（1）评论不要太频繁。不要每条动态都去评论，太多则廉价。

（2）评论内容要积极。评论的文字不需要太多，但应针对动态的内容作评论，最好不要泛泛而谈。有的人习惯评论"顶！""不错！"或"挺好的"，这样的评论其实没什么营养，一则好的评论应该是这样的："这条裙子不错，感觉很含蓄"，或者"你们家宝宝的眼睛特别有神"。

（3）为粉丝出谋划策时切忌高高在上，以说教的口气评论，以免引起对方反感。最好用平等的、商量的口吻来表达。

（4）避免评论专业的内容。尤其是自己所不了解的专业，以免闹出不懂装懂的笑话，影响营销号在粉丝心目中的形象。

8.2.6　利用朋友圈进行营销

在微信各功能服务模块中，朋友圈高居第一。76.4%的用户会使用朋友圈来查看朋友动态或进行分享。也就是说，朋友圈已经成为大家接收信息和情感分享的重要平台，同时也成为了微商展示商品、吸引顾客的工具。

在朋友圈中只能依靠优质内容来吸引朋友们的关注，只靠人情是不长久的。优质内容来源有两种，一是原创内容，二是转载内容。

1. 撰写优质原创内容

在微信朋友圈里，有一些文章已经被大量的人分享到并收藏，有些文章已经被分享上万次，有的甚至已经达到了几十万次。这种"病毒式"传播的文章，会为作者带来巨大的粉丝。那么，如何才能写出这样的高质量文章呢？

- 专业性很强。普通人大多数都只精通自己工作或兴趣爱好所涉及的专业，这个面是很窄的，对于大量的其他专业一般人都不太明白。因此，当出现一篇专业性很强，又与读者生活密切相关的文章时，自然这篇文章就会得到极大的关注。

- 内容实用，有价值。任何内容都是有一定意义、

价值的，不然胡乱编几段文字凑在一块，不仅不能给读者带来价值，还让读者对微信号产生不良印象。那些被分享上万次的文章，基本都是很实用的生活小技巧，如老中医祖传秘方、10个不为人知的理财方法、9个实用快速减肥方法等，这些内容都是一些具体的方法和技巧，是读者生活中真正需要的。务虚的文章、讲大道理的文章，在微信上基本是没有市场的。

- 观点与众不同。文章"千人一面"是大忌，如何让自己的文章别开生面呢？可以从文笔与观点两方面下手。不过，要写出文笔优美的文章难度较高，需要深厚的文学素养，相对而言，以与众不同的观点来吸引读者的眼球，则要容易得多（当然文笔也不能太差，至少行文要有条理）。

- 热点时事话题。当一件事情成为热点，将会获得成千上万的人关注，与此相关的文章就会获得大量的注意力。比如临近春节时，支付宝2016春晚咻红包，在事前就做足了宣传，此时写一篇关于如何抢红包的文章，肯定能吸引大量读者的分享。

2. 转载优质文章

不少微信营销号都是靠着原创内容＋转载内容来吸引粉丝，最根本的原因是撰写原创内容对人员要求高，耗费时间较长，因此不得不适当搭配转载内容。一般来说，转载内容的来源有以下几种。

- 微信朋友圈/公众号。微信朋友圈与关注的公众号自然是最方便的转载内容来源。当在朋友圈或公众号中发现精彩的内容时，单击该内容右上角的 ⠿ 按钮，在下拉菜单中单击"分享到朋友圈"选项，即可将该内容方便地转发到自己的朋友圈中。

- 寻找行业内容进行转载。不少微信营销号是从事各种行业产品的，如护肤品、母婴用品等。这类营销号可以寻找比较好的行业内容进行转载。在新浪、网易等专版寻找热门话题是一个比较方便、比较有效的方法。比如：店主经营化妆品，可到新浪女性频道中的护肤、彩妆等板块寻找置顶话题或热门话题。找到文章后，将文字与图片略作修改，把一些产品替换为自己店里的产品

（不要替换太多，替换一两处即可），即可拿到朋友圈中发布。标题要有吸引力，配图要三美两萌："美女、美景、美食、萌妹、萌宠"，尽一切可能吸引读者。

■ 转载网上信息平台的精彩内容。如今网上有一些专门的手机信息收集平台，集中收录了大量适合转载的内容。这些内容都是经过一次筛选的，质量比较高，转载后吸引粉丝的效果也比较好。比如微头条就是这样的平台，店主们可以适量取材进行转载。

8.2.7 二维码的获取与营销

二维码就是将文字信息图形化之后形成的图片，可以张贴在任何允许的地方。具有解码功能的软件可以将二维码中的文字还原出来。

微信也有二维码扫描功能，因此通过二维码可以实现推广营销。用户使用微信扫描二维码图案后，可立即查看到商家的推广活动等信息，从而刺激他们进行购买。

二维码营销最大的特色就是可以更加方便快捷地将营销信息精准推送给用户（因为只有对产品或品牌感兴趣的用户才会去扫描二维码）。正是因为认识到二维码营销的方便和快捷，现在绝大多数商家均在自己的线下门店设置了二维码扫描的营销，如结账台、服务区、DM单等处，如图8-12所示。

图8-12

商家也可以将自己需要传播的营销内容以视频、文字、图片、促销活动、链接等植入在一个二维码内，然后再选择投放到宣传单、公交站牌、地

铁、公交车身等处即可；感兴趣的用户只要拿出手机一扫即可快速完成一次二维码营销，如图8-13所示。

图8-13

无论是使用个人微信账号还是公众账号，都可以通过二维码进行简单的扫码推广。个人微信号的二维码获取很简单，只需进入"我"页面，单击微信头像右侧的二维码按钮，即可看到自己的微信账号二维码，然后用第5章讲解过的方法截屏并保存为图片，上传到电脑即可进行编辑，如图8-14所示。

图8-14

微信公众账号二维码的获取要登录进入公众平台，在"公众号设置"选项卡中即可看到二维码，如图8-15所示。如果对尺寸有要求，还可以单击右边的"下载更多尺寸"超级链接即可获取不同尺寸的二维码，比如大海报上就需要一些高精度的二维码图片，即可在这里获取。

图8-15

很明显，二维码的营销成本是非常低的。目标用户只要扫描二维码，成功关注商家的微信公众号后，便能不定期地收到商家提供的宣传、优惠等内容；同时商家也能更好地通过微信丰富的表达方式来增加客户黏性。

8.3　通过公众账号进行推广

微信公众账号是腾讯公司在微信的基础上新增的功能模块，通过这一平台，个人和企业都可以打造一个微信的公众号，可以群发文字、图片、语音、视频、图文消息5个类别的内容，是微店店主营销的有力工具。店主不仅能通过公众账号发送有意思的文章吸引粉丝，也能够发送软文推广自己的店铺、商品或活动。

8.3.1　几种微信公众账号的区别

微信公众账号分为3种，分别是订阅号、服务号和企业号。

订阅号是公众账号的一种账号类型，为用户提供信息和资讯。订阅号每天可以发送一条群发消息。订阅号发给用户的消息，将会显示在用户的订阅号文件夹中。在发送消息给用户时，用户不会收到即时消息提醒。在用户的通信录中，订阅号将被放入订阅号文件夹中。

1. 订阅号

优势：每天可以群发一组消息。但是所有企业的订阅号所推送的消息，都是折叠在"订阅号"这个文件夹里边的，也就是说，用户需要打开这个文件夹才能看到推送的内容，而且根据推送的时间，也会不断地往下沉淀。订阅号从某种意义上来讲，是拿来做内容的，如果没有原创作品，则较难做好，因为现在伪原创和抄袭的订阅号太多了，没有自己的特色很难出彩。

由于订阅号在微信接口上有所限制，很多功能插件无法实现，如客服功能、微信卡券、微信商城、模板消息、微信支付等功能，同时接入第三方平台管理，也受到相应的影响，最直接的就是无法使用微信商城和微信卡券等。

建议：个人用户只能申请订阅号，不能申请服务号和企业号，这就需要用户有一定的原创能力，毕竟一个公众号不能全靠转载，必须得有一定数量的原创内容。如果是企业用户，不妨指派专人或团队，对订阅号内容进行原创，对转载的内容也可以进行精心选择。

2. 服务号

优势：9大高级接口全面开发，几乎所有的功能应用都是针对服务号所开发的。虽说服务号每月只能群发4组消息，但是所推送的内容都显示在微信聊天窗口，小红点标志提醒用户查看。因此，每次推送的内容都有足够长的时间准备，给到用户最优质的内容。

微信对服务号有着很大的开发空间，目前的高级接口能够完全满足所有类型的企业所需，加上对微信第三方公司的开放权限，一个认证后的服务号，如果能够灵活应用，可以作为企业的APP。

建议：服务号功能强大，服务用户是企业的关键和宗旨，能够应用好服务号的所有功能，为企业沉淀客户，不断注入新的客源，才是企业的发展之道，因此，微信服务号可以说是企业的最佳选择。

尤其是一些实体企业。即使没有专业的运营人员，只要应用恰当，也能够发挥得很好。

3. 企业号

优势：发送信息数量不受限制。与公众号的区别在于，只有限定范围内的用户才可以关注对应的企业号。其主要功能在于企业建立与员工、上下游供应链及内部系统间的链接，实现简化管理流程、提升整体管理能力。可以理解为建立在微信上移动OA管理系统。可以通过微信企业号完成企业信息传递、审批流程、上下班考勤管理、会议、报销、工作日志等。

建议：企业员工200人以下的企业均可申请注册微信企业号，实现移动办公便捷化。

高手支招 如何选择公众号的类型 ▶▶

不管是订阅号、服务号还是企业号，微店店主均可根据自己的实际需求来选择。个人店主只能申请订阅号；企业则可以任意选择。不少企业3种号同时开通，其实这样做并不太好。最好的组合是使用企业号的同时，在订阅号和服务号选择其一即可。因为订阅号和服务号基本是用户关注，一起用会使用户比较分散，难以达到企业和用户之间的互动目的。

注册微信公众账号，需要用到用户的真实信息，包括身份证号码、电话号码、企业营业执照扫描件等。用浏览器访问微信公众号主页mp.weixin.qq.com，单击"立即注册"超级链接，然后按照提示进行操作，即可申请属于自己的微信号，如图8-16所示。

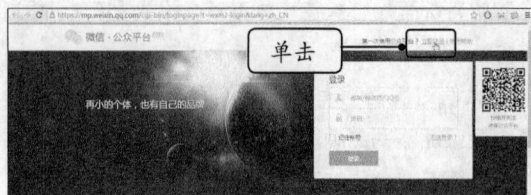

图8-16

公众账号申请成功后，应立即进行各种设置，如头像、名称、隐私、图片水印设置等。其中最重要的是头像与名称设置，头像是一个视觉标签，用户看见头像就可以识别出微信号；微信名称则是方

便其他用户进行搜索及关注。

8.3.2 将公众账号绑定到微店

公众号是拉来新用户，带动老买家的必备工具。如果将公众账号直接绑定到微店，则更加方便营销与推广。绑定二者的好处很多，举例如下。

- 公众号的图文信息如果内容给力，传播广泛，可带来很多对品牌感兴趣的新用户。而私人微信号只能在朋友圈分享内容，传播圈子有限。
- 公众号的粉丝目前没有上限数量，同时可以给粉丝分组，进行针对性的营销和推广。私人微信号粉丝上限5000，且无法针对性地推送内容。
- 有了公众号，即使店主在忙别的事情，来不及回复粉丝的询问，粉丝也能通过自动信息回复、菜单栏等内容了解商品情况，进入店铺。
- 对于会编程的微店来说，还可以针对自己的微店，对公众号的众多功能进行二次开发，保证实现很多独一无二的功能，更加方便营销与推广。

当然，公众号和私人号，并不是说绝对的哪个好，或者哪个不好。店主们可以根据自己的经营情况、买家人群情况来选择，也可以两者结合着进行推广。

将公众账号绑定到微店的方法如下。

第1步 在电脑上登录微店，进入管理页面后，❶单击"公众号管理"选项卡，如图8-17所示。

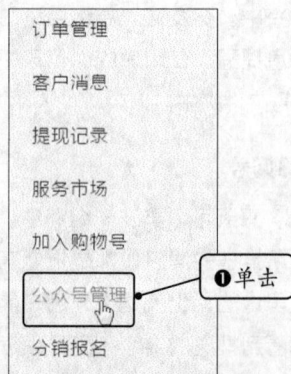

图8-17

第2步 ❷单击"已有公众号，立刻绑定"按钮，如图8-18所示。

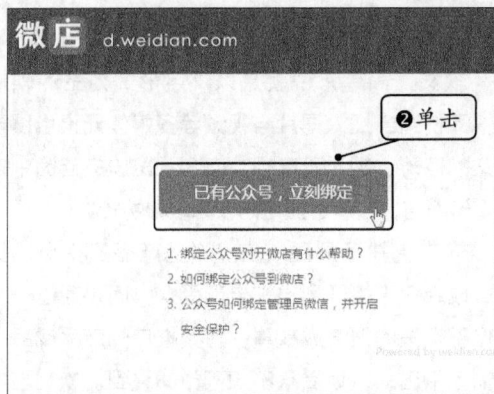

❷单击

图8-18

第3步　微店管理页面给出微信公众号授权二维码，使用手机微信扫描该二维码，如图8-19所示。

图8-19

第4步　在手机上单击"授权"按钮，如图8-20所示。

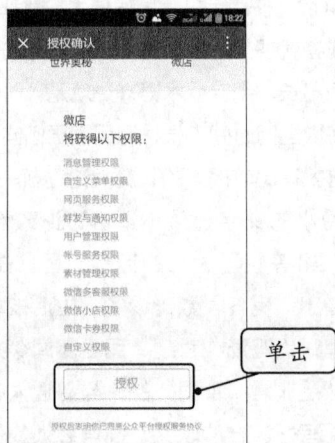

单击

图8-20

第5步　手机微信显示"授权成功"，如图8-21所示。

图8-21

第6步　在电脑上单击"已成功绑定"按钮，如图8-22所示。

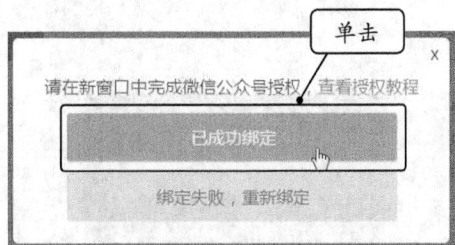

单击

图8-22

第7步　单击"保存"按钮，绑定完成，如图8-23所示。

单击

图8-23

绑定后，可以在微店管理页面中设置微信欢迎词、自动回复等功能。当新用户关注公众号并首次进入时，公众号会自动发送预先设置好的关键词；当用户按照提示发送关键词时，可发送相应的回复，如用户发送"买"，公众号即回复一个进入店铺的链接，如图8-24所示。当用户单击该链接时，即可进入微店店铺，如图8-25所示。

图8-24

图8-25

用户也可以建立更多的关键词回复。如果是企业公众号，还可以通过微信的认证，认证后可以自定义公众号的底部菜单，增加更多、更方便的功能。

8.3.3 为公众账号撰写营销软文

软文，简单来说就是以文字形式为主的软广告，即使适当插入图片与视频等多媒体元素也属于软文的范畴。相对于电视、电台、路边广告牌中的硬广告而言，软广告显得比较隐蔽和婉转。

软广告并不像硬广告一样把产品的特点、优点、成绩等直接罗列出来告诉受众，而是通过一个看似不相关的报道或故事，将要推广的产品或品牌悄悄地带出来，让受众不知不觉间看到。软文与广告的关系，从表8-1中读者可以清晰地看到。

表8-1

硬广告	报刊广告
	电视广告
	灯箱广告
	⋮
软广告	文字型（软文）
	视频型
	电台型
	⋮

微店店主在公众号中推销自己的店铺与商品，使用硬广告是不行的，会招致粉丝的反感，导致粉丝流失。因此软广告文章，也就是软文，才是公众账号常用的推广手段。而微信是一个手机APP，在手机中发布软文，与在台式电脑上发布的软文又有所不同，具体说来有以下区别。

1. 视角要够"草根"

网民们使用手机上微信，大多数都是在上下班途中，或者就餐前后，如厕时，或睡觉前，其特点是上网时间不长，用专业术语来说就是"时间碎片化"。由于每次上网时间不长，网民们更倾向于看较短的内容，这就让比较严肃的长篇大论逐渐失去了市场。

短小的文字显然不适合讨论政治、经济、商业、军事等较"大"的话题，因此主要集中在笑话、健康、美容、数码设备、生活技巧、房产、育儿、理财、鸡汤或哲理、民生新闻等方面。这些话题显然是非常"草根"的，与普通人的生活息息相关。要写好这样的软文，视角必须放低，从一个普通人的角度出发，用普通人的语言，讲出普通人的喜怒哀乐、衣食住行，这样接地气的软文，才能在手机端受到欢迎。

2. 娱乐性要充足

一个资讯、一篇有营销功能的文章，不带点娱乐性很难吸引读者。所以在这个时代，软文营销中加入娱乐元素是行之有效的。

支付宝公众账号有一篇关于梵高的软文，就是一篇娱乐化非常彻底的软文。该软文以调侃的语气进行叙述，在经过一番看似有理有据其实很不靠谱的分析之后，图穷匕见，提出"如果梵高有了支付宝理财，也许就不会穷到这种程度了"，在读者哈哈大笑声中就完成了营销。

这篇软文在微信朋友圈得到了疯狂的转发，并被网络软文界奉为经典作品。原本是一个冷冰冰的机器设备，通过娱乐化的软文，对其功能、作用及使用场景无不做出了最鲜活的演绎，从而达到绝佳的营销效果。

3. 语言紧跟网络潮流

网络潮流中，网络语言是一个重要的部分。相对于传统语言来说，网络语言的表达方式更加轻松活泼，更加直截了当，更新换代也非常快，很多全新词汇和句式层出不穷地被创造出来，流行一时，又被后来者抢去风头，如此更替。

年轻的手机端的网民对于网络语言恐怕是最敏感，接受度最高的人群。一旦有新词新句式出现，马上就会在朋友圈疯狂转发，聊天时也会带上新词新句，不如此就显得落伍。

最近一个名叫"友谊的小船说翻就翻"的系列漫画在网络上火起来之后，很多商家也针对这个潮流进行了营销，一时间涌现出了非常多的相关软文。

很显然，借助了网络潮流的软文，无论是曝光度还是接受度，都要比与潮流无关的软文来得高。更重要的是，同行们都在借助网络潮流进行软文推广，谁要是不借助，就落后于人了，除非他能自己创造出新的网络潮流。

4. 内容多媒体化

在多媒体时代，特别是微信社交媒体时代，文章不只是文字，还有图片、视频、音频等，甚至

在部分多媒体文章中，图片、视频才是主角，文字只起到补充说明的作用。特别是带有营销目的的软文，为了先吸引受众看自己，为了能在娱乐化中营销受众，为了不让受众第一眼就看出这是一篇不折不扣的软文，更是有意把文章图片化、视频化。可以说，当下，软文内容的多媒体化趋势十分明显，这也是和现代网民的娱乐需求分不开的。

从这个变化来看，一篇有创意、图文并茂的软文作品，对于只精通文字工作的传统写手而言，独立完成已非常困难了，至少还要一个负责处理多媒体（包括图像收集改编、绘画、平面设计、视频处理）的编辑，才能做出大众喜闻乐见的软文作品。

可以说在互联网、移动设备越来越发达的今天，软文写作也从传统的单打独斗，向团队合作转变。

5. 利于传播分享

智能手机时代来临后，各种社交APP层出不穷，形成一个一个的圈子，如微博圈、微信圈、QQ圈、贴吧圈等。很多网友看到一个有趣的帖子，马上就想将之分享到其他圈子中去。

在台式机时代，分享一篇文章要用户亲手复制粘贴，如果遇上文章中带有多张图片与视频，其操作就更加麻烦了，往往分享一次需要10分钟甚至更久，因为转帖多媒体元素的过程比较繁琐；而在移动APP中，往往内嵌了很多分享按钮，用户只需要单击，就可以轻松地将文章分享到其他圈子中去，完全不必理会具体的分享过程是怎么实现的，这种轻松的分享方式无疑极大地促进了信息的流通。

软文遇上分享方便的移动设备，可谓是如鱼得水。一篇好的软文应该说是不乏网友进行主动传播的，但如果注意一些细节，则能让传播分享变得更加容易。

- *主动呼吁分享。比如一篇讲解如何避免老年骨质疏松的文章，可以在最后加上诸如"请大家随手转发，让更多的人看到，让天下父母都不再受骨质疏松的苦！"，这样呼吁性的文字，会让文章的分享量增加不少。*
- *尽量少在文章内放置跳转链接。能够在一篇文章内讲清楚的事情，最好就不要放一个超级链接在里面让读者跳转到新页面去阅读。因为很多读者耐性有限，跳过去之后看两眼可能就直接关闭页*

面，这样文章就失去了分享的机会。

- 利用人们求吉利的心理。比如一篇讲星座的软文，可以在文章最后附上这么一句："据说转发这篇文章5次的人，本月会交桃花运！"，不要小看这种无稽之谈，很多人会抱着"反正试试看也不亏，万一交好运了呢"的心理，将文章进行转发。当然也有恐吓读者的，比如"不转发给两个朋友，今天一定会倒霉"，这种说法就流于下乘了，不提倡。

6. 文字与图片便于阅读

现在主流的手机屏幕尺寸是在4～5.5英寸之间，相对于电脑显示器来说，还是很小。在这么小的屏幕上阅读其实是一件吃力的事。因此，如果手机端软文的作者能够控制文章的格式，应尽量将字体调整到适合手机阅读的大小，太小看着吃力，太大又会导致页面过多；字体格式除了标题和需要强调的字词以外，尽量使用宋体或仿宋体；背景色也不要做得太亮，以防刺眼。

手机端软文的配图应该大小适中、构图简单、色彩鲜明，在手机上浏览时不必放大就可以清楚地浏览，并能将要传达的信息准确地送到用户眼前。图8-26所示为配图清晰的例子，其标题与配图都很清楚明白，无需放大就能表达意思；而图8-27则是一个失败的例子，其配图不放大就看不清，不仅如此，图片色调与背景色非常相近，看上去很难区别，影响观感。

图8-26

高手支招 发布前先测试 ▶▶

如果手机端软文有配图，最好先使用3.5~4英寸屏幕的手机进行预览，如果能够看清，那么在绝大部分手机上浏览就没有问题了。

图8-27

8.4 秘技一点通

技巧1 ——朋友圈发布的信息遭到负面评价时如何处理

营销账号不免要在朋友圈发布产品信息。有时候会遇到负面评价。此时不用太过担心，虽然不能删除这种负面评价，但因为微信朋友圈的特殊机制，看到的人会很少。这种机制是：假如A与B是好友，而B与C是好友，但A与C不是好友，现在B发表了朋友圈消息，A和C分别进行了回复，但因为A与C不是好友，所以A与C看不到对方的评价。简单来说，对于某一条朋友圈消息的所有回复中，只能看到好友的回复，非好友的回复看不到。

一个营销账号的好友,应该说大部分之间都是陌生的,因此一条负面评价,只能被发表该评价账号的好友看见,其影响面是比较小的,不像论坛、微博那样可以被所有人看到,因此也不必太担心。

当然,影响面小并不是说就不做处理。由于微信不允许删除他人回复,因此,对于纯粹是不顾事实的污蔑性回复,要有理有据——反驳,切忌谩骂,否则显得自己档次很低,并且将发布回复的人清除出好友列表,以免他再次产生污染;对于误会性的回复,要耐心解释,语气中要略显委屈,博取同情;如果的确是自己的产品或服务有问题,应当回答该顾客"我们马上和您联系,了解情况",之后就不要再在朋友圈交流了,而应直接与对方进行微信交流或电话交流,承认错误,解释原因,争取谅解,并与顾客商量赔偿事宜。

技巧2 ——在不建群的情况下一次发送信息给多个微信好友

通常店主会有一些专门用于营销的微信号,加了很多对产品感兴趣的好友。有时候店主想要将一条信息发给多个好友,甚至所有的好友,但又不想建群,让好友们互相认识,有没有什么办法可以在不建群的情况下一次发信息给多人呢?办法是有的。

微信其实就自带群发功能,只不过藏得很深,需要在多层菜单中找到它才能使用。

第1步 进入微信APP后,❶单击"我"选项卡,❷单击"设置"按钮,如图8-28所示。

图8-28

第2步 ❸单击"通用"按钮,如图8-29所示。

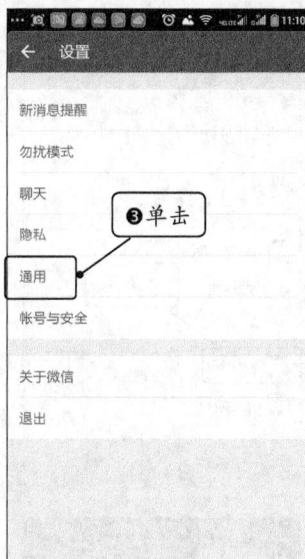

图8-29

第3步 ❶单击"功能"按钮,如图8-30所示。

图8-30

第4步 ❷单击"未启用功能"下的"群发助手"按钮,如图8-31所示。

第5步 ❶单击"启用该功能"按钮,如图8-32所示。

第6步 ❷单击"开始群发"按钮,如图8-33所示。

图8-31

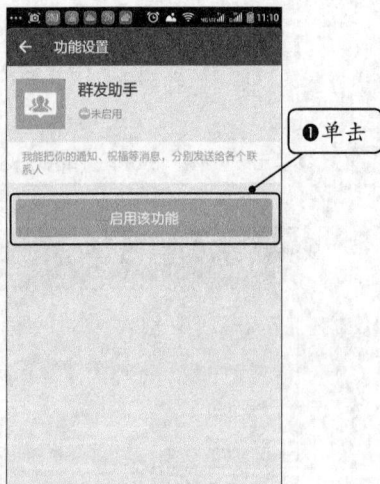

图8-32

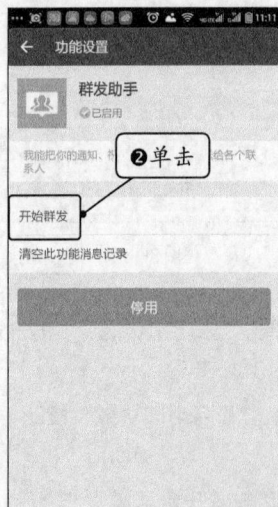

图8-33

第7步 ❶单击"新建群发"按钮，如图8-34所示。

图8-34

第8步 ❷选择要群发的好友（也可以单击"全选"按钮选中全部好友），❸单击"下一步"按钮，如图8-35所示。

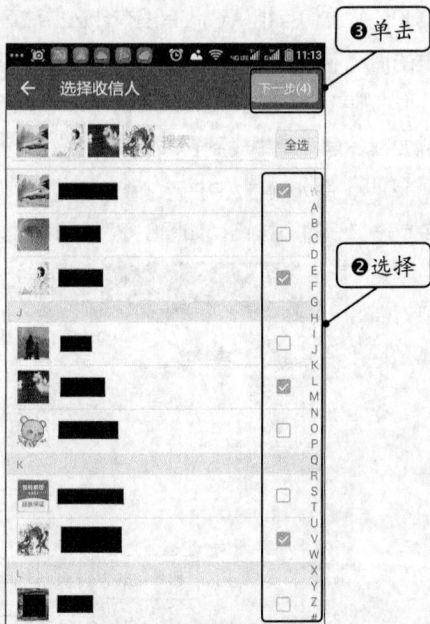

图8-35

第9步 ❶输入群发内容，❷单击"发送"按钮，即可将信息一次发给多个好友，如图8-36所示。

图8-36

下一次要使用群发功能时，在"已启用的功能"一栏下可以找到它，如图8-37所示。

图8-37

技巧3 ——测试自己是否被微信好友单方面删除或拉黑

在微信中删除一名好友，或将该好友拉黑，对方是不会收到任何通知的，而且在对方的好友列表中，自己仍然存在。这就导致了很多人被好友删除或拉黑以后，却很长时间都不知道。对于微信营销号来说，被删除或拉黑是正常的，因为总会有人不喜欢营销行为。但这种删除与拉黑应该保持在一个

较低的数量，至少应该低于新加好友的数量。

一个营销账号，应定时检查有哪些好友删除或拉黑了自己，一方面是了解好友流失的速度，另一方面也可以将这些好友清除出列表，腾出空间来添加其他有效好友。那么，如何检查对方是否删除或拉黑自己了呢？最简单的方法就是建群。

建群的方法很简单：❶单击微信右上角的＋按钮，❷在下拉菜单中单击"发起群聊"选项，如图8-38所示。❸之后选择要测试的好友，❹选择完毕后单击"确定"按钮，如图8-39所示。

图8-38

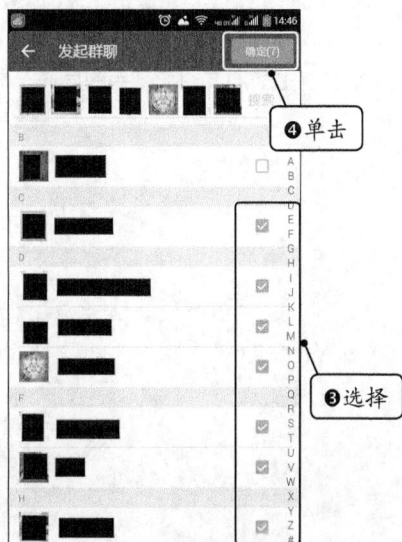

图8-39

之后进入群聊界面，如果某个好友已经将自己

删除或拉黑，那么微信会提示应先将此人加为好友才能邀请其加入群聊，如图8-40所示。

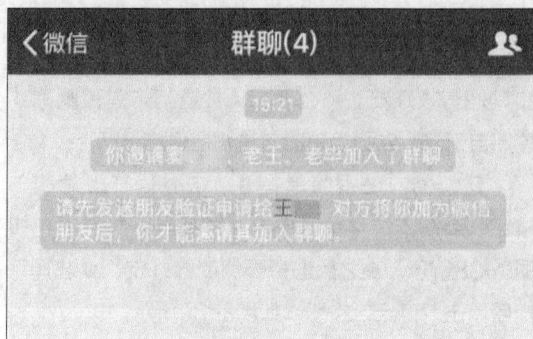

图8-40

将这些名字记录下来之后，不要在群里发送任何消息，退出群即可。然后按照名单，将这些好友一一删除就行了。

专家提点 建群的数量限制

> 上面讲解的方法只能在建群时选择的好友数少于40个时使用，选择超过40个（含40个）好友建群时，微信会向好友一一发送建群提示，而不会出现图8-1中的提示。因此本方法每次最多能验证39个好友。

技巧4 ——如何让自己的形象在朋友圈变得真实可信

很多店主在朋友圈卖产品的同时，总是遇到很多信任危机。这也难怪，毕竟很多时候双方都没有见过面，也没有打过交道，没有建立起信任，有所怀疑也是正常的。那么，应该如何让自己的形象在朋友圈变得真实可信呢？

- 微信头像要用真实头像，最好是职业照，如果连真实头像都不愿意展示给别人，容易产生距离感。
- 微信名字要用真实名字，现在很多人做微商但是连真实名字都不愿意告诉客户，很难能取得客户的信任。
- 微信号越简单越好，最好6位数，或是本人名字的首字母加数字或是手机号。
- 微信地区一栏，最好设置真实所在地，很多做微商的朋友，把地址设为国外的某个地点，一看就是假的，客户能放心么？
- 微信个性签名一栏，最好的格式是：身份、产品或业务介绍。比如卖红酒的客户的个性签名可以是：红酒专家赵晓宇，专营法国进口红酒批发和团购，假一罚百。
- 微信朋友圈相册封面图，不要放产品介绍及宣传语，尽量放能体现身份及商品真实性的照片，比如本人在酒庄里的照片，或者与大批货物在一起的照片等。
- 相册也不要只发产品照片，还要穿插发一些生活照，这样更能取信于买家。

做好以上几个方面的设置，在朋友圈互动，才能给粉丝产生真实感，进而有机会产生信任。

佛牌姑娘在微信朋友圈卖货月流水百万

"做佛牌的姑娘"卢柒柒，她已经离开淘宝，全职做微信生意，并在泰国买了房。

卢柒柒在微信上做的是泰国佛牌的生意，售卖一些佛牌、古曼童、心锁等宗教产品，最主要的产品是古曼童，这是一种来自东南亚的"佛童子"，经过高僧或法师加持，供信善人士供养以保平安。

用户在卢柒柒的朋友圈除了看到各种产品，还可以看到关于佛牌、古曼童的一些知识，以及她个人的生活分享，并且可以和她直接交流。卢柒柒称，微信上的信任度比淘宝高，现在她的大部分客户都是通过银行卡直接转账。

目前卢柒柒聘用了十几名员工，每人运营一个微信账号，每月流水在50万～100万元左右。不过这个业绩并不是平地起高楼，卢柒柒的佛牌生意已经做了好几年，此前她在淘宝有多家店铺，销售和现在朋友圈一样的产品。"淘宝赚的是辛苦钱，当初做淘宝店积累的引流技巧给现在的生意带来了很大帮助。"卢柒柒说，现在微信上的收入已经比淘宝店高，她已经放弃了淘宝店，使用微信＋微博的组合方式进行销售。

卢柒柒说："相比起淘宝，微信朋友圈的运营成本和操作难度要低得多，用户可以直接拍照手机上传，不需要花钱购买流量，没有搭建和美化页面的过程，并且与买家进行随时随地的直接沟通，以个人信誉为担保，建立起长期有效的买卖关系。"

第 **9** 章

微博推广也很给力

🔍 本章导言

    微博是一种"迷你"型的日志,一条微博不超过140字。这种短小精悍的内容发布平台受到了全世界网民的追捧。目前在中国有新浪、腾讯、搜狐三大微博平台,其中新浪微博最火,日活跃用户达9千万,是一个非常具有营销价值的推广平台。店主可以充分利用新浪微博来推广自己的微店与产品。当然,在其他微博平台上的推广方式也是相似的,店主们可以触类旁通。

🔍 学习要点

- 掌握增加微博关注者(粉丝)的方法
- 掌握通过微博进行营销推广的方法
- 掌握企业申请微博官方账号,并进行营销推广的方法

9.1 微博与微店

    微博是一个发布短小消息的平台,仅在中国,用户数量就有数亿之多,因此很多人在微博上推广宣传自己的商店或产品,获得了巨大的收益。作为一个微店店主,当然要充分利用微博平台,为自己的店铺赚取利润。

9.1.1 微博:广播式营销

    微博与微信有一定的相同之处,比如二者都需要粉丝,粉丝数量越多越好;将陌生人变成粉丝后,通过各种方法留住粉丝;选择适当的时机与方式向这些粉丝进行推广。

    不过微博与微信也有一定的区别。微信中,粉丝与店主是互相关注的,相互之间平等;而微博则可以单向关注,粉丝关注某个微博,但该微博不必关注粉丝(当然也可以关注),有时候某个著名的

微博有上百万关注者,但该微博可能仅关注了几十人。这种情况下,就形成了一对多的"广播"式信息扩散,对于营销来说是非常有利的。

    而每一个关注者显然也有他自己的微博社交圈,他会把自己认为值得转发的消息传播进他的社交圈中,这就形成了二次广播以及多次传播,如图9-1所示。

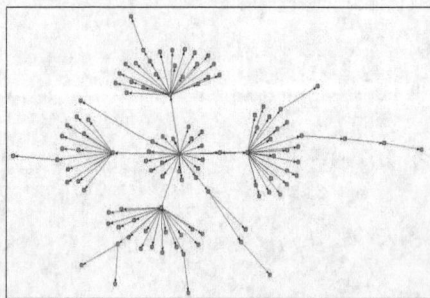

图9-1

特别是一些极具传播价值的微博消息，会受到疯狂的转发，短时间内转发量可以达到数十万次甚至更多。利用这个特点，精心编写一些微博段子，即可得到大量的转发，在赚取知名度的同时，也可以吸引大量的粉丝关注。当一个微博有了大量的粉丝时，就可以慢慢进行营销，推广自己的店铺与商品了。

9.1.2　微博配合微店进行营销

微店的店主如何使用微博进行营销呢？一般来说有以下两种方式。

- 将微博作为微信的"前哨阵地"。微博不断地吸收粉丝，然后通过二维码等方法将微博粉丝引流到微信，成为微信粉丝，与其他微信粉丝一起合并进行管理。
- 将微博作为一个独立的营销阵地。利用微博段子吸引粉丝，并在粉丝群壮大后对微店和商品进行营销。

不管使用哪种方法，粉丝数量都是第一重要的，粉丝不上规模，一切都是空谈。因此"吸粉"是微博营销的重中之重。有了粉丝之后，还要使用各种营销手段来推广自己的店铺。具体的吸粉与营销方法将在后面进行详细介绍。

9.2 微博涨"粉"秘诀

微博与微信一样，粉丝是一切的基础，没有粉丝什么营销手段都用不上，粉丝的数量直接关系到微博营销效果。因此，微博营销的首要任务就是增加粉丝数量。

9.2.1　通过优质微博内容吸引关注

一个微博账号，从没有任何关注者，到关注者成千上万，其原因是什么呢？如果不是靠本身名气带来的粉丝（如明星），那么一定是用优质的微博内容吸引并留住了访客，使其成为自己的粉丝。

那么，在微博上什么样的内容算是优质内容？

1. 紧跟时事热点

微博的内容应尽量包含有当下热门话题的关键词，这样会非常利于微博搜索时得到曝光的机会，如图9-2所示。

当然，最好是结合热点又能融入自己的产品进行营销，既能引发用户的兴趣，又能趁机推广品牌，这比单纯发布热点内容更有价值。比如在"星球大战"第七集进行全球预热的时候，可口可乐也适时推出了相应的微博广告，如图9-3所示。这样的产品营销内容，既紧跟热点，又有效传递了产品价值，制作难度不大，制作成本也不高，作为广告而言可算是价廉物美。

图9-2

图9-3

2. 利用标签紧跟热门话题吸引人气

标签是一种简单的词语，用来标注一条微博的特点。比如发表了一条关于教育儿童的微博，则可以在微博中带上"育儿"的标签；或者发表了一条关于美食的微博，则可以带上"美食"的标签。其他人在搜索标签"育儿"或"美食"标签时，带有相应标签的微博会被集中起来呈现给用户。

在新浪微博中规定，凡是夹在两个"#"号中间的均会被识别为标签，如图9-4所示。

图9-4

一条微博可以添加多个标签，标签和标签之间最好使用空格进行间隔。一条微博附带的标签不宜过多，一般1~3个即可；否则会让看到该条微博的粉丝觉得标签太多，视觉上很繁杂，影响阅读感。

带标签的微博发表后，即可在自己的微博首页看到。其中标签呈现出不一样的颜色，并且可以被单击，当单击这个"烤鱼"标签时，就会跳转到相关的话题页面，该页面显示的全部是带有"烤鱼"标签的话题，如图9-5所示。

这样，本来不太可能看到自己微博的用户，因为在其他微博中单击了"烤鱼"标签，从而跳转此页面，就有可能看到自己的微博，这就扩大了自己微博的接触面，受到关注的可能性也增大了。

3. 抓住"价值"做文章

任何微博内容都要有价值，如果读者认为某个微博账号发送的内容大部分都很有价值，自然而然就会成为该微博账号的粉丝。

这里要说明的是，价值的含义是广泛的，不仅仅包括知识、经验的传授，还包括能够带给人放松、愉悦、惊奇、愤怒等体验。总之，一切能够满足人类需求的内容，都是有价值的。比如，有专门发冷笑话，博人一笑的微博账号，如图9-6所示；也有专门提供英国留学咨询的微博账号，如图9-7所示。这些账号提供的内容都可以说是有价值的。

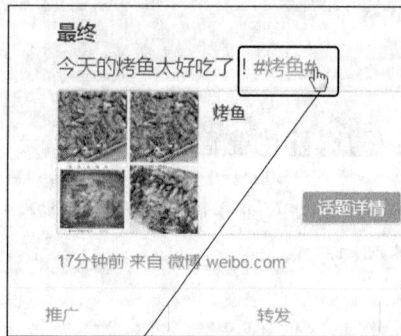

图9-5

图9-6

图9-7

对于微店店主而言，开设一个微博账号后，可以多创造有价值的内容，吸引到足够粉丝之后，再慢慢展开营销。

专家提点 微博发送频率不要过高

要注意微博内容更新的频率。应该每天有规律地更新官方微博信息，数量建议在10条左右，一小时内不要连发几条信息，善于抓住上下班高峰时间更新信息。

4. 微博内容形式要多样化

微博的内容信息尽量多样化，不要全部是文字。最好每条微博信息都带上图片或是视频等多媒体信息，这样具有较好的浏览体验，比起干巴巴的文字来更具有吸引力。如图9-8所示，可以明显看到左边的"长微博"充满文字，看上去就让人"望而生畏"，而右边的微博则是一句简短的文字介绍，加上一段轻松的视频，不会给人造成阅读压力。

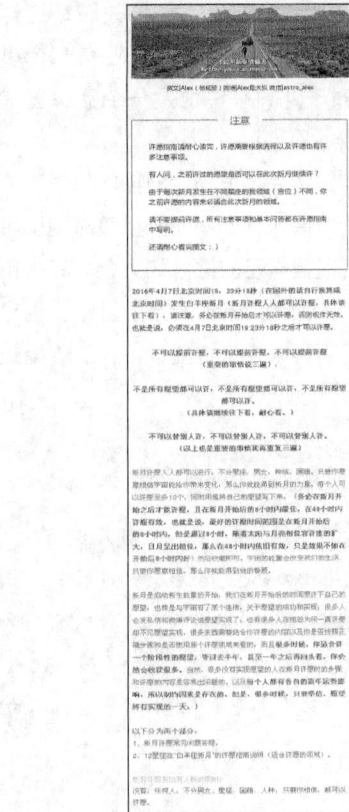

9.2.2 主动去"发现"粉丝

要提升微博的粉丝数量，除了以优质内容吸引粉丝外，还要善于主动关注其他博客账号，这样很多人会出于好奇或礼貌，也会关注自己的博客，这样就成功增加了自己的粉丝。

在新浪微博"发现"频道下有一个"找人"的分类，如图9-9所示，这里就是发起主动关注的最佳场所。

图9-8

图9-9

主动去发现粉丝，也有一些策略和步骤需要理清。比如，对于一个理财类的微博来说，首先可以搜索一些业界专家的名人添加关注，这样做的好处就是先让这些专家名人对企业有一个小小的了解，同时对于外界来说也是一个品牌塑造的契机。

另外一个可以去主动发现的对象就是时下的热门人物，这样的微博人物不仅在一小段时间里可以成为话题热点，而且自己的微博如果参与其中也能和关注这些热门人物的更多粉丝产生互动。相当于利用名人、热门事件来借势传播，这样的传播效率是相当高的。

专家提点 小心关注上限

新浪微博关注人数上有上限（关注人数最多2000），在通过关注他人来增加自己粉丝数量的过程中，应当有所节制，不要在短时间之内将关注人数用完。增加粉丝数量是一个漫长的过程，需要循序渐进，应当做到：每天都关注，每次少关注，这样远比短时间的效果要好。

9.2.3 利用转发和评论进行互动

主动去关注对方的微博后，对方有可能并不关注自己，这就成了单方面关注，起不到涨粉的作用。因此，如果对方不关注自己，还可以主动和对方进行互动，"混个脸熟"，最终让对方也成为自己的粉丝。

互动的方法主要就是对对方发布的内容进行转发和评论。转发他人的微博，可以大大增加对方的好感度；而认真评论他人微博，同样可以增加互动，吸引更多人来关注正在营销的微博。

1. 转发行业新闻

营销微博每天要做的一件事就是有节奏地更新微博内容，但是每天的微博内容不可能都由自己逐条编写，有时也可以从其他微博中转发一些过来。这样一方面可以丰富自己微博的内容；另一方面也会大大增加对方的好感，对方也可能会主动转发己方的微博内容，这样就可以增加互动的机会和曝光度。

举例来说，一个做二手车的企业微博，可以去

新浪财经这样的行业微博中发现一些与自己行业相关的微博内容，转发其微博内容的同时，还可以一并巧妙地配上营销的回复内容并评论给新浪财经，如图9-10所示。

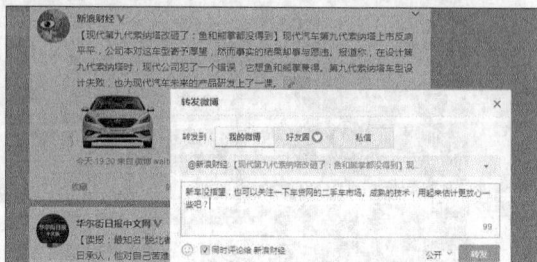

图9-10

这样的转发效果会比较好，因为有相当一部分微博用户很喜欢看热门微博中的评论，当他们看到转发新闻的点评，如果正满足他们眼下的一些需求，那么他们就会有兴趣去单击该微博，而且还有可能进行关注，这就增加了粉丝数量。

2. 评论的同时别忘了点赞

给自己的评论点赞，这其实是一种评论的技巧，可以提升评论的排名名次。抓住眼下热门的微博事件进行评论（评论的内容不一定非要加入品牌信息），只要言语犀利一点就可能被大家关注到；评论完了再为自己点一下赞，提升名次让更多人看到，这是成为热门微博中热门评论的一种有效方式。下面来看一个具体的实例。

第1步 ❶单击"发现"超级链接，❷单击"微话题"选项，如图9-11所示。

图9-11

第2步 在显示的热门话题中去寻找一个最热的话题进入。比如关于"我是歌手"选秀节目的话题，获得了200多亿的阅读量，这样的热门话题当然就是目标了，如图9-12所示。

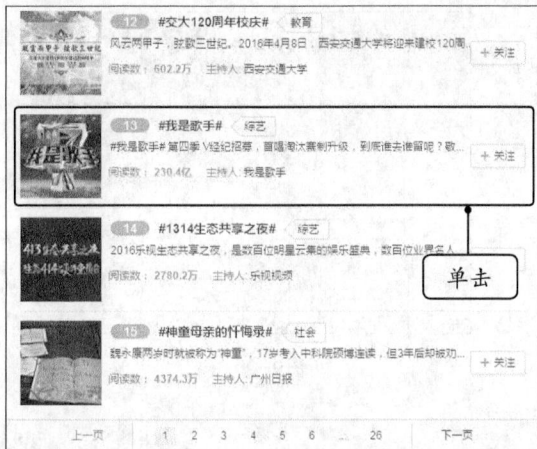

图9-12

第3步 进入话题页面后，❶输入对话题的评论，要注意言语的合理运用，尽量网络化一点、犀利一点，戳中大家的看点才会被人关注到；❷评论完毕后勾选"同时关注主持人"复选框，这样也能增加曝光概率；❸单击"发布"按钮，如图9-13所示。

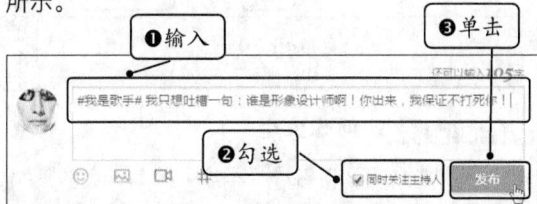

图9-13

第4步 从热门话题下方的评论栏中找到自己的评论，再点赞自己评论的话题，如图9-14所示。这样做的目的是巧妙地运用新浪微博的排行机制，来让自己的评论排序更靠前。

图9-14

9.2.4　利用互粉增加关注

　　前面提到过，"粉"是"粉丝"的简称，但同时"粉"也表示关注他人微博账号的动作，互相关注则叫

"互粉"。"互粉"是增长微博粉丝的重要方法，如何才能在短时间里获得更快的粉丝增长？其实可以利用新浪微博的插件工具，比如"互粉小助手"就是其中之一，其使用原理就是通过"关注得金币"的激励机制，来促使更多的微博用户关注。具体使用方法如下：

第1步 打开微博应用广场（http://app.weibo.com），❶在右上方输入"互粉小助手"，❷单击"搜索"按钮，如图9-15所示。

图9-15

第2步 从搜索结果中单击"互粉小助手"，如图9-16所示。

图9-16

第3步 在新页面中单击"授权"按钮，如图9-17所示。

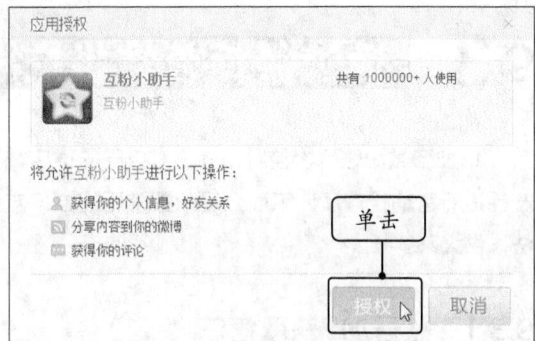

图9-17

第4步 进入"互粉小助手"管理页面，单击"切换到一键关注"按钮，如图9-18所示。

图9-18

第5步 单击"一键关注"按钮，关注筛选出来的微博账号，如图9-19所示。

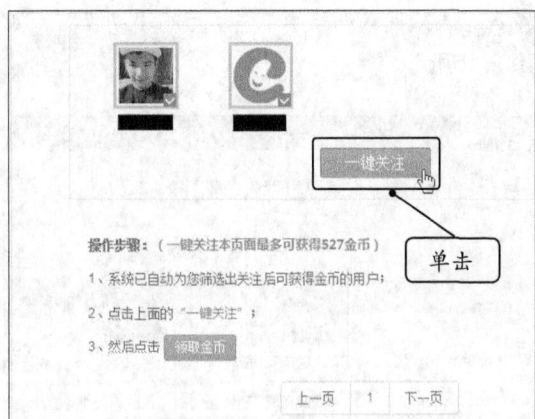

图9-19

第6步 ❶在页面上方单击"求关注"超级链接，如图9-20所示；❷设置关注奖励与关注总数等项目，❸完成后单击"修改"按钮，如图9-21所示。

图9-20

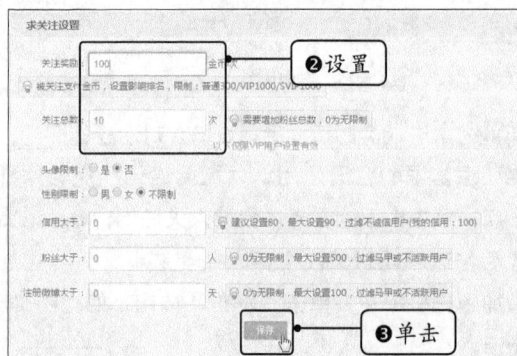

图9-21

专家提点 如何赚金币

对个人微博而言，可以用"互粉小助手"先赚取金币，赚取的方式就是去关注其他微博账号；当赚取到一定数量的金币后，就可以创建一些关注任务，这样其他微博账号在关注自己微博的同时也能获得金币。正是通过这种互惠互利的方式，利用"互粉小助手"可以在小范围内很快让自己的微博人气得到提升。当然，如果企业有专项营销资金，也可以直接购买金币来获取关注，这样效率要高很多。

9.3 通过微博营销推广

增加了微博账号粉丝后，就要对自己的微店或产品进行营销推广了。下面介绍一些常用的推广方法，供大家参考。

9.3.1 账号加V获取信任

对于有一定社会影响力、或是希望通过新浪微博提升个人形象的用户而言，微博个人V认证是一个不错的展现途径。申请通过后就相当于在新浪微博开设了一个专栏，能够享受到更多的个性化服务，比如更丰富的粉丝互动形式、方便行业交流等。个人申请微博V认证其实和企业申请官方认证的步骤大致类似。具体操作步骤如下。

申请认证的网页地址为http://verified.weibo.com/verify，在"个人认证"一栏单击"申请"按钮即可进行申请，如图9-22所示。

图9-22

9.3.2 头像图片与背景图片也能吸引眼球

微博的头像与背景图片，关系到粉丝对此微博的第一印象，因此非常重要。微博的头像与背景图片，除了要让粉丝觉得美观、精致、大方以外，最好能够有鲜明的个人特色，能够给粉丝留下深刻的印象，造成独特的"思维印记"，让粉丝一看头像就知道这个微博是谁的。图9-23所示就是一个较好的例子。

图9-23

从图中可以看到，不仅头像特别，背景图片也很有意境，名字还有个一个生僻字，三者组合起来，就能给粉丝留下非常深刻的印象了。

9.3.3 微博资料要精心填写

微博资料是粉丝了解一个微博的渠道之一。微博资料可以告诉粉丝很多信息，让粉丝判断该微博是不是对自己的胃口。微博资料显示在微博首页的左边，

很多粉丝喜欢第一时间浏览微博主人的资料。

微博资料写得越详细越好，不仅可以让粉丝了解，还可以让粉丝看到自己对微博的认真态度。在微博资料中，最重要的信息应该是"简介"，一个营销用微博，应该在其简介中介绍自己的身份、特长、爱好等，如图9-24所示。此外，对于联系方式、标签等信息也要填写，以便更多地方便粉丝了解，如图9-25所示。

图9-24

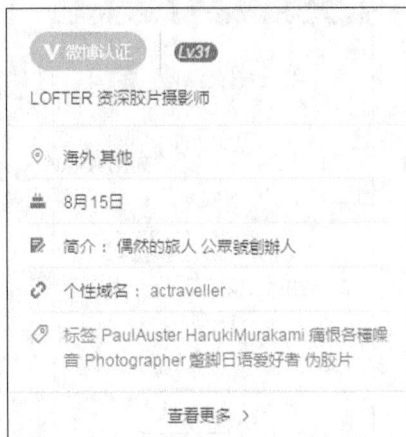

图9-25

9.3.4 分享微店至微博

当自己的微博有了一定的粉丝数量后，就要适时地将自己的微店地址发送到微博，让微博粉丝访问。这是通过微博引流到微店的最基本的方法，其操作步骤如下。

第1步 进入手机微店APP，❶单击"微店"按

钮，如图9-26所示。

图9-26

第2步 ❷单击"分享"按钮，如图9-27所示。

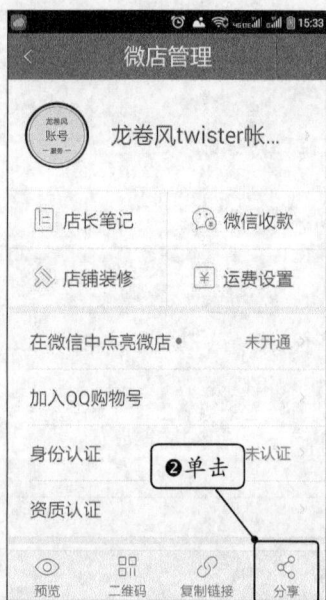

图9-27

第3步 ❶单击"新浪微博"图标，如图9-28所示。

第4步 手机自动运行新浪微博APP，并显示填写好的信息，❷对信息进行编辑（也可以不加编辑），❸单击"发送"按钮，如图9-29所示。

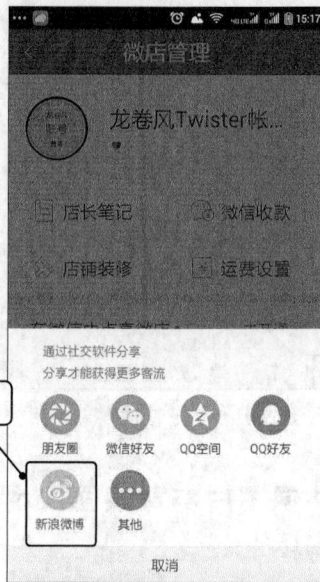

图9-28

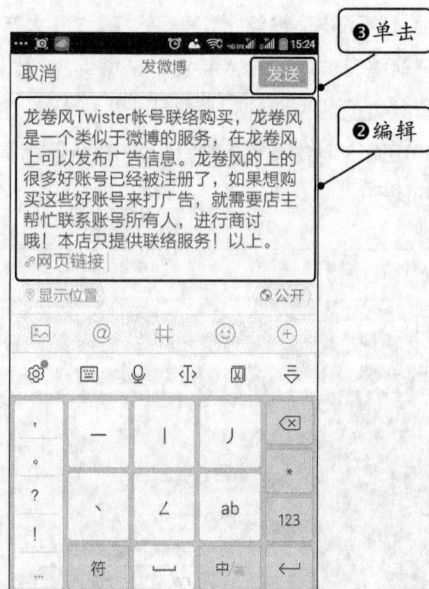

图9-29

专家提点 如果新浪微博APP不能自动出现第4步的界面

如果新浪微博APP不能自动出现第4步的界面，不显示自动填写好的微店信息，而只显示一片空白，或停留在微博首页，这说明微博没有获得相应的权限，不能完成此操作。此时需要在手机的设置界面中，允许新浪微博APP获得"短彩信"使用权限，即可让转发功能恢复正常。

9.3.5 分享商品至微博

同样地，微店中的商品也需要适当地分享到微博中。这种对单个商品的推荐主要用于新商品上架时，向微博粉丝进行推荐。在推荐过后，往往能迎来一波销售高峰。

第1步 进入手机微店APP，❶单击"商品"按钮，如图9-30所示。

图9-30

第2步 ❷单击新上架商品的"分享"按钮，如图9-31所示。

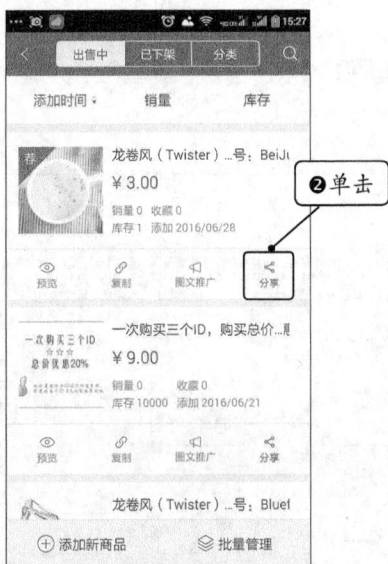

图9-31

第3步 ❶单击"新浪微博"图标，如图9-32所示。

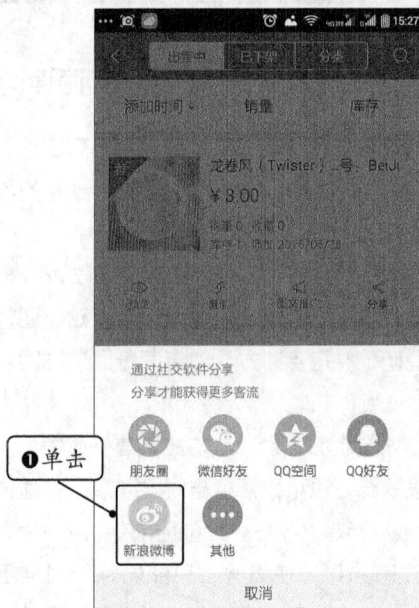

图9-32

第4步 手机自动运行新浪微博APP，并显示填写好的信息，❷对信息进行编辑（也可以不加编辑），❸单击"发送"按钮，如图9-33所示。

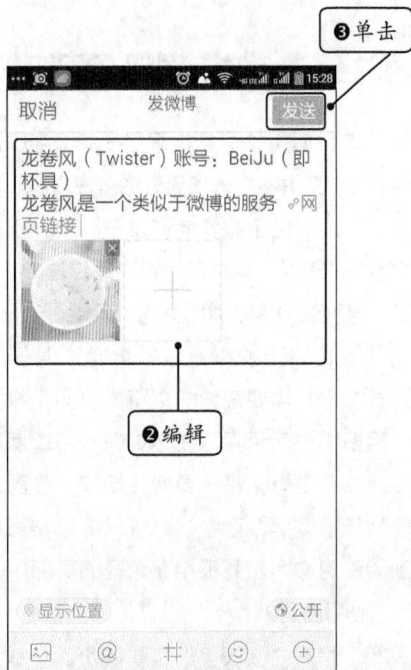

图9-33

9.4 秘技一点通

技巧1 ——如何处理微博上的负面评论

负面评论分为两种，一种是纯粹的恶意评论，另一种是正常的负面评论，是对产品或服务的不满，这两种负面评论要分别处理。

对于纯粹的恶意评论，如谩骂，可以直接删除，如果对方捏造事实进行污蔑，也可以贴出图片证据进行说明，并指责对方是微店同行，这样围观群众都会比较倾向于博主。

对于正常的负面评价，之前在微信一章中也讲解过，可以解释，也可以留言与对方联系，并通过微信、QQ或电话等途径与对方沟通解决。

需要注意的是，在微博上只能删除针对自己主帖内容的评论，如果是自己对他人主帖的评论，又被别人回复进行负面评论，这种评论是不能被自己删除的，只能由发主帖的人进行删除。这种情况下，要么联系发主帖的人进行删除，要么就只能尽量解释了。如果实在解释不清，就不要解释，进行冷处理，过一段时间，使其影响力慢慢降低。

技巧2 ——发送超过140字的微博内容

新浪微博每条信息被限定在140字以内，有些内容140字又讲不完，如果分成多段发送，又会给读者造成麻烦。由于微博允许发送图片，于是就有人将文字做成图片，这样就可以发送超过140字的长微博了。这种长微博在微博营销中运用得非常广泛。

新浪也自带发布长微博功能，但在新浪微博发的长微博，需要在新的浏览器页面中打开进行浏览，很多用户表示不习惯。更多人习惯使用第三方长微博发布工具，将长微博转换成一张图片，然后发表到新浪微博，查看的时候只需单击图片，就能看到清晰的文字，而不用在新开的页面中去浏览，这就方便很多。

第1步 打开"太长了"工具的页面，❶将长微博复制到文本框中，❷单击"转换为图片"按钮，如

图9-34所示。

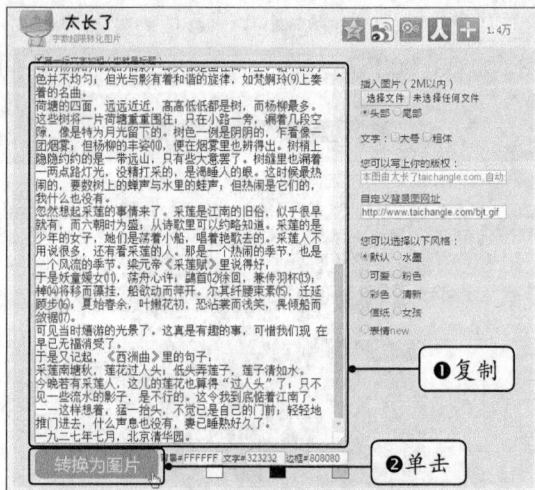

图9-34

第2步 转换成功后，单击"新浪微博"超级链接，如图9-35所示。

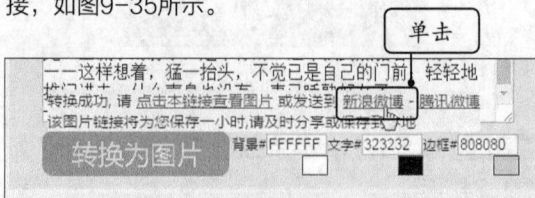

图9-35

第3步 ❶单击图片，❷单击"分享"按钮，如图9-36所示。

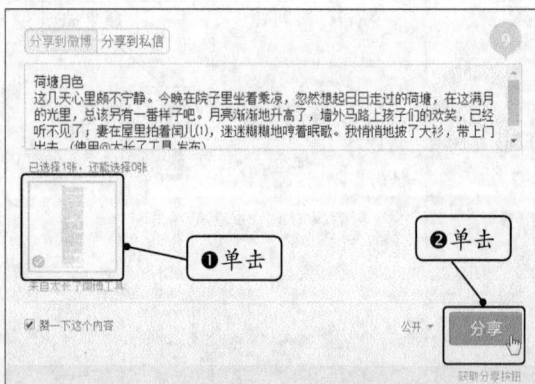

图9-36

在微博页面可以看到自己刚发布的短微博，如图9-37所示。单击短微博下面的图片，图片会被放大，即可阅读图片中的长微博内容，如图9-38所示。

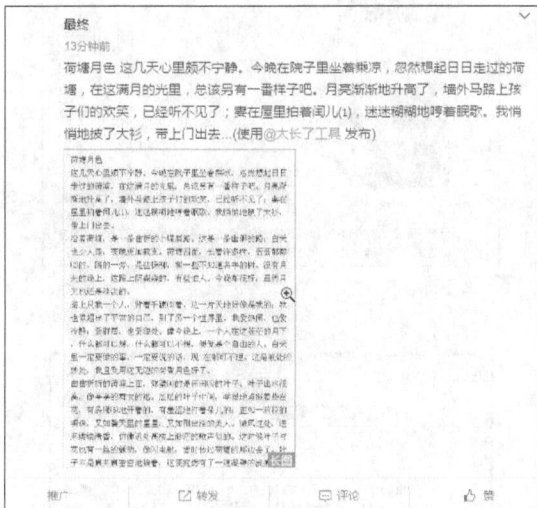

图9-37

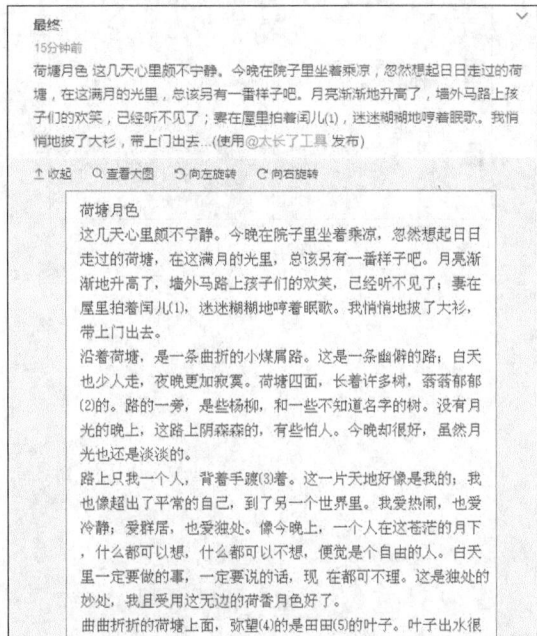

图9-38

技巧3 ——定时发送微博内容，减轻自己的负担

在进行微博营销时，经常需要定时发送一些内容，比如下午3点会进行一个促销活动，那么就应该提前几分钟发布微博，提醒粉丝们。此时可以通过新浪微博或其他第三方工具来设置定时发送，这样可以不用一直守在电脑或手机旁，减轻了自己的负担。

使用新浪微博自带的定时发送功能

新浪微博自带定时发送微博功能，使用方法如下。

第1步 在新浪微博首页，❶单击"查看更多"按钮 •••，❷单击"定时发"选项，如图9-39所示。

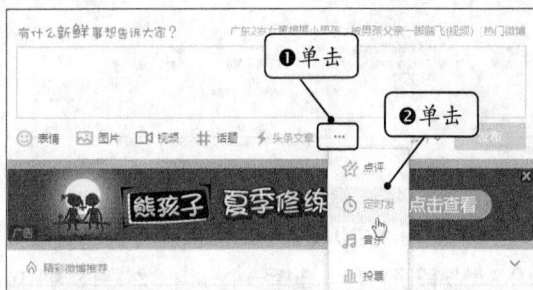

图9-39

第2步 ❶输入微博信息，❷设置发布时间，❸单击"发布"选项，如图9-40所示。

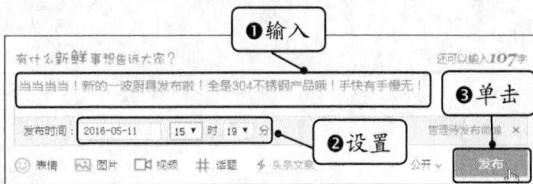

图9-40

当时间到了之后，这条微博会被自动发布出来。

技巧4 ——从哪里获取精彩的微博来作为自己微博的补充内容

一个微博营销账号，如果全部发送产品信息、商品信息，是不会有粉丝关注的。营销账号要在平时发送一些搞笑、养生、读书等内容，才能吸引粉丝。很显然，作为一个微店店主，是不可能全部原创这些内容的，这就要"借助"他人的微博，来为自己的微博吸粉。

在"皮皮时光机"网站，可以选择精彩微博段子来转发，用户只需在"内容库"中单击"微博内容库"选项卡，即可看到丰富的微博内容，供用户选择，如图9-41所示。

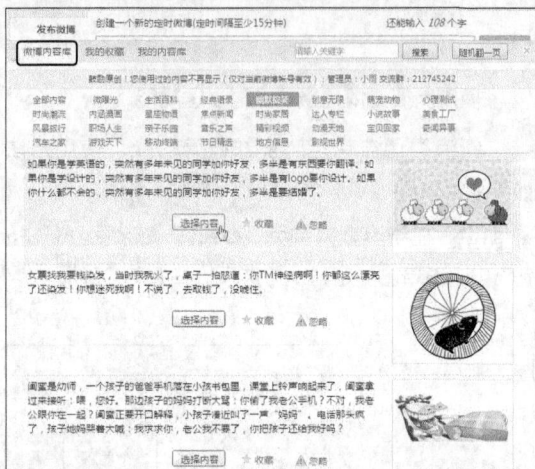

图9-41

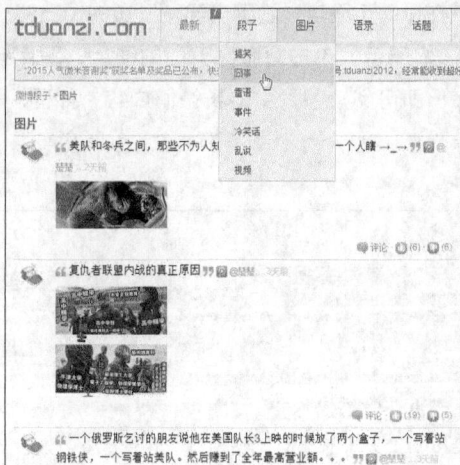

图9-42

如果觉得微博段子的来源太单一，还可以访问"微博段子"网，选择一个分类，然后在其下拉菜单中选择小分类，如图9-42所示，之后即可看到相应的微博，将鼠标停留在要转发的微博上，就会浮现出分享工具栏，单击其中的新浪图标按钮即可将该微博分享到自己的微博页面上，如图9-43所示。

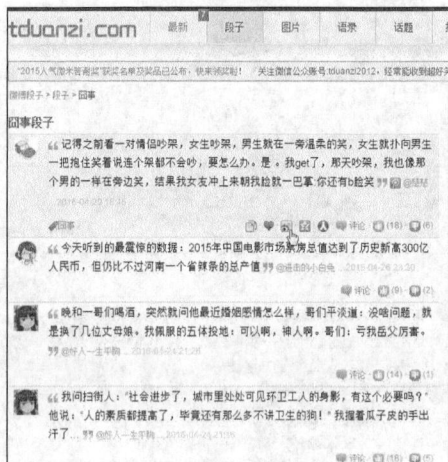

图9-43

无心插柳柳成荫的微博营销

廖羽在金华市经营了一家服装店，闲暇之余，喜欢做些饼干、蛋挞等糕点小吃，如今，她的微店在微博吃货圈可谓是小有名气。

原来廖羽在微店卖饼干和蛋挞都不是主动的，属于无心插柳柳成荫，原本糕点都是做给自己孩子吃的，做好之后，她觉得就这么吃掉没有成就感，于是将糕点照片放到了自己微博进行分享，被互相关注的朋友们看到了。大家惊叹于她手艺的同时，纷纷留言要求预订。最开始廖羽自贴邮费，无偿赠送了不少给朋友们，结果朋友们品尝之后，都在微博下留言夸赞，并在吃货圈子里扩散，没多久廖羽的微博粉丝就上千人了。

不少慕名而来的粉丝开始询问如何购买糕点。廖羽觉得既然这么多人要买，说明还是有市场的，于是干脆用手机开了个微店，糕点做好后，手机马上拍照上架，放到微店中出售。同时她也将微店地址放到自己微博个人说明中，每次上架了新的糕点，还把商品链接发到微博，配上美图，供粉丝们欣赏和购买。

随着时间慢慢的增长，廖羽自己微博粉丝也越聚越多，买她饼干的人也多了起来，到了后来，只能进行限量出售，先来先得。

廖羽说，我的主业虽然是经营服装店，但微店的盈利也不少，而且能通过微博与网友们分享吃货的快乐，闻着新鲜出炉饼干的甜甜香味，看微博上众多的"点赞"，收到雪片一样的订单，我觉得自己周身洋溢着温暖而充实的喜悦。

第10章
用QQ空间来推广

🔍 本章导言

QQ是一款非常流行的通信软件，拥有数亿用户。QQ空间是QQ附带的功能，用于展示QQ用户撰写的日志，精彩的日志常常引来大量用户关注。因此，微店店主可以利用QQ空间发布精心撰写的软文，吸引其他用户前来阅读，将自己的商品与微店推广开来。企业微店也可以在QQ企业空间展示企业信息与出售产品，在微店之外开拓新的销售渠道。

🔍 学习要点

- 掌握提高QQ空间人气的方法
- 掌握在QQ空间营销推广的技巧
- 掌握企业微店通过QQ空间推广的方法

10.1 QQ空间：弥补微店之不足

QQ空间是基于QQ的一个博客平台，凡是QQ用户均可使用。用户在QQ空间中可以发表文章，称之为"日志"。由于QQ用户数量众多，因此作为QQ衍生品的QQ空间用户数量也相当可观，在QQ空间中也就有了营销的可能。

10.1.1 QQ空间的本质

QQ空间本质上是一个私人博客，用户可以在上面发表各种文章，用以记录自己的想法、见闻、工作等，其他用户可以浏览这些文章，并进行回复，与该空间的主人互动。

与一般的博客平台（如新浪博客）不同的是，QQ空间的功能非常丰富，可以设置背景图片与音乐、上传大量展示图片、发表"说说"（一种类似微博的短信息）、在留言板与访客互动等。总之，用户可以将自己的QQ空间打造得非常个性化，如图10-1所示。

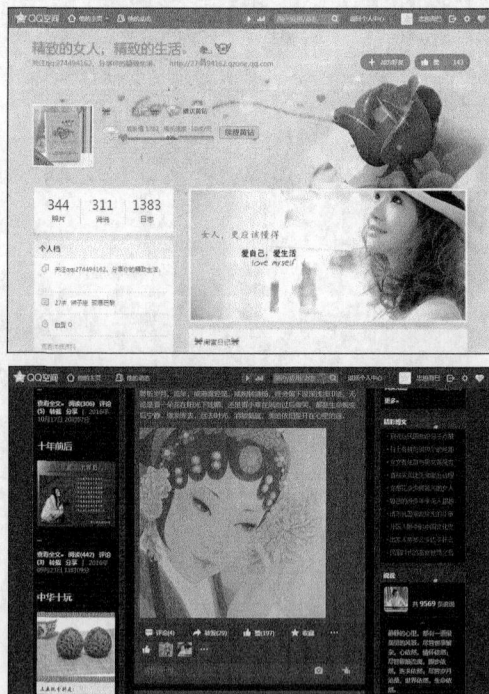

图10-1

当QQ空间中的日志被访问后，空间中会留下访问者的记录，访问者也可以留言，留言将显示在日志详情页的最后，如图10-2所示。

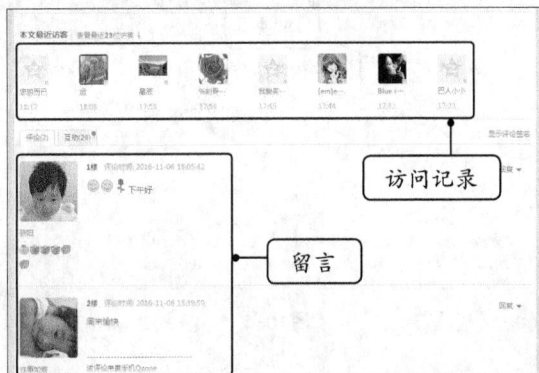

图10-2

显而易见，一篇日志越有意思，访问的人就会越多。经过访问者的转发或口碑相传，又会有更多的访客来访问，有的访客觉得比较合意，就会慢慢固定下来，成为整个QQ空间的常客。这样QQ空间就能够逐渐积累起人气，打好营销的基础。

10.1.2　微店店主利用QQ空间进行营销

首先要明确的是，QQ空间的社交属性并不很强，互动的即时性也不如微信和微博，QQ空间其实是一种展示平台，通过发布有趣或有意义的日志来吸引访客，在访客数量上去之后才能适当地展开

营销。而访客的来源绝大多数都是自己的QQ好友，因此平时要积累QQ好友数量才能打下良好的人气基础。因此，QQ空间的营销工作可以总结为两个，即增加QQ好友数量、撰写吸引人的日志留住访客。

另外，微店的商品详情页一般不能做得太长，都在4~6页内，篇幅有限，因此很多商品的细节都不能得到充分展示，对销售不利。而QQ空间的相册容量有30G，可以存放海量的照片，因此可以将商品的细节照片放到QQ空间中，如图10-3所示，并在商品详情页留下QQ空间地址，向买家说明可以到空间中查看更多商品照片，这样就能够解决微店商品详情页图片不能放太多的问题。

图10-3

10.2　快速打造QQ空间人气

QQ空间需要大量的访问者，也就是俗称的"人气"，才能达到较好的营销推广效果。那么人气从何而来呢？首先，要尽量提高QQ日志的曝光率；其次，要增加QQ好友的数量；最后，要在QQ空间的装修以及内容上下工夫，如此才能吸引并留住访客。

10.2.1　关联QQ空间与微博、增加信息传播范围

前面讲解过通过新浪微博进行微店营销的方

法，其实腾讯公司也有微博，而且腾讯微博用户也很多，并且与QQ用户是互通互联的。用户可以把QQ空间里发布的每一条消息同步至腾讯微博，能够将信息传播范围扩大很多。想要将QQ空间与腾讯微博关联形成同步更新，可按以下步骤进行。

第1步 首先要确保自己的QQ空间是对所有人开放的。登录自己的QQ空间，然后在右上角❶单击⚙按钮，❷在下拉菜单中单击"权限设置"命令，如图10-4所示。

图10-4

第2步 ❶单击"所有人"按钮，❷然后再单击"保存"按钮即可。经过这样的设置后，空间上更新的所有信息自己的QQ好友都可以同步看到，如图10-5所示。

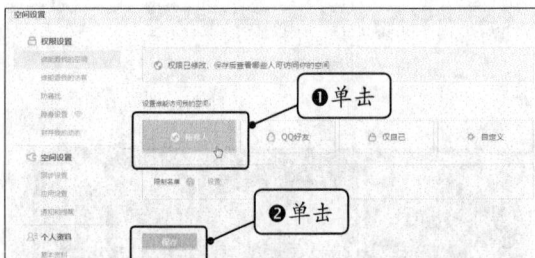

图10-5

第3步 完成上述设置后，到日志页面里打开一篇已经发布的日志，通过页面上方编辑工具栏中的分享按钮，即可将该空间日志直接分享到腾讯微博，如图10-6所示。当然，分享之前必须开通腾讯微博。

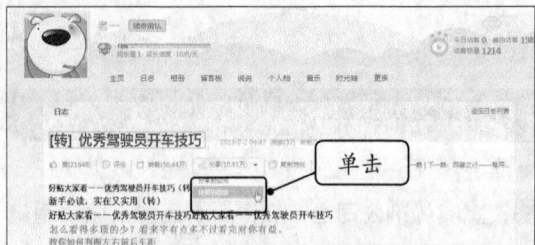

图10-6

另外，也可以充分利用互联网分享的特性，将一切感兴趣的内容便捷地分享到QQ空间上来。分享别处热门的信息到自己的QQ空间，一方面可以极大地丰富QQ空间的内容量，另一方面，通过这样的分享转发也能提升自己QQ空间被搜索到的概率。如图10-7所示，如今各大网站的新闻文章中都带有便捷的分享按钮，其中便有QQ空间的分享操作，单击五角星按钮即

可在弹出的新网页中操作，将文章分享到QQ空间。

图10-7

10.2.2 精心装修QQ空间以吸引访客

QQ空间如同房间，精心装修过之后，给访客留下深刻印象，那么访客就会常来拜访。QQ空间的页面装扮其实很简单，腾讯提供了一键装扮等便捷的操作，如图10-8所示。

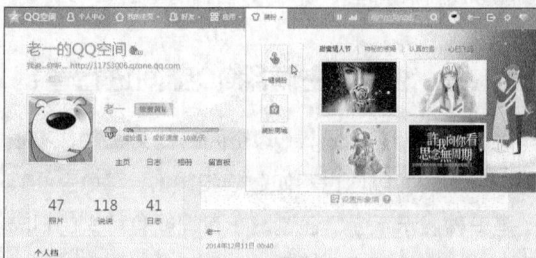

图10-8

QQ空间的页面装扮免费使用的较少，一般都需要支付Q币才可用，如图10-9所示。不过，如果用户是QQ钻石级会员就可以免费使用。对于有营销需求的QQ空间而言，花费必要的经费来购买收费装扮模板，用来装扮好这个营销阵地还是值得的。

图10-9

10.3 在QQ空间进行营销推广

QQ空间是一个多功能的社交平台，不仅可以写日志，还能贴照片、传背景音乐，还有方便的分享和评论功能，充分利用这些功能，可以达到比较理想的营销效果。下面就一起来看看如何在QQ空间中进行营销。

10.3.1　多写原创少转载

QQ空间其实就是一个博客，所以要利用QQ空间做好营销，原创文章最好占较大比例，因为如果一个博客大部分都是转载文章，访客可能兴趣就不大。但是，全部原创的话，工作量也是不小的，要适当转载一些精品文章到自己的QQ空间里来。转载文章的数量不宜过多，与原创相比，保持在二八开或三七开左右是很合适的。

转载过多的话，一看就会让人失去兴趣，比如图10-10所示的QQ空间，一眼看去，几乎每篇文章都是转载的（文章前有个"转"字），五六年时间过去了，阅读量最高的一篇才100，不能不说是非常失败的。

图10-10

高手支招 QQ空间与商业博客的区别 ▶▶▶

QQ空间跟商业博客的定位是很不同的，商业博客要多写商业、经济方面的文章；而QQ空间更加私人化，所以可以多写一些接地气的内容，比如心情日志、护肤心得、育儿经验等，这样比较容易打动QQ好友，能够取得潜在客户的信任。

另外，给日志起一个好的标题是非常重要的。即使日志内容一般，但是标题足够吸引人，也会有不少人浏览，总会增加一些评论量、转发量和点赞量。吸引访客点击的标题是什么样的？一般来说，要有足够冲击力、有新鲜感、有悬疑、够幽默，对读者的刺激要强烈，这样就能引起注意，吸引点击，如图10-11所示。

图10-11

10.3.2　日志别忘加上产品链接

在QQ空间进行营销，其本质是要将客户吸引到产品购买页面上去进行交易，如淘宝网店的页面。因此就必须在文章里留下详细的联系方式，最好在每篇文章的结尾为产品购买页面做一个超级链接，并用醒目的颜色和字体标出，以吸引眼球，如图10-12所示。

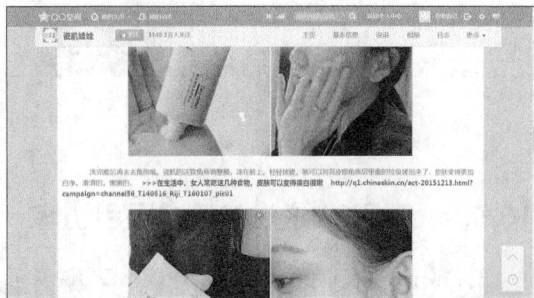

图10-12

有些不符合QQ空间规范的广告内容，也可以单独存放在其他网页上，然后通过QQ空间日志中的超级链接，跳转到该网页，进行宣传。对于转载的文章，也要重新编辑过，在末尾加上超级链接，吸引网友去点击，让转载文章的利用率达到最大化。

10.3.3 利用相册中的照片让日志更有可读性

QQ空间的"相册"是一个上传照片和图片的地方。一般人都知道可以在相册里上传产品图片，但实际上也要上传个人的生活照片。这是因为上传产品图片可以让潜在客户了解产品；上传个人生活照片，则可以让潜在客户更加了解QQ空间的主人，增加信任感，这两者缺一不可。作为企业QQ，在相册中也可以上传一些展现企业内部动态和风采的照片，这样访客也能通过这些照片增加对企业的了解与信任。

相册里的照片和图片不仅可以直接被访客浏览，而且可以插入到QQ日志中，结合文字内容，形成更有说服力的营销效果。对比有图与无图的日志，大家可以明显看到，无图的纯文字日志密密麻麻让人望而生畏，没有读完的欲望，而有图的日志则显得更容易阅读，哪怕配的图和文字内容完全无关，也比没有图要显得更加亲和，如图10-13所示。

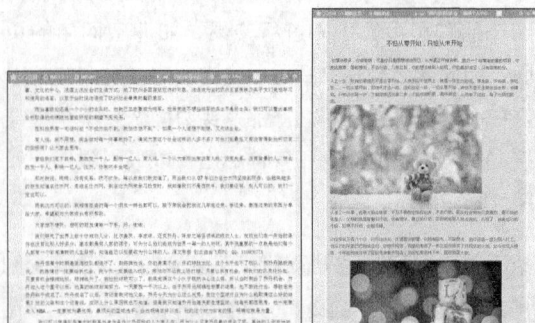

图10-13

10.3.4 利用QQ说说与签名吸引访客

QQ说说是QQ空间里的一个功能。QQ说说可以显示在好友动态里，内容可以包括文字、动画、图片、视频、网址等。QQ说说和QQ日志最大的区别就是：QQ日志可以详细介绍和表达；而QQ说说的字数有一定的限制，只能利用短短的140个字来表

达。实际上，可以把QQ说说理解为一个依附于QQ空间的微博，很多在微博中使用的营销技巧都可以用到QQ说说中。

QQ说说可以显示在好友动态里面。每当更新了说说的内容，就可以在好友的"动态"里看到，如图10-14所示。

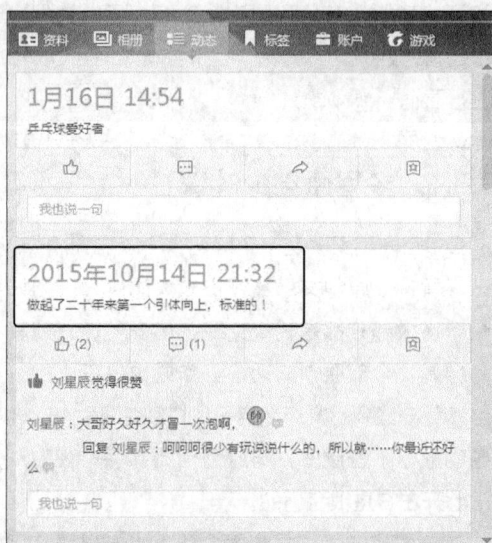

图10-14

QQ签名是显示在QQ好友列表里的，紧跟在好友名字的后面。QQ签名只能显示文字，不能加入超级链接、图片等多媒体，如图10-15所示。

图10-15

大多数人在QQ说说与签名上留的是产品信息、联系方式，而且长期不变，这样做有一定的局限性，因为这是两条很好的展示渠道，如果其内容长期不变，就没有充分利用起来。保持至少每周更换两三次说说或签名的内容，是比较合适的频率，既能随时引起好友的注意，又不至于变得太频繁让好友感到不胜其烦。

有的用户可能担心自己写了说说或签名，也不会有人注意到，其实世界上无聊的人永远占大多数，不要以为好友们整天在忙，其实他们每天闲的

时间很多。当谁的QQ签名上有新的签名时，他们往往会很快发现。因此，要经常更新QQ签名和说说，引起他们关注。如果在QQ空间里发表了新日志，也应该在QQ签名上写出来，这样可以引导好友们第一时间来看新日志。

⚡ **高手支招** 说说和签名中不宜写的内容 ▶▶

说说和签名的内容最好不要写个人的心情，以及一些鸡汤文和名言警句，因为作为营销号，大多数好友与自己都不是很熟悉，并不太愿意看个人心情；其次鸡汤文和名言警句这两年也泛滥成灾了，大众已经有了免疫力，甚至看到就觉得腻味，因此这三类内容最好不写。可以多原创或转载一些幽默、搞笑的段子，夹杂生活技巧、产品信息，进行营销。

10.3.5　升级黄钻或会员更方便推广

基于盈利的考虑，QQ普通用户有诸多的限制，比如QQ空间不能装修、QQ相册不够大、不能建立超过500人的群等。因此，想要为QQ和空间增加更多功能，不妨考虑升级黄钻或开通会员。

升级黄钻后，能免费使用很多商城物品，也能对QQ空间进行装修。装修完成后效果与天猫店看上去差不多，看上去更加专业，能够给访客一种信任感。比如，一家售卖眼镜的小店，在开通三级黄钻后，将QQ空间装修成了淘宝风格，如图10-16所示。

图10-16

这种高仿淘宝店的布局无疑能让访客一下就进入购物状态，因为很多人都习惯了在淘宝购物，看

惯了淘宝店的布局，再在QQ空间看见这种布局，就会受到购物的心理惯性所驱动，从而更加容易掏钱购物。

开通会员或超级会员则可以加速等级升级，网络硬盘、QQ相册等容量都有扩充，还可以注册一个VIP邮箱地址名，创建最高容量达2000人的高级群等。其中，上千人的大群特别方便于营销。

升级黄钻或开通会员都是需要钱的，不过并不是一笔太大的开销，如果营销经费充足的话可以考虑开通。

10.3.6　撰写精彩的营销软文日志

空间日志是用于QQ用户以长篇幅的形式记录心情、摘录事件的地方，而从营销赚钱的角度来考虑的话，空间日志又是一个不错的企业营销软文发布地。一篇巧妙植入营销信息的软件就像是一个会传播的导购员，它可以把企业想对消费者说的话，用非常"软"的方式表达出来，然后形成一种口碑、一种品牌效应。随之带来的就是更多用户对于企业品牌、企业服务以及企业产品认知度的提升。那么，如何不说教、又不让读者觉得这是一篇广告日志呢？主要掌握以下几个要点。

1. 好标题就是好标签

"题好一半文"这是初中语文老师教给大家的文章写作要领，对于一篇希望尽量多的用户来阅读的空间日志软文来说，更要让标题出彩才行。如何才能让软文标题成为内容点睛之功呢？可尝试插入具有引吸力的词，如免费、惊曝、秘诀等；通过不断的积累和不断的分析，逐步找到什么样的文章用什么样的标题更具吸引力的答案。另外，标题还可多用疑问句和反问句，从而引起读者的好奇心。

2. 精彩的开头是成功的前提

以前写作文时就曾遇到过这段问题：标题写好了却久久开不了头，不知道怎么下笔为好。这其实也从侧面反映出了一篇文章开头一段的重要性和不好规划性。对于软文来说，好的开头更是关系到阅读者是否有兴趣继续读下去的关键。如图10-17所示，这是一篇发表在论坛里的帖子，看标题以及开头，你会认为这就是一个事件的记录，实际上，作者将宣传某品牌液晶电视这个中心点，拿一个容易引起大家讨论的事件来开头。

图10-17

3. 正文内容巧妙展现产品

"软文"的意思就是要让文章看起来不那么广告，而是通过一些事例或是相关事件的讲述，关联式地带出营销内容；而且，这样的关联又要很自然。比较常用的办法就是通篇文章都是在围绕标题的意思在展开，仅在倒数第二段的结尾少量的加入营销信息即可，这就是点到即止，但这样的展现又是顺势而为的。如图10-18所示，看似这篇文章是给大讲自驾游该如何省心的心得分享，实际上在文章最后加入的某某旅行社字眼，就是这个文章要宣传的产品了。

图10-18

软文的写作其实是很有技术含量的，读者要多钻研、多练习，才能够写好属于自己的软文。

高手支招 QQ空间软文的写法是电脑端软文通用的 ▶▶

在微信营销一章中，讲解了手机端软文的写作方法。手机端软文限于屏幕大小，不能写得太长，文字也不能太多；而QQ空间的软文主要是在电脑上浏览，可以容纳较多文字与图片，写作上也有更多的技巧。本小节讲解的QQ空间软文写作技巧可以在论坛、贴吧、博客中通用，因为这几个平台都是以电脑端的用户为主，写作方法是近似的。

10.4 秘技一点通

技巧1 ——如何隐藏自己的Q龄以便进行QQ空间营销

要进行QQ空间营销，肯定要多多添加好友。然而现在很多人会先看对方的Q龄，如果Q龄是0岁，则认为是营销QQ，于是拒绝通过添加好友的申请，如图10-19所示。

因此，在使用QQ批量添加好友之前，需要将Q龄隐藏起来，以增加对方通过添加好友申请的可能性。

第1步 在电脑上打开QQ软件后，单击QQ界面下

方的"设置"按钮，如图10-20所示。

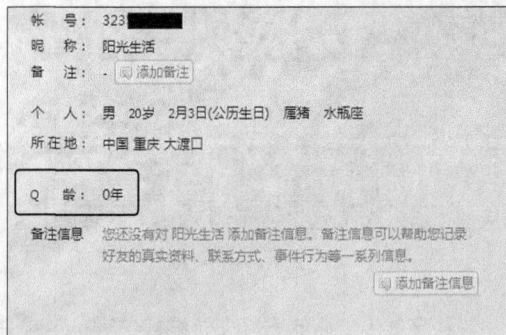

图10-19

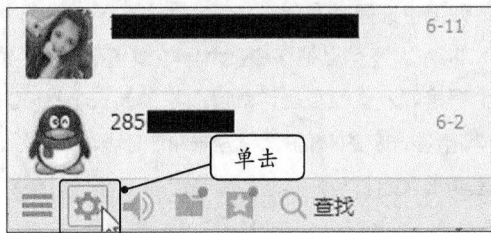

图10-20

第2步 ❶单击"权限设置"按钮，❷单击"权限设置"按钮，如图10-21所示。

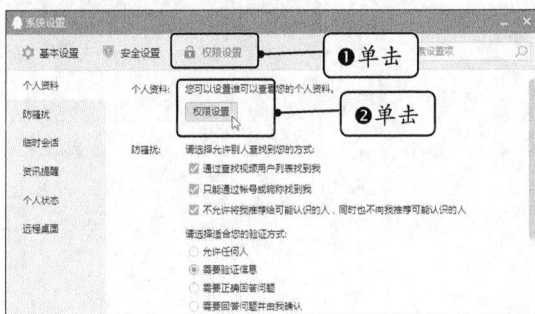

图10-21

第3步 ❶将Q龄设置为"仅自己可见"，❷单击"关闭"按钮，如图10-22所示。

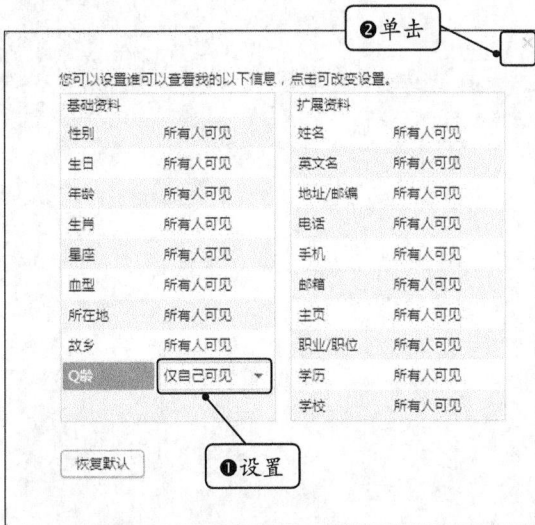

图10-22

技巧2 ——如何批量新增精准QQ好友进行QQ空间营销

使用QQ空间营销，无疑需要有大量的QQ好

友，这样自己发表的日志才有人阅读，营销才能实现。这种方法要求QQ好友尽量要精准，越精准，营销效果越好。精准是什么意思呢？比如，对于茶叶这种产品，愿意在网上进行购买的人，多为23～40岁之间，也就是有一定经济能力，且对电脑、手机较为熟悉的这个群体。如果能够针对这个群体进行营销，那么就可以说对象是精准的。反过来思考，如果向一群小学生推销茶叶，基本不会有人买，这就是对象不精准。

那么如何为自己的某个产品获得精准的对象呢？办法很简单。首先可以申请10个左右的QQ号码，然后在QQ设置中将Q龄全部设置为仅自己可见。之后通过QQ群查找一些中年人的群，如高尔夫球兴趣群、汽车爱好群、70后群等，每个QQ号码都加了超过10个以上的群，然后开始把群里每个人都加为自己的好友，基本上每个QQ号能加100多个好友，这样就共有1000左右的好友数量了。

接下来就要在其中一个QQ号码的空间上发表一些关于茶叶的精彩文章，然后再加上一个非常有吸引力的标题，在文章的最后，以推荐的方式加上了销售页面的链接，再配一张让人看了很舒服的图片。然后用其他QQ号码进行转发。通过一天时间的发酵，一般该日志会有10000左右的阅读量，分享量200多，当然前提是文章质量一定要高。而与此同时，该日志附带的网店链接也会有10～30单的销量。随着时间的推移，该日志还会有更加长尾的效果，会持续为网店带来流量与销量。

技巧3 ——如何花10元钱将QQ好友集中到一起

如果使用了前面讲解的方法，在10个QQ中各添加了数十到100个好友，然后转发其中一个QQ在其空间发表的文章，这样做比较不方便，其实可以花一点小钱，就能将QQ好友集中到一个QQ号上，进行QQ空间营销。

给要集中QQ好友的QQ号购买一个月的会员——10块钱，然后使用会员功能中的"好友克隆"，把10个QQ小号上的好友克隆过来，克隆完成之后，删除这些小号的QQ好友，重新进新的群、加新的好友。反复操作，这样一个月下来，就有了几个满员的QQ大号，再进行空间营销时，就不会像之前那样用十几个小号来转发文章了，这样既方便，效果也好得多。

此外，还可以把该QQ大号与微信号绑定，给微信号导好友，反复操作就可以积攒起一个3000～5000精准好友的微信号，这样的微信号，其营销价值是非常大的。

开店小故事

QQ空间展示微店产品

三门峡市的邢老师是一所中学的退休教师。退休后，邢老师终于有了大把时间来钻研他的爱好——根雕。邢老师是个资深根雕玩家，不仅收藏根雕，自己也会雕，他年轻时的一件根雕作品还荣获了市里的精神文明奖项。

在三门峡市根雕圈子里，邢老师也是比较有名的，找邢老师帮忙雕刻，帮忙估价的人也不少。邢老师干脆用手机开了个微店，把作品都放上店里，然后把微店二维码印在名片上四处散发，不久，大家都知道邢老师开了个网店，要买根雕可以先去他店里看看，有中意的就拍下再去提货。

自从开了微店以后，邢老师每天去菜市场也好，在家里雕刻也好，手机片刻不离身，一有震动就掏出来看是不是买家来信息了。很快邢老师的微店就有了一些订单。不过，邢老师发现在微店里卖出的根雕都是价值不太高的，而一些略贵的根雕，买家们通常都是先和邢老师沟通，要到他家地址后，再上门来看货，最后才决定是否购买。

邢老师一开始以为是因为这部分根雕价格较贵，大家在网上下单不放心，所以才要亲眼看了之后才能做决定。后来邢老师随便问了问一位上门来看根雕的顾客，顾客却说："其实我也不想上门来看，但是你店里单个商品的图片最多只有15张，像中大型根雕，需要多种角度、多种距离进行展示，15张图片是远远不够的，因此我才必须上门来看。"

听了这话，邢老师决定想办法为自己的根雕作品找个照片库。找来找去，都没有找到合适的，要么收费，要么容量有限，有的浏览速度又比较慢，最后他在儿子的提醒下，打开自己很久不用的QQ，进入QQ空间的相册，为每个大中型根雕都建立了带编号的文件夹，并把相应的图片上传到各自的文件夹里，然后将链接地址加入到每个商品的描述中，这样，买家在看商品时，如果觉得图片说明得还不够详尽，可以通过链接跳转到邢老师的QQ空间相册，观看更多的商品照片。

此外，邢老师还在QQ日志中撰写了很多关于根雕品鉴、雕刻、原料收购的日志文章，那些来QQ空间看照片的买家，看了邢老师的日志后，纷纷留言点赞，表示邢老师真是根雕达人，有的还留言说会介绍朋友来买。

就这样，邢老师的QQ空间越来越热闹，连带着微店的生意也变得更加红火了，即使是一些较贵的根雕，也逐渐有了来自微店的订单。

第11章
在论坛与贴吧中进行推广

🔍 本章导言

　　但凡是人气聚集的网络平台，都可以成为微店店主的营销战场。论坛与贴吧，有上亿用户聚集，有独特的规则和氛围。想要在论坛与贴吧中进行营销，首先要掌握二者的特点与区别，并在深入学习过相关规则与技巧后，利用发帖、建吧以及开展活动等方式，来推广自己的小店。

🔍 学习要点

- 掌握论坛营销的常用方法
- 掌握利用论坛帖子进行推广的方法
- 掌握开设贴吧并进行推广的方法
- 掌握设计贴吧活动进行营销的方法

11.1　了解论坛与贴吧

　　论坛与贴吧都是能够使用浏览器来访问的一种服务。用户可以在论坛或贴吧上发表文章（称为"发帖"），或者对其他人的文章进行回复（称为"回帖"）。热门的论坛注册用户上亿，同时在线用户达百万人，而贴吧更是拥有10亿级的注册用户，其营销潜力是十分巨大的。对于微商而言，如果能够在论坛和贴吧上打开局面，将会带来无比巨大的销量回报。

11.1.1　了解论坛的营销价值

　　网络论坛是一个聚集无数人气的平台，论坛中如果一个帖子非常流行的话，会带来巨大的传播效应，从而制造无数的商机。这就是论坛的营销方法。

　　某品牌化妆品2015年实施多渠道营销，其中包括在热门论坛上的营销。营销人员首先发帖，讲述某普通女生皮肤方面的烦恼，然后再使用其他论坛账号对主帖进行回复，从而推广自己公司的化妆品，如图11-1所示。

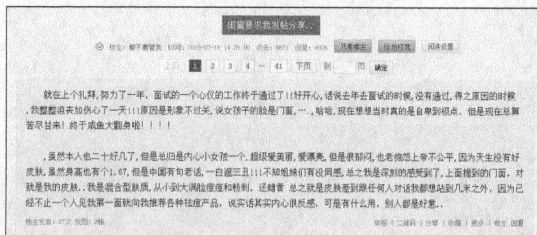

图11-1

　　由于引导得当，该帖迅速吸引了大批女士围观与回复，短短数周就累积了41页回帖，成功地将该化妆品推广开来。这就是论坛营销的威力。

论坛营销主要包含两方面的工作：一方面是定期或不定期地发布帖子，将要展现的产品和服务信息融入帖子里，从而展现品牌信息；另一方面就是充分利用论坛功能以及特点，展开各种社区活动，如抢楼、贴图、灌水等，增加用户与品牌之间的互动交流。

目前最热门的论坛有天涯论坛（见图11-2）、猫扑论坛、凯迪论坛、西祠胡同论坛以及网易论坛等，各有特色，比如天涯论坛与凯迪论坛倾向于严肃讨论，猫扑论坛则是比较轻松活泼的风格，西祠胡同比较贴近生活，网易论坛则充满了民生话题。另外，还有很多专门性的论坛，如新科动漫、电玩巴士、虎扑体育等，以及地方性的论坛，如各城市的论坛等。这些都是进行营销的好平台，其地址也可以通过百度搜索轻松搜到。

11.1.2 了解贴吧的营销价值

百度贴吧从2003年上线以来至今，经过10余年的发展，现在已经拥有10亿的注册用户，日均发帖量超过6000万，具有强大的营销基础。

贴吧与论坛有一定程度上的相似。在贴吧中，用户也可以发帖回帖，像在论坛中一样进行炒作营销。

贴吧与论坛不同之处在于，用户可以在贴吧中申请属于自己的主题贴吧，对该主题贴吧进行管理，这样便于发起活动、制造话题以及消除负面影响等。如小米科技有限责任公司就在贴吧为小米手机申请了"小米吧"，如图11-3所示。在小米吧中，小米公司宣传新产品，发起各种活动，获得了接近400万的用户关注，这无疑是小米产品最重要的营销平台之一。

图11-2

图11-3

11.2 论坛营销常用方法

在论坛中推广自己的微店，首先要选对论坛类型，然后参与讨论，制造话题，引起关注。如果有推广预算的话，也不妨寻求专业的推广公司或团队的帮助，快速将微店的名气打响。

11.2.1 根据行业筛选论坛进行营销

营销要有针对性；否则费力不讨好。论坛营销

要想有好的效果，发布内容的论坛类型自然也是重中之重，也就是如何选择适合的论坛。基本的选择思路：所选论坛要和推广的内容相关；并且所选论坛的人气和流量要高；或者收录好能够展现在百度搜索结果的第一页位置。下面就来看看如何筛选适合的论坛。

第1步　可以通过百度搜索输入关键字来进行

搜索，看看搜索结果中排在第一页里都有哪些行业论坛，如图11-4所示；也可以在百度知道里以同样的关键词来提问，寻求网友们的回答，从中找到相关的人气论坛推荐，如图11-5所示。

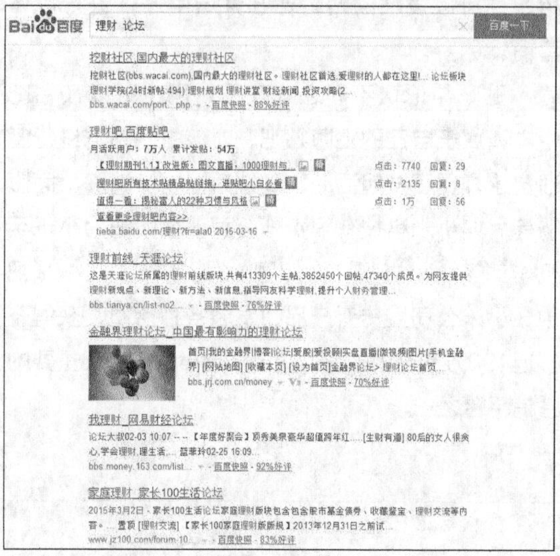

图11-4

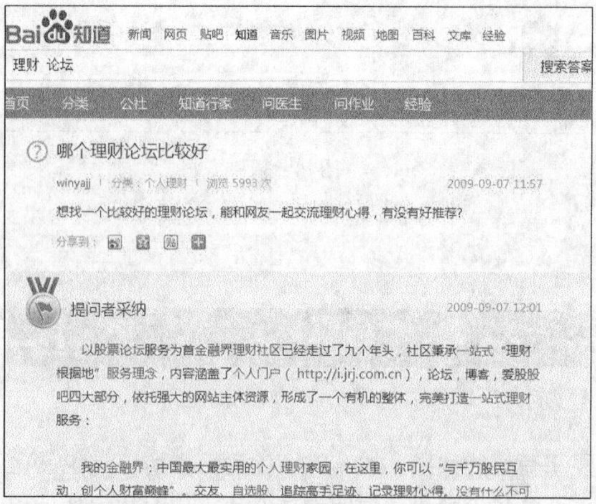

图11-5

第2步 在找到有关联的论坛后，为进一步了解该论坛，还可利用站长工具的SEO综合查询功能来进一步确认。打开站长工具查询页面，输入希望查询的论坛网址，单击"查询"按钮，稍后即可看到详细的查询结果，如图11-6所示。

图11-6

专家提点 关注哪些查询结果

在上述查询结果中有几项数据可以重点关注一下，分别是流量排名、日均IP和日均PV、百度权重。其中流量排名和日均值即可对比出该论坛人气值；而百度权重一项则反映出该论坛在百度搜索中的权重指数，一般4以上就比较好了。当然，以上数据的高低优劣完全取决于对比；也就是说，可以多选择几个论坛分别进行查询，然后从中择优选择几个即可。

第3步 此外，仅凭SEO查询还不足以了解某一个论坛的人气情况。更好的办法就是进入论坛页面，从其发帖数、最新发帖的时间点来查看是否经常有人参与到论坛的讨论中来。在网易财经的理财论坛里，超过20页的主题帖内容、最新帖的时间也都是当天而且数量很多、点击以及回复的数量也比较可观，那基本上就可以认为这个论坛值得用于营销了，如图11-7所示。

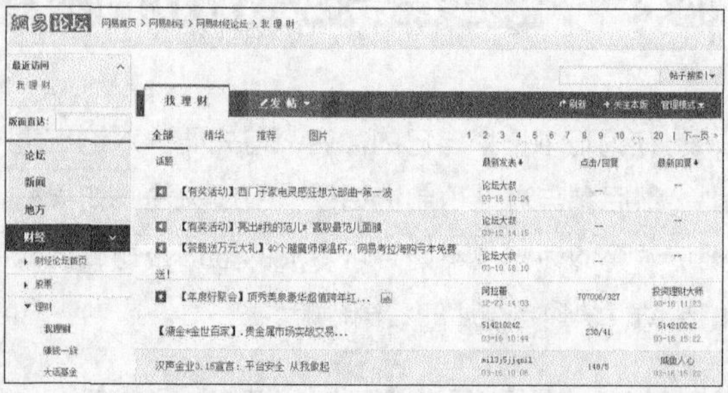

图11-7

第4步 最后一个挑选要素就是看其合作伙伴，

拥有更多门户网站合作的论坛当然更优秀一些，如图11-8所示。

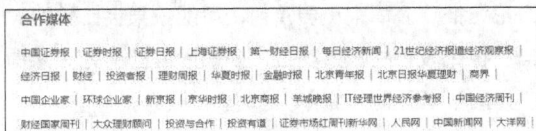

图11-8

11.2.2　论坛账号注册技巧

在论坛发帖营销，首先要在该论坛注册账号。每个论坛都有一套账号注册规则以及账号级别与对应权限的规则，在注册前多注意阅读一下，以便确认是否真的适合开展营销活动。

在具体的注册阶段，可以从以下方面来考虑注册技巧的运用。

1. 同一论坛注册多个账号

建议每个论坛注册3个以上不同的账号，注册时最好不要使用一些没有任何意义的数字或是英文字符。建议多注册统一的中文ID（也就是别人在论坛里看到的你的呢称），以提高后续发帖效率，当然，一些要求必须是英文或数字的论坛除外。

专家提点 多个账号之间不要显示出关联性

一般在论坛进行宣传时，要用一个账号来发起话题，用其他账号来烘托气氛。但注意不要让论坛上的网友发现这几个账号之间的联系。比如烘托得太明显、太激烈，就容易让人看出来，而有些论坛会显示用户的IP地址，如果是在同一个公司控制多个账号发帖，那么这些账号在论坛上也会显示为同一个IP，这就会被发现，因此最好咨询技术人员，才用技术手段来避免这个问题。

2. 账号的个人信息尽量填写完整

注册论坛账号时，一定要完善自己的个人信息，如性别、年龄、地址、受教育程度等，完善的个人信息使人觉得有亲近感，论坛管理者一看你的个人资料填写得比较详尽，而且看起来也基本属

实，那么多少都会觉得你是个忠实的会员，即使偶尔发布一个软广告也会得到宽容的。

3. 账号头像不可露出广告味

论坛账号的头像设置也是一个技巧。不建议用自己品牌的Logo来做头像，这样广告味道太强。比较好的方式是在百度搜索里找一张美女图片或是一些轻松搞笑的卡通图片换上，毕竟在"眼球经济"时代大家更愿意接受这类顺眼的头像图片。有些论坛支持本地上传，有些论坛可以直接复制网络图片地址。

4. 账号的签名栏或个人说明

论坛签名栏或个人说明也是一个较好的营销地。对于摆明了车马的营销账号来说，在签名或个人说明中非常讨巧地插入产品和服务的介绍，其实就是一次非常好的宣传。当然，对于想做事件炒作，不能暴露身份的账号而言，就不要在签名或个人说明中插入广告了；否则会适得其反。

高手支招 签名栏中放入宣传地址 ▶▶

对于管理不太严格的论坛而言，还可以在个性签名里把要推广的微店地址放进去。这样搜索引擎在搜索这个论坛或者是自己发的帖子内容时也会一并搜索到这个网址，这对于网站推广很有帮助。

11.2.3　参与讨论、引导话题

账号注册好了之后，如果不经常发帖，和坛友们"混个脸熟"，那这个账号并没有起到作用。更加理想的做法是，在论坛营销的前期为了打响企业知名度，和这个论坛里的网友建立起一个相对好的印象，要偶尔去论坛发发言，积极参与讨论，积累人气，同时也有助于提升账号的等级。

注册了一个论坛的用户账号后，首先应该去的地方就是这个论坛的开放式发言区；刚一开始可能不具备发帖权限，那么这就应该多进行回复。而且，在类似图11-9这样的理财论坛里的帖子，其实很容易引出话题。

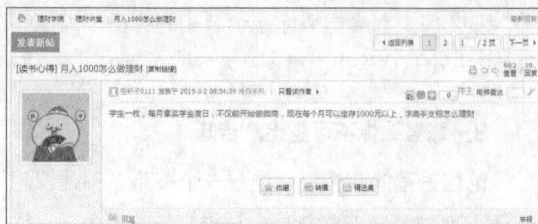

图11-9

回复时既可以单纯的为这个发帖人支招，也可以把自己的营销内容加入进去。比如要推广"口贷网"时，可这样回复：

"学生的话主要还是考虑稳健型理财为好，并且最好支取灵活；根据这个原则，支付宝的余额宝就不错。当然，如果你想要偏高于余额宝的理财收益，那口贷网的活期宝也可以关注一下哦！"

当积累了一定的论坛权限后，就可以开始尝试发布主题帖了。不过这时候还是不要单纯的发广告。基本上所有的网友都会排斥论坛上的广告，而且会对发广告的人产生抵触的心理。如果被管理员发现，很可能会删帖甚至封号。

在论坛应该使用"软文"来营销，或者采用争议话题来引起关注。发布之后，还要注意引导话题，其目的有以下3个。

- 让话题保持热度，尽可能地"榨取"话题的价值。
- 不要让话题偏离主题太远；否则到最后都去讨论不相干的内容，营销作用就小了。
- 不要让话题变得对营销商品或品牌不利，当发现这个倾向时，一定要果断处理，或者立即终止话题，或者立即提出强有力的相反证据，或者带歪话题，引开众人的注意力。

11.2.4 寻求第三方推广公司帮助

对于预算充足的店主而言，找一些专业的第三方论坛推广公司来负责营销，可能效果会比较好，自己也比较轻松。这类推广公司通常都能为大家提供如顶帖、置顶、加精等论坛宣传服务。

比较优秀的第三方论坛推广公司推广效率是比较高的，这是因为他们掌握了成百上千个论坛的版主资源，可以直接置顶、加精，操作速度更快；同时，他们通常还会集合非常丰富的以论坛发帖为工作的人员，可以随时对上千个以上的网站论坛进行发帖、点赞、回复等操作，因此其营销效果会更加理想。

11.2.5 寻找威客专业推广团队

第三方推广公司虽然具有非常好的资源优势以及操作模式，但是收费会比较高。那么，对于预算不是很充足的店主而言，选择"威客"的方式可能更加物美价廉。目前，"猪八戒"网就是一个比较热门的威客网站，在其中可以搜索到许多提供论坛营销的服务团队，这些服务团队提出的服务价格更加低廉，且服务质量也不会逊色多少。

专家提点 什么是"威客"

有知识有能力的人，将自己的才能放到网站平台上"出售"，提供相应的服务；有需求的雇主看到后就会联系下单购买。这种工作方式就叫做"威客"。提供威客服务的网站平台就叫做"威客网"。买卖双方的交易由威客网进行担保与仲裁，整个购买过程都与在淘宝网上购买差不多。

11.3 设计百度贴吧活动吸引更多用户

通过贴吧帖子进行营销只是一个方面，实际上要长期制作出高质量的帖子内容并不是那么容易，因此在经费允许的情况下，在百度贴吧开展一些主题活动，通过诱人的奖品来吸引更多用户的关注，这样的营销效果也是很好的。

11.3.1 百度贴吧抽奖活动的设计

百度贴吧有一套很成熟的抽奖系统，可协助企业很快地展开各类抽奖活动。贴吧抽奖活动最重要的作用就是能增加本吧的用户关注数，而且也会因为参与方式简单而让举行活动的吧在一段时间里很活跃，这也非常有利于增加本吧中的帖子内容在搜索引擎中的曝光量。一个完整的百度贴吧抽奖活动，呈现出来的效果如图11-10所示。

图11-10

那么，企业在设计抽奖活动时需要注意哪些方面呢？应该如何来设计一个恰当的抽奖活动呢？实际上，这类抽奖活动的前期准备是比较简单的，只需要注意几个大方向即可，其他的都交给代运营公司来完成。企业要做的工作如下。

1. 确定抽奖活动的主题

不管做什么活动都需要一个主题，百度贴吧里的抽奖活动最多，但这些活动也都有自己的一个主题。也就是说，企业想通过抽奖活动来达到什么营销目的，那至少也应该体现在活动主题里。比如常见的诸如"几周年抽奖活动""新年好礼抽奖"等，定一个主题才好制作相应的活动海报。百度贴吧里有一个专门的"活动大厅"，企业需要开展抽奖活动时，可以先来这儿看看找找设计灵感，如图11-11所示。

图11-11

抽奖活动主题可以随意确定，正如淘宝网生造出来的双十一、双十二购物节一样。实在想不到，可以试试诸如"优惠月抽奖""上线一周年抽奖"等，最常见的还是"关注抽奖"活动，可以让贴吧新增很多关注。

2. 准备活动文案

对于比较简单的抽奖活动而言，文案的内容主要包括奖品的设置、活动描述内容以及抽奖规则3个方面。对活动的描述会显示在主题下，用于阐述该抽奖活动的意义，如图11-12所示。百度贴吧对该描述内容有字数的限制，通常在100字左右即可。

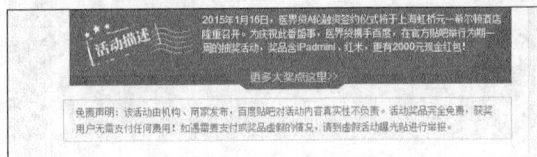

图11-12

3. 抽奖规则的设置

百度贴吧的抽奖规则基本都是一样的，如图11-13所示。规则主要作用是限制用户每天可以抽奖的次数。前面已经提到，举行抽奖活动一个大的作用就是增加本吧的用户关注数，所以首要的规则就是设置"必须关注本吧"才有抽奖资格。

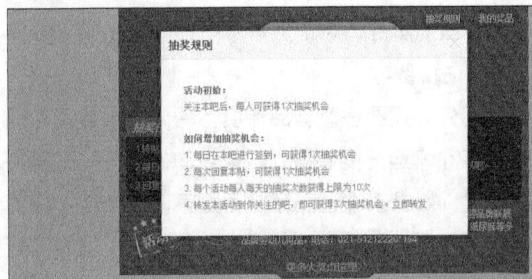

图11-13

之后要为抽奖设置抽奖频率，即用户每天最高可以抽奖次数的上限，这个就需要企业根据自己的活动预案以及奖品数量来合理调配了。目前贴吧里大部分的抽奖活动设置的次数上限基本在8～10次以内。

最后，就是调整各个规则可以获得的抽奖次数，比如每天签到可以获得1次抽奖机会、回复活动帖可以获得2次抽奖机会、将活动帖转发到其他贴吧可以获得3次抽奖机会等，这个根据企业自己的意愿来设置即可。建议数值不要设置得太大，以保证用户持续的参与热情。

设置好了规则后，用户单击进来参与，按规则进行相关的操作后，其拥有的抽奖机会会实时显示在抽奖按钮的下方，如图11-14所示。

图11-14

4. 活动奖品的设置

一个抽奖活动是否具有足够的吸引力，主要看奖品是否足够丰厚。很多人认为，要设置丰厚的奖品，可能花费巨大，其实不然。实际上一个抽奖活动设置1万元的等值奖品，能够吸引来数十万网络用户的参与，投入其实是非常小的。所以，奖品的提供一定要热门，是当下大家普遍关心和想拥有的。比如消费类电子产品的iPhone、iPad等，这些都属于很抢眼的奖品，哪怕数量不多，都会引来无数网友的关注和参与。

另外，还要注意奖品梯度。诱人的大奖肯定只有1~2个幸运儿能够得到，更多的是一些安慰奖项的设置，如果条件允许可以尽量多设置一些，提高用户的参与热情。一般而言，设置1、2、3等奖即可；除了大奖的诱人奖品外，2、3等奖最佳的奖品就是不同金额的话费或是彩票也行，一方面这种奖品最实惠，同时对于企业自己来说也更利于后期奖品的统计和发放。

5. 活动的上线和后期统计

前面已经讲过，目前百度的官方贴吧采用的

是代运营模式，也即企业拥有的官吧账号仅能对贴吧内容、贴吧管理ID、贴吧访问数据等方面进行管理，如果要上线活动，则要通过代运营公司来完成最后的上线工作，在抽奖活动结束后的中奖名单统计工作也是由代运营公司来完成的。因此活动上线与统计的工作企业可以不加关注，只需向代运营公司指定时间表即可。

抽奖活动结束后，还需要公布中奖名单以及奖品发放的情况，以显示活动的公平、公正与公开，增强官方贴吧的公信力。中奖名单与奖品发放情况通常由企业的官吧账号发帖进行公示，如图11-15所示。

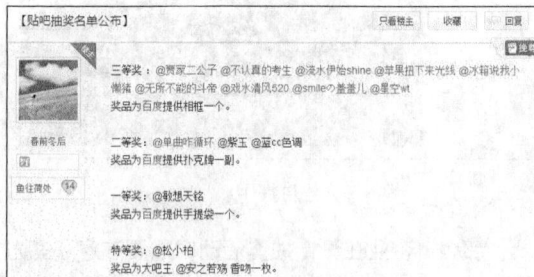

图11-15

如果最后的统计结果发现有无效的中奖人（由代运营公司进行后台确认），并决定不予以发放奖品，那么在最后的中奖名单公布中一定要公示清楚具体的原因，做到有理有节，让人无可挑剔。

11.3.2 百度贴吧抢楼活动的设计

"抢楼"活动是指奖励特定次序的回帖人，比如第88、888、8888个回帖人可以获得奖品，诸如此类。抢楼活动一直是吸引网络用户关注的好方法之一。一个抢楼活动能否顺利开展，关键因素就是看设计的抢楼规则是否恰当。对于初用该方式的企业用户来说，可以多借鉴网络上已经有的成熟案例，配合自己的实际情况来设计规则。

1. 抢楼的奖品设置

奖品的丰厚度将直接决定活动的受关注度情

况。对于抢楼这个大多要靠"拼人品"来获得奖品的活动方式而言，企业可以大胆设置一些高价值的诱人奖品来吸引更多人参加。如图11-16所示，百度贴吧这个官方活动所提供的幸运大奖就相当诱人。

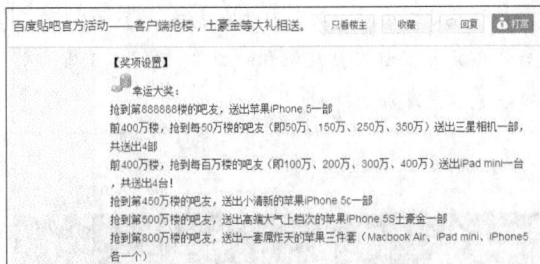

图11-16

必须要注意，抢楼活动如果提供的是没有吸引力的奖品或者其他奖励，相对来说比较难操作，除非是人气特别旺的官吧；奖品的价值大小占抢楼吸引程度的75%甚至更多。而具体的奖品设置还可以联合其他贴吧一起来提供，增加各自的关注互动的同时也能起到联合营销的效果。如图11-17所示，这个抢楼活动就有其他贴吧的"友情赞助"奖品。

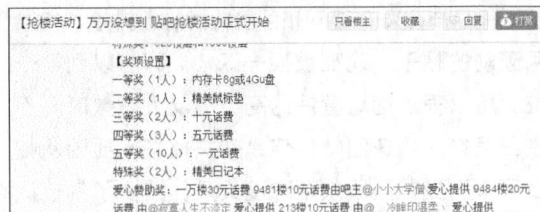

图11-17

2. 抢楼的规则设置

抢楼的规则设置很重要，是一个抢楼活动成败的关键。说明活动的规则和面对的群体时一般包括：活动时间、回复规则、发奖须知和中奖楼层等。首先要考虑要不要制订抢楼回复内容的规则。对于以营销为目的的抢楼活动而言，一般都建议使用相对统一的回复格式，这样就可以间接地将品牌信息让所有参与用户都了解到。图11-18所示的抢楼活动，就设置了一个固定回复内容，而且清楚地标明了何种回复算是有效抢

楼层。

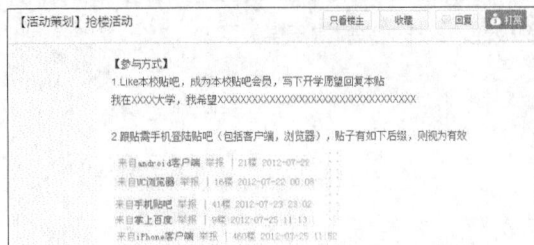

图11-18

其次为中奖楼层的设置，比如第1000楼中奖，也就是说，第1000个有效回帖的发帖人中奖。一般中奖楼层都设置为一些特殊的数字，所有楼层按一定规律排列。

有时候，奖品比较吸引人，就会让某些网友以作弊的方式来抢夺楼层，比如使用程序来快速自动发帖等。为了预防这样的情况发生，可以不预先公布具体的楼层，而采用公布比例来计算，如设置10%、20%……为中奖楼层，并规定活动截止时间。活动结束后，用总楼层数乘以中奖楼层的比例系数就得到实际中奖楼层，这一方法可以有效防止作弊。

3. 抢楼活动前后的保障

在百度贴吧里举办抢楼活动，一般说来是不愁没人来参加的。但是如果万一抢楼活动中出现冷场的情况，那就要想办法打破这一僵局，比如企业动员自己的员工去参与来带动活动的继续也是有必要的。

另外，和抽奖活动一样，在抢楼活动结束后要及时发布奖品给获奖人，而且在发布获奖人信息时有必要的情况资料。要让这次没有抢到的网民认知到这个抢楼活动是真实的，没有弄虚作假，为以后的抢楼活动打下坚实的信任基础。

4. 抢楼活动举办间隔时段

抢楼上线前期需要有准备时间、宣传时间，所以建议最好是两到三周举办一次，这样就不至于太仓促。抢楼活动切记不要太仓促，如果在抢楼活动中出现意外状况，比如由于宣传时间太短，很多网友没有收到抢楼消息，导致抢楼活动不火爆甚至冷

清，那之前定下的抢楼规则就相当于白忙一场。而且，如果抢楼出现冷场那么也会影响到网友的参与积极性，这样一来就得不偿失了。

> **高手支招** 不要在繁忙的工作日开展活动 ▶▶
>
> 抢楼的具体时间也要计划好，比如周一抢楼的效果肯定不如周三、周四好，因为在周一大家普遍都比较忙，所以抢楼的活动时间安排同样也很重要。另外，也不要在节假日过后的一两天内开展活动，因为节假日过后的几天大家都在处理堆积的工作，时间不宽裕，很可能无暇来参加活动。

11.4 秘技一点通

技巧1 ——在论坛与贴吧里积攒人气的技巧

一个新账号无疑是不受论坛网友信任的，也不利于营销。因此，很多营销用的账号都要先在论坛里多发言，积攒人气，"混个脸熟"。那么积攒人气的技巧包括哪些呢？

1. 回帖须知

回帖是不能乱回的，首先要看那篇帖子有没有意义，如果是毫无意义的垃圾帖，却去回复"好帖"，会让其他网友觉得这个账号主人的思维有问题，就算不咸不淡地回复也不好，因为垃圾帖的删除率非常高，可能刚回复，下一秒就删除了，也起不到混脸熟的作用。

对于质量高的帖子或者论坛管理人员发的帖子，则要回复，内容要加一些赞扬的话语，发帖人会很高兴的，有个愉快的心情是建立良好人际关系的基础。下次他看见自己的帖子，回复的内容可能就都是积极的，这样就形成了良好的循环。

2. 遵守版规会有好处

核心板块也是规定最多的板块，一不小心就会被删帖，所以要非常小心，版主不会怜惜区区一个小帖子，因为对于这种热板块来说，版主的工作几乎就是删帖，所以在发帖之前，要好好读一下版规，以免辛苦半天，最后白费。实际上做论坛营销就是在常用的几个版块里做营销，对于版规自然要熟读记牢。版规通常包括禁忌话题、格式要求、图片和视频的上传要求等。

3. 自顶帖技巧

自顶帖是一种逼不得已的方法，热门版块群雄争霸，谁都想让自己的帖子占据前10位，因为可以作为免费的广告位，并且浏览量很大。一般的论坛都是按照发布时间和回复时间进行排序，如果两天前的帖子，现在被顶一下，仍然可以到第一位。所以很多论坛营销的高手朋友大多数时间不是在发帖而是在回帖。但是回帖最好不要用发帖账号来回复，回一次两次没关系，回多了就被认为作弊了。最好的方法是换几个"马甲"，也就是其他不相关的账号，并且记得回帖之前要换一个IP地址，每当帖子下来的时候，可以适当回复一下。

4. 常发原创帖

常发高质量的原创帖好处是不仅人人喜欢，而且搜索引擎也喜欢，所以对于大型论坛里面的原创文章和帖子搜索引擎会很快就能收录，至于里面的网址也会很快收录，对于SEO也有一定的帮助，比如活乐论坛里面的帖子，只要是原创帖，在半个小时内肯定能被百度收录，所以导致了大量的垃圾信息来访，忙得版主一直在删帖。

技巧2 ——如何在百度帖子内容中带外链而不被删帖

一些热门贴吧对于帖子中附带的链接控制还是比较严格的，百度贴吧后台有一个垃圾链接收集系统，一些经常被删除的链接会进入这个系统，以后再发任何带有这个链接的帖子都会自动删除。这就产生一个问题：高权重的百度贴吧不能发布外链怎么办呢？其实方法还是有的。

1. 使用第三方短域名跳转

第三方短域名跳转就是将要宣传的网站地址通过短域名的方法"伪装"起来，其作用就是预防被百度过滤和加入黑名单；也就是说，不用再担心带有同一个网址链接的帖子内容会被百度自动删除，因为可以通过很多途径来每次生成不同的短域名。

最常见的短域名样式就是新浪微博上看到的那些消息最后带的链接，那就是短域名，如图11-19所示。其生成的方式是：当发布一条微博消息并在最后附上真实的网址后，实际发布出来就会自动被转换成这个短域名，但实际上这个短域名指向的是另一个网址链接。

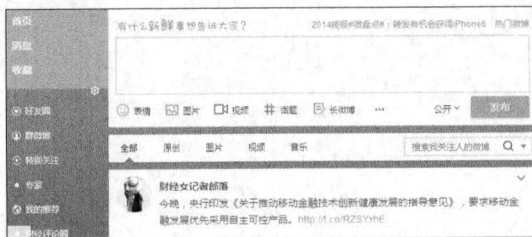

图11-19

更为简洁的方法是通过网络上的一些专门的在线短域名生成工具，如图11-20所示，只要输入真实的网址链接再单击右方的按钮，即可将其生成一个短域名链接。

图11-20

稍后即会有生成结果出现，如图11-21所示。短网址复制出来再粘贴到百度贴吧中即可。

图11-21

2. 巧用全角输入网址

将输入状态切换为全角输入，然后再将网址输入，即可被百度贴吧识别为文本内容而不是链接，这样也就不会被百度自动删除。全/半角切换时的组合键是Shift+Space，中英文切换是Ctrl+Space；如果是搜狗输入法开启状态下，直接按Shift键即可切换拼音和中文。

例如，www.abc.com会被贴吧识别为链接，但是ｗｗｗ.ａｂｃ.ｃｏｍ就不会被识别为链接。不过后者也是无法直接单击访问的，需要用户照着输入到浏览器的地址栏才行，这多少有些不方便，因此，发全角字符的链接时，最好使用较短的域名，让用户输入起来轻松些。

技巧3 ——在百度贴吧发不会被删除的广告

在百度贴吧中，发帖时可以对某个ID进行引用，这样可以表明是对这个ID进行对话，其形式为@符号后带上要对话的账号，如@changkaishen。这种方便的交流方式可以用于制造一个不会被删除的广告。

首先申请一个带有广告词的账号，比如"要福利请戳这里"之类，然后在其百度个人资料主页中加入广告说明和网址等信息。

之后再用另一个账号，发一个比较吸引人的主帖，如美女图等，然后自己在下面回复诸如"点这里看片哦"等文字，后面记得要带上@与带广告词的账号，比如"@要福利请戳这里"，如图11-22所示。

DC网海: 点击这里看片哦@要福利请戳这里
举报 | 2015-3-22 08:33 回复

图11-22

被帖子吸引的网友忍不住要就要单击"@要

福利请戳这里"这个账号名，单击后跳转到该账号的个人资料页面。在这个页面，一定要给网友有价值的资料，比如他们是冲着美女来的，就一定要给他们一个能看美女的渠道，微信、网站、QQ、博客都可以，具体形式为"加我微信xxxxx天天看美女"，然后再在这个渠道中慢慢地进行营销。

由于这种美女主帖在贴吧比较受欢迎，而且回复的内容也并不触犯版规，这样的帖子就算版主看不惯也没有借口删除，因此存活率是很长的。

开店小故事

宝妈开母婴用品微店的经历

罗晓安是一个忙碌的全职母亲，有了孩子以后，奶粉、尿不湿……家里的开销又增加一大笔，本来家庭收入就不够高，这一下生活更加拮据起来。罗晓安做梦都在想办法增加收入。

去年4月，她无意间看到有个朋友在微信圈发的产品图片介绍，朋友和熟人纷纷购买，她就留上了心，天天观察朋友的操作，看了一个月，觉得有点心得了，就有样学样，也开了一家母婴用品微店，并在微信上宣传。"反正我自己也要用，干脆批发点货，希望赚的钱能把自己用的部分扯平。"罗晓安说，"这是我开店的最初目的。"

一开始，她的手机网店都是在微信朋友圈内宣传，渐渐地，她发现原来挺喜欢看她育儿分享的一些朋友，都不再来她朋友圈点赞了。罗晓安悄悄地询问了一个关系比较好的朋友，朋友苦笑着说："我现在都怕打开朋友圈了，全是你们几个发的产品信息，感觉不想看。"罗晓安这才知道症结在哪里。

看来朋友圈是不能发了，到哪里去做宣传好呢？罗晓安想起自己在怀孕前为了了解生育知识，在一个育儿论坛注册了账号，在那里她不仅学到了知识，还和很多妈妈、准妈妈打成一片，相互都很熟悉，甚至与版主也有点交情，帮过版主一次忙，自己变成宝妈以后，也还是天天抽空去论坛看帖发帖。那么，自己是不是也可以到论坛去推广一下呢？

想到就干。罗晓安先去跟版主打了个招呼，版主同意罗晓安在跟帖中适当地推广她的微信与微店，但让她不要单独发主帖进行推广，毕竟论坛规则所限，版主只能在一定程度上帮她。

罗晓安觉得能够在跟帖中进行推广已经很不错了。她像以往一样积极地参与讨论，有时候自己也会发主帖问一些问题，或者抛出一些有争议性的话题，不同的是，她会在适当的时候贴出自己的微信或微店，邀约宝妈们去参观。

慢慢地，很多宝妈加了罗晓安的专用营销微信号。这个微信号里的好友们全是妈妈或准妈妈，都不会对罗晓安发的产品信息感到厌烦，相反还充满了兴趣。就这样，靠着论坛引流、微信留客，罗晓安的微店生意渐渐好了起来。

罗晓安说，自己的顾客大部分都是论坛上的坛友，不管熟不熟悉，罗晓安总是把对方当作朋友，站在对方的立场上考虑，帮助对方确定肤质，选择产品，她这种认真负责的态度感染了坛友们，慢慢积累成一个固定又庞大的客户群，给她带来了不菲的收入。

朋友们都很羡慕她，"说我轻轻松松，在家吹着空调就把钱赚了，其实，手机开店这事儿，不是他们想象得那么容易，"罗晓安说，"由于经常低头看手机，颈椎都出问题了，一活动就疼，咔嚓咔嚓的声音很吓人，做了好多次理疗，也只能控制住病情；还有拇指长期打字，关节也受不了，有时候又红又肿，后来才知道有蓝牙键盘，买了一个接到手机上，用键盘打字，拇指的病情才慢慢好转。"

尽管有这么多不足为外人道的辛苦，可是罗晓安也感到很欣慰，因为她赚到了远比上班多得多的薪酬，还认识了很多朋友。被问及下一步有什么计划时，罗晓安说："我发现，赚钱最多的还是批发商，等我积攒够了资金，准备去批发市场试试水。"

第4部分
管理篇

　　微店与实体店一样，也要妥善管理才能进入良好运行的轨道。微店的管理涉及售前售后服务、商品快递、客服管理与财务管理等方面，任何一方面疏忽都会给微店的运作造成不小的麻烦，严重情况下还会影响微店的生存。本书"管理篇"将向大家介绍如何妥善管理自己的微店，避免各种管理漏洞的出现。

手机微店
赚钱不难

第12章
将宝贝送到客户手中

本章导言

买家买下微店中的宝贝后，店主通常都要将宝贝包装好，再通过邮寄的方式将其送达到买家手中，可见邮寄是最主要的商品传输渠道。作为一个合格的微店店主，应详细了解各种包装、邮寄的方式，才能经济、快速、稳妥地将宝贝邮寄给买家。本章将介绍包装商品、选择快递公司以及跟踪物流进度的方法。

学习要点

- 掌握包装商品的方法
- 了解常见的发货方式
- 选择适合自己的物流
- 掌握跟踪物流进度的方法

12.1 小包装有大回报

宝贝的包装是很重要的，毕竟谁也不希望宝贝因为包装而损坏或遗失，那样会凭空增加很多损失。

包装说起来好像很简单，其实里面还是大有学问的，如何包装才结实，如何包装才省钱，都要一一去了解。

12.1.1 包装宝贝的一般性原则

在包装宝贝时，要注意哪些地方呢？一般来说，都要兼顾包装的健壮性和美观性。健壮性是为了让宝贝安全无损地送达，减少店主的损失；美观性是为了让买家体会到店主的专业精神，从而对微店和店主充满好感，这样买家成为回头客的可能性就会更大一些。

1. 包装的健壮性

健壮性就是宝贝经过良好的包装，在长途跋涉后，最后送至顾客手中时，包装仍然保持完整不变

形（软包装可不考虑变形问题），没有任何开口裂缝，宝贝没有任何损坏，数量上没有任何缺失，如图12-1所示。

用坚硬的纸盒包装

图12-1

2. 包装的美观性

包装的美观性主要体现在内包装上。当用户打

开外包装，发现自己的宝贝居然是随便用塑料袋或报纸等东西包起来的，可能会有很不好的感受，觉得店主不用心包装而造成负面的评价。反过来说，内包装精巧的宝贝必然能博得买家的喜爱，从而感受到店主在经营上的用心，如图12-2所示。

图12-2

12.1.2　认识常用的包装材料

常见的包装材料主要有纸箱、编织袋、泡泡纸、牛皮纸以及内部的填充物等，各有特点，其用途如下。

- 纸箱是使用比较普遍的包装材料。其优点是安全性强，可以有效地保护物品，而且可以适当添加填充物对运输过程中的外部冲击产生缓冲作用；缺点是增加了货物重量，运费也会相应增加。
- 编织袋适用于各种不怕挤压与冲击的宝贝。优点是成本低、重量轻，可以节省一点运费；缺点是对宝贝的保护性比较差，只能用来包装质地柔软耐压耐摔的宝贝，如抱枕、毛毯等。
- 泡泡纸（袋）不但价格较低、重量较轻之外，还可以比较好地防止挤压，对宝贝的保护性相对比较强。适用于包装一些本身具有硬盒包装的宝贝，如数码产品等。另外，泡泡纸也可以配合纸箱进行双重包装，加大宝贝的运输安全系数。
- 牛皮纸多用于包装书籍等本身不容易被挤压或摔坏的商品，可以有效防止商品在运输过程中的磨损。

图12-3所示为几种不同的包装材料。

使用纸箱包装时，一般内部会添加填充物以缓解运输过程中的挤压或冲击，填充物可以因地制宜来选择，常用的填充物主要有泡沫、泡泡纸等。另

外，对于一些宝贝，如服饰、数码产品、未密封的食品等，在包装时需要考虑到防水与防潮因素，这类商品在包装后，可以采用胶带对包装口进行密封。

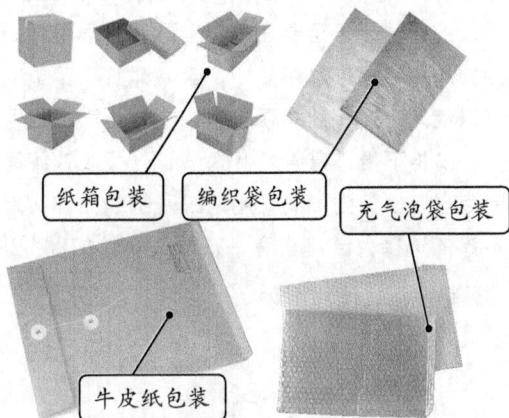

纸箱包装　编织袋包装　充气泡袋包装

牛皮纸包装

图12-3

12.1.3　不同宝贝的包装方式

当买家拿到宝贝时最先看到的是包装，所以要给买家留下好印象，减少他们挑毛病的机会，首先就要在包装上下工夫。厚实稳妥、细致入微的包装不但能够保护宝贝安全到达，而且能够赢得买家的信任，赢得买家的心。下面介绍常见宝贝的包装方法。

1. 礼品饰品类

礼品饰品类宝贝一定要用包装盒、包装袋或纸箱来包装。可以去当地的包装盒、包装袋批发市场看看，也可以在网上批发。使用纸箱包装时一定要有填充物，这样才能把礼品固定在纸箱里。还可以附上一些祝福形式的小卡片，有时还可以写一些关于此饰品的说明和传说，让一个小小的饰品显得更有故事和内涵，如图12-4所示。

图12-4

2. 衣服、床上用品等纺织类

如果是衣服，就可以用布袋或无纺布包装。淘宝上有专卖布袋的店，大小不一，价格也不一，如果家里有废弃的布料，也可以自己制作布袋。在包装的时候，一定要在布袋里再包一层塑料袋，因为布袋容易进水和损坏，容易弄脏了宝贝。也可以使用快递专用加厚塑料袋，这个可以在网上买，价格不贵，普通大小的一个3~7毛钱不等，特点是防水，强度高，用来邮寄纺织品确实是个不错的选择，经济实惠，方便安全，如图12-5所示。

图12-5

3. 电子产品类

电子产品是价值较高的产品，如榨汁机、吸尘器等，因此包装很讲究。在货物比较轻的情况下可以用纸箱，但纸箱的质量一定要好。包装时一定要用充气泡袋包裹结实，再在外面多套几层纸箱或包装盒，多放填充物。

店主应当事先通知买家，在收到快递后，务必当面检查确定完好再签收，因为电子产品的价格一般比较高，如果出现差错是比较麻烦的事。图12-6所示为采用纸箱包装的电子类产品，正准备用透明胶带进行密封。

4. 易碎品

易碎品包装一直是个难点。易碎品包括瓷器、玻璃饰品、CD、茶具、字画、工艺笔等。易碎品外包装应具有一定的抗压强度和抗戳穿强度，可以保护易碎品在正常的运输条件下完好无损。

图12-6

对于这类产品，包装时要多用些报纸、泡沫塑料或者泡绵、泡沫网，这些东西重量轻，而且可以缓和撞击。另外，一般易碎怕压的东西四周都应用泡沫类填充物充分地填充，如果有易碎物品标签就贴上，箱子四周写上易碎物品勿压、勿摔，提醒在装卸货过程中避免损坏。图12-7所示为易碎物品标签。

图12-7

高手支招 多给一元快递费免压 ▶▶

顺丰快递提供这样一种服务：多给一元快递费，则可打上"免压"的记号，让快递包裹始终放在顶层，免去受压后损坏宝贝的危险。对于价值高又易碎的宝贝，可以采用这种方法进行运输。

5. 书刊类

书刊类宝贝包括书刊杂志、文件资料等，因都是纸质，所以一定程度上不怕压，但需要注意防水防潮以及防脏。其具体包装过程可以如下进行。

- 用塑料袋套好，以免理货或者包装的时候弄脏，同时也能起到防潮的作用。
- 用较厚的铜版纸（如楼盘广告纸）做第二层包装，以避免书籍在运输过程中被损坏。
- 如外层用牛皮纸进行包装，则要用胶带进行捆扎，如图12-8所示。

图12-8

- 如打算用印刷品方式邮寄，用胶带封好边与角后，要在包装上留出贴邮票、盖章的空间。包裹邮寄方式则要用胶带全部封好，不留一丝缝隙。

6. 数码类

数码类宝贝更加"娇贵"，这类产品需要多层"严密保护"。包装时一定要用泡膜包裹结实，再在外面多套几层纸箱或包装盒，多放填充物，如图12-9所示。同电子类宝贝一样，店主要提示买家，收到后要当面检查确定完好再签收，因为快递业败类不少，快递员偷换快递物品是常见的事，如果没检查就签收了，发现不对时已经没有办法向快递公司追责了。

图12-9

7. 食品类

易碎食品、罐装食物宜用纸盒或纸箱包装。在邮寄食品之前一定要确认买家的具体位置、联系方式，了解运送到达所需的时间，这是因为食品有保质期，而且还与温度和包装等因素有关，为防止食品运送时间过长导致变质，所以一般来说，发送保质期不长的食品最好使用快递，而不要使用铁路托运。

专家提点　怎样发送生鲜食品

发送生鲜食品，如生鱼片、鲜牡蛎等，应该用泡沫塑料箱子运送，使用冰袋垫底，中间放上包裹在塑料袋中的食品，上面再压上冰袋。快递一般选择"次日达"航空快递，有时买家收到快递时，冰还没有化完，食品依旧很新鲜。不过次日达快递相对来说运费就比较贵了，好在能购买生鲜食品的买家大概也不会在乎贵，会多付一点邮费的。

8. 香水等液体类

香水、化妆品大部分是霜状、乳状、水质，多为玻璃瓶包装，因为玻璃的稳定性比塑料好，化妆品不易变质。但这一类货物也一直是查得最严的，所以除了包装结实，确保不易破碎外，防止渗漏也是很重要的。最好是先找一些棉花来把瓶口处包严，用胶带扎紧，用泡膜将瓶子的全身包起来，防止洒漏。最后再包一层塑料袋，即使漏出来也会被棉花都吸住并有塑料袋作最后的保障，不会漏出污染到别人的包裹。

专家提点　液体类产品多数无法发空运

出于航空安全考虑，液体类、电池类物品无法走空运，只能走陆运，因此运输速度比较慢一些，这一点要和买家说清楚。

9. 偏重、偏大及贵重物品

偏重、偏大或价值高的物品，如钢琴、工艺品等，多采用木箱包装。美国、加拿大、澳大利亚、新西兰等国，对未经过加工的原木包装有严格的规定，必须在原出口国进行熏蒸，并出示有效的熏蒸证，进口国方可接受货物进口；否则，罚款或将货物退回原出口国。这是为了防止从国外带来该国没有的动植物病菌，从而造成严重的生态灾难。

按上述的方法，针对不同的商品，采用不同的包装方法，这样既能保证商品在包装运输途中的安全，也能尽量减少在商品包装中的支出。

12.2 掌握主要发货方式

包装好宝贝之后，就可以发货了。发货的方式有好几种，各有特点。对于店主来说，要了解它们的优、缺点，才能在实际使用中扬长避短。

国内物流大体可分为邮政、快递公司、物流托运3种，国外物流，发出国主要通过国际快递，发回国的话，如果有亲朋帮忙，可以使用国际快递，但如果是在B2C网站代购商品发货回国，则只能通过转运公司发回来。下面将详细进行讲解。

12.2.1 覆盖面最广的邮政快递

几乎每个店主都有使用邮局发货的经历，有的店主认为邮局平邮价格一点也不便宜，有的店主就认为邮局平邮真的非常便宜，而且商品的安全指数也高，这里的区别是哪来的呢？事实上，在邮局发货有很多小窍门，如果店主掌握了，那么就可以省下不少钱，如果没有学会，那可能真的比快递还贵。下面介绍常见的邮政业务。

1. 平邮

平邮是比较常见的一种邮寄方式。平邮的速度很慢，但价格非常便宜，所以一般不急需、追求经济实惠的店主都会选择它。

平邮不上门取件，需要去邮局发，发的时候要向邮局买张绿色的平邮单，填写好以后贴在包裹上即可。邮局的包装材料比较好，但是价格比较贵，如果卖的东西可以赚很多钱，当然无所谓，否则也可以自备包装，省下一些钱。平邮首重是500克，超过就续费。

邮资包括以下几项。

（1）挂号费。3元，全国统一，一定收取。

（2）保价费。可以选择不保价，不保价的包裹不收取保价费。

（3）回执费。可以不要回执服务，不用回执的包裹不收取回执费。

（4）资费。视距离远近每千克资费不同。商品包装的包裹纸箱、布袋、包装胶带等，邮局的纸箱、布袋等是要收费的。也可以自己找纸箱、缝制布袋进行包装，但是必须符合规定。

每个包裹都有单号，可根据单号查询投递状况。如果邮寄时进行保价，在包裹丢失后可以按保价金额进行赔偿；如果邮寄时没有进行保价，在包裹丢失后最高不超过邮费的两倍进行赔偿。

2. 快递包裹

快递包裹是中国邮政为适应社会经济发展，满足用户需求，于2001年8月1日在全国范围内开办的一项新业务，它以快于普通包裹的速度、低于特快专递包裹的资费，为物品运输提供了一种全新的选择。但用户们在使用后，普遍反映最好少用快递包裹，速度并不比平邮快，价格很可能比快递贵。

3. EMS

EMS就是邮政特快专递服务，是中国邮政的一个服务产品，主要是采取空运方式，加快递速度。一般来说，根据地区远近，1～4天到达。安全可靠，送货上门，寄达时间比前两种方式都要快，运费也是这3种方式里最高的，这比较适合顾客对于收到商品有较高的时间要求或是国际商务的派送。

EMS业务在海关、航空等部门均享有优先处理权，它以高速度、高质量为用户传递国际/国内紧急信函、文件资料、金融票据、商品货样等各类文件资料和物品。

EMS适用范围为中国大陆地区，按中国邮政EMS快递标准执行，即包裹重量在500克以内收20元，超过部分每递增500克按所在地区的不同收费标准而有所不同。

优点：时间快，可以上网查询，送货上门，安全有保障。

缺点：收费贵，部分地区邮局人员派送物件前不先打电话联系收件人，有可能导致收件人不在指定地点，而耽误时间。

4. E邮宝

"E邮宝"是中国速递服务公司与支付宝最新打造的一款国内经济型速递业务，专为中国个人电子商务所设计，采用全程陆运模式，其价格较普通EMS有大幅度下降，大致为EMS的一半，但其享有的中转环境和服务与EMS几乎完全相同，而且一些空运中的禁运品将可能被E邮宝所接受。"E邮宝"的发货地目前已开通九大省市，送达区域覆盖全国，2009年已经采用全程空运模式了，液体、膏状物体等才采用陆运模式。

优点：便宜，可到达国内任何范围，运输时间快，只比EMS慢1天左右，可以邮寄航空禁寄品，派送上门，网上下定单，有邮局工作人员上门取件。

缺点：部分地区还没有开通此项目。

如果邮寄别的快递公司到不了的地区，强烈推荐使用E邮宝。

12.2.2 方便、经济的快递公司

快递是目前网购市场的主流运输服务。目前比较知名的快递公司有顺丰快递、宅急送、圆通快递、申通快递、全一快递、中通快递等。

其中，顺丰快递是龙头企业，服务多，质量上乘，速度快，送达区域广，不过价格也比较贵。比如顺丰的跨省价格一般在20元左右，而其余的快递一般在10～12元，顺丰的服务也是有口皆碑的。

其他的几家快递，总体来说区别不大，在价格、速度、服务和送达区域上，没有本质的区别。不过，即使是同一家快递，在不同地区的表现也是

不一样的，这和具体的业务人员的素质有关系，因此可能存在甲地的A公司好，B公司差，而乙地B公司好，A公司差的情况。

那么，面对这么多快递公司，该怎样选择呢？下面有几点需要店主注意的。

- 安全度。无论用什么运输方式，都要考虑安全方面的问题。因为不管是买方还是卖方，都希望通过一种很安全的运输方式把货送到手上。如果安全性不能保障的话，那么一连串的问题都将困扰着店主，所以在选择快递公司的时候，一定要选择一个安全性较高的公司进行合作。
- 诚信度。选择诚信度高的快递公司，能够让店主更有安全的保障，能让买卖双方都放心使用。选择快递公司的时候，首先可以在网上先看看当地网民的评价。
- 价格。对于店主来说，找到一家合适的快递公司也不容易。价格如果比较便宜的话，将省下一笔不小的开支，特别是对新开店的店主而言，可以有效缓解资金紧张。但不要一味追求价格低廉的快递公司，至少要在保证安全和诚信的基础之上才能进行考虑。如果前面两点都无法保障的话，将为自己带来无数的麻烦，仅仅价格便宜是得不偿失的。

所以大家一定要多试用几家快递公司，多打几次交道，才能看出到底哪家的服务好，价格更便宜。这样才能让店铺的利润更为可观。

专家提点 快递公司与邮局对比

普通快递公司可供选择的多达数十家，最常用的有顺丰、申通、圆通、中通、韵达、天天、宅急送、百世汇通等。下面介绍快递公司和邮局对比的优势。

- 上门取货随叫随到，而且比邮局下班晚。
- 速度一般都和EMS差不多，甚至比EMS快。
- 一般是1千克起步而不是EMS的500克。
- 快递对于检查比较松。
- 寄的量越多就越能砍价。
- 服务态度比邮局好，业务员和公司都能提供比较好的服务。
- 单子、包装不用钱。

12.2.3　适合大型商品的托运公司

如果店主们要发出的宝贝数量比较多、重量比较大，平邮或特快专递会非常贵，这时不妨考虑使用客车运输商品。买家如果离得不远，可以使用短途客车托运货物，但这种客车一般会要求寄送方先付运费。店主一定要及时通知收货方收货，并且在货物上写好电话和姓名。大件物品可使用铁路托运。

1.　汽车托运

运费可以到付，也可以现付。货物到了之后可能会再向收货方收1~2元的卸货费。一般的汽车托运不需要保价，当然，有条件的话最好是保价，一般是0.4%的保价费。收货人的电话最好能写两个：一个是手机，另一个是固定电话，确保能接到电话通知。

2.　铁路托运

铁路托运一般价格比较便宜，速度相对快递来说要慢一些，只要通火车的地方都可以送达。托运费用可在火车站托运部门的价格表上查到。包装好之后，一般不会打开检查，但会提醒用户，不允许寄送液体之类的东西，万一被发现会拒送。运费需要现付，对于店主来说不太方便，因为无法事先和买家确定运费的金额。

3.　物流公司

物流公司如佳吉、华宇等，他们的发货方式是和其他托运站不太一样的，托运站一般是点对点的；但物流公司不同，一般只转运到一个城市中的几个固定地点，客户需要上门去自提，如果要求送货上门，则还要收取不菲的上门费。物流速度很慢，中转次数很多，因此货物必须包装得很牢固，常用的方式是打木箱。

12.2.4　选择货运方式

对于一个微店店主而言，该如何选择适合自己的送货方式呢？一般来说有以下几个方面需要考虑。

- 包裹大小。对于普通店主而言，包裹一般都不太大，也不太重，因此快递是最好的选择，价格适中，速度也快；对于大型货物，如钢琴、摩托车等，则要考虑使用物流，运费较便宜；对于较重

但体积不是很大的包裹，则应考虑汽车托运或铁路托运。

- 送达时限。对于某些对送达时间有严格要求的货物，如海鲜等，则应使用顺丰等快递的"当天件"服务，能在24小时内到达，但收费相对略贵。
- 送达地区。快递并非覆盖全国，有的偏远地区快递到达不了。店主在检查收货目的地时，如果看到不熟悉的地名，或者经济不发达的地区时，有必要事先查询快递是否到达该地。如不能到，则应选择EMS或平邮。

微店网购绝大部分商品邮寄方式是快递，EMS和平邮占一小部分，物流最少。

12.2.5　选择国际快递

当店主的宝贝被境外买家购买时，就需要发送国际快递了。现在发国际快递的方式主要有DHL、UPS、TNT、FedEx、EMS、国际专线等几种。各种国际快递各有其优、缺点，比如有的价格低，有的适合某个地区，有的清关速度快。下面就具体来看看。

1.　EMS国际快递

EMS国际快递是中国邮政推出的全球特快专递服务。其优点是折扣低、价廉物美，任何体积的货物都按照重量计算，对于出售体积大重量轻的商家来说是个很不错的选择。EMS与四大国际快递相比，有一定的价格优势。清关能力强，对货物的出口限制较少。其他公司限制运行的物品它都能运送，如食品、保健品、化妆品、名牌的仿包箱、服装、鞋子以及各种特殊商品等。

EMS还有一个非常大的好处是免费提供退件服务，当货物被当地海关退回时，免收退件费。

不过，EMS缺点也很明显，除了美国、日本、澳大利亚、韩国外，到其他国家的速度都不是很快，查询网站更新信息也很滞后。笔者曾经从国内发送一封文件到日内瓦，竟然花了整整20天。

2.　国际四大快递——DHL、UPS、FEDEX、TNT

选择国际四大快递的一般都是些货品价值高，

要求也高的货物。

适合北美地区，时效好的是UPS、FEDEX；适合欧洲的是DHL；TNT的强势地区是西欧国家。这些大公司在当地都是自己的公司来派送，安全而且时间可以保证。

专家提点　偏远地区附加费

各位店主在选择这些国际快递公司时，有一个费用要特别注意，偏远地区附加费。如果你的买家在一个很偏僻的地方，譬如乡下等，需要的偏远附加费就很高了。所以店主寄东西前，最好根据买家的邮编，查询一下是否偏远，如果偏远，及时跟买家联系，说明情况，要么买家支付附加费，要么换其他的物流方式。

国际快递对于散客基本上没有什么折扣，如果店主发得不多的话，邮费会很贵。店主可以找到当地的国际快递代理公司，通过代理公司发件，这样就会便宜不少。因为代理公司的走货量大，与国际快递公司签了折扣协议。

3．其他专线快递——中美快递、中澳快递、中东快递、中欧专线

除了以上的知名快递公司，也有不少快递公司结合当地的物流供应商，推出专线，如中美快递、中澳快递、中东快递、中欧专线等。以三态速递的中美专线为例，它就是先把邮件快递到美国，然后利用当地的邮政局来派送。

这些专线的最大优势是，有些地区会比那些国际快递巨头便宜，但是在时效性及安全方面就不如了。

12.2.6　国外发国内：转运公司

有的店主在国外有亲朋，可以方便地从海外购买商品回国内，因此在国内开设了海外代购店，为国内买家代购一些质量不错、价格优惠的商品。这类店主的货物可以让亲朋通过国际快递发回国。

但另一种代购，是店主在国外B2C网站上为客户购物，比如在亚马逊美国或者乐天购物，再发回给国内客户，店主赚一些手续费。做这种代购的店主，本人很可能不在国外，则需要在国外的转运公司帮

忙接收B2C网站上的货物，然后转运回中国。这是因为国外的B2C网站一般只提供该国国内的快递，不提供跨国快递，不能直接发送到中国，比如亚马逊就只发美国国内的快递，不提供到中国的快递。

因此做海外代购的店主，需要先预定一家或几家转运公司，在进行代购时，将海外商品发送到在该国有收货地址的转运公司，由转运公司发回中国国内，再通过中国国内快递发送到指定收货人手里。在这个过程中，转运公司负责国外收货、跨国运输和国内发货，其服务质量占据重要的地位。

大家最常用的转运公司有不少，特点也有所不同，比如有的公司运费低，有的公司在免税州有收货地址，有的公司清关快等，下面就一起来了解。

1．同舟快递

同舟的系统做得比较简单易操作，回国所用的代理运输公司是UCS，费用是4＋4，即首磅4美元，续重4美元。同舟的客服在美国，如果用户的单有问题，客服通常会打IP电话回国给用户，服务还算不错，但在QQ上比较难联系。

同舟提供两个转运地址，即CA（加利福尼亚州）和OR（俄勒冈州，有手续费）。CA路线比较成熟，从CA回国，有AB口岸供用户选择，A口岸是上海，B口岸是重庆（也有走过云南和天津的，但是较少），如果回国物品为大件，怕被收关税，建议走同舟CA的B口岸回国，只是时间比A口岸长2～3天。

待用户提交订单后，网站工作人员处理时间通常为1天半，还算比较及时。

优点：自动入仓（也即货物到转运公司的仓库是自动收入并记录的，不需要用户提交网络表单进行提醒），价格中等，较为合理，入仓重量准确度90%，贵重怕税物品走B口岸现阶段来看安全可靠，但是B口岸是随大货清关，可能时间较A口岸长2～3天。处理订单时间较快。合箱和分箱免费。

2．天翼快递

天翼和同舟都是较为成熟稳定的转运公司，所用系统一样，都是自动入仓，只要用户购物地址填写正确，网站会自动入仓，在用户的账号页面显示有货到库，无需手动添加。新人试用较为方便。回国运费也是4＋4。

天翼有3个仓库，即CA、OR（免税州，有手续费）、DE（德克萨斯州，在美国东部，无手续费，单价为4.5 + 4.5）。

CA回国也可以选择清关口岸，有天津、上海、重庆。

DE只能从上海清关。

OR，尽量少用，手续费较高，当然，如果用户购物时，其他地址都有高额的税，那只能用OR了。

3. 百通物流

百通转运算后起之秀，价格也为4 + 4，汇率相对较低，也是自动入仓。处理时长也为一天半，较为及时。但百通只有天津清关。

百通的两个州，地址为NJ（新泽西州）和DE（DE有手续费，4.5美元/磅）。

使用新泽西州的收货地址，在服装、鞋帽、保健品、奶粉、零食上都免销售税，可以多使用，而且这类产品收税可能性基本很小。

4. GELS（斑马物流）

GLES算高端转运公司了，价格很贵，要收取押金。首磅9美元，续磅普通3美元，保健品/食品3.5美元，化妆品4美元，满4磅首磅减3美元，其他服务合并及加固收费0.3美元/磅，拆分8.99美元/单。OR需要另收1美元/磅手续费。

5. Soondaa

Soondaa是比较新的转运公司，仅有NY（纽约）地址，但是单价便宜，3.5+3.5美元，客服服务不错，回国速度尚可接受，大概8天。不是自动入库，货物从官网发货提供运单后，需要用户自己手动去提交到库预警，通知Soondaa有货到，才能手动入库。

对于新手来说，可能用这种手动提交预警到货的方式不太习惯，因为需要用户自行填写发货网站的所有信息，包快网站名、发货地址，可能很多人不太知道这些地址，这里可以随便填一下，但是网站的发货单号一定要填对。假如忘记去提交到货预警，可能货就一直压在转运公司，因为Soondaa不知道这是谁的货。

6. 贝海国际速递

价格很便宜，3.5+3美元，5磅以上包裹3美元/磅，全美一共有3个货仓，一周12个航班。海关有转运公司经理驻班。

表12-1列出了上述几个转运公司的主要优缺点。

表12-1

公司名称	优点	缺点
同舟快递	① 自动入仓，不需要用户提交网络表单进行提醒 ② 价格中等 ③ 合箱和分箱免费	① 只有CA和OR两个仓库 ② 汇率较高
天翼快递	① 自动入仓 ② 价格中等 ③ 有CA、OR、DE 三个仓库 ④ 合箱和分箱免费	汇率偏高
百通物流	① 自动入仓 ② 价格合理中等，汇率便宜 ③ 提供的两个仓库都在美国东部，如果所购物品网站的发货仓库在东部，可以走百通的东部仓 ④ 合箱免费	① 只有NJ和DE两个仓库 ② 只能从天津清关
GELS	① 提供澳洲、韩国、美国四个州的转运地址 ② 全自助操作安全放心，掉件/掉包极少发生	费用昂贵，白金会员押金要1000美元
Soondaa	① 价格便宜 ② 分箱和合箱免费 ③ NY在东部，如果买米糊或者GYM的衣服可以选择Soondaa的地址	只有NY地址供参考，NY地址对很多电商网站都收税。对新手不友好，需要用户自己提交到货预警。不接受Abercrombie & Fitch及旗下子公司的转运订单

公司名称	优点	缺点
贝海国际速递	① 价格便宜 ② 加固免费	没有合箱服务，只有原箱转运和随机拆箱两种服务

其实转运公司很多，这里提到的是一些较常用的，仅供开设海外代购店的店主参考。

12.3 物流公司的选择与交涉省钱技巧

生意好的店主，除了销售额不算，单一个月的邮费，保守估计都得花上两三千，相当于某些城市一个实体店铺门面的月租了。因此选择合适的送货方式非常重要，可以为店主省下不少资金。

12.3.1 选择好的快递公司

选择好的快递公司才能保证自己日常的经营活动更顺畅，因为如果只顾费用低而选择一些不负责的小公司的话，那么宝贝在运输途中出问题的可能就会很大，最终造成买家不满意而流失，因此，选择一两家好的快递公司非常重要。选择的原则大致包括以下几方面。

1. 看评价

选择快递公司的时候，首先可以在网上先看看其他网友的评价，对选择有基本的帮助。网上有各种各样的针对快递服务的调查，如阿里巴巴物流论坛就提供了一个国内快递公司评价板块，用户可以在这里查看各地快递的用户反映情况。

2. 看规模

在查看快递公司信誉的时候，大家应该选择至少两家以上的快递物流公司来进行比较，看其在全国的网点规模覆盖率如何，因为这直接影响到营业范围。而如果是同城则建议找一些本地的快递公司，优点就是同城速度极快，而且价格有很大的下降空间。

3. 看特点

依照快递公司的特性来选择快递。例如，申通快递走江、浙、沪效率很好，那如果自己的商品都是发到那个范围就可以考虑。DHL则有"限时特派"这样的紧急快递业务；中国邮政EMS则具有最大的地域送达优势。

> **专家提点 快递的地域性**
>
> 有的店主反映说某些快递不如网上说得那么好，其实这要看具体情况。一个快递的公司的网点遍布全国，可以说素质参差不齐，在某些地区表现好，在另一些地区表现不一定就好。因此，最好的方法是在找到固定的快递物流公司以后，与负责自己区域的业务人员搞好关系，这样可以在自己发货和收货时得到更好的服务。

12.3.2 节省宝贝物流费用

如何最大限度地节省快递费用，相信是每一位微店店主都随时在考虑的问题。的确，网店利润的增长和物流费用的降低是息息相关的。不过这其实不难，大家可以从以下几个方面来考虑开源节流。

1. 网购邮政快递单

中国邮政绿色的国内普通包裹单，邮局价格为0.5元/张，而如果通过淘宝网购则便宜一些，长期下来能节约不少成本，如图12-10所示。

2. 多联系几家快递公司

不同快递公司的资费标准各不相同，一般来说，收费越高的快递公司，货物运输速度也就越快。很多店主在选择快递公司发货时，往往习惯选择一个快递公司,这样不但无法了解到其他快递公司价格进行参照与对比,而且由于所选快递不存在竞争,在运费上也不会让步太多。

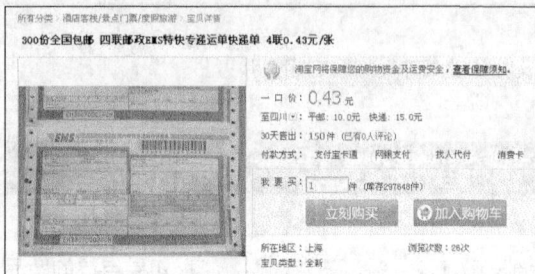

图12-10

选择多家快递公司还有一个好处就是,在发货时可以同时联系多家快递业务员上门取件,故意让快递业务员知道存在竞争,有些情况下,快递业务员之间的价格竞争,最终受益的就是发货人。

3. 不要贪图便宜选小快递公司

有些小的快递公司确实便宜,甚至听说过到达江、浙、沪只收6元。但这样的公司肯定是联盟性质的小公司,寄送时间长、包裹丢失、晚到等情况时有发生,有时还查询不到快递信息。所以,还是在各大快递公司中选择价格方面最有优势的一家比较好。

4. 大宗物品采用火车托运

火车托运价格很低,而且速度也较快。全国范围内根据到站不同价格不同,从1.0~3.0元/千克都有,最低收费1元,可以去火车站买一份火车托运价格表来具体查询。

12.3.3 与快递公司签订优惠合同

与快递公司签订优惠合同,能够省下不少邮费。快递公司对于大客户的折扣还是比较宽松的,当有网店店主要求签订优惠合同时,一般都会答应。

快递公司的优惠合同一般都是月结协议,也就是一个月结算一次,量大从优。优惠合同既可以同快递公司正式签订,也可以和负责自己片区的快递员协商好。快递员主要靠接快递业务赚钱(送快递一般只有一元钱一件,是他们工资的小头,而接一单快递一般有3~8元收入),因此对于发送大量快递的

客户是相当渴求的,店主不必担心快递员会不遵守协议。

12.3.4 办理快递退赔

在通过快递公司发货过程中,有时候会遇到运输时丢失或损坏货物,但这种情况一般不多见,如果店主一旦遇到,那么就应该联系快递公司协商赔偿或解决方案,同时也应当给买家一个良好的解决方式(如立即重发或退款等),不能因为快递的原因而延误买家的交易。

快递退赔一般有以下两种情况。

1. 运输过程中货物损坏

通常来说,如果快递公司在运输过程中损坏商品,那么买家是无论如何也不可以签收的,因为一旦买家签收,就意味着快递公司已经完成本次运输,不再负担任何责任,因此对于易碎类商品,店主在销售前有必要告知买家要先验货,如损坏拒绝签收,这样就可以与快递公司协商赔偿问题。

视不同情况,与快递协商赔偿是件非常费时费力的事情,如果发货方没有对商品进行保价的话,那么最终争取到的赔付金额也不会太多,通常对于没有保价的商品,赔付是根据运费的倍数来赔偿的,而这个赔偿数额可能远远低于商品价值。由于快递公司丢失或损坏货物的概率非常低,因而多数店主在发货时,一般都没必要对商品保价,而一旦出现货物损坏情况,也只能尽力与快递公司周旋,争取到尽可能多的赔付金额。

有些商品快递或物流公司对运输过程中的商品损坏是不予赔偿的,如玻璃制品等,这时店主在发货时就需要进行加固包装,在最大程度上防止运输过程中出现商品损坏。而对于一些价值较高的贵重易碎物品,通常建议对商品进行保价。

2. 运输过程中货物丢失

运输过程中丢失货物的情况也比较少见,一旦丢失货物,那么买家也就无法收到货物了,这时店主一方面需要与快递公司协商解决;另一方面需要为买家补货或者以其他方式处理。

货物丢失的赔偿，也根据是否保价而决定，如果没有保价的话，那么快递公司的赔偿方法有两种，一种是按照运费倍率赔偿，另一种是根据商品来酌情赔偿，但是最终不论采取哪种赔偿方式，可能也不足以抵付商品的价值，而且快递公司的赔付流程相当繁琐，也会耽搁店主的更多精力。一般来说，如果商品本身值不是太高，不值得花费太多精力用于赔付时，只要快递公司能给一个合理的赔付

就可以考虑解决；但如果商品价值较高，而且快递公司赔付太低的话，就可以考虑通过法律等手段来解决。

总之，为了避免商品在运输过程中出现不可预料的问题，店主在选择快递公司时，应该选择规模较大、口碑较好的快递公司，而不能为了低价选择小快递公司来发货；否则一旦出现损坏或丢失等情况，就因小失大了。

12.4　随时跟踪物流进度

通过任意一种物流发货后，都会留下一份发货单，在买家收到货物并确认之前，店主必须将发货单保存好，以便于处理发货后期出现的纠纷。而且一般发货后，买家都会关心发货进度，在买家不方便查看时，店主就可以通过发货单号来跟踪货物的运输进度并告知买家。

12.4.1　在线跟踪物流进度

目前基本所有物流都提供了在线跟踪运输进度的服务，当用户通过快递公司发货后，可以登录到快递公司网站方便地跟踪货物运输进度。

通过快递公司发货后，可以从发货单中获取到货单号，不同快递公司单号位置可能略有不同，但一般都位于快递单上方的条码位置或快递单下方突出位置，图12-11所示为申通快递单的样式。

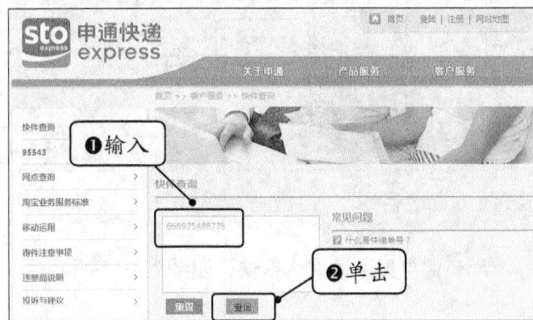

图12-11

有了快递单以后，就可以登录到对应的网站中跟踪运输进度，下面以在线跟踪申通快递单为例，其具体操作方法如下。

第1步　登录申通快递网站，❶在"快件查询"文本框中输入货单号，❷单击"查询"按钮，如图12-12所示。

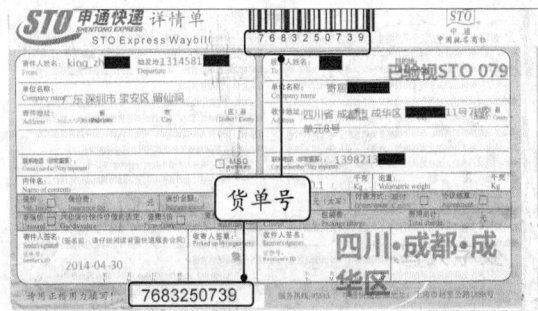

图12-12

第2步　进入新页面，❶单击"查询"按钮，❷显示出该快递的详细进度，如图12-13所示。

对于国际快递进度的查询，可能很多店主都不熟悉，也许会认为自己不懂英文，发送和查询都会有困难。其实在全球一体化的今天，这些都不成问题。其实国际快递都有相应的中文网站，登录上去后，在查询文本框中输入快递单号即可查询，不存在任何语言上的隔阂，如图12-14所示。

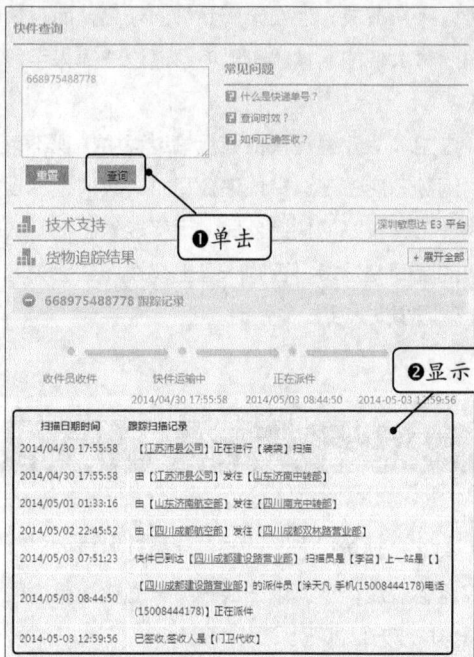

图12-13

图12-14

而查询结果反馈得也很快，如图12-15所示。

图12-15

从图12-15中可以看到，快递的位置信息是英文的，不过这无关紧要，只要能看到签收信息，就知道快递已经被妥投了。如果店主确实很想知道这些英文地名，可以将之复制下来，到谷歌的翻译网站，将之翻译为中文即可。

通过国际快递的代理公司发货，代理会给客户一个快递单号，这个单号称为"原单号"，不过包裹在运送途中，运单的号码会改变，新的单号称为"转单号"，这个转单号也会由代理公司告知给客户，以供客户查询进度。其实大部分快递使用原单号也可以查询，不过转单号的信息要比原单号提前一些，也有部分必须使用转单号查询。

12.4.2 通过百度秒查各家物流进度

百度网站提供了很多有用的服务，其中一项是可以在其页面上直接查询各家快递的物流进度，而无需先登录到快递公司的网站上。

第1步 登录百度网站，❶在文本框中输入"快递查询"，❷单击"百度一下"按钮，如图12-16所示。

图12-16

第2步 ❶单击发送快递的公司（这里以韵达为例），❷输入快递单号，❸单击"查询"按钮，如图12-17所示。

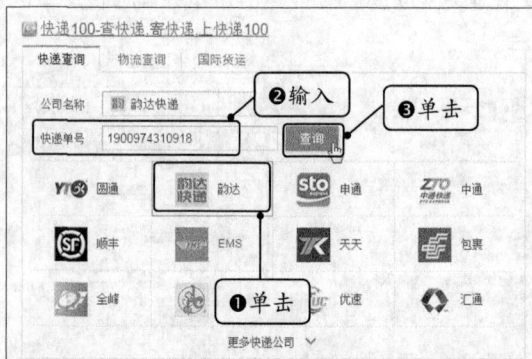

图12-17

第3步 立刻就可以看到查询结果，如图12-18所示。

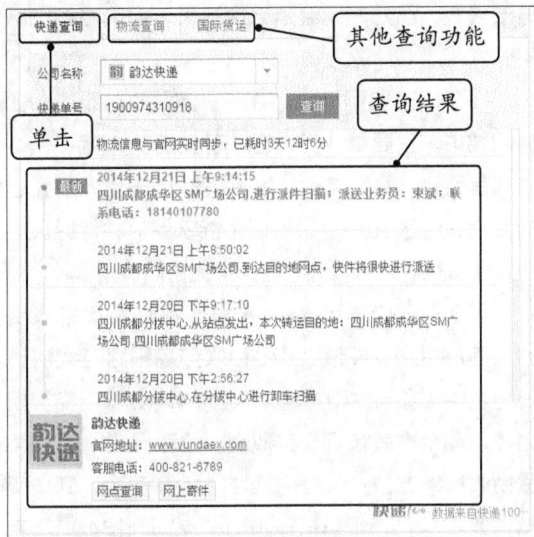

图12-18

在百度的这个网页上，不仅能搜索国内快递，还可以搜索大宗物流以及国际快递，只需单击图12-18中的"物流查询"或"国际货运"选项卡即可进入相应页面进行查询。

12.5 秘技一点通

技巧1 ——与快递公司讲价以降低快递成本

目前基本所有快递公司都可以灵活讲价，不过要想成功降低快递费用，还需要了解一些与快递公司讲价的技巧，下面介绍常用的一些讲价方法，店主可根据实际情况作为参考。

- 直接找快递业务员讲价，而不要找快递公司客服或前台人员讲价。
- 在讲价过程中，适当夸张自己的发货量，因为如果发货量较大的话，业务员为了稳定业务，一般会在价格上有一定让步。
- 用其他快递公司价格对比，在讲价时可以和业务员谈及其他快递公司要低多少，即使是虚构，也要表现出很真实的样子，一般还是可以讲下一定价格的。
- 掌握讲价幅度，如同日常购物砍价，假如15元的快递费用，想讲到12元，那么要和业务员先砍到10元，这样即使对方不同意，但最终可能就以12元的折中价成交。

跟快递业务员砍价，要装得老成一点，要让他以为自己是个经常寄东西的人。软磨硬泡，再加上一点前景预测（自己生意以后会更好之类），业务员自然要考虑报个低价了，以便长期接下自己的业务。

下面是一段经典砍价对话：

店主："你们发快递多少钱？"

业务员："15元上门拿件。"

店主："我是搞网店的，最低多少钱？"

业务员："搞网店的啊？你现在一天几个件？"

店主："大概三四个吧，我现在是跟申通做的"（其实根本就没有所谓的三四个）

业务员："那给你12块吧！"（一听到开网店多少肯定会给你便宜点的）

店主："不是吧，这么贵啊？"

业务员："那他们给你多少？"

店主："8块。"

业务员："那你全走我的我也能发这个价钱。"

店主："对嘛，一般都是这个价钱的，我现在暂时还发他们的，我先发几个看看你们速度怎么样，可以的话我以后全部都走你们。"

业务员："好，以后有件给我打电话吧。"

这样就可以了，砍价其实就是这么简单。当然砍价切记要合理，不然业务员即使答应了，也不会好好服务的。

技巧2 ——怎样发送贵重物品更安全

如果店主的网店是经营珠宝、数码产品等贵重商品的，那么发送快递时就要特别小心。这是因为快递人员素质良莠不齐，有的快递人员擅自盗取、更换快递包裹内的贵重商品，最终让店主有苦说不出，因为一般情况下快递公司不会全额赔付的。

那么，在发送贵重物品时，怎样才更安全呢？

（1）挑选信誉比较好的、规模比较大的公司。注意不要使用那些所谓的代理公司。用EMS就是EMS，不要用那些EMS的代理（国际快递除外）。

（2）运单填写时，千万不要写货物名称，比如是手机的话，则不要写"手机"，写"设备"即可。

（3）如果包装盒有空间的话，一定要填实，不要让物品在盒内晃动，以免被有经验的快递人员听出来里面是什么。同时要用封箱带将纸箱缝隙封死，防盗又防水。

（4）一定要保价。保价时问清楚保费是多少，用的是哪家保险公司等。如果不保价一般不会得到满意的赔偿。

（5）通知买家一定要开箱检查后再签字确认。如果签了字再检查，那就算去打官司也是输定了。如果对方以公司规定为理由，不肯开箱，那么就让买家挑包装的毛病，这里瘪了，那里胶带松开了，然后要求开箱检查。

技巧3 ——往国外发货更省钱的技巧

往国外发货的方式主要包括中国邮政的EMS、国际快递公司、国际空运。下面介绍国际快递的省钱秘诀。

（1）EMS国际快递给代理公司的折扣一般在年初会比较低，而到了年末会比较高。在同一时间不同城市的折扣可能不一样。如北京的EMS能打5折。有些懂行的EMS代理公司会把货物拉到另一个城市去发，虽然时间会延迟两三天，但价格却优惠不少。

（2）EMS国际快递并不一定要收首重的。在有的城市，只要单件货物超过了10千克，就不需要收取首重了。甚至单件货没有超过10千克，只要总的货物超过了10千克，有时也能享受这种待遇。这一点非常重要，可以大大减少快递费用。

（3）EMS国际快递是按照货物实重来收费的，而DHL、TNT、UPS和联邦等国际四大快递公司是将实重与体积重量（1立方米＝200千克）相比较，哪个重就按哪个来收费，也就是说，假如某货物体积为2立方米，其重量超过400千克，则按实际重量收费，如重量低于400千克，则按400千克收费。建议如果快递非常重而体积又小的货物，用DHL、UPS等发货；如果是非常轻的而体积又大的货物，用EMS发货。

（4）发货不能直接找国际快递公司，要找它们的代理发。可以在淘宝上找代理，在淘宝上的代理一般都可以用支付宝交易，比较有保障。

（5）发EMS国际快递可以用自己的纸箱。如果货物多的话，一定要使用大的纸箱，最好一个箱子能装完。如果用的箱子小，导致货物要装很多箱的话，就要被多收几次首重了，因为一般每一个箱子是要算一次首重的，除非能找到不需要首重的EMS代理或货物达到一定的量。

（6）发国际快递不能一次发太多货；否则很容易被目的地国的海关认为是商品，从而征收关税。如果要发的货确实很多，可以让买家想办法多找几个到达城市的市内地址来发货，店主分别发到同一个城市的不同地址，这样被征税的可能性就要小多了。店主还可以把货物分几天发，一天发一些。

（7）国际货运包括快递、空运和海运。价格方面，一般来说海运是最便宜的，快递是最贵的。空运是不送货上门的，快递是送货上门的。

（8）货物分为普货和外国名牌货物。普货是指产地在中国的普通牌子货物，普货的国际快递运费一般要比外国名牌货物的国际快递运费便宜不少。另外，普货被外国海关查收关税的概率也要比外国名牌货物被查收的概率小很多。

（9）国际四大快递各有各的优势。有些是寄到西欧的价格有优势，有些是寄到东欧的价格有优势，有些是寄到东南亚的价格有优势，有些是清关有优势，有些是速度有保证。在发货前一定要了解清楚。

技巧4 ——包装细节决定成败

了解了商品的包装方式后，卖家还应该注意在不同商品包装时的一些注意事项，因为有时商品包装对于买家收到货后的影响也是非常重要的。对商品包装时主要应当注意以下细节。

- 无特殊需要，不建议将商品的价格标签放入包装箱内。因为有些顾客购买商品是用于送礼的，或者直接作为礼物发货给朋友。这类顾客一般是不愿意让对方知道礼物的价格以及购买地点的，将价格标签放入包装箱内会弄巧成拙。
- 对于使用比较复杂的商品，如果在给买家的包裹中有针对性地写一些提醒资料，比如不同质地的衣服洗涤、收纳，个别数码类商品的使用注意事项等，这会让买家觉得卖家服务很周到，进而发展成为老顾客，甚至会带来新的顾客。
- 不管卖家销售什么商品，在包装时都应该使包装干净整洁，太过破烂的包装不但会让买家收货时对货物是否损坏产生怀疑，而且对商品的质量、买家的服务都会产生疑虑。因此应谨慎使用旧包装箱。
- 具备条件的话，可以在包装内附赠一些小卡片、小饰品或其他礼物，这会让买家产生商品超值的感觉，而且得到意外的礼物，买家对卖家的好感度也会增加。

总之，在包装商品时，应尽量从买家角度来考虑，并且要对所谓的"暴力快递"有所预防，包装一定要够结实，在此基础上力求美观。

开店小故事

换快递，提高微店竞争力

"老板，快递太差了！包裹到手都破口了，我不敢签收！"

"老板，快递态度太差了，包裹扔在小区门卫那里，就发个短信叫我自己去拿，还擅自代我签收，万一包裹丢了怎么办？"

微店老板房文文，最近经常接到客户关于快递的抱怨。家住成都市成华区的小房，几个月前刚开设了自己的微店，生意应该说还是不错，每天发出去的包裹也有二三十个。开店之初，小房花了很多时间来寻找货源，但对于快递则没有过多考虑，理所当然地选择了离家最近的一家快递公司。

一开始并没有出现什么太多关于快递的投诉，偶尔有一两次，小房觉得也算正常。不过最近关于快递的投诉慢慢多了起来，不仅让小房额外花费很多精力去解释与处理退赔，而且也让微店的生意有了小幅度的下降，因为一些老顾客在遭遇一两次快递问题后，发现没有改善，就减少了购物的频率，有的老顾客甚至就不再购物了。

眼看生意下滑，小房认为是时候好好选择一下快递了。当初选的这家快递，是因为它有个门店与小房家在同一小区，天天路过有个印象，顺手就选择了它而已。

既然这家快递服务质量下降，那就有必要换一家。

小房从网上调查了五六家不同快递的门店列表，确定了各个快递公司离自己家最近的门店，并通过电话联系各个门店经理，摸了一下价格。门店经理们听说小房是做微店的，每天要发二三十个快递，都很热情，分别报上了优惠价格，其中还有两位经理给出了长期签约价。

经理报出的优惠价要比单发快递便宜1~3元，而长期签约价则是单发价格的六到七折，而且是每月一结，非常方便。小房琢磨了一下，选择了其中一个风评较好的快递公司，与其签订了合同。

小房算了一下，原来一个快递平均要10元（原来的快递公司也给了小房优惠价，正常价在12元左右），现在每发一个快递7.5元，比原来节省2.5元，每月按800个快递算，就节省了两千元，一年下来省两万多元！

真是不算不知道，一算吓一跳，没想到这一签约，一年就节省了两万多，小房欣喜之余，又把店里的宝贝价格往下压了一些，变得更有竞争力了。两个月后，小房微店的销售量又稳步上升，如今已经达到每天30多单的水平。

第13章

售前售后"套牢"客户

本章导言

售前服务是促进买家下单购买的重要环节，好的售前服务可以增加微店的销售量；售后服务是关系到微店评价与回头客的重要环节，好的售后服务会带给买家非常好的购物体验，可能使这些买家成为忠实客户。对于常见的中差评，也要学会正确的处理方法。

学习要点

- 掌握售前技巧，促进买家购买
- 做好售后工作，抓住回头客
- 妥善处理中差评

13.1 售前促进买家购买

买家在面对网络上的宝贝时，心里是有些疑虑的，因为网络上的宝贝不像现实中的宝贝，看不见也摸不着，没有办法获得直观的感受，所以买家往往在下单之前，都会犹豫、考虑一下，有的还会进一步与店主沟通，获得更详细的信息，再决定购买与否。

作为店主，要尽量在各个环节打消买家的疑虑，促进买家购买，这就需要用到下面讲解的一些方法。

13.1.1 客观介绍宝贝

在介绍宝贝的时候，必须针对宝贝本身的特点及宝贝的缺点，客观地向买家解释并做推荐。所以，要让买家了解宝贝的缺点，并努力让买家知道宝贝的优点。

怎样得知宝贝的优点与问题呢？以下是一些信息来源的渠道，要随时记得掌握。

- 向本店的资深人员询问。

- 向厂商、批发商的营业人员询问。
- 阅读报纸、专业杂志。
- 参观展示会、工厂。
- 利用电视、杂志等媒体收集资料信息。
- 亲自试穿、试吃、试用看一看。

在介绍宝贝的时候，很多店主倾向于对宝贝缺点避而不谈，如果这些缺点不大，不妨碍使用，就无所谓，但如果这些缺点较大，让买家不满意，反而会失去信用，得到中差评也就在所难免了。

也有店主因为特价宝贝质量问题得到中差评，因为有些特价宝贝是因为有缺陷才特价处理的，但店主没有将缺陷明明白白地写出来，所以最终得了中差评。所以，在卖这类宝贝时首先让买家了解到宝贝的缺点，再努力让买家知道宝贝的其他优点，先说缺点再说优点，这样会更容易被买家接受。

在介绍宝贝时切莫夸大其词，与事实不符，否则最后失去信用也失去了买家。介绍自己产品时，可以强调一下："宝贝虽然有点毛刺，但是功能齐全，拥有其他产品没有的特色"等。这样介绍收到的效果是完全不相同的。

13.1.2 打消买家心中的顾虑

网络购物的缺点也就是买家所疑虑的方面，如针对交易网站的疑虑、针对店主信用的疑虑、针对宝贝质量的疑虑、针对货币支付的疑虑、针对物流运输的疑虑、针对售后服务的疑虑等，只要店主在上架宝贝时，多写上一句话就可以解决大部分的疑虑。还有些疑虑的打消是需要在经营店铺的其他工作中解决的，比如针对宝贝质量的疑虑这就需要使用宝贝的细节图片等。

1. 打消买家对售后的疑虑

在市场竞争越来越激烈的今天，随着买家消费观念的变化，买家不管是在实体店中购物还是在网店中购物，都已经开始重视售后服务。但是实体店铺的真实性、存在性很容易就可以解决买家的这个疑虑，因为实体店铺的地理位置固定，不会轻易搬家，当买家需要售后服务时直接来到店铺中就可以了。

但是网络店铺的虚拟性导致了买家有摸不着看不见的感觉，于是买家往往对店主做出的售后承诺不抱有太大的信任。所以对网店店主来说，解决买家对售后问题的疑虑是重中之重。

解决售后问题主要可以分为两个阶段去完成：第一阶段就是售前将售后信息告知买家，增强其购买的信心；第二阶段是产生了售后问题的处理，避免产生纠纷，并利用好的售后手段提升买家的黏度。

顾客可能存在对于售后服务的顾虑，可以采取有吸引力的售后保证措施，打消顾客的疑虑。售前将信息告知买家的方式主要有两种。

第一种售前信息告知方式就是在宝贝描述页面中或店铺其他地方将信息公布出来，在图13-1所示店铺的宝贝描述页面中，公布了尾货存在的问题，这样买家就不能以已公布的问题作为理由要求售后服务了，如此即可避免不必要的售后纠纷。

第二种售前信息告知方式就是在沟通的时候将售后信息直接告知买家，大部分买家在决定购买一件宝贝前总会有一些疑虑，一般会通过微信向店

主咨询。在这个过程中，要向买家传达店铺的售后信息，买家会更容易接受。比如下面的沟通就比较好。

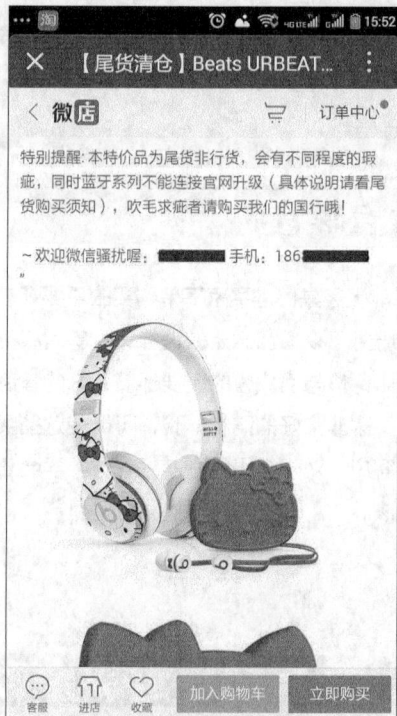

图13-1

"亲，您放心好了，如果您收到货有问题的话，就及时联系我们，本店的宝贝都是包退包换的，如果是质量问题，来回的运费我们承担，有任何问题都可以解决的"。

2. 打消买家对包装的疑虑

在实体店铺和网络店铺购物的体验是完全不同的，体验形式的不同导致了买家满意度的差异非常大。

网络店铺和实体店铺的不同点有很多，但是买家在网络店铺中购物时会遇到一个在实体店铺购物时从未遇到的大问题，那就是物流问题，买家在实体店铺中购物时可以一手交钱一手取货，而在网络店铺中则不行，需要通过一定时间的物流运输，买家才能最终拿到宝贝，而在这一段时间内宝贝损坏和丢失的风险是很大的，所以会有很多的买家对这一环节极不放心。

店主可在宝贝描述页面中加入关于包装的图片说明，以最直观的方式告诉买家，这件宝贝将会以

什么样的方式进行妥善包装，如此即可打消买家对包装的疑惑了。

3. 打消买家对物流的疑虑

目前国内各物流公司的服务质量参差不齐，在全国范围内很难说出到底哪家公司更好。选择一家可以合作的物流公司最简单的也是最有保障的方法有两个：一个是以快递公司出发点去寻找，也就是在当地选择口碑最好的一家来进行合作，店主可以通过身边的朋友、同城的店主、网上社区得到物流公司的口碑信息；如果对口碑信息把握不准，也可以把收件员作为出发点去寻找，也就是通过对比收件员的服务质量来寻找更加合适的物流公司，具体方法就是可以多联系几家物流公司的收件员，在他们当中选择一个沟通最好的进行合作，目前国内物流公司的网店数量、运输时间、费用、丢损概率都差不多，所以以收件员的服务质量作为选择依据也不失为一个好办法。

选择了物流以后，也可以在宝贝详情页面进行说明，其中要有对损坏、丢失等情况的处理方法，如此即可打消买家对物流的疑惑。

有时即使店主做的再好，也避免不了出现物流纠纷。那么物流出现问题后，店主应该怎样与各方面沟通，才能得到一个较好的结果呢？

■ 首先要注意心态问题。经常发货，物流出现问题在所难免，要有这个心理准备。出现问题也没什么大不了的，与快递公司解决问题就可以了。好多店主不能以一个平和的心态来对待问题，老觉得物流公司矮自己一等，用盛气凌人的态度来对待快递人员，这会有什么好结果呢？也许快递人员不敢得罪店主，但消极不合作的情绪难免就会产生，最终损失的还是店主的利益。

■ 其次要注意买家方面。一般买家都会问几天能收到货，现在的快递基本上全国范围内是2～4天到货，偏远一点的要4～5天，同城的是今天发明天到。面对买家的询问，可以这样回答：一般是3～5个工作日收到，因为快递周末派件都不是很积极的，给自己最大的余地，不要把自己逼得一点点意外的时间都没有，那就太被动了，要知道快递晚点的可能性是很大的，时间说长点，一是

给买家一个心理准备，二是晚到的话自己也不至于太被动，三要是提前到的话买家会很高兴的。

■ 再次要注意物流方面，跟物流方面谈好出现问题后怎么解决，遵循平等合作和谐的原则。晚到的情况怎么解决，磕碰碎裂的情况怎么解决，态度不好怎么解决，都达成文字协议更好，这样出现问题都按协议执行。

■ 让快递人员帮忙。因为快递人员比较熟悉公司的具体运作，而且他们自己的公司到底哪个方面出问题，他们也比较容易知道内情，方便追回货物。所以说要把心态放平，才能得到快递人员的帮助。

■ 建议向买家提供两种以上解决方案（退款或重寄等）供选择，这样可以有效改善买家的感受和提高解决问题的效率。

13.1.3 应对不同类型的买家

网上开店做生意，必须要先了解顾客，才能更好地服务顾客，顾客受性别、年龄、性格等因素的影响，对相同宝贝的反应也不相同。因此，店主应该因人而异地对待顾客。

1. 应对外向型的买家

外向型买家一般做事情都很有自信，凡事亲力亲为，不喜欢他人干涉。如果他意识到做某件事是正确的，那他就会比较积极爽快地去做。遇到果断型的买家，对待性格外向的买家要赞成其想法和意见，不要争论，要善于运用诱导法将其说服。在向他们推荐宝贝或服务时，要让他们有时间讲话，研究他们的目标与需要，注意倾听他们的心声。

2. 应对随和型的买家

这一类买家总体来看性格开朗，容易相处，内心防线较弱。他们容易被说服，这类买家表面上是不喜欢拒绝别人的，所以要耐心地和他们交流。

3. 应对优柔寡断型的买家

有的买家在店主解释说明后，仍然优柔寡断，迟迟不能做出购买决定。对于这一类买家，店主要

极具耐心并多角度地强调宝贝的特征。在说服过程中，店主要做到有根有据、有说服力。

4. 应对精打细算型的买家

喜欢精打细算是这类型买家最大的特征。买东西老嫌贵，还特别喜欢侃价。应对这种买家，跟他套交情是最佳做法：首先应该热情地向他打招呼，赞美他，并且要提醒他已经占到了便宜，适当时候还可以倒一下苦水，让他不好意思再开口要折扣。

5. 应对稳重的买家

个性稳重的买家是比较精明的。他们注意细节，思考缜密，决定迟缓并且个性沉稳不急躁。对于这种类型的买家，无论如何一定要想法让他自己说服自己；否则他便不会做出购买决定。不过，一旦赢得了他们的信任，他们又会非常坦诚。

6. 应对心直口快的买家

有的买家或直接拒绝，或直接要某个宝贝，一旦做出购买决定，绝不拖泥带水。对待这种买家，店主要以亲切的态度，顺着买家的话去说服。答复速度尽量快些，介绍宝贝时，只需说明重点，不必详细说明每个细节。

7. 应对慢性子的买家

这种买家正好与"急性子"相反。如果碰到"慢性子"的买家，千万不能心急，只有耐心回答他的问题才能赢得赞赏。

8. 应对待挑剔型的买家

喜欢挑剔的买家，往往对于店主介绍的真实情况认为是言过其实，总是持不信任的态度。对待这种买家，店主不应该反感，更不能带"气"来反驳买家，而要耐心地倾听，这是最佳的办法。

而对于难缠的客户，并不是要"对抗"，而是消除、解决和合作，并将最难缠的客户转换为最忠实的客户。客户的难缠，不管有没有道理，若能从难缠中仔细深入检讨，通常可发现一些不足之处。客户在难缠过程中所提出来的建议，也许可直接采用，也许需经修改或转化才可采用，但也能对网店

的销售和提升有益。

对待不同性格的买家，应采取不同的接待和应对方法，只有这样才能博得买家的信赖。

13.1.4 巧用促进成交的五大技巧

售前工作不仅要求态度好，还要利用各种技巧促进买家下单购买。下面就来看看售前促进成交的一些技巧。

1. 利用优惠促成交

在售前交流中，店主可通过提供优惠的条件促使买家立即做出购买决定。对买家的优惠主要表现在以下几个方面。

（1）价格方面的优惠。价格上的优惠是最常用的优惠，因为买家最关心的也是价格。要对买家进行价格优惠，可以用去掉零头、附赠礼品、多买打折等方式来进行，常见的如下。

> 您好，现在下单可以获9折优惠，如单笔订单满10件8折，满20件7折！支付宝付款立减5元哦！请抓紧机会！

（2）售后服务方面优惠。通过提供超值的售后服务来吸引买家购买也是一种有效的方式。实际上，很多强调售后服务的买家从来就没有使用过售后服务，他们的强调只是为了求得买家心理上的安全感。常见的如下。

> 您好，在我们小店买的微波炉可以保修2年哦！同品牌微波炉在其他店只能保修1年！这是店主通过内部关系争取到的优惠，独一无二的，错过会后悔哦！

（3）其他产品购买上的优惠。店主在推销某一产品时，同时可以向买家保证他能以优惠的条件购买其他产品。这种连带购买往往能够使得总体销售量增加，进而使得利润增加，是典型的薄利多销的做法。常见的如下。

> 这样吧，如果您买了两袋松子，就可以用5折的价格买一袋瓜子仁，很划算的！

2. 提供选择促成交

很多买家都有"选择困难症"，逛了半天微店，与店主聊了好一会，仍然不能决定究竟买哪件

产品比较合适。此时店主要主动出击，在了解买家选择困难的原因后，向买家提出具有两三个选项的购买建议，很多买家会不自觉地在其中选择一个方案进行购买。常见的如下。

根据您的情况，我建议可以选择一瓶2000目的珍珠粉和两瓶槐花蜂蜜搭配使用；也可以选择一瓶月见草精华素搭配一瓶芦荟膏使用，效果都很不错的！

推荐时要注意以下问题。

（1）给买家的选择项不要太多，太多的方案会让买家无从选择。因此最佳的选择项应该是两个，至多不超过3个。

（2）店主向买家提出的方案中，应该包括所有可选方案中大部分内容，最好是让买家在提供的方案中作一个选择。

（3）如果遇到买家的拒绝，店主可以适当暗示一下他所提供的选择方案是最优的，而不要和买家争执什么是最优方案，不然就会浪费时间和精力，并且还不一定能说服对方。

3. 倒计时促成交

倒计时是指在时间或数量上给买家一种紧迫感，让买家觉得应该抓紧时机下单，才能得到优惠。在现实生活中，随处可见商家挂着"拆迁大处理，最后三天"的横幅，吸引顾客购买，这就是最典型的"倒计时"法。在微店中，常用的倒计时法有以下几个。

这款毛衣限时打折，到今晚12点就截止了哦！

这款牛仔裤卖得很好，我进了1000条，只剩5条了，再不买就没有了！

这款陶笛是xx老师手工绝版，他做完这一批之后就退休了，所以卖完再也没有了，很有收藏价值的。

4. 随大流促成交

"羊群效应"在日常购物时非常常见，比如一个商店有人排队购买，很快就会有好奇的人询问并加入其中，导致队伍越来越长，而变长的队伍反过来就会更加有吸引力，更多的人就会加入到队伍中。可见，从众心理是一种典型的心理现象，了解其特质，可以将之利用到网上销售中。

在买家与微店店主接触时，店主可以告诉买家，已经有不少人购买了本产品，或者本产品已经销售了若干批，然后适时向买家展示该商品的销量和评价量，看到有这么多人购买后，买家一般就不会再犹豫了。常见的如下。

亲，本店的蓝牙耳机销量过万，好评率达到98%，就是因为这款耳机质量好，性价比高，才有这样的销售成绩，毕竟群众的眼光是雪亮的。所以亲，你可以放心购买！

美女，你的眼光真好，这款护肤品这几天狂销300多件，很多姐妹用了都说效果好！有的姐妹一买就是10瓶，你要抓紧啊！

从心理学角度讲，买家之间的相互影响力，要远大于推销人员的说服力，这是因为买家之间往往并无利益关系，所以买家之间的推荐就比较纯粹，容易被对方接受，如果有很多买家都推荐同一个产品，就能让很多人"随大流"进行购买。店主在使用这个方法时，可寻找具有影响力的、人脉宽广的买家，在争取到这类顾客的合作后，利用他们的影响与声望，带动和号召大量具有从众心理的买家购买。

5. 赞美促成交

毫无疑问，任何人都爱听赞美自己的话。店主通过赞美买家的眼光、皮肤、身材、学识甚至运气等，让买家的自我得到极大满足，从而欣然买下商品，这就是通过赞美促进成交的方法。常见的如下。

看来您对这件宝贝非常了解啊！像您这么专业的买家，我们最欢迎了！既然您这么了解，那我就不多介绍了，随时恭候您下单！

赞美时应该注意以下几点。

（1）要了解客户，针对适合的客户才使用，不要逢人就赞美，效果反而不好。

（2）多赞美客户对产品的了解，赞美客户对产品的选择，从而引导成交。

（3）在赞美内容上要符合实际，不能毫无理由地赞美，为赞美而赞美。

（4）赞美要有节制，不能太多、太滥，须知任何东西一多就不值钱了。

13.2 售后服务让买家满意

网店有没有良好的售后保证，是决定一个买家做不做回头客的重要因素之一。

有的店主简单地把售后理解为维修和退换货，这种看法并不全面。其实售后包括很多方面，如心态、沟通、回访等，只有将方方面面都照顾到了才能留住顾客。

13.2.1 网店售后服务的具体事项

网店的售后服务与实体店相比，略有差异，主要在于网店与顾客的交流主要通过网络或电话进行，因此沟通效率不如面对面的交谈。网店的售后服务主要包括以下内容。

1. 树立售后服务的观念

售后服务是整个宝贝销售过程的重点之一。好的售后服务会带给买家非常好的购物体验，可能使这些买家成为店铺的忠实用户，以后经常购买店铺内的宝贝。

做好售后服务，首先要树立正确的售后服务观念。服务观念是长期培养的一种个人（或者店铺）的魅力，店主都应该建立一种"真诚为客户服务"的观念。

服务有时很难做到让所有顾客百分之百满意。但只要在"真诚为客户服务"的指导下，问心无愧地做好售后服务，相信一定会得到回报的。

店主应该重视和充分把握与买家交流的每一次机会。因为每一次交流都是一次难得的建立感情，增进了解，增强信任的机会。买家也会把他们认为很好的店铺推荐给更多的朋友。

2. 交易后及时沟通

交易后沟通是指客人在付款之后所进行的沟通，主要通过旺旺、电话、站内信等方式进行沟通，也可以通过电子邮件、手机短信等方式进行沟通。主动进行售后沟通，是提升客户购物体验、提升客户满意度和忠诚度的法宝。砍掉主动售后沟通，就等于砍掉了老顾客，砍掉了店主可持续增长的利润来源。当买家因为不满意而找上门来的时候，沟通变得很被

动，沟通成功的概率也大大降低，即使通过沟通解决了评价问题，也不如主动沟通的结果好。

3. 发货后告知买家已发货

买家付完款，货没到手，心里难免有牵挂，什么时候能发货？什么时候能收到？对一些新买家而言，难免会担心，会不会被忽悠？发货后店主可以把发货日期、快递公司、快递单号、预计到达时间、签收注意事项等告知买家，让买家放心的同时，也体现了店主的专业。可以参考以下实例。

您好：

感谢您购买了本店的xxx宝贝，xxx型号，希望您能够喜欢，如果有任何问题可以和我联系。我的微信号xxxxxx，电话号码xxxxxxxxxxx。

本宝贝已经在xxxx时间发货，运单号是xxxx，请注意查收。

谢谢您购买小店的宝贝，期待您的下次惠顾！

店家：xxxx

日期：xxxx/xx/xx

4. 随时跟踪物流信息

在预计该到货的时间，主动和买家进行沟通，体现店主的责任心和专业度，出现状况及时解释、处理，消除买家疑虑，避免之后因问题给店铺中差评。买家付款后要尽快发货并通知买家，宝贝寄出后要随时跟踪包裹去向，如有意外要尽快查明原因，并和买家解释说明。

5. 买家签收主动回访

买家签收后，第一时间主动进行回访，主动收集客户意见，遇到客户不满的情况及时道歉、及时解释、及时处理，把危机化解在爆发前，进一步提升客户购物体验，提升客户满意度和忠诚度。

6. 交易结束如实评价

评价是买卖双方对于一笔交易最终的看法，也是以后可能想要购买的潜在买家作为参考的一个重

要因素。好的信用会让买家放心购买，差的评价往往让买家望而却步。交易结束要及时做出评价，信用至关重要，不论买家还是店主都很在意自己的信用度，及时在完成交易后做出评价，会让其他买家看到自己信用度的变化。

评价还有一个很重要的解释功能，如果买家对宝贝做出了错误的不公正的评价，店主可以在评价下面及时做出正确合理的解释，防止其他买家因为错误的评价产生错误的理解。

7. 处理退换货要认真快捷

宝贝寄出前最好要认真检查一遍，尽量不要发出残次品，也不要发错货。如果因运输而造成宝贝损坏或其他确实是宝贝本身问题买家要求退换货时，也应痛快地答应买家要求，说不定这个买家以后会成为店铺的忠实客户。

买家要求退换货的情况大致分为4种，处理方式各有不同，因篇幅较长，将在下一小节里专门进行讲解。

8. 妥善处理顾客的投诉

有时即使店主做得再好，也难免会出现疏漏，出现客户不满而导致顾客投诉甚至出现交易纠纷。

顾客的投诉是五花八门、千奇百怪的，有时候其理由甚至很牵强，这就需要店主有一个宽广的胸怀，来面对这些投诉。

如果交易中需要退换货，但买卖双方协商没有解决的，那么任意一方就可以向微店平台投诉对方，之后平台工作人员将介入并与双方协调解决。

店主在收到投诉通知后，就需要根据实际情况来进行处理了，如果确实属于自己的退换货范围，那么应当积极退换货并联系买家撤诉，因为如果自己强行不予退换的话，那么微店平台的工作人员会根据情况来处理强制退款或给予店主不同程度的处分，这对于微店店主来说，因为一次交易而换取一定的处分，是非常不值得的。

当然，如果确实宝贝属于买家责任，那么店主可以向平台工作人员提供有力的证据，来证明自己不予退换的理由，只要证据充分的话，工作人员也会正确处理的。

在与买家交涉的过程中，还有很多需要注意的地方，将在后面一节的内容中进行详细的讲解。

9. 管理买家资料

随着信誉的提升，买家越来越多，那么管理买家资料也是很重要的。店主们应该好好地总结买家群体的特征，因为只有全面了解到买家情况，才能确保进的货正好是买家喜欢的宝贝，更好地发展。建立买家的资料库，及时记录每个成交交易的买家的各种联系方式。

10. 定期联系买家并发展潜在的忠实买家

交易接受后，要定期给买家发送有针对性、买家感兴趣的微信消息，把忠实买家设定为VIP客户，在店铺内制定出相应的优惠政策。定期回访顾客，用打电话、旺旺或者电子邮件的方式关心买家，与买家建立起良好的客户关系，同时也可以从买家那里得到很好的意见和建议。

13.2.2 认真对待退换货

店主网上开店，所出售的宝贝都是经过自己精心挑选的，为了生存和发展当然不会在宝贝质量上马虎。不过实际经营过程中，也会时常碰到因为物流或其他问题带来的退换货问题。如何处理将直接关系到网店声誉。下面根据不同的退货现象加以说明。

1. 质量问题

质量出现问题，对于店主们来说就是"硬伤"，无话可说，当然都是无条件退货。不仅如此，由于质量问题还给买家制造了来回运输货物的麻烦，可能还会导致买家赔偿。

所以，在实际经营过程中，一定要严格把好宝贝质量关，不能厚此薄彼。但是有时也可能是因为运输途中损坏，那么在销售这类比较"脆弱"的宝贝时，一定要在宝贝资料里详细写清楚，注明有可能的情况，不至于遇到了问题才措手不及。

2. 规格问题

规格也就是俗称的大小和尺寸问题，尤其像出售衣服、鞋子等宝贝时，常常会遇到买家收到货物后抱怨尺寸有偏差、长短有出入等情况，如果买家因为此类问题要求退货，也在情理之中。因此，为避免此类问题，一定要在宝贝介绍中详细标注出相关的尺寸大小，如图13-2所示。

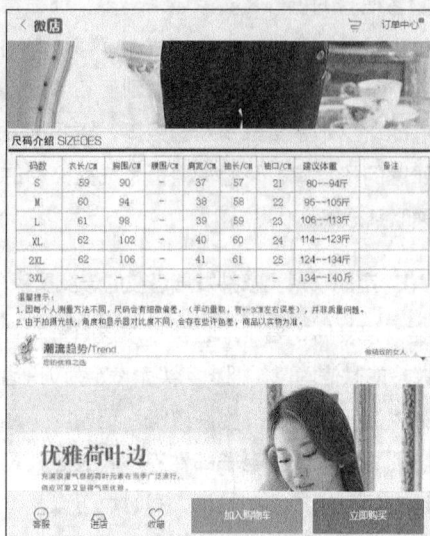

图13-2

专家提点 关于详细宝贝信息

详细的宝贝信息不仅包括尺寸、重量和功能等，还要包括各种细节。比如对于服饰类宝贝而言，诸如衣长是多少，其中是否包括领口长度，胸围及腰围又是多少，帽子是否可脱卸等参数，最好都能明示出来。这样可以尽量减少买家以"没有具体说明"的借口来退换宝贝。

3. 喜好问题

买家因为不喜欢宝贝而要求退货也是一个常见的情况。喜好问题存在很大的主观色彩，很难用一定的规则来界定。但是无论是什么原因，事先和买家朋友们积极沟通都是非常重要的，尽可能达到全面的互相理解，不至于出现误解而导致的退货问题。

一般情况下在宝贝描述页面都要注明，如果由于个人喜好问题，比如觉得这件衣服不好而不是质量等原因要求退货的，一概不予接受（也可以是让买家承担邮费的情况下退货）。

高手支招 不退货，买家给差评怎么办▶▶▶

如果在宝贝信息中已经注明了这种情况不予退货，那么当买家恶意给差评的时候，店主可以向平台客服提供证据，只要能够证明，即可撤销当前恶意差评。

4. 实物与照片的分歧

一般宝贝都会通过一些后期处理软件进行效果处理，这的确能让自己的宝贝看上去更加诱人，更能吸引买家的眼球；但店主同时也要考虑到，过度的使用后期处理方法，如柔化过渡等，就必然会出现照片与实物相差较大的问题。

这种情况下，当买家拿到货物以后，会觉得受到欺骗而要求退货，甚至会给出差评，对店主来说得不偿失。因此，在处理宝贝效果时，要注意把握一个尺度，不能为了追求效果，将宝贝处理得面目全非。

13.2.3 处理买家投诉

任何店主都不可能让买家百分之百满意，都会发生顾客投诉的问题。处理客户投诉是倾听他们的不满，不断纠正店主自己的失误，维护店主信誉的补救方法。通常情况下，当出现被投诉的情况时，可以按照下面的方法来处理。

- 保持服务热情。凡顾客出现投诉情况，多数态度不友善，但不管顾客态度多么不好，作为店主来说都应该热情周到、以礼相待。这样就可以舒缓顾客的愤怒情绪，减少双方的对立态度。

- 认真倾听。面对顾客的投诉，店主首先要以谦卑的态度认真倾听，并翔实记录。顾客言谈间更不要插话，要让顾客把想说的一口气说出，顾客把想说的说出了，顾客内心的火气也就消了一半，这样就便于下一步解决具体问题。

- 和颜道歉。听完顾客的倾诉，要真诚地向顾客道歉，道歉要恰当合适，不是无原则的道歉。道歉的目的一则为了承担责任，二则为了消除顾客的"火气"。

- 分析投诉。根据顾客的叙述分析其投诉属于哪一方面，比如是质量问题、服务问题、使用问题还是价格问题等，更要从顾客口述中分析顾客投诉的要求，同时分析顾客的要求是否合理。

- 解决投诉。根据顾客的投诉内容和投诉分析，依据自己网店事先公布的售后服务内容，以及和买家在达成交易前的沟通，来决定选择经济赔偿、以旧换新、产品赔偿等。

- 跟踪服务。根据调查显示90%的顾客会因为上次的不满意而不再购买本公司的产品，而且还会将上次的事件传出去,这样就导致很多其他顾客将不会光顾。如果做好了跟踪服务,那么顾客还会感觉这家网店还不错,可能会成为回头客。

无论责任在哪方,只要能通过买卖双方交流与协商解决的问题,尽量不必向平台客服申诉,申诉的结果一般都以责任方妥协告终,但需要店主耗费大量的时间和精力用在申诉中。

面对不满甚至是愤怒的顾客,店主要把握以下几点,以消除顾客的不满,化解交易纠纷。

- 换位思考,如"我很理解您的心情"。
- 真诚道歉,如"给您造成这种情况,我真的很抱歉"。
- 安抚买家,如"请放心,我会尽快处理的"。
- 合理解释,如"事情是这样的……"。
- 提出方案,如"我为您提供如下解决方案……"。
- 争取谅解,如"给您带来麻烦还请您多多体谅"。

大店主总在抱怨,客户爆满的时候,根本没有人力提供售后沟通。事实上,解决方法有两种:一是在装修店铺方面下工夫,让店铺和产品页面具有很强的"沟通功能",引导更多买家自助购物,减少售前和售中沟通,让更多客服资源转移到售后沟通;二是增加店主或者应用先进的呼叫中心,提升客户接待能力。

13.2.4 服务好老顾客

一门生意的好坏主要取决于新顾客的消费和老顾客的重复消费。据统计,开发一个新顾客的成本要比留住一个老顾客的成本高4倍。可见,老顾客的数量在一定程度上决定了生意的好坏,决定了生意的稳定性。所以要想留住回头客,就要采取各种办法。

1. 建立回访制度

回访制度是指通过电话、短信或微信等工具,对老顾客进行定期回访,询问对方购买的产品是否有质量问题,或者使用中是否有什么困难等。通过回访,不仅能够让老顾客感受到店主的服务态度,还能够刷一刷微店的"存在感",让老顾客不要忘了自己的小店。同时,也能够得知产品在使用中的各种问题,便于反馈到产品生产厂家进行改进。

在实际回访中,老顾客经常不回复店主的短信或微信,其实不要紧,只要表达到了,让老顾客知道店主在回访,引起老顾客注意即可。当然,回访也不宜过于频繁,过于频繁等同于骚扰,只会起到反作用。

2. 定期举办优惠活动

不管是实体店还是网点,定期举办优惠活动是必不可少的。哪怕是一本时尚美容杂志,都会有较为固定的节奏。网店的优惠活动也会受到实体店的影响,有浓重的节日情结。一年的头尾是春节和元旦,年中有五一、十一、中秋,另外再加上一些国外的节日以及所谓的双十一、双十二等,几乎每月店主都会有特价优惠活动的借口。没有节日就以店庆为由头。总之,网店定期筹办优惠活动还是很有吸引力的。

- 时间上要富余,定出提前的时间段,因为节日前的快递总是很紧张,店主要极力将活动提前,并将快递紧张的情况告知买家,让买家提前下单。
- 有时间段,不能长时间都在优惠,会让买家有倦怠感,对于打折没有感觉,长期下去买家会认为打折是理所当然的。一旦没有优惠就会认为店主涨价了。
- 优惠活动要应景,根据网店具体宝贝有原则地挑选特价宝贝,畅销和滞销的宝贝要混搭,不要一味推出滞销宝贝特价优惠。

13.3 秘技一点通

——如何让买家收到货后及时确认并评价

在买家付款时,货款其实并没有进入店主的账户,而是从买家的支付宝里划出,冻结起来,直到

买家收到货物,并认为没有问题后,才会进行付款确认,确认后货款才会划入店主的支付宝账户。

对于店主来说,资金周转是至关重要的,交易越快完成,货款也就越快回笼,因此,店主总希望

买家收到货后能及时确认付款。然而有些情况下，买家迟迟不确认，这就需要店主去敦促。下面介绍怎样才能让买家收到货后及时确认并评价。

（1）成功交易后跟客户再次核对货的情况。这非常重要，应该将客户要的款式、什么码什么色，全部记下来，一个客户一个表，连同地址联系方式也记上。客户的地址和联系方式都是之前他们在系统里填好的。新手买家地址有可能填错或不齐全，联系电话有可能是手机已停机之类的，所以货和收件地址电话等一定要跟买家确认。

（2）确认订单无误后，给客户一个温馨提示，可以将它做成快捷用语。"你付款后我们会安排发货，中间出现什么问题，我们会第一时间联系你。收到宝贝后如有什么问题，请在24小时之内联系我们。如宝贝没什么问题，麻烦请及时确认和好评，因本店批发需要大量的资金周转，最后祝我们合作愉快！"

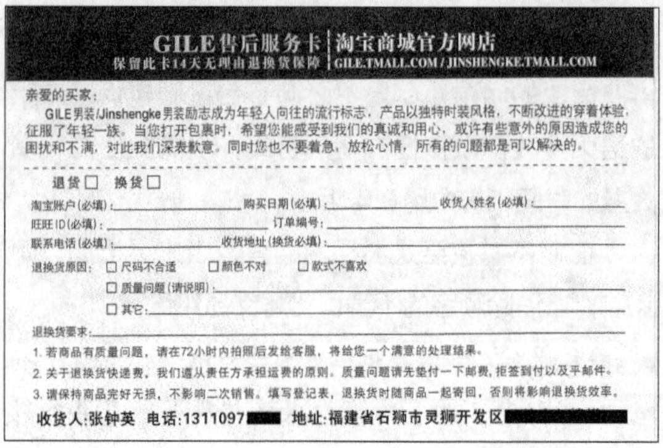

（3）将最近几天交易后但还没到货的查询一下到件情况。遇到快递公司的网站记录当天已经在派发件的话，可以留言给这个买家，留言也同样是做成快捷用语，可以这样写："我们已经帮你查过了，你今天会收到宝贝，请注意留意一下，欢迎再来本店。"有的买家是当时就在线的，有的是不在线的，在线的话，他们肯定会回复，并说一声谢谢，觉得你服务很周到，很关心他。这些在线的客户，一般收到货后也会来通知店主一声，他收到货了。这时，你可以问一下你的客户，收到宝贝有什么问题。如果客户说没什么问题，你可以趁热打铁说，如果宝贝没什么问题，麻烦你帮我确认并好评，谢谢你的支持。

技巧2 ——如何制作售后服务卡

在产品包装中放上售后服务卡，可以为买家带来不错的体验，因为售后服务卡中一般包含了两大部分：一是退换货表，二是店铺宣传内容。在退换货表中，包含了退换货原因、换货尺码、退换地址等。在店铺宣传内容中，可以敦请买家及早确认收货并好评，也可以讲解一下店铺的经营精神等，还可以搞"打好评，返现金"的活动等。下面就给出两张售后服务卡的范例。

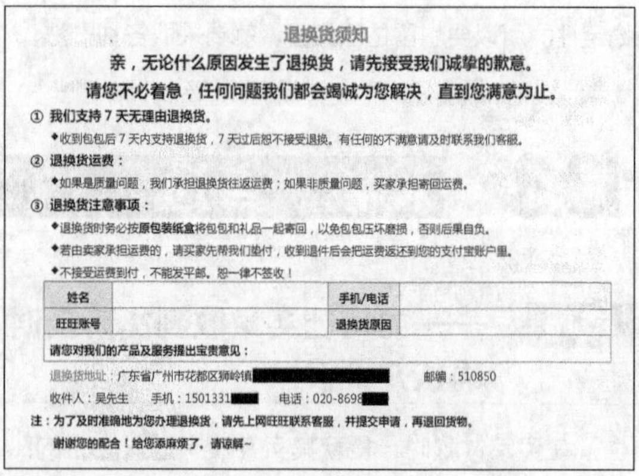

图13-3所示为某服装网店售后服务卡的一面，内容为退换货表。

图13-3

图13-4所示为该服务卡的另一面，内容为写评价，中大奖，买家看了这页内容，大多数都会及时按照要求进行评价，以期得奖。

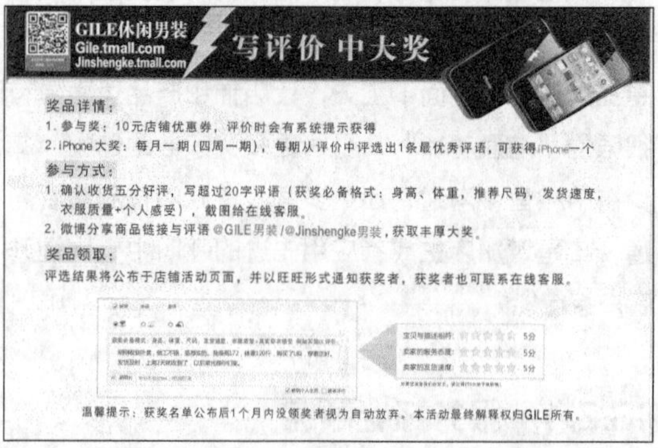

图13-4

图13-5所示为某皮制品网店的售后服务卡的一面，内容为退换货表。

图13-5

图13-6所示为皮制品网店售后服务卡的另一面，内容为发货单，供买家核对货物与清单是否相符。

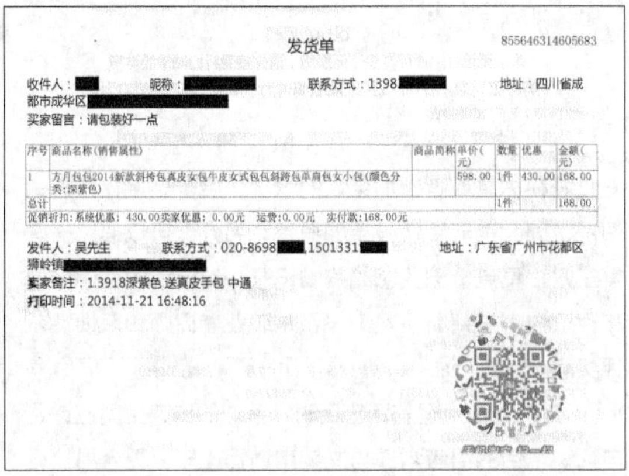

图13-6

技巧3 ——退换货的邮费该谁出

退换货是常有的事，在关于宝贝退换货过程中产生的运费负担上，提供以下建议供广大店主参考。

- 出于店主原因。这类情况包括店主在发货时发错宝贝，如尺码、型号、规格错误等，这时一般需要买家来承担退换货过程中产生的所有运费。
- 由于物流原因。如在物流运输过程中出现宝贝污损、损坏或丢失等情况，退换货时运费也应该由店主先承担，而最终这些费用的支出，可以和物流公司协商索赔。
- 出于买家原因。这类情况包括买家选购宝贝失误导致的错误，如购买服饰尺码选择错误等，或者买家收到货后，对宝贝进行了使用或影响了宝贝的完整性，那么这时一般需要买家来承担退换货过程中的运费。

总之，不论出于何种原因的退换货，店主必须以理性的心态来对待，当买家提出退换货请求后，需要认真分析退换货的原因以及给出良好的解决方案。在不断销售宝贝过程中，偶尔遇到退换货的买家是很正常的，只要认真分析原因，尽可能避免出现退换货的情况就可以了。

技巧4 ——让买家成为店铺义务推销员的诀窍

一个聪明的店主，不仅能把自己的商品推销出去，还能让买家成为忠实的义务推销员，帮助自己推销商品。俗话说："一传十，十传百。"一旦买家成了推销员，产品的美誉度和知名度能直线上升，广告费也可省下一大笔。更重要的是难能可贵的人气，这些都是无价之宝。

让买家成为推销员必须做到以下3点。

- 必须从买家利益出发，以优良的商品质量、良好的信誉、一流的服务赢得买家，树立良好的品牌形象。
- 必须搞好同买家的关系，为买家提供多元化服务，让买家有宾至如归的感觉。买家在购买商品的同时，还购买了比商品更重要的东西——情感、尊重等，而这部分是服务带来的。同时，买家成为推销员之后，又营造了新的消费潜力点，因为每位买家周围都有消费者，他们有意无意地向别人推销他认可的商品。
- 在让买家成为推销员时，还可以给买家一定比例的报酬，或者一定程度的折扣，这样买家就会更加卖力地为自己推销商品。这是一种很强大的力量，对于网店销售指标的提升一定会发挥巨大作用。

值得注意的是，当客户向自己推荐了新客户以后，无论生意成功与否，都要对老客户表示感谢，这是最起码的礼貌，也让老客户知道自己的努力没有被忽略，不然老客户就会觉得灰心，从而渐渐失去推荐的动力。

开店小故事

微店女老板共享差评处理经验

小谢是一个做得比较早的微店老板，经过两年的打拼，如今她已经建立起了一个小型团队，维护3个微店的日常运作。谈及网店的售后服务，小谢深有感触，她说："一开始自己单打独斗时，每天花在处理售前交流、售后服务上的时间就有好几个小时，生意越好，花的时间越多，直到请了专门的客服，我才算是解脱出来。不过，生意好了，差评也慢慢多了，我们的客服最开始没有处理经验，对差评处理得不太好，后来大家经常一起总结经验，逐渐就能处理好差评了，现在差评的改评率达到了94%，也就是说平均100个差评里有90多个我们的客服都能挽回，说服买家改为好评。"下面就是小谢关于处理差评的一些经验。

■ 处理差评要快

我们首先要保证能在第一时间得知买家给了中差评，需要立即与卖家取得联系。以前碰到过中差评的朋友都知道，买家给出中差评后，如果能在最短的时间内联系买家进行沟通，肯定是解决效率最高的（职业差评师除外）；反之如果时间拖得越久，那么能够圆满解决的可能性就越小，造成的损失也会更大。

以前听说过有一家3金冠店铺配备一个客服，专门只做一件事情，就是不停地刷新交易列表和买家的评价，找到最新产生的中差评之后，马上分配给对应的售后客服，然后售后客服马上联系买家进行沟通。这种工作流程看似繁琐又费人力，但是能保持对中差评的快速响应和处理，也不失为一种好的处理方式。

■ 要注意与买家沟通的技巧

首先，在电话与买家沟通之前，需要考虑到沟通时间点选择问题。客服可以根据买家收货地址和售前的聊天记录判断出买家从事的行业或职业，从而选择合适的电话沟通时间，这样能够避免碰到打电话给买家，但对

方正好在休息或者参加会议的情况，减少拒接、挂断的情况，同时也能降低被骂的概率。另外，可以通过一些第三方工具查看该买家的购物记录，给出的中差评情况和评价内容来判断该买家是否是职业差评师和习惯性差评买家。

其次，在处理差评售后时，首选的沟通工具应该是电话。电话的语音沟通与文字沟通相比较，更容易拉近人与人的距离，消除陌生感。

第三，在处理中差评的过程中，卖家需要在和买家的沟通过程中迅速做出判断：行或者不行，如果买家太难沟通或者是态度过于强硬，那也不必花费过多的时间和精力来处理，应该把注意力放在对于差评的解释上面。有时候通过与买家的沟通能够解决一部分中差评，但是由于造成中差评的原因各不相同，所以有时候除了沟通技巧，也需要给买家一定的补偿。之前我们团队在处理由于物流引起的差评时，会给予顾客5元或者10元的返现，大家可以参考一下。另一些补偿可以按照类目来，如送优惠券、下次包邮、送店铺私密VIP、补发礼品等。另外，对于补偿态度坚决强硬的买家，第一次沟通就应尽快礼貌结束，并根据该买家的脾气性格语言等特征加以分析，为后面的第二次联系作参考。

■ 多进行事后总结

处理完中差评之后也不可懈怠，需要分析引起中差评的原因，是售前引导不够、承诺未做到位还是物流包装问题，都需要进行及时的改正，避免后续再次因为类似问题引起中差评。这样会在整个运营层面形成良好的循环。有中差评不可怕，可怕的是处理完之后后面会继续出现类似的中差评。处理得好的中差评，很容易让该买家成为优质用户后续会继续产生购买，他们也会推荐身边其他的朋友来我们微店购买产品。

第14章
专业客服让买家暖心

本章导言

　　微店是小型的网店，通常老板兼任客服，但在做大之后，则需要专职的客服人员来与顾客沟通。客服是一个店铺必不可少的组成部分，好的客服能够极大增加顾客的购买欲。本章就专门讲解微店客服如何与买家沟通的方法，服务好买家，招徕更多的生意。

学习要点

- 了解客服必须掌握的基础知识
- 了解客服应具有的服务态度
- 了解客服与买家沟通的技巧
- 掌握店主管理客服人员的方法
- 掌握打造优秀网络销售团队的方法

14.1　了解经常被买家问到的问题

　　一个好的微店客服必然非常了解本店的产品，不仅如此，还应该了解关于网购的各方面知识，这样才能解答好买家的疑问。

　　下面就列出经常被买家问到的问题，希望店主们能够将这些问题的答案弄清楚并熟记，这样才能流利地回答，给买家留下专业的印象，从而提升成交率。

14.1.1　关于宝贝的专业知识

　　宝贝专业知识是一个客服应该深入了解的知识。如果店主连宝贝的特点、用法、禁忌等都不清楚，或者答得含含糊糊，那么买家是很可能不会下单进行购买的。

　　需要了解的宝贝专业知识不仅包括宝贝本身，还应该包括宝贝周边的一些知识。

- 宝贝知识。客服应当对宝贝的种类、材质、尺寸、用途、注意事项等都有所了解，最好还应当了解行业的有关知识、宝贝的使用方法、修理方

法等。
- 宝贝相关知识。不属于宝贝本身，但又与宝贝相关的知识，也需要了解。比如有些玩具不适合太小的婴儿，会造成危险，买家购买的时候可能只询问玩具的用法，而不了解其适用年龄，对此没有加以询问，此时客服就要主动向买家进行说明。

14.1.2　关于付款的知识

　　付款、物流等问题也是微店买家经常问到的，对此客服要有充分的了解。

　　微店支持担保交易、直接到账以及货到付款3种方式。其中担保交易也就是常见的信用卡支付、支付宝支付等，钱款是先转到第三方，等买家确认了收货，再将货款转入店主账号，这是常见的网购支付方式；直接到账是指买家的支付直接进入店主账户，无需确认，这主要是为熟人之间购物而设的，熟人之间因为比较信任，所以无需通过担保；货到

付款这个大家都理解，就不解释了。

其中，担保交易又支持5种，即信用卡支付、储蓄卡支付、支付宝支付、微信支付和财付通支付，应该说渠道还是很丰富的，能够满足绝大部分买家的需求。直接到账支持支付宝支付、信用卡支付以及财付通支付，支付时有"风险较大"的提示。

14.1.3 关于物流的知识

客服应该对宝贝的物流状况了如指掌，才能够回答买家关于运费、速度等问题，并且还能自行处理如查询、索赔等状况，这就需要掌握以下一些物流知识。

- 了解不同物流方式的价格：如何计价、价格的还价余地等。
- 了解不同物流方式的速度。
- 了解不同物流方式的联系方式，在手边准备一份各个物流公司的电话，同时了解如何查询各个物流方式的网点情况。
- 了解不同物流方式应如何办理查询。
- 了解不同物流方式的包裹撤回、地址更改、状态查询、保价、问题件退回、代收货款、索赔的处理等。

14.1.4 退换货的规则

退换货也是微店客服经常遇到的问题。关于退换货的规则，微店官方是有相关标准的。

微店店铺承诺符合以下情况，由产品售出之日（以快递签收日期为准）起7日内退换货，15日内换货（不含客户个人喜欢原因）。可在线提交返修申请或者与微店网客服中心联系办理退换货事宜，具体退换货标准如下。

（1）国家法律所规定的功能性故障或宝贝质量问题。指经由生产厂家指定或特约售后服务中心检测确认，并出具检测报告或经微店网售后确认属于宝贝质量问题。这类问题支持7天（含）内退换货，不收取返回运费。

（2）物流损坏、缺件或宝贝描述与网站不符等微店原因。物流损坏是指在运输过程中造成的损

坏、漏液、破碎、性能故障，经售后人员核查情况属实。缺件是指宝贝原装配件缺失。这类问题支持7天内退换货，不收取返回运费。

（3）其他原因。除以上两种原因之外，如个人原因导致的退换货，未使用且不影响二次销售（宝贝原包装未拆封）。这类问题不支持7天（含）内退换货，需收取返回运费。

其中，为保护消费者利益，以下情况视为影响二次销售。

- 手机、相机、笔记本电脑产品原厂包装打开或安装电池开机启动。
- 密封产品原包装打开。
- 产品通电、过水、插入卡槽、下载软件等已使用。
- 购买时明确说明不支持退货的宝贝。
- 其他可能影响二次销售的情况。

14.1.5 手机与网络知识

客服还需要对手机和网络有一定的了解，这是因为很多买家不仅对网购不熟悉，对手机与网络也不熟（也包括对网购熟悉但不熟悉网络的买家），他们在购买、付款时如果遇到了手机与网络的问题，还需要客服远程指导他们进行解决。

当然，客服并不需要很高深的电脑与网络知识，但对于常见的手机问题要熟悉。此外，还要熟练掌握手机输入法，会使用各种手机通信软件（如微信和QQ）、会在手机上收发电子邮件（有时会用到），如果宝贝中包含大量英文单词（如海外代购的宝贝），还要求店主有一定的英语基础。

> **高手支招** 尝试语音输入法 ▶▶▶
>
> 随着科技的发展，如今语音输入法已经有了很高的识别率，用户只需对着手机说一段话，就会被输入法自动转换成文字，正确率相当高。语音输入法的效率很高，远超打字，店主可以充分利用语音输入法速度快的优点，同时与多个买家交流。目前国内较好的语音输入法是"讯飞语音输入法"，支持普通话及多种方言，以及英语，有安卓和苹果版本，客服们不妨安装一试。

14.2 客服与买家沟通的方法

沟通与交流是一种社会行为，是每时每刻发生在人们生活和工作中的事情。客户服务是一种技巧性较强的工作，作为网店的客服人员，更是需要掌握并不断完善与客户沟通的技巧。

14.2.1 使用礼貌有活力的沟通语言

态度是个非常有力的武器，当客服人员真诚地把买家的最佳利益放在心上时，买家自然会以积极的购买决定来回应。而良好的沟通能力是非常重要的，沟通过程中客服人员怎样回答是很关键的。

看看下面的例子，来感受一下不同说法的效果：

"您"和"MM您"比较，前者正规客气，后者比较亲切。

"不行"和"真的不好意思哦"；"嗯"和"好的没问题"。都是前者生硬，后者比较有人情味。

"不接受见面交易"和"不好意思我平时很忙，可能没有时间和你见面交易，请你理解"相信大家都会以为后一种语气更能让人接受。

14.2.2 表达不同意见时尊重对方立场

当遇到不理解买家想法的时候，不妨多问问买家是怎么想的，然后把自己放在买家的角度去体会对方的心境。

如果不同意买家的意见时，也不要生硬地表示否定，而要巧妙地以"您说得很有道理，不过有时候还会有这样的情况出现……"，或者"确实有您说的那样的情况，只是非常罕见，一般来说……"这样的表达法来进行否定，才不会让买家产生反感。

专家提点 任何人都不喜欢被否定

> 一个人提出看法时，不仅仅是表达看法本身，而且还是他自我人格的一种外在表现。所以，如果看法遭到否定时，意味着他的自我遭到了或轻或重的损害，而任何人都不喜欢这种损害。所以客服不要生硬地否定买家的看法；否则买家会感到不快。

14.2.3 听完再说很重要

有时买家常常会用一个没头没尾的问题来开头，如"我送朋友送哪个好"，或者"这个好不好"，不要着急去回复他的问题，而是先问问买家是什么情况，需要什么样的东西。

这样的买家一般已经在网店里研究了半天，进入某种状态之后，才会以这样的问题来开头，客服可以耐心请他/她说出原委，再帮忙进行参考。

14.2.4 保持相同的谈话方式

对于不同的买家，应该尽量用和他们相同的谈话方式来交谈。如果对方是个年轻的妈妈给孩子选商品，应该表现站在母亲的立场，考虑孩子的需要，用比较成熟的语气来表述，这样更能得到买家的信赖；如果买家是个比较追求潮流的青年，可以用"亲"这样的称呼来称呼他/她；如果买家急于询问商品信息，就应该以简短的语言进行介绍。买家遇上与自己说话风格相似的客服，就能够一下拉近双方的距离，从而增加购买商品的可能性。

14.2.5 经常对买家表示感谢

当买家及时完成付款，或者很痛快地达成交易时，客服人员都应该衷心对买家表示感谢，感谢他/她为自己节约了时间，感谢他/她给自己一个愉快的交易过程。

感谢不要太少，但也不要太滥，太滥容易让人觉得这样的感谢流于形式。感谢时最好说明感谢的原因，这样的效果要比单纯地说"谢谢"要好得多，因为这样可以让买家明白卖家究竟在感谢对他/她的什么行为，比如"谢谢您，这么爽快就付款了！"或者"多谢，您真是通情达理！"

专家提点 用感谢来强化买家的行为

感谢买家的具体行为，可以强化买家使用这种行为的习惯，让买家下次保持同样的行为。比如这次因为爽快付款而被感谢的买家，下次就很可能又会表现出爽快付款的行为，这样其实是有利于卖家的。

14.2.6　拒绝买家的无理要求

在销售过程中，会经常遇到讨价还价的买家，这时应当坚持自己的原则。如果作为商家在定制价格的时候已经决定不再议价，那么就应该向要求议价的买家明确表示这个原则。随便妥协，不仅有损盈利，还会给买家留下"下次还可以讲价"的印象，以后就麻烦了。

14.3　客户人员管理

如何调动员工的积极性，增强店铺的凝聚力？这是店铺面临的急需解决的一个实际问题，也是店铺领导工作中的一个难点。

调动员工的积极性是一个老生常谈的话题了。很多店主都有不同的方法，但是其目的都只有一个，只要员工的积极性得到了提高，他们就是店铺的高效润滑剂，工作效率将会大大提高。

14.3.1　明确员工的职责

（1）如果员工不明白自己的工作内容，或者说忽略了一些他们认为不重要的工作，那么就造成了工作成果不能按照预期实现。而不良的工作成果给了员工消极的反馈，因此他们积极性降低。一个整天都不知道自己工作目的的人，会有多大的热情投入到工作中去呢？店主应该时常向员工明确他们的工作内容和职责，以确保他们能按照正确的方法做事情，而不是按照他们的习惯做事。

（2）工作内容和工作职责其实是不一样的。大多数的管理者只喜欢向员工明确工作内容，而不明确工作职责。当员工只明确工作内容，他们会认为自己仅仅是一个执行者，没有什么成就感；而通过沟通，让他们为自己的工作职责努力，那么他们会认识到自己工作的价值，进而能从工作价值中获得激励。

14.3.2　多些认可和赞美

当员工完成了某项任务时，最需要得到的是店主对其工作的认可。店主的认可是一个秘密武器，

但认可的数量很关键，如果用得太多，价值将会减少。如果只在某些特殊场合和少有的成就时使用，效果就会增加。对于员工来说，得到店主的表扬和肯定就是最大的精神奖励，这可以增加员工的工作积极性，强化员工的良好行为。

赞美也是认可员工的一种形式。一般的店主大都吝于称赞员工，有些人甚至认为没有必要。其实，称赞员工惠而不费，可以让员工心情愉悦，工作效率提高，但前提仍然是不要用得太滥。

14.3.3　赏罚要分明

古人御下，讲究"恩威并重"，做到恩威并重，部下就会对上级又感激又敬畏，不但办事效率提高，而且还变得忠诚可靠。其实，古今同理，今天对待下属也要做到恩威并重，才是最好。

恩从奖赏而来，威从处罚而来。赏罚分明，就可以做到既有恩又有威。恩让下属忠诚，威让下属服从。这些流传几千年的方法，用在网店中，也一样有效。

如果店主该赏不赏，就会挫伤员工的积极性；该罚不罚，就会让员工对公司纪律失去畏惧感，二者都是非常有害的。因此，不论网店也罢，实体店也罢，都要做到赏罚分明。

14.3.4　多与员工沟通

很多管理者都是高高在上，发号司令，和员工缺乏足够的沟通。其实，要员工做好事情，不但要告诉他们怎么做，而应该告诉他们这么做能得到的

好处，让他们从心里愿意去做这些事。

不太忙的时候，可以和员工聊聊工作之外的事情，关心一下员工有没有生活上的困难，要和员工成为朋友。但是，这也要有个度，不要成为过于亲密的朋友，以免出现因私废公的情况。

14.3.5　制造员工间的有序竞争

强化激励也可以称为竞争激励，使员工之间形成一种竞争意识。员工总有一种在竞争中成为优胜者的心理。可以组织各种形式的竞争比赛来激发员工的热情，创造一种比学赶超的竞争环境和气氛。凭借这种竞争，来统一全体员工的思想、信念和意识，调动员工的积极性。

14.3.6　给员工更多的自由空间

不管是机器还是人，工作久了都需要休息，特别是年轻人。因此，只要不影响工作，休息的时间可以适当延长些。只有尊重别人，别人才会尊重你，员工也不例外。一个人得到老板的尊重，那他会更专心地为老板工作。

14.3.7　给予一对一的指导

指导意味着员工的发展，而店主花费的仅仅是时间，但传递给员工的信息却是店主非常在乎他们。很多时候，对于员工来说，上级能教给自己多少工作技巧还在其次，而上级究竟有多关注自己显得更加重要。认为自己受到重视的员工，往往在工作中表现出更大的主动性，更愿意挑起重担。

14.3.8　以团队活动增强团队意识

不定期的聚会活动可以增强团队的凝聚力和团队精神，从而会对工作环境产生影响，营造一个积极向上的工作氛围。如中秋节前夕的晚会、元旦前的野餐、重阳节的爬山、员工的生日聚餐和团队庆功会等，这些都可以成功地将员工聚到一起度过快乐的时光。同时，最好再将这些活动通过图片展示、DV摄制等手段保留下来，放在网站上，让这些美好的回忆成为永恒，时刻给员工温馨的体验与团队归属的激励。

14.3.9　奖罚分明激励客服

卖家最头疼的可能就是客服对于网上店铺信誉度并不是很关心，所以在售后服务方面并不是很积极，有时也会因为态度不好得罪买家，最好制定一些奖罚措施。例如，全年无中差评奖，只要客服人员出售的商品全年都是好评，则给予适当的奖励。对于得到差评的客服，要给予处罚。当然有一点要注意，要先分析原因，要仔细听客服的解释，再以店主的身份跟买家联系，只要事实弄清楚就好办了，如果的确是客服的过错，那么必罚无疑，罚一次全体客服都会引以为戒的。还有就是处罚和奖励的额度一定要提前拟好，打印出来贴在客服的工作间里显眼的位置。

14.3.10　设立投诉专线"震慑"客服

设一个专门用于投诉的电话，这个专线最好是店主本人的手机号，这样做的话，既可以监督客服工作，又可以服务买家。

投诉专线的象征意义大于其现实意义。客服知道这个投诉专线的存在，才会兢兢业业地工作，不敢玩忽职守。一个沉默的投诉专线，才是店主需要的，但切不可因为专线沉默，就去取消它。

14.4　秘技一点通

技巧1　——开设微店客服子账号，分流客服压力

微店平台允许店主增加子账号作为客服。子账号登录后只能进入专门的客服界面，与买家沟通，而无法进入店铺管理的界面，无法改变店铺的任何设置。

1. 开设子账号

第1步 用店主的账号登录进入weidian.com后，❶单击"子账号管理"选项卡，❷单击"新建子账号"按钮，如图14-1所示。

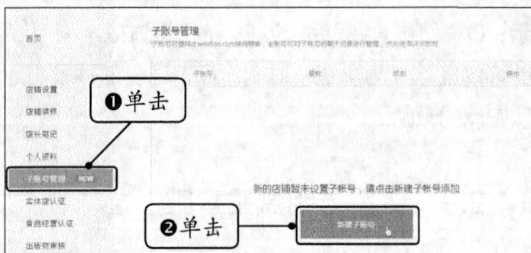

图14-1

第2步 ❶输入子账号ID、昵称和密码（密码输入两次），❷单击"完成"按钮，如图14-2所示。

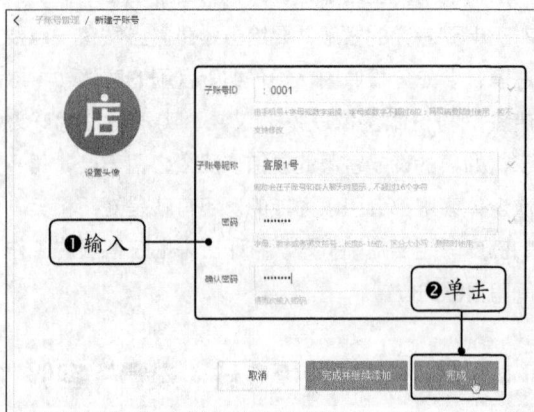

图14-2

这样一个子账号就创建成功了，自动返回"子账号管理"界面。如果要一次创建多个子账号，可以单击"完成并继续添加"按钮，连续添加子账号。

2. 设置主账户与子账号的信息分流

设置了子账号之后，默认情况下子账号将接管全部的买家沟通，主账号将不会接收到任何买家发来的信息。不过有的店主可能希望用主账号兼任一下客服，这样可以省下一名客服的工资，此时就需要将主账号设置为分流子账号的工作。

第1步 在子账号管理界面，单击"主账号分流设置"按钮，如图14-3所示。

第2步 弹出对话框，单击"修改"超级链接，如图14-4所示。

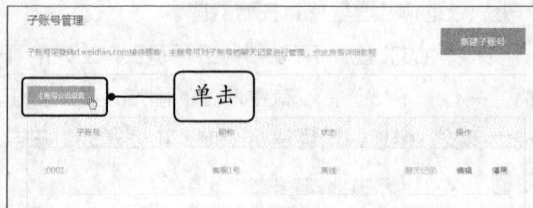

图14-3

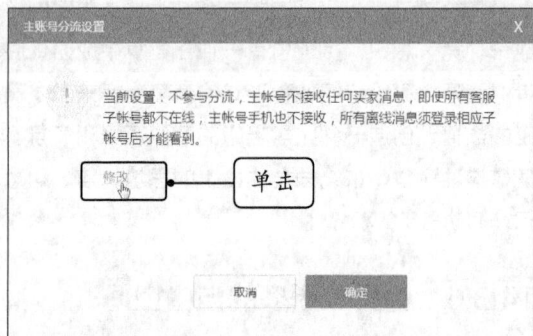

图14-4

第3步 ❶选择"是，参与分流，跟客服子帐号一样接收消息"单选钮，❷单击"确定"按钮，如图14-5所示。

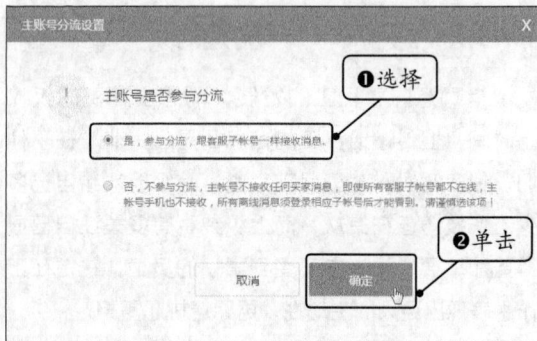

图14-5

3. 登录子账号与买家沟通

子账号设立好以后，就可以交给客服人员进行登录了。子账号的账号名格式为：微店,注册手机号:子账号ID。比如，注册微店时，使用的手机号为14912345678，子账号ID设置为0001，那么登录时就应输入14912345678:0001。注意：中间的冒号是英文冒号，不是中文冒号。

登录子账号的方法与登录主账号是一样的，首先输入子账号ID和密码，然后单击"登录"按钮即可，如图14-6所示。

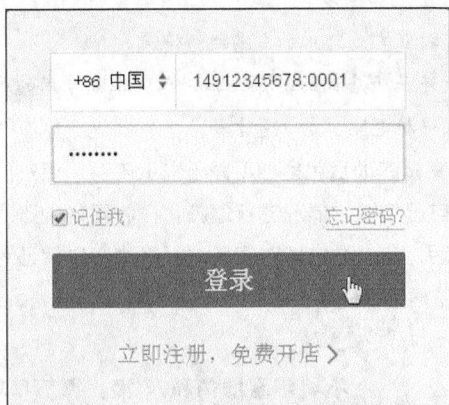

图14-6

成功登录后，进入客服界面，可以和买家沟通联系，如图14-7所示。

图14-7

可以看到客服界面和QQ、微信电脑版都差不多，甚至更加简单，相信只要会用QQ的人都能轻松上手。

技巧2 ——怎样招到好的客服人员

当微店做大之后，店主单打独斗已经忙不过来了，此时就要开始寻找专门的客服，接待买家，处理售后问题等。由于网店客服还属于新工种，相关的职业培训和就业市场都没有建立。怎样才能招到合适的客服人员呢？

一般来说，网店客服的工作很杂，也比较枯燥，因此一般招来出色的客服不是很容易。招聘客服人员，首先是打字速度要快，这个条件招聘的时

候需要把关。要有耐心和亲和力。亲和力在线上和线下的表现方式是不一样的。有些人在线下可能给人感觉很冷漠，但线上却表现出了热情耐心的一面。

不能用功利心太强的人。急功近利的人会不择手段地去成交一切可能成交的单子，但对网店造成的不良影响却是不容低估的。这种人也是留不住的，哪天自己羽翼丰满了，就会另择高枝或是另立门户了。

另外，找客服是比较考眼力的。一般客服就是找家庭条件别太好的，为人内敛些的，做事仔细耐心点的，工作经验不用太多。

技巧3 ——如何培训新手客服

客服招进店时，大多数都是新手。店主要怎样培训，才能让他们更快、更好地掌握客服技能，迅速为网店服务呢？

1. 制定标准化制度

样板即根据各项标准要求所做出来的模板，是员工日常工作的参照物。店主可以按各种工作标准做出每一步的流程，定制出工作中所遵循的规则，以最直观的方式让客服新手明白什么是正确的，如何去操作。

在标准化的制度下，只要店主依规定执行，不放任，客服们便会自觉地在为他们划定的圈子内施展所长。

2. 协助带领员工一起做

协同即带领、陪同员工完成各项工作。店主按工作标准做出样板后，要亲自和被培训者按样板要求共同完成各项工作，如何与客户沟通、如何收款、如何发货等。这样一方面使客服人员更理解制度标准中的内容，另一方面可以帮助新手解决初次工作遇到的困难和心理障碍。

3. 工作流程中跟踪指点

观察即通过对其工作的全过程进行观察，以了解客服在工作中的优、缺点。经过前两个步骤，被培训者已具备一定的操作技能，这时应该让客服独

立完成每一项流程。这时，店主此时也应当站在客服旁边，进行观察记录，对做得不足的地方及时指出来，做得好的地方进行肯定和表扬。

4. 强化记忆、形成习惯

强化即按照样板标准坚持做下去，最终形成习惯。强化是一个长期的过程，必须要求客服不断坚持去做，而且要根据样板标准做出考核指标，没达到标准的要进行处罚。久而久之，客服就会养成谨慎、细致的态度。

技巧4 ——新客服如何快速进入工作状态

任何一个职位都会有人员流动，微店客服也不例外。当老客服辞职，新客服到岗时，新客服怎样才能快速接过客服工作，不至于对店铺的客服工作造成困扰呢？首先店主要让老客服把交接工作做好，包括：

- 老客服离职前须向店主交接电脑开机密码或系统登录密码。
- 交接各种客服工具的账号与密码，如QQ、微信等。

- 交接买家交流情况，即哪些买家在促单、哪些买家在申请售后等。
- 交接正在处理中的交易纠纷情况。
- 交还属于店铺的财产，如钥匙、客服专用的手机或平板电脑、电话号卡等。

交接的项目包括但不限于以上内容，店主应该根据自己店铺的情况进行增减。在收回各种账号与密码后，店主要立即对密码进行修改，以保证老客服无法再登录使用。

专家提点 不要用客服的私人QQ、微信等软件作为客服工具

由于客服在离职时，要收回各种客服工具的使用权，因此一开始就不要让客服使用自己的私人QQ或微信等即时通信软件来作为客服工具，不然在离职时会发生纠纷。

当新客服到岗时，对他/她进行入职培训之后，将以上项目交接给他/她，即可实现新老客服的平稳过渡。当然，为了避免老客服辞职后迟迟找不到新客服，最好还是规定员工辞职必须提前一个月通知店主，这样店主就有了充裕的时间来寻找新客服。

开店小故事

一名客服妹子的自述

我叫杨柳，是一个职高生。职高毕业以后我跟着哥哥来到了广州找工作。广州很拥挤，无论我什么时候出门，地铁或者公交上总是满满的。一个职高生，工作也不太好找，虽然老乡说可以介绍我进工厂，但我不想做很机械的工作。

在面试了很多次以后，我终于被一家小小的网店录用了，工作内容是做一名客服。我当时并不知道为什么自己毫无客服经验，还会被录用。后来才知道店主面试我时，觉得我脾气好，打字快，非常适合做客服。

于是我就这样开始了人生的第一份工作。在这里我学会了很多。一向性格非常好的我被磨得更好了，时时刻刻都要忍耐，因为无理取闹的顾客总会不时冒出几个。我始终把顾客当作上帝，顾客的问题无论我有多么不懂，我都会到处去问去找，以希望能够给顾客一个满意的答案。

在做客服的这段日子，我也学会了很多关于怎样去做好一名客服的技巧。我觉得身为一个客服最重要的工作就是服务要好、态度要好，其他的什么事情自然也就迎刃而解了。

我也遇到过很多麻烦，但是好在一切都解决了，虽然有些解决得不是很完美。首先，是遇到了差评，无论我怎么道歉，无论我怎么和这位买家解释，这位买家都不买账；其次是遇到了一名无良买家，硬说我们包装内少了一件货物，要求退款，几番波折终于发现原来他骗了我们；再次是遇到了物流的麻烦，快递总是不省心，快递的失误总是由我们客服来赔礼道歉。

客服的工作不算多，但是很充实，每天我都能够和不同的人交流，每天我成长一点，渐渐发现了原来手机上一个小小的微店，居然有许许多多我曾经都没有想到过的东西。

在接下来的日子我会珍惜的，我会珍惜和小店结下的这段缘分。我会努力让小店变得越来越好，会让小店有更多回头客，会让大家都开心。总之，我还会做很多很多，我希望我能学到开店的所有知识和技巧，在不久的将来，我也要开设我自己的微店。

第 **15** 章
微店虽小财务要理清

本章导言

在微店经营中，将会涉及记账、退赔客户、账目管理等财务方面的工作。只有把微店的财务账目管理得井井有条，才能清晰地掌握网店的利润、开支以及销售状况，从而为后面的店铺经营定制出合理的规划。本章就专门讲解关于微店财务管理方面的知识与技巧。

学习要点

- 掌握使用手机记账的方法
- 了解退款给买家的流程
- 掌握使用Excel表格来管理网店财务的方法

15.1 退款给买家

在商品交易过程中，微店店主不可避免会遇到交易退款的情况，退款原因一般很多，如买家不满意、商品运输过程损坏、运输丢失等。遇到退款情况时，作为店主，应当在积极处理商品事宜的同时，对于无法弥补的交易，就应该退款给买家。

专家提点 **不一定都是从"待发货"按钮发起退款**

不论商品状态是"待发货"，还是"待收货"与"待评价"，都可以发起退款。

15.1.1 买家申请退款的过程

不论由于是店主还是买家的原因，只要当买家付款后无法继续完成交易时，都需要由买家发出退款请求。对于店主已发货的商品，可以随时发出退款请求。

作为一个微店店主，需要对买家申请退款的过程有所了解，以便在新手买家不知道怎样操作时进行指点。

第1步 买家在微信中进入店铺，❶单击"订单中心"按钮，如图15-1所示。

第2步 ❷单击"待发货"按钮，如图15-2所示。

图15-1

图15-2

第3步 ❶单击要退货的商品下方的"退款"按钮，如图15-3所示。

图15-3

第4步 ❷选择是否退货（一些虚拟商品不需要退货）与退款原因，❸单击"提交"按钮，如图15-4所示。

第5步 查看退款进度，如图15-5所示。

第6步 退款成功后，微店平台会有短消息发送到买家的手机上，如图15-6所示。

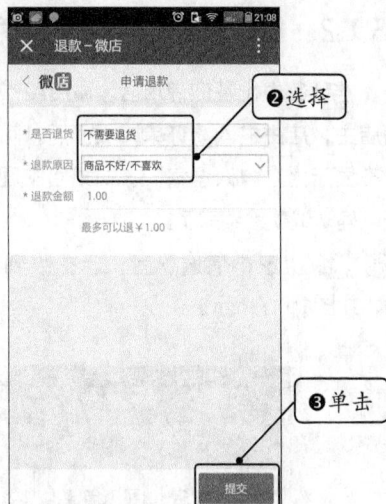

图15-4

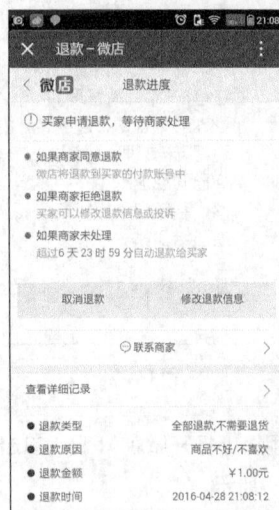

图15-5

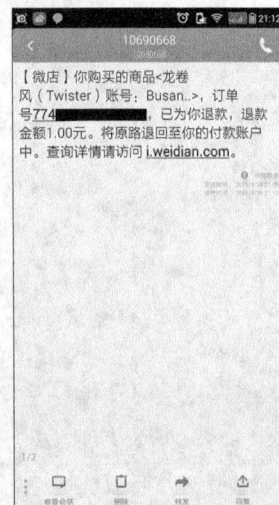

图15-6

15.1.2 店主退款给买家的过程

当买家发出退款请求后,微店APP会提醒发短信店主,店主进入"订单"页面后,可以看到商品状态显示为"申请退款"。如果店主同意,那么就可以确认退款给买家了。

第1步 买家申请退款后,店主收到退款提示短信,如图15-7所示。

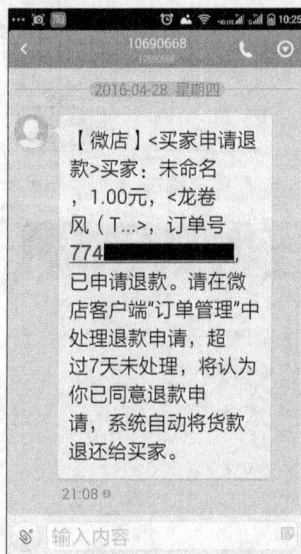

图15-7

第2步 在手机上打开微店APP,单击"订单"按钮,如图15-8所示。

图15-8

第3步 ❶单击标有"申请退款"的订单,如图15-9所示。

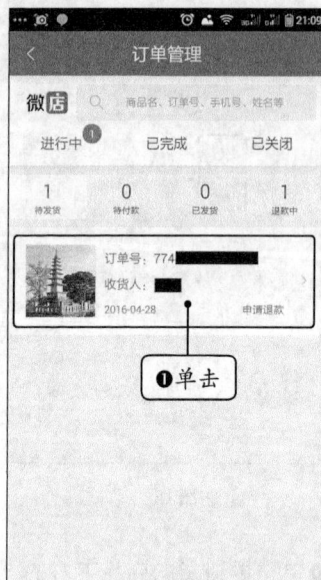

图15-9

第4步 ❷单击"处理退款"按钮,如图15-10所示。

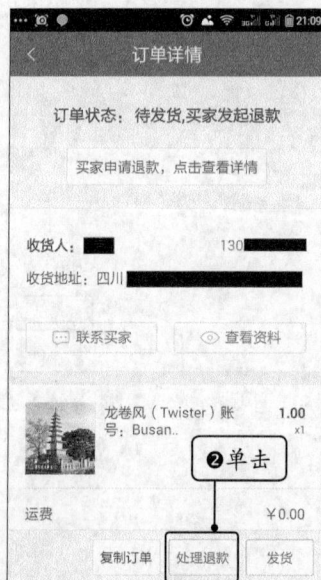

图15-10

第5步 ❶单击"同意退款"按钮,如图15-11所示。

第6步 ❷单击"确定"按钮,如图15-12所示。

第7步 返回退款进度页面,如图15-13所示。

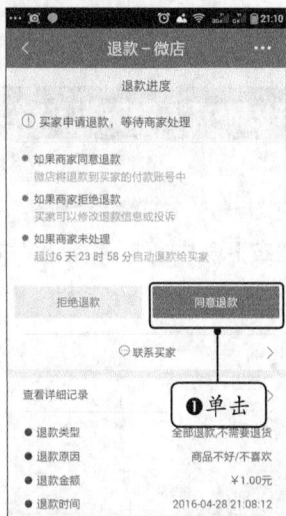

图15-11

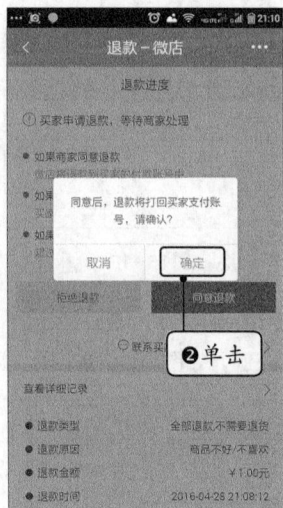

图15-12

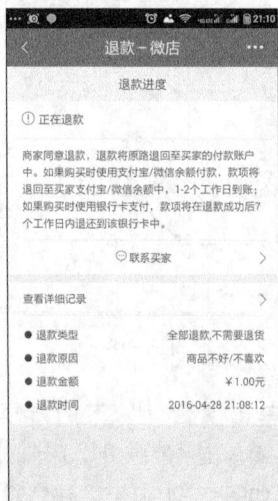

图15-13

第8步 退款成功后,微店平台将发来短信提示店主,如图15-14所示。

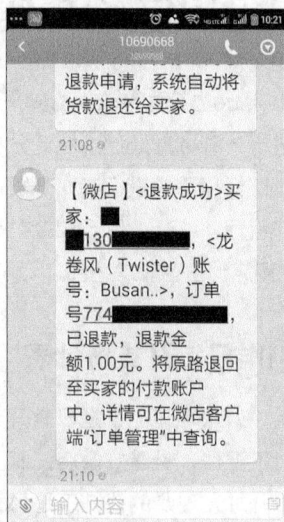

图15-14

15.1.3 退款时应尊重对方立场、避免引起纠纷

新店主可能对退款感到很不习惯,其实在网上交易中,退款、关闭交易等都是很常见的,如果买卖双方有纠纷,请微店平台客服介入进行仲裁,都不是什么罕见的事,作为店主,要有接受这些麻烦的心理准备。

除了那些存心捣乱的买家以外,其实大多数买家要求退货退款,基本上都是因为对商品不满意导致的。当然,有的买家比较苛刻,有的买家比较宽容,这就导致了同一批商品总有人觉得不满意而要求退货退款的情况发生。

当买家向店主表达不同的意见时,店主要体谅和理解买家,从态度和语言上给予肯定,这样买家会觉得他的想法得到了接受和理解,觉得店主能够站在他的角度思考问题,同样,他也会试图站在店主的角度来考虑。

这样一来,也许原本就要退款的买家,可能就不再要求退款,而即使仍然坚持退款的买家,也不会和店主成为仇人,反而可能服务态度好,下次又来购物也不一定。总之,"多个朋友多条路,少个敌人少堵墙",只要尊重对方,总归不会有坏的结果。

15.2 使用Excel管理网店

Excel是Office办公套装软件的一个重要组成部分，它可以进行各种数据处理、统计分析和辅助决策操作，也可以根据需求进行二次开发。它被广泛地应用于生产管理、统计、财经和金融等领域。当然，拿来管理网店销售也非常适合。

15.2.1 制作日常开支统计表

网店财务中，最常见的就是日常开支统计表。很多店主平时不记账，看着好像店铺赚了不少钱，到了年底盘账，才发现赚的钱并不是那么多，有时候甚至出现了亏损，原因在于平时的各种支出没有记账，这些支出冲掉了一部分盈利。因此，店主们平时就要记录好各种开支，量入为出，这样才不会在年底发现少赚了钱。

第1步 打开Excel，单击第一个方格，并输入"月份"，如图15-15所示。

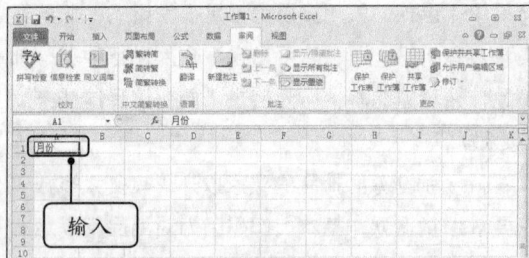

图15-15

第2步 依次输入"能源费""网费""工资""房租"和"杂项"（此处开支项目为示例，具体有哪些开支项目要根据实际情况调整），如图15-16所示。

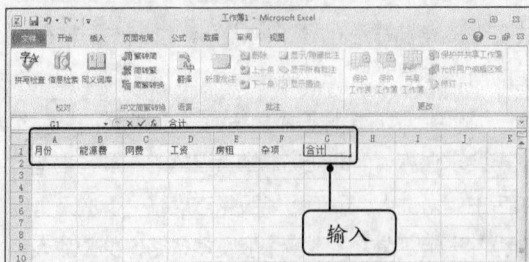

图15-16

第3步 ❶在"月份"下方输入"1月"，❷单击"1月"所在方框右下角并按住左键不放，如图15-17所示。

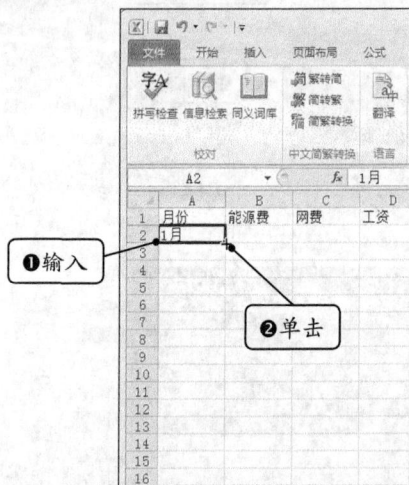

图15-17

第4步 ❸向下拖动鼠标，直到显示出"12月"字样再放开鼠标左键，如图15-18所示。

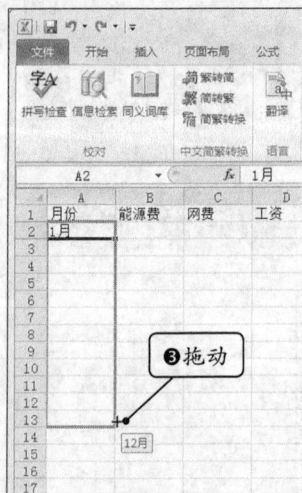

图15-18

第5步 ❶单击"合计"下的方框，并输入"=sum("，❷单击"能源费"下方的方框，并按住左键不放，如图15-19所示。注意输入时要切换到英文输入法，输入纯英文字符。

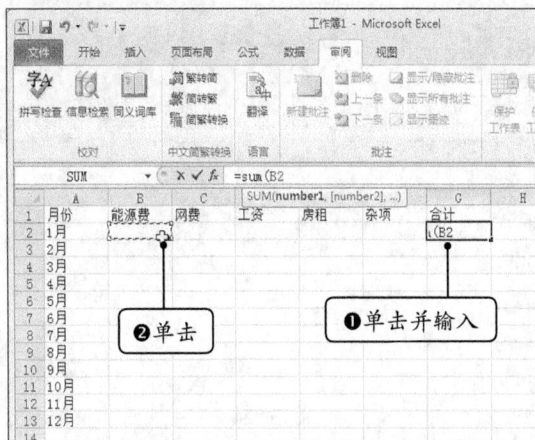

图15-19

第6步 将鼠标拖动到"杂项"下的方框处，再松开鼠标左键，如图15-20所示。

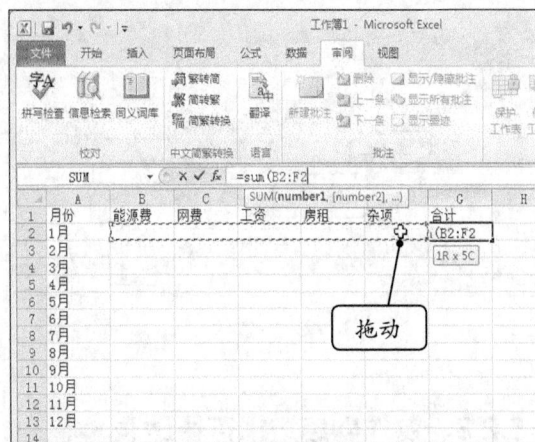

图15-20

第7步 输入")"符号，如图15-21所示。这两步操作是为了统计1月份总支出。

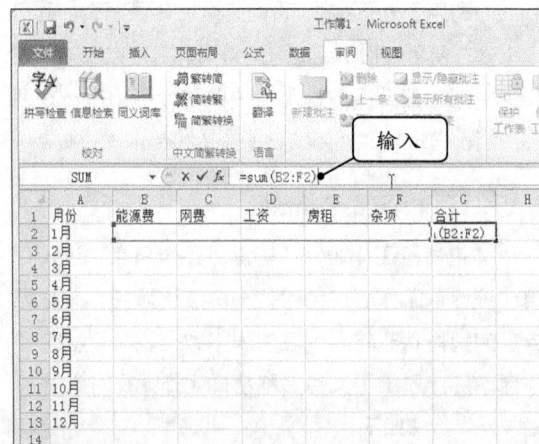

图15-21

第8步 可看到"合计"下方的方框中出现了"0"，这是因为还没有输入1月份的支出数据，因此合计为0。接下来要建立2月份到12月份的支出统计，单击1月份合计方框的右下角，并按住左键不放，如图15-22所示。

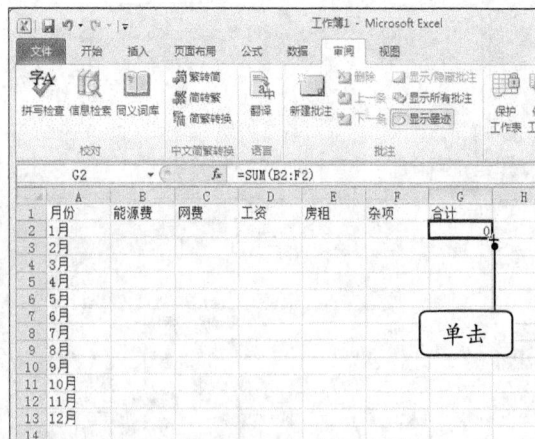

图15-22

第9步 拖动鼠标指针到与12月份齐平的方框，并放开鼠标左键，如图15-23所示。

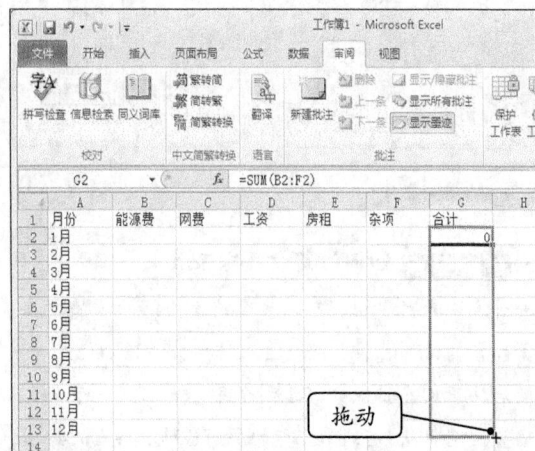

图15-23

第10步 输入1月份的各项支出，可以看到"合计"下自动将1月份总支出计算出来了，如图15-24所示。

第11步 输入其余各月份的各项支出，可以看到"合计"下自动将各个月份总支出计算出来，如图15-25所示。

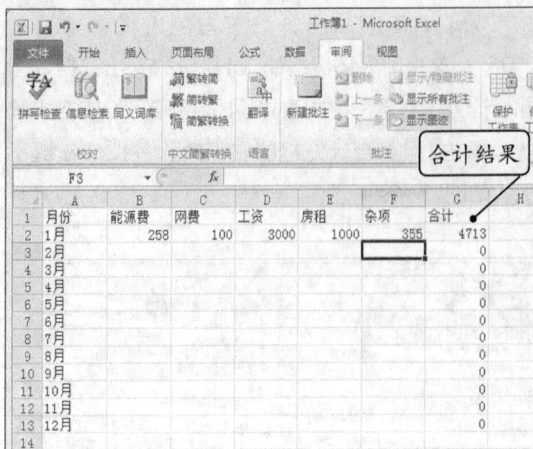

图15-24

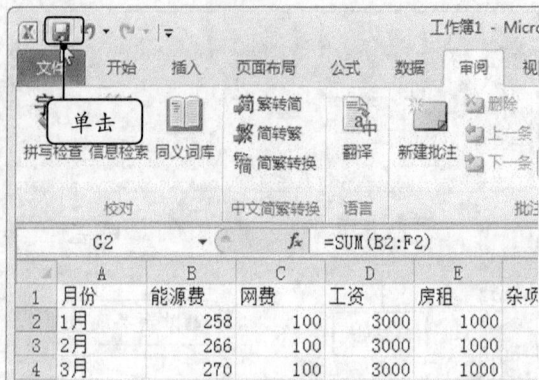

图15-26

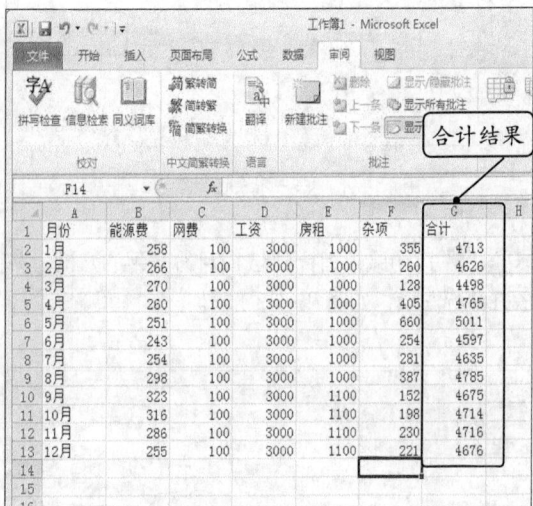

图15-25

图15-27

专家提点 如何计算全年总支出

要计算全年总支出，可以按照前面讲解的方法，在第14行的G列这个方框处输入"=sum(G2:G13)"，然后按下回车键，即可看到全年总支出。这个公式的含义是将从第2到第13行的所有G列方格内的数字加起来。

第12步 单击Excel窗口左上角的"保存"按钮 🖫，如图15-26所示。

第13步 ❶输入保存文件名，❷单击"保存"按钮，如图15-27所示。

以后要再次输入日常开支，可直接双击保存的表格文件，即可将之打开进行编辑。

15.2.2 制作网店进销存管理表

当网店经营达到一定规模后，每天的商品管理、财务状态统计等工作就逐渐多起来。如果手工进行数据查找、登记、计算、汇总工作，将非常麻烦。而利用Excel创建一份网店进销存管理表，则可以十分方便且轻松地完成这个事情。它可以在输入进货业务或销售业务数据时，"自动计算出每一种商品的当前总进货量、当前总销售量和当前库存量。

1. 创建需要的表格数据

"进货"工作表、"销售"工作表和"进销存自动统计"工作表均创建在一个工作簿内，并根据当前的销售状态输入相应的表格数据，再以"进销存自动统计系统"文件名称将此工作簿保存起来。相关操作步骤如下。

第1步 ❶新建一张空工作簿，双击修改3张工作表的名称，如图15-28所示。

图15-28

第2步 ❷单击Office按钮，❸单击"保存"命令，如图15-29所示。

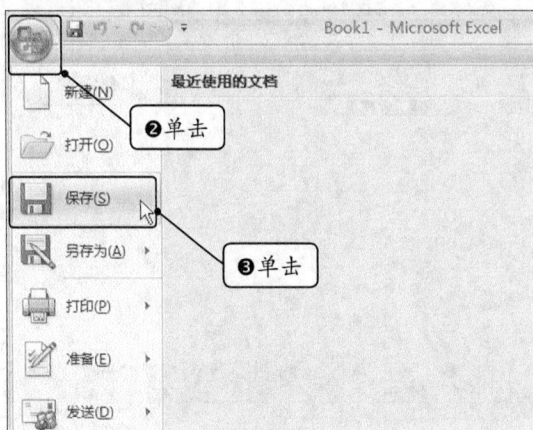

图15-29

第3步 ❶选择存储路径，❷输入保存名称，❸单击"保存"按钮，如图15-30所示。

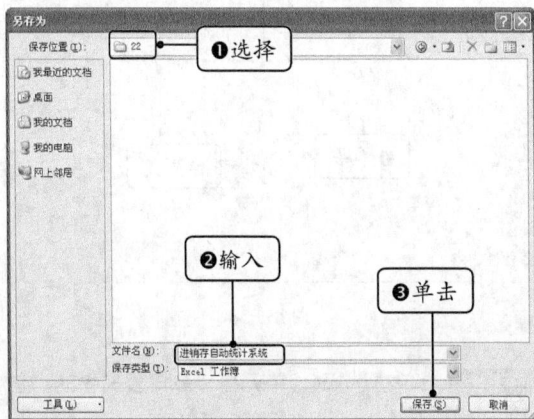

图15-30

第4步 ❹单击选择"进货"工作表，❺输入表格数据，如图15-31所示。

图15-31

第5步 ❶单击选择"销售"工作表，❷输入表格数据，如图15-32所示。

图15-32

第6步 ❸单击选择"进销存自动统计"工作表，❹输入要统计的表头（数据标题），如图15-33所示。

图15-33

2．定义统计公式

有了表格的原始数据后，接下来的工作就是在自动统计工作表中定义出统计公式，让各个表格的数据变化能够联动起来，实现自动统计功能。相关操作步骤如下。

第1步 ❶单击选择B2单元格，❷输入图15-34所示公式，按下回车键。

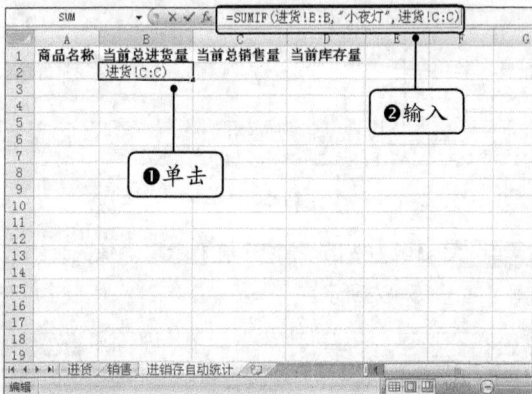

图15-34

第2步 ❸向下拖曳B2单元格右下方的黑点至B6单元格，复制公式，如图15-35所示。

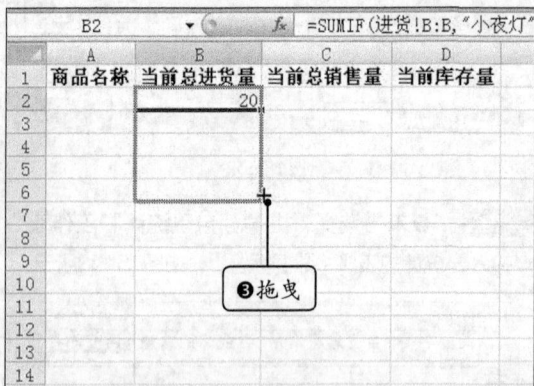

图15-35

第3步 ❶单击选择B3单元格，❷将"小夜灯"修改为"USB保温垫"，如图15-36所示。

第4步 ❸用同样的方法修改B4～B6单元格，修改依据为"进货"工作表商品名称，如图15-37所示。

第5步 ❶选中B2～B6单元格，❷向右拖曳B6单元

格右下方的黑点至C列，如图15-38所示。

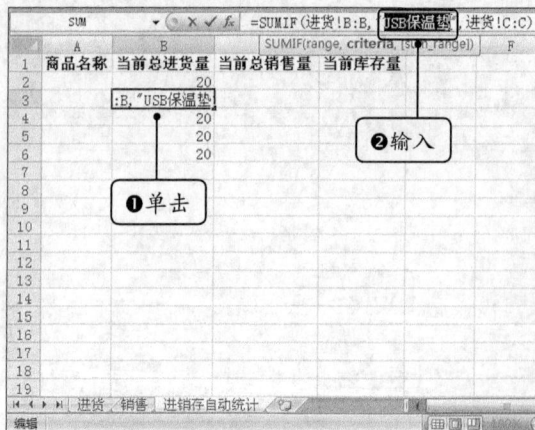

图15-36

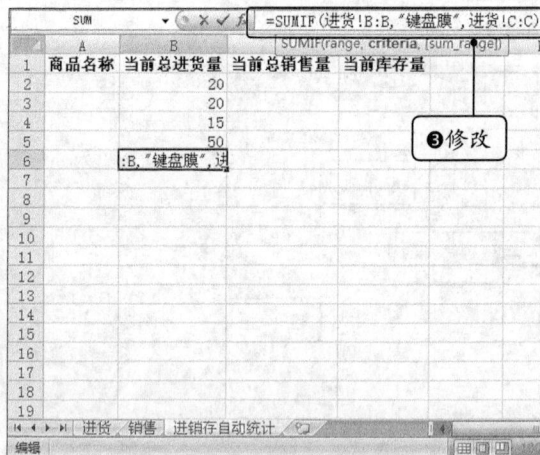

图15-37

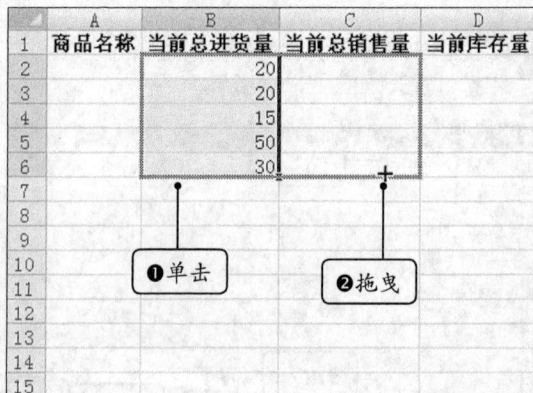

图15-38

第6步 ❸单击选择C2单元格，❹将公式中的"进货"修改为"销售"，如图15-39所示。

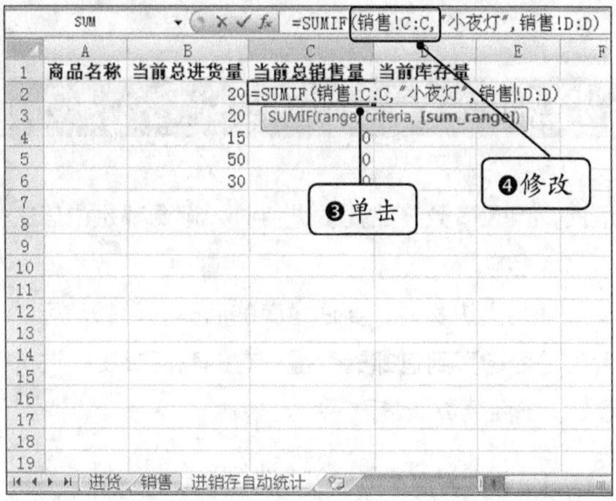

图15-39

第7步 ❶用同样的方法依次修改C3~C6单元格公式中的相应数据，如图15-40所示。

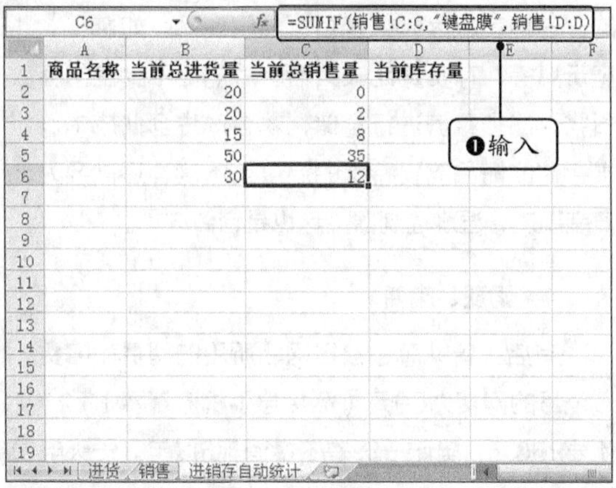

图15-40

第8步 ❷单击选择D2单元格，❸输入公式"=B2-C2"，按下回车键，如图15-41所示。

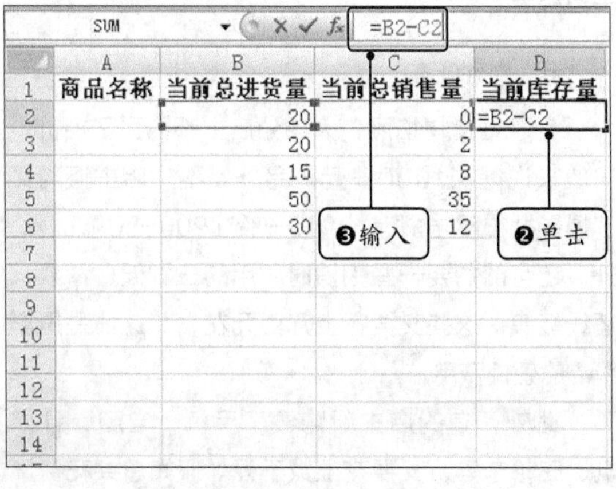

图15-41

第9步 ❶向下拖曳D2单元格右下方的黑点至D6单元格，复制公式，如图15-42所示。

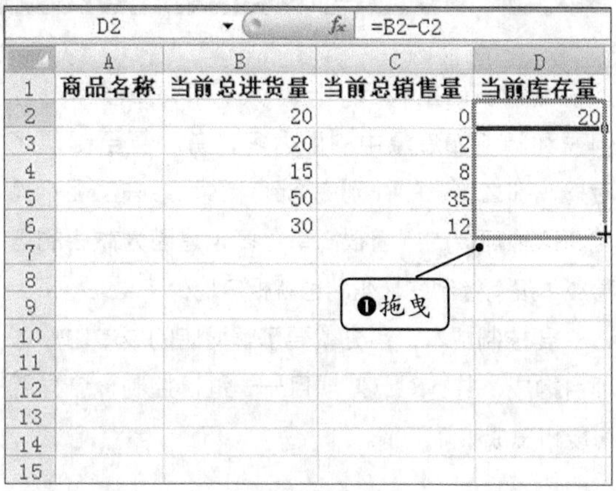

图15-42

第10步 ❷根据进货工作表完善自动统计表的商品名称项，如图15-43所示。

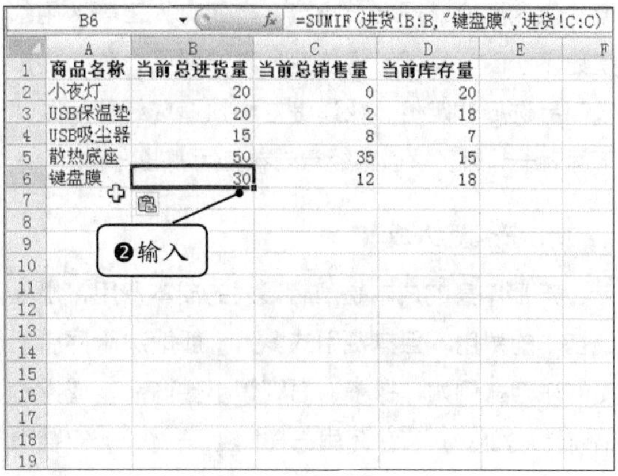

图15-43

专家提点 **日常应用提示**

如果新购入"进货"工作表中没有列举的新货品时，需要按照上面所述方法在"进货"工作表和"进销存自动统计"工作表中增设相应的商品名称及其取数公式，公式设置还是按照前面所描述的方法，采取复制加修改的方法最快捷。

15.3 微店财务成本核算与控制

有很多店主表示,一年做下来,单子不少,但盈利却不如想象中的那么多,有的甚至出现了亏损,那么,赚的钱到底跑到什么地方去了呢?其实,这种现象的原因很简单,多半是因为微店的运营成本没有控制好,盈利也就相应地少了。

要控制成本,首先就要了解网店的成本由哪些项目构成,并针对这些项目一一进行控制,这样就可以将总成本降下来。

15.3.1 微店的经营成本核算分析

微店之所以受到欢迎,特点之一就是其成本很低。但成本低并不是无成本,特别是对上了一定规模的微店而言,网费、物流、仓储、人工等费用都是免不了的,如果不将这些成本计算好,势必会影响商品选择、定价、快递等方面,造成经营问题。下面就一起来了解微店经营成本包括哪些内容。

1. 产品购入成本

产品本身的成本是网店最大的成本费用,也是最基本的费用,且其费用的多少一般取决于网店所卖的东西。例如,袜子、面膜等小件商品,成本价格就比较便宜,若在阿里巴巴网上进货,一双鞋垫1.5元,进货量为500双的话,其产品本身的购入成本只有750元。但是,如果想要进1500元一台的跑步机的话,成本就较高,如果店主打算进购10台,其成本就需要15000元,比起500双鞋垫的成本价高了很多。对于一些小店主来说,就是相当大的一笔费用了(还不考虑仓储费用)。所以,在进货时要核算好成本费用,以免发生资金周转不灵的现象。

2. 进货运费

店主在进货时,除了自己上门取货外,必然会产生相应的运费,可能是快递运费,也可能是物流运费,价格各有不同。虽然有些时候,有些产品的订单金额在达到一定量时,批发商可能会免去快递运费,但大多数产品批发进货时,运费都是由店主自己承担的。

在网上进货时,要注意有的店有满包邮,可以考虑是否购买到包邮的数量;有的商品邮费比进价还贵,一定要看清楚再下单。

3. 仓储费用

一般情况下,才开的网店存货不多,或者可能产品属于化妆品等小物件,占地面积不会很大,店主家里就可以堆放,因此基本没有仓储费用。但如果经营的是大型商品,如有机粮食、运动器械之类的,占地就较大;或者经营热门商品,如鞋子、儿童玩具等,存货量比较大话,就需要不少空间存放货物,必须租房进行仓储,就会产生仓储成本。如果存储的商品需要特殊的温度或湿度,还需要为之安装温度、湿度控制器,这也是仓储成本。

4. 网费、电费

有店主曾计算过自己网店所用的网费和电费:一个月的网费为80元(宽带与手机流量费),一年就要960元。电脑一天差不多消耗6度电,一天电费约3.2元,一个月96元,一年就要1152元。所以,开店的网费电费一个月就需要差不多180元,一年就要两千出头。对于开微店的中小店主而言,这也是一笔不小的负担,因此电费和网费就必须核算进成本费用中。

5. 硬件成本

为了给货物拍照,大部分店主都购买了相机,一般来说得花1000多元。另外,不少店主还购买了摄影棚和反光伞等,价格一般在200~500元。此外,还可能需要一些拍摄时所用的三脚架、背景、插线板等,这些又要花上几百元左右。这些是摄影所需的硬件费用。

此外,有的店主新购买了手机、电脑、打印机、三轮车等,又要花上数千元。假如总共花费了6000元,按6年折旧计算,也就是说,每年在硬件成本上就要花1000元。所以，硬件成本费用也必须核算进网店的成本费中。

6. 店铺管理费用

开微店虽然说是免费的，还需要对店铺进行装修，很多装修模板并不是免费的，而是按月收费，另外微店平台提供的一些服务也要收费，如数据统计服务等，这些收费虽然不多，但也应该计入成本。此外，商品折旧费也应计算在内。

7. 快递费

店主把商品邮递到买家手中，必然要产生快递费。现在不少微店都采用了包邮的方式，那么邮费就要计入成本。不包邮的商品，其邮费是由买家支付，可以不计入成本。

8. 包装费

有的商品自带包装，店主发送时，在快递公司找个纸箱或快递塑料袋包装一下即可。但是有的商品，如精致礼品，就需要店主进行包装了，礼盒、内衬、缎带等都会产生费用，店主要计算好商品价格，将包装费用包括进商品的售价里。

虽然包装要花费一定的金钱，但是，精美的包装会提升微店的格调，能给予买家愉悦的购买体验，能够大大增加买家的回头率，所以总的来说，在允许的情况下，尽量包装好一些，对生意有很多好处。

9. 员工工资

对于只有店主一人经营的小网店来说，是没有员工工资费用这一块的；但是对于经营规模大，或生意特别好的网店，肯定会雇佣专门的客服、后勤等人员，这样就产生了员工工资的开销，数量根据员工多少而定，每月从数千元到数万元不等。

有员工的网店必须将员工工资计入成本费用中。但是由于工作职责、时间段不同，员工工资也会有所不同。所以，店主必须根据自己网店的实际情况，核算员工的工资费用。

10. 营销推广费用

营销推广的费用是指网店店主做活动、打广告、请人炒作宣传等花费的费用。这笔费用并不是每个网店都会有，但如果产生了，则应计入成本。

15.3.2 控制微店的经营成本

了解了网店成本的构成后，就比较容易有针对性地进行控制了。其中，进货成本相对于其他成本是最主要的控制成本，此外，快递费和包装费也是能够有效控制的成本费用，而网费电费、仓储费用等硬性费用则较难缩减。

1. 控制进货成本

控制进货成本主要靠以下3个方面。

（1）直接从批发市场或厂家进货。

一般来说，要想获取低价的货源，最好从批发市场或者厂家进货。因为如果从网上进货或者从代理商处进货，拿到的货物成本会较高。从批发市场进货还有以下几个优点。

- 商品数量都比较充足，有很大的挑选余地，可以货比三家。
- 批发市场很适合兼职的或者小店主，因为进货时间和进货量都比较自由。
- 批发市场的价格相对较低，这是最大的优点。

（2）一次进大量货。

一般来说，批发时，进货量越大，商品的单价就会越低。如在阿里巴巴上进某款商品时，如果进货量在50～499个，则单个的价格为1.30元；如果进货量在500～4999个，则每个瓷碗的价格为1.00元；如果进货量大于4999个，其单价为0.80元。所以，进货量越大，其单价就会越低。

但同一件商品的进货量也并非是越多越好，应根据具体的销售情况来定，比如滞销产品就不要进多了。另外，如果在同一家批发商处拿货，即使每种商品的进货量不多，但是如果拿的品种多的话，也是可以按照量大的价格来批发的。

（3）把握住厂家清仓处理或者是促销活动的机会。

有时候，一些厂家会因为各种原因清仓，如换季、限时活动、库存处理等，如果这个时候店主刚巧赶上了，就可以乘此机会多进一些好销售的货物，但这种机会是可遇而不可求的，只有平时多留心了。

2. 控制进货运费

在网上进货时，必然会发生交通运输费或者是快递费。而且这个费用还不低。商品大批量运送时，采用公路物流、铁路托运的运费是远低于快递和邮政的。所以，想要省钱的店主一定会选择公路物流、铁路托运。但是这两种方式的速度是比较慢的，如果店主的商品快要售完，甚至已经售罄，再使用这两种方式就不合理了。所以，店主就要时常注意库存量，对每种货物的销售速度要有记录，打好提前量，算好时间进货，那样就可以采用便宜的运输方式，可节约很大的一笔运费。

对于在本地批发市场进货的店主来说，如果路途不远，可以考虑购买电瓶车、三轮车等工具自行运输，省去每次雇佣小货车的费用。

3. 控制快递费

包邮的商品，快递费是店主支付的，这一块费用也要进行有效的控制，其根本就是要选择好快递公司。

店主要先清楚了解网上的快递有哪些，参考一些资料，了解各快递公司的优、缺点。店主不能只找一家快递公司，因为不仅仅只是快递公司不同，服务和速度不同，同一家公司的不同地点也会有不同的服务品质和速度。最后，选定好快递公司后，最好长期合作，签下合同，并和快递收货员搞好关系，可以享受一些特殊待遇。

最后，店主就要根据自己的地点和产品类型，看哪家快递公司最合适了。因为没有最好的快递公司，只有最适合的快递公司。最好是能够长期合作，以便能够讲价，降低物流费用，从而控制网店

的成本费用。

控制快递费用的方法在第12章中已经讲解得比较清楚了，这里就不再展开讲解了。

4. 控制包装费

某店主曾粗略估算了一下包装所需的费用：商品的包装包括需要胶布、包装盒、填充物、剪刀、笔、气泡袋、色带（打印快递单用）等，所需的包装费大概要1元钱。假设该店主网店产品的销售量一个月大概500件，那所需的包装费就要500元。所以，如果能够在此费用上控制的话，也将节约很大一笔成本费。

控制包装费用一般从盒子与填充物两方面进行。

- 控制外包装盒费用。一般来说，不推荐大家使用邮政专用的盒子。因为这种盒子一般比较长，相对来说也比较重，而且价格也不菲。店主可以自己收集盒子，现在的纸箱到处都是，如电脑城、大超市、批发市场等，这里面废旧盒子的价格肯定比买新的要便宜。当然买的时候不要拿到脏的破的盒子。
- 控制填充物的购买费用。填充物的作用是为了防止产品被挤压，对产品进行保护。填充物一般有泡沫块、海绵、泡泡袋、牛皮纸、旧报纸或者书籍等。对于价格低廉的商品，可以使用废报纸等材料做填充物，但如果是电子产品、首饰、化妆品、零食等比较贵重、易碎的商品，就必须花钱买一些好的填充物来填充。

总的来说，店主应该根据自己所卖的产品来选择合适的内外包装和填充物，即可减少包装费用，降低这方面的成本。

15.4 秘技一点通

技巧1 ——中大型微店如何盘库减少损失

小型微店货物进出量不是很大，一般不用盘库，也不会有太大的问题。但中大型微店则因为货物有专门的仓库，进出量较大，容易产生丢失、破损、报废等损耗，因此必须要定期盘库，才能减少

损失，改善管理。

盘点方式有多种，而且不同的盘点方式可以组合运用，网店可以根据自身的情况加以选择。常见的盘点方式有定期盘点（年终盘点、年中盘点、季度盘点、月度盘点）和不定期盘点（如为特定目的对特定商品进行的临时盘点）、动态盘点（盘点过

程中同时发生商品的出入库行为）和静态盘点、全
面盘点和抽样盘点（抽样盘点可针对仓库、商品属
性、仓管员等不同方向进行）。另外，还有一种常
用的盘点方式——循环盘点，即按循环盘点计划对
某些物料进行周期性、不间断的盘点。对于网店来
说，将定期盘点和不定期盘点结合起来，能够起到
较好的盘点作用。

　　盘点准备主要是成立盘点工作组，制定盘点
方案，确定盘点范围、盘点方式、盘点日程表等工
作安排。实施时，最好一人盘点，一人核点，并且
"盘点统计表"每小段应核对一次，无误者于该表
上互相签名确认。若有出入者，必须重新盘点。

　　盘点后，将盘点结果统计并制作电子表格，由
指定人员将数据汇总，完成账存数与实存数的对应，
生成盘点盈亏报表，并填列差异原因及处理意见后
上报给网店管理层。管理层对盘点后发现的差额、错
误、呆滞、盈亏和损耗等情况，应分别予以处理。

技巧2 ——为Excel文档加上密码，防止他人打开偷看

　　为Excel文档加上密码，可以防止资料被其他
人偷窥，即使是被黑客窃取了文档，对方也束手无
策，因为没有密码无法打开文件。

第1步 ❶在Excel中单击"文件"菜单，❷单击
"信息"选项，❸单击"保护工作簿"按钮，❹在弹
出的下拉菜单中单击"用密码进行加密"选项，如
图15-44所示。

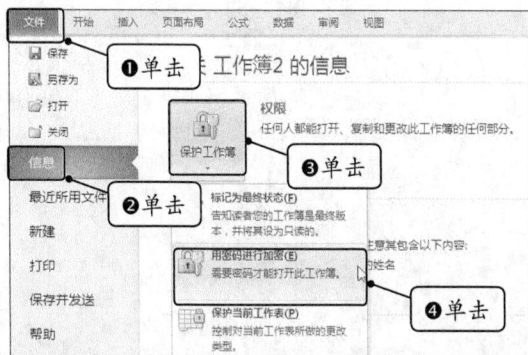

图15-44

第2步 ❶输入密码，❷单击"确定"按钮，如
图15-45所示。

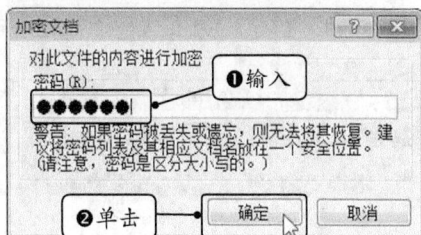

图15-45

第3步 ❸再次输入密码，❹单击"确定"按钮，如
图15-46所示。

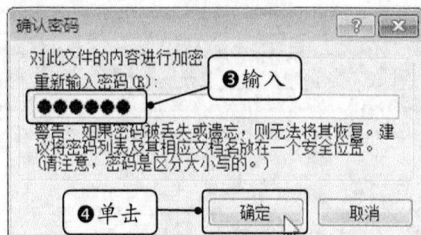

图15-46

　　这样，在打开这个加密的Excel文档之前，就
必须要输入正确的密码；否则就无法打开它。

技巧3 ——找回丢失的Excel文件

　　有时候Excel文件会因为误操作，或者病毒的
原因，被删除掉，可以用EasyRecovery软件将之
恢复，不仅是Excel文件，各种被删除的文件都可以
被恢复。

　　EasyRecovery是著名的数据恢复产品，包括
磁盘诊断、数据恢复、文件修复、E-mail 修复等磁
盘诊断和修复方案。

第1步 ❶单击"数据恢复"按钮，❷单击"删除恢
复"按钮，如图15-47所示。

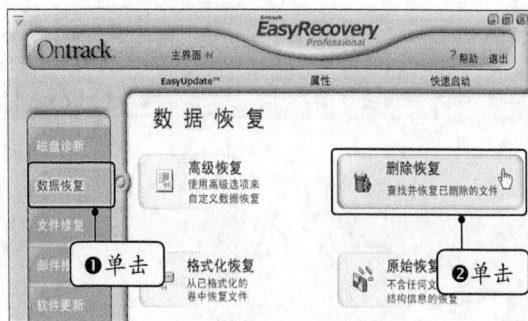

图15-47

第2步 ❸单击"确定"按钮，如图15-48所示。

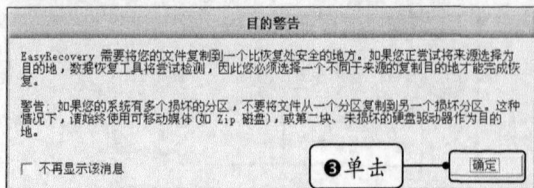

图15-48

第3步 ❶选择要恢复数据所在的磁盘分区，❷单击"下一步"按钮，如图15-49所示。

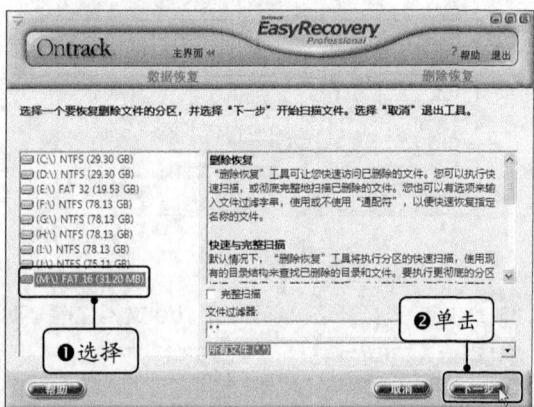

图15-49

第4步 ❸选择要恢复的文件，❹单击"下一步"按钮，如图15-50所示。

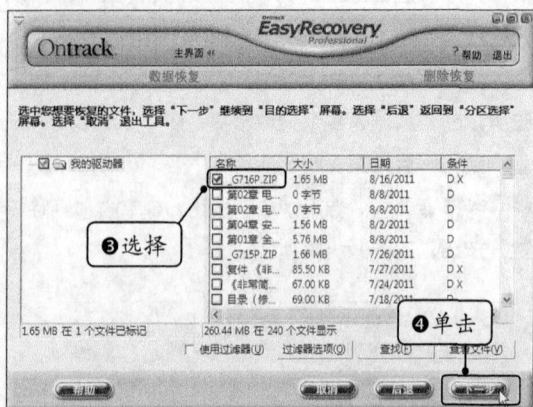

图15-50

第5步 ❶单击"浏览"按钮，❷选择恢复后数据的存放位置，❸单击"确定"按钮，❹单击"下一步"按钮，如图15-51所示。

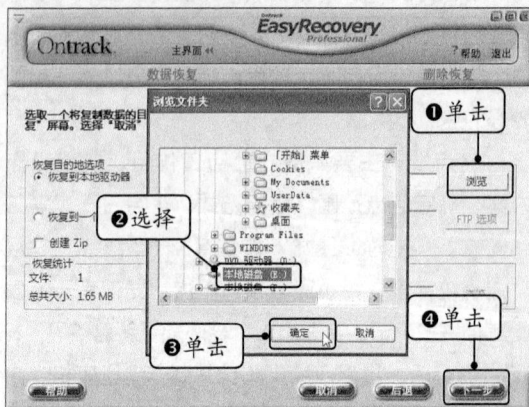

图15-51

第6步 查看恢复结果后，❺单击"完成"按钮，如图15-52所示。

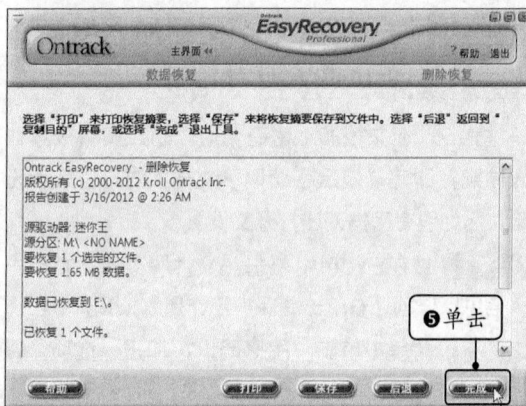

图15-52

厘清财务，经营好微店

冯汉卿是一个标准的白领，每天朝九晚五上下班。2014年夏天，他认识了一位生产首饰的朋友，于是突发奇想，自己为何不利用这位朋友的货源，开一家网店卖首饰呢？由于考虑到自己是兼职，不能花太多时间在网店上，冯汉卿决定就在手机上开一家微店。

很快冯汉卿的小店就开张了，他找了很多论坛发帖做广告，微店渐渐地有了知名度，生意也开始越来越好，半年盈利就有7万多元。高兴之余，也有烦恼。冯汉卿发现微店占据了自己很多时间，每天处理生意到凌晨一两点才能睡觉，上下班路上还在用手机回复客户，周末更要去进货、了解市场，忙得是一塌糊涂。很自然地，冯汉卿就想到了请人专职打理微店。

租了一套居民房做办公室，请到了一名专职客服，正好冯汉卿的表弟高熙赋闲在家，于是本着肥水不流外人田的想法，冯汉卿把表弟请来管理进货、发货以及办公室的一切杂务。

小心翼翼地磨合了半年后，一切都很良好，客服人员的工作上了手，高熙也基本摸清了工作职责。冯汉卿除了周日跑跑市场以外，就是网上发发帖子，宣传一下自己的小店。虽然支付了工资、房租和办公费用，但随着网店生意进一步红火，收入没有下降多少，更重要的是，冯汉卿有了闲暇，能够陪陪妻子和女儿，看望一下父母。

随着办公室步入正轨，冯汉卿逐渐放了权，具体事务大部分都交给了高熙处理。到了年底盘账，冯汉卿发现账目和存货有两百多元的出入，怎么都对不上。金额虽然不大，但为他敲响了警钟。冯汉卿觉得，是时候制定一下小店的财务规范了，特别是要做好货物的进销存管理，以避免再次出现这样的状况。

说干就干，冯汉卿从网上找来Excel店铺管理模板，照着说明开始自学如何填表。掌握了个八九不离十以后，冯汉卿把高熙叫到家里，教他填写进销存表格。高熙虽然表面上没有什么意见，但下来就向冯汉卿的母亲诉苦，说冯汉卿不相信他的管理，感觉很委屈。

冯汉卿从母亲处得知这个情况后，连说："是我工作没做到家！我应该和表弟说清楚一点。"他把盘账的事情告诉了母亲，并说："我也就是从这个事情得到了启发，想加强网店的财务管理制度，对货物的销售和存量都能够有个了解，这样不仅能够避免无谓的损失，还能够充分掌握产品的销售情况，及时调整销售方向。再说以后网店做大了，没有一个规范的财务管理，迟早要出乱子。而且，表弟他现在学习财务管理，对他的将来只有好处没有坏处，以后即便是我不开微店了，他凭着这些年的管理经验，也不愁找不到工作。"

母亲听了解释，回头就向高熙做起了思想工作。高熙冷静下来也就想通了，不再带着情绪上班，办公室一切又恢复了正常。

现在高熙每个月都把报表发到冯汉卿的电子邮箱里，冯汉卿定时进行查看，并利用Excel把各种货物的销售数据制作成图表，进行分析，及时发现问题，调整方向。到了2015年末，网店的盈利比去年同期上涨了133%，雇员也从两个发展到5个，高熙仍然负责财务管理。

到了春节，员工们都拿着大大的红包回家过年去了，而冯汉卿却坐在电脑前，打开了一年的Excel报表，继续研究起明年的销售方向来。

微店的经营涉及网银、支付宝、微信钱包等支付工具，而这些工具通常都是网络骗子与黑客的重要攻击对象。其实，店主们只要按照本书"安全篇"讲解的内容，严格把好手机与电脑的安全关，再对常见的骗术进行了解，就可以极大地提高微店的安全度。

手机微店
赚钱不难

第16章

保护好网店的安全

本章导言

开好微店的同时，也要学会保护自己的信息与资金的安全。手机和电脑是两个对外交流的渠道，同时又存储了很多重要信息，因此成为网络小偷们最常用的突破点，经常有关于手机或电脑信息泄露，导致经济损失的报道出现在网上。因此，要捍卫自己的信息安全与资金安全，就要学习手机与电脑的正确使用方法。此外，也要对常见的网络骗术有所了解，到时候才不会上当。

学习要点

- 了解病毒、木马与恶意软件及其预防方法
- 掌握保护手机信息安全的方法
- 掌握保护电脑信息安全的方法
- 了解各种常见的网络骗术

16.1 保护手机信息安全

微店、微信、支付宝等APP都是安装在手机上的，如果手机不幸感染上了木马，就会导致信息泄露，从而引发更严重的后果。因此，保护手机信息安全对微店店主来说是非常重要的。

16.1.1 从安全渠道下载APP

不少手机的信息泄露都是因为下载并运行了不良APP。这些不良APP带有各种"后门"，在不让用户知情的情况下向网上的服务器传输用户的信息。要避免下载到这种不良APP，就要尽量从正规渠道下载APP。

1. 苹果手机的安全下载渠道

目前苹果手机的官方下载渠道是APP Store，也就是"苹果商店"。在第2章中曾经讲解过在苹果商店下载并安装APP的操作，相信读者已经通过商店安装了微店的APP，对此印象会比较深刻。

在苹果手机的桌面上可以看到图标，下面说明文字为"App Store"，即为苹果商店的入口。单击即可进入苹果商店，如图16-1所示。APP要在苹果商店上架，审核是非常严格的，要向苹果官方提供源代码，审核通过以后才能上架，这就保证了苹果商店的APP基本上没有木马（目前仅出现过一次）。

图16-1

有的苹果手机用户喜欢越狱，因为越狱之后可以免费使用一些原本要收费的APP。越狱后下载APP不是从苹果商店下载的，而是从一些网上的"数据源"（可以理解成非官方的苹果商店）进行下载的，上面的APP基本上无人审核，很多不良APP趁机就在这种地方进行散布。因此，最好不要在苹果商店以外的任何途径去下载安装APP，基本上就可以保证不会被不良APP所困扰。

2. 安卓手机的安全下载渠道

安卓手机的官方下载渠道本来应该是谷歌商店，但目前无法正常访问。国内较大的下载平台有豌豆荚、应用汇、安卓市场、安智市场、机锋市场等，另外一些网站也提供安卓APP下载，如太平洋、ZOL的手机软件下载板块等，这些平台里的APP相对要规范一些，但也只是相对而言，比苹果商店则还是相差甚远。

16.1.2　安装手机杀毒软件

苹果手机因为其商店对APP的审核较严格，因此目前基本上没有发现病毒，对于苹果手机用户来说，无需安装杀毒软件。这也是苹果手机较贵的原因：这些审核耗费了苹果公司浩大的人力资源，让用户获得了较好的使用体验，但用户也要为此付出高昂的购机款。

由于安卓手机开放性较高，用户可以随意安装APP，因此病毒、木马也是相对比较泛滥。在这样的环境下，安卓版手机杀毒软件也纷纷面世，用户的选择比较多。目前有360手机卫士、腾讯手机管家、百度手机卫士、猎豹安全大师、瑞星手机安全助手等。

前面已经讲解过下载并安装微店APP的方法，以上安全APP的下载安装方法也与之类似。首先访问安全APP的主页，如图16-2所示，单击"立即下载"按钮将安装文件下载到手机，安装完成后运行APP，手机即处于被保护状态中。用户也可以单击菜单，来运行一些功能，如扫描SD卡等，对手机进行查毒，如图16-3所示。

图16-2

图16-3

16.1.3 为APP设置权限

手机APP要实现一个功能，需要有相应的权限。比如地图APP需要得知手机所处地理位置，就要有"获得手机GPS信息"的权限，自拍APP则需要有开启摄像头的权限，通信录管理APP需要有读写通信录的权限等。

用户可以在一个APP安装时，就能看到它需要用到的权限。有些权限对某个APP来说是不必要的，比如一个看小说的APP，竟然要求获得GPS信息，以及要求读写手机通信录的权限，完全不符合常理。出现这种情况，通常是因为这个APP需要收集用户的信息，上传回服务器。至于该APP为何要收集这些信息，以及拿这些信息来做什么，则用户无法知道。用户唯一可做的就是，尽量不要让APP获得不必要的权限，阻止信息泄露。

很多安卓手机出厂时都装有安全管理功能，可以对权限进行管理，比如酷派手机出厂时就带有"酷管家"，下面就以在酷管家中关闭某APP的"发送短信"权限为例进行讲解。

第1步 ❶在手机桌面单击"酷管家"图标，如图16-4所示。

图16-4

第2步 ❷单击"隐私安全"按钮，如图16-5所示。

图16-5

第3步 ❶单击"权限控制"按钮，如图16-6所示。

图16-6

第4步 进入权限列表，❷单击"发送短信"权限，如图16-7所示。

第5步 ❶单击要修改权限的APP的名字，展开其权限菜单，如图16-8所示。

第6步 ❷单击"禁止"权限，可看到其权限描述变为红色的"已禁止"，如图16-9所示。

图16-7

图16-8

图16-9

之后直接按手机的返回键，退出酷管家即可生效。其他品牌的安卓手机，改变权限的操作也与之类似，这里就不一一说明了。

16.1.4　为手机设置锁屏密码

手机虽说是个随身携带的工具，但有时候难免会被别人接触到。为防止信息泄露，可为手机设置锁屏密码。不知道锁屏密码的人无法进入手机桌面。这在一定程度上保护了手机的信息安全。比如，工作时临时离开办公室，忘记携带手机，因为锁屏密码的保护，同事即使拿到手机也无法查看里面的内容。

1.　安卓手机设置锁屏密码

安卓手机（以酷派手机为例）设置锁屏密码的方法如下。

第1步　用手指在手机桌面上方往下拉，出现设置页面，❶单击右上角的"设置"图标，如图16-10所示。

图16-10

第2步　❷单击"屏幕安全保护"选项，如图16-11所示。

第3步　❶单击"屏幕锁定"选项，如图16-12所示。

第4步　❷单击"图案"选项，如图16-13所示。

图16-11

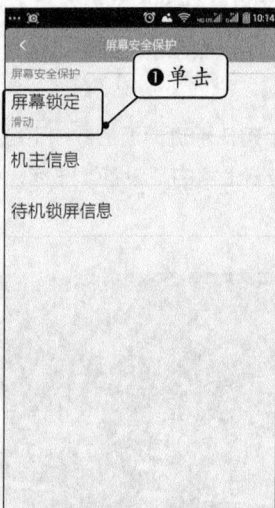

图16-12

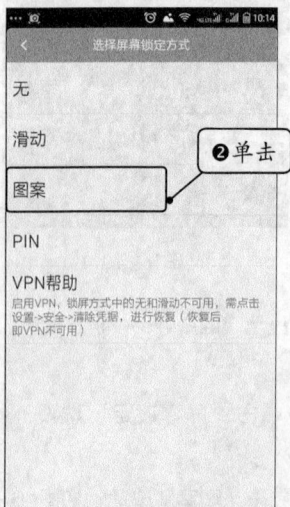

图16-13

第5步 ❶画出屏保图案，❷单击"继续"按钮，如图16-14所示。

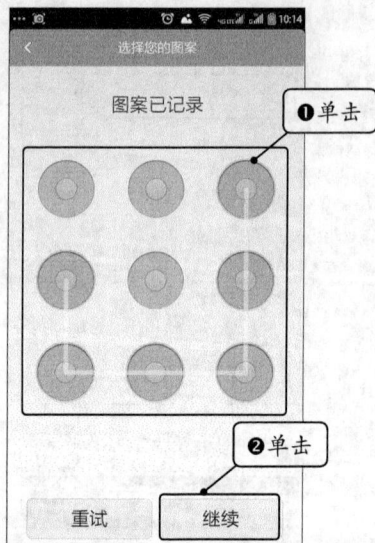

图16-14

第6步 ❸再次画出相同的屏保图案，❹单击"确认"按钮，如图16-15所示。

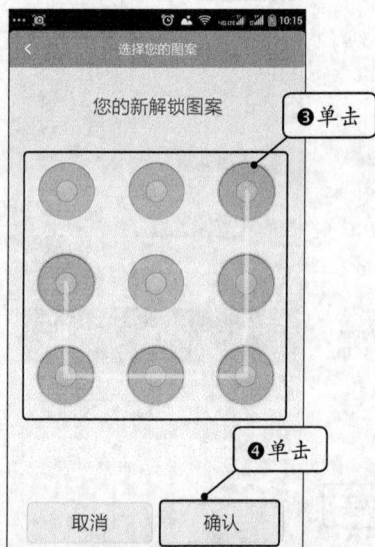

图16-15

设置完毕后，按返回键退出即可。当手机从休眠状态返回桌面时，会出现输入密码的界面，在此输入相同的图案即可解锁，如图16-16所示。

2. 苹果手机设置锁屏密码

苹果手机设置锁屏密码的方法如下。

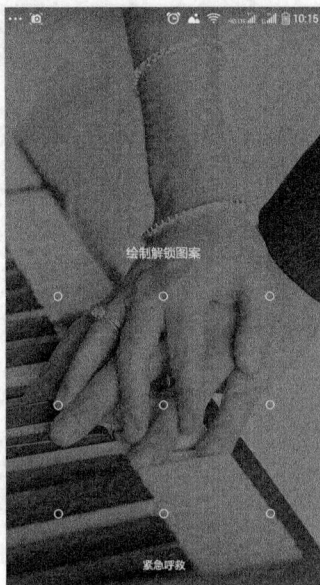

图16-16

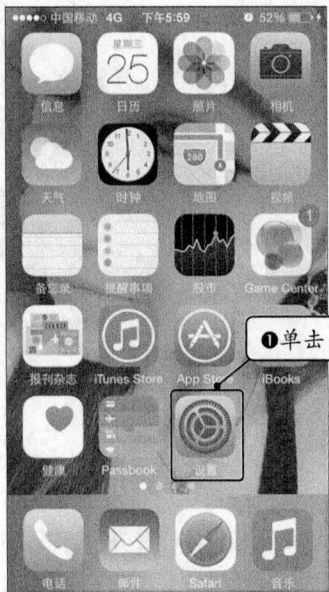

图16-18

第1步 ❶单击手机桌面的"设置"图标,如图16-17所示。

图16-17

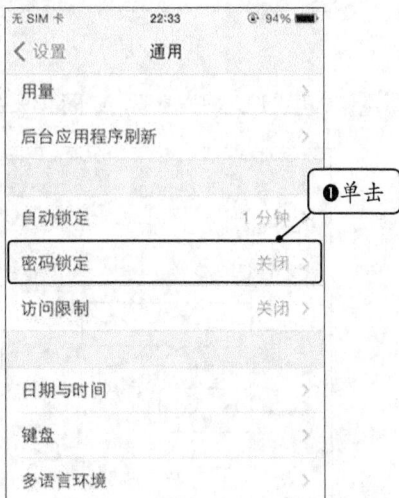

图16-19

图16-20

第2步 ❷单击"通用"选项,如图16-18所示。

第3步 ❶单击"密码锁定"选项,如图16-19所示。

第4步 ❷单击"打开密码"选项,如图16-20所示。

第5步 ❶输入密码，如图16-21所示。

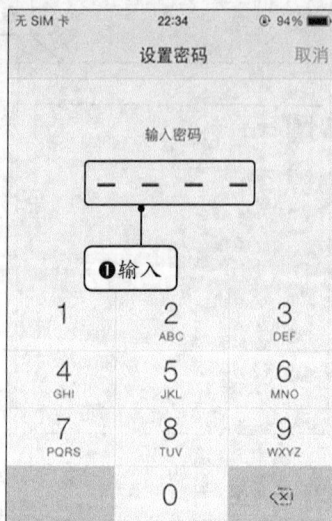

图16-21

第6步 ❷再次输入同一密码，如图16-22所示。

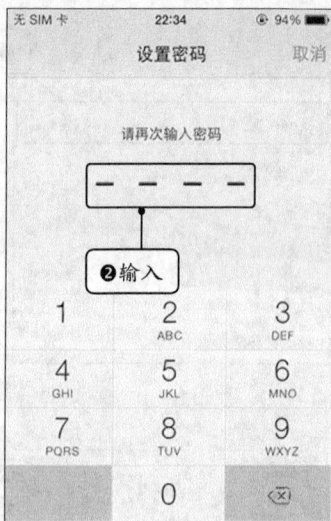

图16-22

输入完毕后锁屏密码就设置成功了。当手机从休眠状态返回桌面时，会出现输入密码的界面，在此输入锁屏密码即可解锁，如图16-23所示。

16.1.5 不要轻易单击短信内的超级链接

前面提到过，不法分子利用伪基站向手机用户发送诈骗信息，诱骗用户单击短信中的超级链接，然后以仿冒的官方网站骗取用户信息，最后利用这些信息偷盗用户资金，或者诈骗用户的亲朋好友。

图16-23

图16-24所示的短信，就是伪基站发送的，如果用户单击其中的网址，后果就难以预料了。

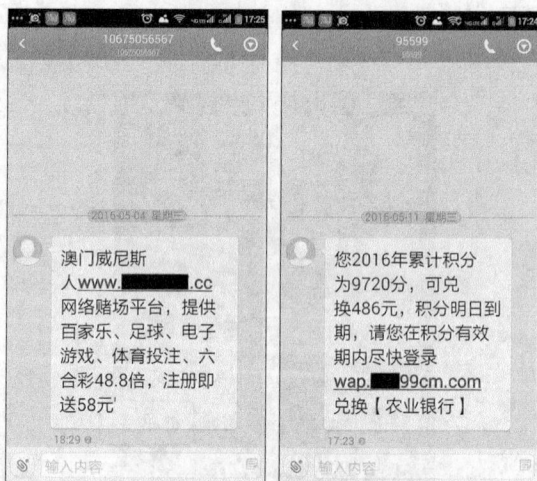

图16-24

更具有迷惑性的是骗子们冒充移动、联通、电信以及各大银行服务号发来的短信，很多用户习惯性地以为服务号就是官方发来的，其实未必，因为现在骗子们具有使用任意号码发送短信的技术。因此，对于任何短信中的网址，最好的办法就是：不贪便宜，不加理会。如果觉得确实像是官方发来的短信，可以在直接拨打官方服务号进行查询，比如移动服务号为10086，联通服务号为10010，招商银行信用卡服务号为4008205555等，均可从网上查到。

16.2 保护电脑信息安全

微店虽然是开设在手机上，但也有很多相关的事务要在电脑上处理，如网银、财务报表、密码记录等。如果这些信息被泄露，将会造成巨大的损失。因此保护电脑信息的安全也是微店店主的必修课。

16.2.1 为电脑安装杀毒软件

杀毒软件是一台电脑必不可少的安全工具。依靠杀毒软件来预防、查杀病毒、木马与恶意软件是最有效率的安全防护手段。

国内外的杀毒软件很多，国内的有金山毒霸、360安全软件、腾讯电脑管家等，国外的有卡巴斯基、小红伞、Avast、AVG、ESET NOD32、微软MSE等。国内杀毒软件主要走"免费多功能"路线，除了杀毒外，还具有多种管理电脑的功能（与安全无关），如清理垃圾、管理软件、电脑加速等，而且基本都是免费使用；国外杀毒软件主要走"收费专而精"路线，功能上不是很丰富，但在防毒、杀毒的效率上要略胜一筹，且要收费才能升级到高级版（基本版免费使用，基本版一般只有单纯的防杀毒功能，而高级版可能还有其他安全功能）。

下面就以在Chrome浏览器中下载、安装最常见的金山毒霸为例，讲解一下如何为自己的电脑安装上杀毒软件。

第1步 在Chrome浏览器中访问金山毒霸的网站，单击"免费下载"按钮，如图16-25所示。

图16-25

第2步 在浏览器左下角会出现下载进度框，如图16-26所示。

图16-26

第3步 下载完毕后，单击"保留"按钮，如图16-27所示。

图16-27

第4步 ❶单击下载进度框，以运行金山毒霸安装文件，如图16-28所示。

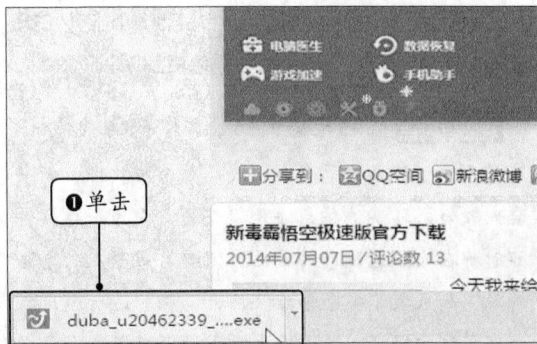

图16-28

第5步 ❷单击"运行"按钮，如图16-29所示。

图16-29

之后金山毒霸会自动进行安装，片刻后桌面会出现金山毒霸的快捷方式，屏幕右下角系统托盘处也会出现金山毒霸的小图标，如图16-30所示。

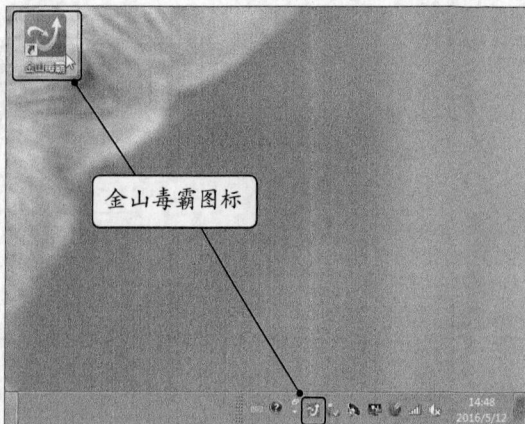

图16-30

只要双击桌面的金山毒霸快捷方式，即可打开金山毒霸窗口，进行功能操作。其他杀毒软件的安装方式也与之类似，这里就不重复讲解了。

专家提点 一台电脑上只装一个杀毒软件

有的用户可能认为电脑上多装几个杀毒软件，效果会比较好，其实这种想法是错误的。因为杀毒软件随时都在检测电脑内的病毒，需要占用一定的电脑资源，如果装了多个杀毒软件，电脑的运行速度将会变得非常慢。因此一台电脑上最多只装一个杀毒软件即可。

16.2.2 使用杀毒软件查杀病毒、木马和恶意软件

安装了杀毒软件之后，电脑就获得了预防病毒、木马与恶意程序的能力。不过还是需要定时对系统进行扫描，看系统中是否存在漏网之鱼；有时候需要对特定的文件夹或文件进行扫描，查看其是否含毒，比如对于陌生人发来的文件，最好先进行病毒扫描，确认安全后再打开。

这里仍然以金山毒霸为例进行讲解。

1. 进行全面查杀

用金山毒霸执行系统全面查杀非常方便，号称只需一键即可完成，具体操作方法如下。

第1步 双击桌面的金山毒霸图标，打开金山毒霸窗口，单击"一键云查杀"按钮，如图16-31所示。

图16-31

第2步 等待金山毒霸扫描系统发现问题，如图16-32所示。

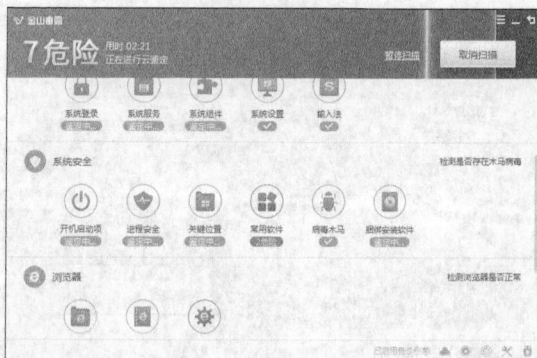

图16-32

第3步 扫描完毕后，单击"立即处理"按钮，如图16-33所示。

图16-33

2. 查杀指定文件或文件夹

查杀指定文件或文件夹的方式是一样的，即使用鼠标右键菜单调出金山毒霸进行检查，具体操作方法如下。

第1步 ❶在要检测的文件或文件夹上单击鼠标右键，❷在弹出的快捷菜单中单击"使用金山毒霸进行扫描"命令，如图16-34所示。

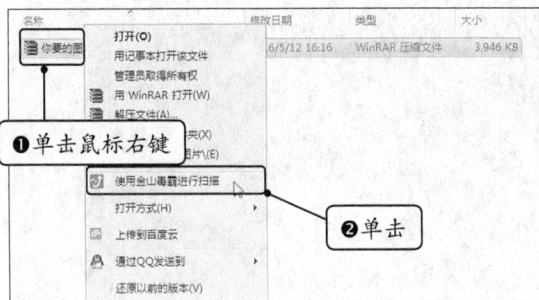

图16-34

第2步 发现病毒后单击"立即处理"按钮即可，如图16-35所示。

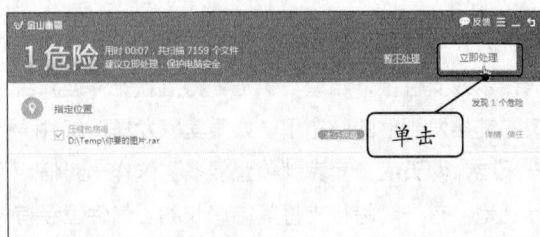

图16-35

16.2.3 设置用户登录密码

有时候正在使用电脑时，需要临时离开一下，为了防止别人趁自己不在时偷偷使用自己的电脑，在电脑中安装什么木马程序，以盗取自己的各种信息，有必要对电脑设置登录密码，保证在锁屏的状态下，没有密码无法进入桌面，这样就杜绝了电脑在开机状态下被盗用的可能。

第1步 ❶单击"开始"按钮，❷单击"控制面板"选项，如图16-36所示。

图16-36

第2步 打开控制面板后，❸单击"用户帐户和家庭安全"超级链接，如图16-37所示。

图16-37

第3步 ❶单击"更改Windows密码"超级链接，如图16-38所示。

第4步 ❷单击"为您的帐户创建密码"超级链接，如图16-39所示。

微店赚钱从入门到精通
开店、装修、推广、管理、安全一本就够 第5部分 安全篇

图16-38

图16-39

和Alt键的中间，两个Win键的作用是一样的，无论用哪个都可以），进行锁屏后再离开。在锁屏状态下，也必须输入密码才能进入系统桌面，这样别人也就无法趁机使用电脑了。

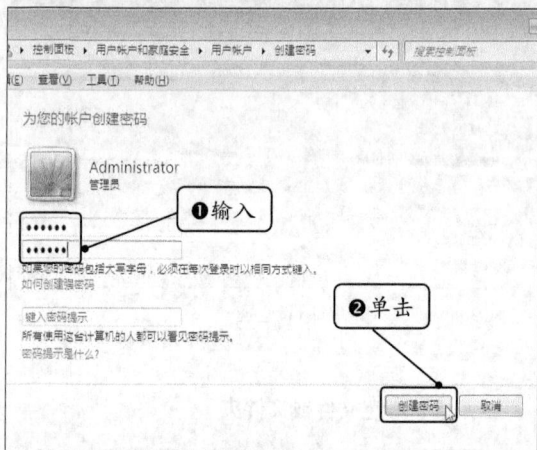

图16-40

图16-41

第5步 ❶输入密码，❷单击"创建密码"按钮，如图16-40所示。

创建成功后，每当开机时就会出现图16-41所示的界面，要求输入密码才能进入操作系统的桌面。

当用户开着电脑，但又要暂时离开时，可以按下Win+L组合键（Win键就是键盘最底层那一行印着小窗口的两个按键，一般情况下其位置是在Ctrl键

16.3 了解常见的网络骗术

开微店，难免会遇上骗子。骗子的手段五花八门，难以一一尽述，这里将常见的骗术公布开来，让店主了解，以免遇到后上当。

16.3.1 邮件短信钓鱼

骗子留言给卖家，说要买某件宝贝，但自己

年纪大，不太懂手机网银之类的，所以没有开通微信钱包或支付宝，希望卖家把银行汇款账号连同宝贝的链接发到他的邮箱里。如果卖家发送了邮件，一天或者两天后，卖家邮箱里便多了这样一封信，标题是：有一笔跨行支付等待您收款。信件里会有一个链接，表示是某银行的网站。如果单击链接过

302

去，看到的也许就是跟各大银行网银几乎一模一样的页面。陷阱在哪里呢？就在要激活所谓银联功能的地方，包括开卡地选择、卡号、密码、用户名、身份证号码输入，一旦输入了这些信息，不用说账户里的资金肯定会被席卷一空。

如何预防这种骗术？很简单，不要在平台之外交易。宁可不要这笔交易，也不要冒险。

16.3.2 利用规则合理敲诈

微店规则制定出来是为了保护买卖双方利益的，但如果使用不当却会成为别人敲诈的工具。

比如有的店主在促销时，对一些单品设置了包邮，这些单品的价值加上邮费，本来就是不赚钱甚至亏损的，店主无非是想以这种无利润的单品，来提升店内其他利润商品的销量。但一些新手店主忘了声明每个买家限购的数量，这样往往会造成漏洞，比如一个买家拍下几十个甚至上百个，店主如果发货，显然不仅亏损，而且也没有起到宣传的作用，如果不发货，买家肯定要向微店平台投诉，而平台毫无疑问要对店主进行处罚，买家就以此要挟店主，让店主给他支付一定费用，即可主动撤销订单。为了避免被这样敲诈，最好的方法是一开始就在商品详情页面设置好每个买家的限购数量。

店主平时要对规则多加研究，才不会被恶意买家钻空子。没事的时候可以去其他微店里逛逛，看看他们的宝贝详情页面都有哪些声明，这样可以开阔眼界、查漏补缺。

16.3.3 丢货少货诈骗

丢货少货是一个很常见的诈骗方法，也很容易得手。骗子通常是在店里买上几样不同的东西，收到货物之后，告诉买家少发了一件衣服之类，要求卖家重发或退钱。

很多店主因为每天要发很多货，难以记住特定的包裹情况，拿不准是不是真的少发了货物，又担心买家给几个差评，再加上损失也就几十元，于是只好自认倒霉，补发商品或者给卖家退款。如此一

来，骗子就得逞了。

其实，只要平时做好记录工作，这样的诈骗就可以防范。记录工作也就是每件商品的重量、包装盒的重量、整个包裹的重量、快递公司的称重记录等。如果买家说少发了货，那么可以把几件货物的重量以及包装的重量相加，并与快递公司的称重记录相比较，如果相差很小（如几克十几克），则可认为自己并没有少发货，可以把这些证据发给买家看，如果对方还是坚持说少发了货，那么就让他给差评，店主立即去向微店平台申诉，只要证据充足，一般来说还是能够取消差评的。

16.3.4 警惕传销式分销

传销的危害说了这么多年了，相信只要稍微关心社会的人都清楚。那么究竟什么是传销呢？传销是这么定义的：

传销是指组织者或者经营者发展人员，通过对被发展人员以其直接或者间接发展的人员数量或者销售业绩为依据计算和给付报酬，或者要求被发展人员以交纳一定费用为条件取得加入资格等方式。

这段话读起来有点绕口，说简单点就是靠发展下线来赚钱，或者缴费才能取得发展下线的资格。不管怎么说，着眼点都在"下线"上。最近在微店中，也出现了一批专门鼓吹发展下线赚大钱的"微商"，美其名曰"分销"，宣传语中常见"三级分销模式""引爆社交关系链""市场倍增"以及"快速裂变发展"等诱人的概念和字眼，但这些东西分析到底不过也就是发展下线4个字而已。

事实证明，能在传销中赚钱的只有金字塔顶的极少数几个人，处于下面的塔身塔基的人群都是被欺骗的对象，他们不仅损失钱财，还在发展下线的过程中透支了自己的信用，亲朋好友都不会再信任，最后下场往往很凄惨。因此，不论微店店主有多么着急发财，都不要加入传销的队伍，擦亮眼睛，看见"发展下线"的微商，就一定要绕着走。

16.4 秘技一点通

技巧1 ——怎样设置密码才安全

很多用户抱着"越简单的密码越让人意想不到，就越安全"的想法，给自己邮箱、QQ等设置了一个诸如"11111111"这样的密码，以为黑客无论如何都想不到自己会使用如此简单的密码，其实，黑客在破解密码时，首先就会用这类简单密码来进行试探，成功率还颇高，因此，"越复杂的密码越安全"才是王道。

当然，作为普通人用的密码，也不必过于追求复杂，不然根本记不住，每次输入密码都会很麻烦，在复杂和便于记忆之间取得一个折中即可。

什么样的密码才足够安全呢？它至少应具备以下几点。

- 长度至少在8位以上，建议设置为12位或更多。
- 至少包括字母和数字，如想更安全，还可分别包括大小写字母以及各种符号，比如句号、分号和感叹号等。
- 不可与自己以及亲属、宠物的信息相同，如自己和父母的生日、结婚纪念日、宠物名字、手机号、汽车车牌以及当地邮政编码等均不宜作为密码。
- 不可将简单的密码稍作变化来作为自己的密码，"11111112"并不比"11111111"安全多少。
- 不可使用通用密码。有的用户喜欢把所有邮箱、QQ、论坛等账号的密码都设置为同一个，这样很危险，一旦被人知道就容易"全军覆没"。

> **专家提点** 不要使用英文字符以外的字符来设置密码
>
> 需要注意的是，不要使用英文字符以外的字符来设置密码，如中文、日文等，这是因为中文日文等非英文字符可能有几种编码集，如GBK或UTF-8等，同一个字在不同的编码集里的代号是不一样的，这就会出现问题。比如在电脑A上输入一串非英文字符做密码，可能在电脑B上输入同样的字符却提示"密码错误"。为了避免这种情况出现，最好只使用英文字符及数字来设置密码。

技巧2 ——手机丢失后应该立即做什么

手机如今已经成了大家存储重要信息的设备。手机上除了有通讯录意外，还有淘宝、支付宝、网银等涉及资金的APP，因此丢失之后要及时处理。在确认手机找不回来之后，要马上采取以下措施。

- 打电话给家人、好友和同事，告诉对方自己手机丢失，从现在开始提高警惕，严防骗子，尤其是对QQ、微信等手机通信APP上发来的信息要警惕。
- 带上身份证去最近的营业厅补办手机卡，这样原来的手机卡就作废了，不能再打电话与收发短信，危险性进一步降低。
- 借别人手机登录QQ与微信以及其他通信APP，把丢失的手机上的QQ与微信"顶"下线。之后退出这些通信APP，再在电脑上登录，修改密码。
- 修改淘宝、京东、折800、等购物网站的密码，以及支付宝、网银APP的登录密码，这样丢失手机上的相应APP会自动注销登录。

以上几个操作不分先后，可以同时进行。

如果丢失的是苹果手机，可以通过苹果iCloud的官网（www.icloud.com）将手机信息抹掉，并留下电话号码，让对方与自己联系。其操作方法很简单：用自己的苹果商店账号登录www.icloud.com，单击"查找我的iPhone"按钮，并选择自己丢失的手机，然后单击"抹掉"按钮，如图16-42所示。

图16-42

之后根据提示进行操作即可。该苹果设备抹掉后，上面的所有信息都会被清除，而且设备会被锁定，无法使用，并且在屏幕上显示出机主的手机号码，供捡到的人联系。

技巧3 ——网银被盗后如何处理

网银与支付宝不同，网银直接关联着用户的储蓄卡、信用卡。通常在受害者发现网银被盗时，账户里的钱已经被席卷一空了。不要着急抱怨后悔，先要做好下面几件事。

- 报警。不管数额多少，先去报警。虽然不一定能立案，更不一定能追回损失，但如果人人被盗后都报警，相信坏人的犯罪成本就会高很多，以后犯罪率也会有所降低。假如都抱着"报警也没有用"或"报警太麻烦"的想法而不去报警的话，只会让坏人越来越猖狂，网店的大环境只会越来越坏。况且万一破了案，能追回来一部分钱财也不无小补。
- 去柜台修改网银密码。一定要及时去银行柜台修改网银密码，因为自己的电脑已经中了木马病毒，在上面修改密码是没有任何作用的，对方立刻就能知道新的密码。
- 为电脑彻底杀毒。用最新病毒库的杀毒软件将电脑彻底杀毒，根据具体情况的不同，耗时可能有所区别，有的甚至可能要花十几小时来杀毒。不

要因为不耐烦就终止杀毒；否则下次受损的还是自己的钱包。最好的方法是彻底格式化系统分区，重装操作系统和杀毒软件，然后再全盘杀毒。注意在重装系统和杀毒软件之前，一定不要打开其他分区进行浏览，因为很多病毒只要打开感染分区就会自动执行，而此时没有安装杀毒软件，系统又会再次感染上病毒。

技巧4 ——如何防止密码被盗

密码被盗有很多种原因。有的是电脑中了木马病毒被盗，有的是因为密码被人猜出来，或者穷举出来了……不管原因有多少，只需要按照下面几个规则来使用电脑，就会大大减少密码被盗的可能性。

- 设置安全密码。尽量设置长密码。设置便于记忆的长密码，可以使用完整的短语，而非单个的单词或数字作为密码，因为密码越长，则被破解的可能性就越小。
- 输入密码时建议用复制＋粘贴的方式，这样可以防止被记键木马程序跟踪。
- 建议定期更改密码，并做好书面记录，以免自己忘记。
- 不同账户设置不同的密码，以免一个账户被盗造成其他账户同时被盗。
- 不要轻易将身份证、营业执照及其复印件、公章等相关证明材料提供给他人，以免被利用去骗取密码。

开店小故事

微店老板及时识破诈骗

昨日，在微店社区里，店主焱焱发表了自己差点被短信诈骗的经历，引起了店主们的关注。

焱焱是一个资深微店店主，由于生意的关系，他的手机号码被传播得到处都是，平时也会接到很多陌生的推销电话与广告短信。

4月14日，焱焱意外地收到一条短信，内容是"尊敬的客户，本行网络系统升级，请于本日15:00前升级您的U盾，否则您的U盾将无法使用。升级网址如下"，随后附上一个网址。

担心生意受到影响，焱焱赶忙登录短信上的网站，一看正是开户行的官网页面，就放心地输入了账号密码，并按提示插入U盾。奇怪的是，试了五六次，一直登录不进去，每次都提示密码错误。

正不知道怎么办时，焱焱的手机响了，一个自称是"银行客服"的女声提示焱焱，升级方式不对，并告诉了他"正确"的步骤，焱焱也不虞有他，按照"客服"的要求，把自己的账户、密码告诉了对方。

放下手机后，焱焱总觉得哪里有点别扭的感觉。突然，焱焱想起自己看过的一篇文章，介绍说一般银行的客服电话都是5位数，不是5位数就很可能有问题。焱焱赶紧翻出来电记录，一看之下大吃一惊，原来刚才的"客服"电话号码为普通的手机号码，受骗了！

焱焱马上打电话给开户行，被告知遭遇诈骗后，焱焱立刻让银行冻结了自己的账户，以免钱被盗转。

由于焱焱及时冻结了账户，因此资金没有受到损失。不过，其他人就未必有此好运了。警方表示，最近接到很多报案，都是因为"升级"操作导致资金被窃。随着网络金融越来越发达，网络犯罪的花样也层出不穷。用户想要不受骗上当，一定要提高警惕，绝对不要把账号密码告诉任何人；也不要轻信任何来历不明的短信和电子邮件，一切操作要到真正的官方网站上进行。